HIER+JETZT

strafen

Ein Buch zur Strafkultur der Gegenwart

Herausgeber: Stapferhaus Lenzburg

2004 hier+jetzt, Verlag für Kultur und Geschichte, Baden

Strafzweck

Strafmethode

Straferfahrung

Strafdebatte

Beat Hächler, Sibylle Lichtensteiger, Nathalie Unternährer

Editorial

Die Schlagzeilen warnen täglich vor organisierten Räuberbanden, jugendlichen Rasern, grausamen Sexualmördern, untragbaren Schulklassen und verzogenen Kindern. Die Bevölkerung reagiert verunsichert. Sie beklagt den Wertezerfall unserer Gesellschaft und sucht nach wirkungsvollen Strafen. In den eigenen vier Wänden werden Ohrfeigen ausgeteilt, Handys entzogen, Türen verriegelt oder aber die Regeln des gemeinschaftlichen Zusammenlebens nächtelang diskutiert. Auch der Staat kennt unterschiedliche Strafen: vom Gefängnis über die Busse oder gemeinnützige Arbeit bis hin zur Überwachung mit der elektronischen Fussfessel. Strafen sind ein fester Bestandteil unseres Alltags. Wir strafen als Gesellschaft, und wir strafen ganz privat. In der Familie, in der Schule, unter Gleichaltrigen und vor Gericht.

In der Schweiz wird alle zwei Minuten gegen das Gesetz verstossen. Rund 25 Prozent der Männer und 5 Prozent der Frauen sind bis zu ihrem 33. Lebensjahr mindestens einmal verurteilt worden.

Menschen verletzen permanent die Regeln des gesellschaftlichen Zusammenlebens. Sie fahren ohne Führerschein, sie dealen mit Drogen und töten Menschen. Kinder sind unfolgsam, und Jugendliche stehlen. Wie reagiert eine Gesellschaft auf solche Regelverletzungen? Welche Strafen verordnet sie? Und was will sie damit bewirken? Erziehen? Abschrecken? Rächen? Schützen?

Das Stapferhaus Lenzburg beleuchtet mit dem Projekt strafen die gegenwärtige Strafkultur und stellt hartnäckig die Sinnfrage: Weshalb strafen wir, und was erreichen wir damit? Auf der Suche nach dem Sinn und Zweck des Strafens rücken grundsätzliche Wertefragen in den Vordergrund. Welche Regeln sollen gelten? Was ist erlaubt und was nicht? In einer globalisierten und multikulturellen Gesellschaft gestaltet sich das Aushandeln der gemeinsamen Regeln als besonders schwierig. Dementsprechend aktuell wird die Frage nach dem Umgang mit Regelbrüchen. Zurück zur alten Strenge oder hin zu neuen Konzepten? Die Antworten stehen sich diametral gegenüber. Die Debatten um die Revision des Strafgesetzbuches und die Verwahrungsinitiative zeigen, dass eine repressivere Strafpraxis gefordert wird. Gleichzeitig ersetzen neue Strafformen wie Electronic Monitoring und gemeinnützige Arbeit die alte Form des Freiheitsentzugs. Uneinigkeit herrscht auch in Schule und Elternhaus. Brauchen die Jugendlichen klarere Grenzen und härtere Sanktionen? Oder partizipative Verfahren, in denen die Regeln des Zusammenlebens erarbeitet werden?

Strafen. Ein Buch zur Strafkultur der Gegenwart liefert keine Rezepte, sondern Hintergründe und Zusammenhänge. In den vier Kapiteln Strafzweck, Strafmethode, Straferfahrung und Strafdebatte kommen Strafende und Bestrafte zu Wort, werden wissenschaftliche Erkenntnisse geliefert und kulturhistorische Entwicklungen nachgezeichnet. Das Buch gibt Einblicke und bietet als Gesamtes einen Überblick über unsere Strafkultur. Es regt zur Auseinandersetzung mit der gegenwärtigen Strafpraxis an und wird zum Spiegel gesellschaftlicher und persönlicher Werte.

Das Stapferhaus Lenzburg als Herausgeber und Initiant von Buch und Ausstellung dankt den Autorinnen und Autoren, Fotografinnen und Fotografen sowie allen an den Recherchen Beteiligten für das Gelingen des Projekts. Es dankt auch den zahlreichen Personen und Institutionen, die uns mit ihrem Fachwissen und mit finanziellen Zuwendungen auf dem Weg der Realisierung unterstützt haben.

Fabiana Mendes,* 1980, Studentin und Mutter

Fabiana Mendes transportiert am 12. August 2002 rund sieben Kilogramm Kokain von Brasilien, ihrer Heimat, per Flugzeug in die Schweiz. Es handelt sich um einen einmaligen Transport, für den sie umgerechnet 3500 Franken erhalten soll. Fabiana Mendes will mit dem Geld eine Augenoperation ihrer Mutter bezahlen.

Fabiana Mendes wird der qualifizierten Widerhandlung gegen das Betäubungsmittelgesetz schuldig gesprochen und mit 2 ¾ Jahren Zuchthaus bestraft. Die Strafe verbüsst sie in der Strafanstalt Hindelbank.

* Name geändert

Walter Leimgruber 1959, ist Professor für Volkskunde/Europäische Ethnologie an der Universität Basel. Er beschäftigt sich mit Fragen der gesellschaftlichen Integration und Ausgrenzung sowie der visuellen und materiellen Kultur.

Kultur und Strafen

Ein vermeintlicher Gegensatz

Kultur und Strafen scheinen Gegensätze zu sein. Kultur steht für das Schöne und Erhabene in unserem Leben, mit Strafe hingegen wird das Schlechte, Hässliche und Böse belegt. Diese Vorstellung von Kultur ist bis heute dominant. Doch jedes menschliche Handeln ist kulturell geprägt und imprägniert gewissermassen das menschliche Dasein: Was und wie bestraft wird, ist eine Frage der Kultur. In Gesetzen und unausgeprochenen Regeln setzt eine Gesellschaft fest, was belohnt und was bestraft werden soll.

Ist Strafen Kultur? Diese Frage haben sich bei der Vorbereitung von Buch und Ausstellung viele gestellt. Und noch mehr haben gar nicht erst gefragt, sondern eine Antwort gegeben: Kultur ist etwas Positives, steht für Freude und Genuss, Strafe dagegen ist etwas Negatives, sie zeugt von Verfehlungen, Vergehen und Verbrechen. Die beiden Dinge haben nichts miteinander zu tun, ein Begriff wie Strafkultur ist deshalb unsinnig.

«Culture as a whole way of life»

Die bürgerlich-industrielle Gesellschaft, die sich lange Zeit an Kultur im Sinn des Herausragenden, Ästhetischen, Künstlerischen und Kreativen orientiert hat, sieht darin das zeitlos Gültige – abgehoben von den Niederungen der Existenzsicherung und des Alltags. Der Zugang zu dieser Hoch- oder Elitekultur und der Umgang mit ihr setzen entsprechende Bildung, Musse und finanzielle Mittel voraus.[1]

Diese Vorstellung von Kultur ist bis heute in weiten Teilen der Gesellschaft dominant. Doch diesem «engen» Kulturbegriff steht ein «weiter» gegenüber, wie er etwa in den Kulturwissenschaften, zum Beispiel in der Volkskunde und der Ethnologie verwendet wird. «Kultur umfasst hier im Gegensatz zur Natur alles, was dem menschlichen Handeln entspringt»,[2] wird also verstanden als Antwort auf die existenzielle Herausforderung durch die natürliche und soziale Umwelt, als Daseinsbewältigung der Menschen ganz allgemein. Sie umfasst sowohl die materiellen wie auch die geistig-emotionalen Äusserungen und Leistungen, bestimmt die Lebensweise und Vorstellungswelt der Menschen und definiert ihre Identität.

So verstanden, ist jedes menschliche Handeln kulturell geprägt, Kultur ist die Anleitung dafür, wie Menschen im Alltag mit sozialen, politischen und wirtschaftlichen Herausforderungen umgehen und wie sie ihrem Leben Sinn geben. Kultur ist also weder ein Faktor neben anderen noch ein in sich abgeschlossener Bereich, sondern imprägniert das menschliche Dasein überhaupt. Sie umfasst «a whole way of life», wie die berühmte Formel von Raymond Williams lautet.[3]

Werte und Normen

In allen Varianten des «weiten» Kulturbegriffs ist die Frage nach den Vorstellungen, Werten und Normen einer Gesellschaft zentrales Element. Werte sind die grundlegenden ethischen Leitbilder, die das Denken und Handeln der Menschen bestimmen, Normen sind die daraus abgeleiteten Gebote oder Verbote, deren Übertretung in irgendeiner Weise bestraft wird.

Während die evolutionistische Sicht des 19. Jahrhunderts, die Kulturen nach Lebensweise sowie Werte- und Normensystemen hierarchisierte (hoch – niedrig, zivilisiert – primitiv), weitgehend verschwunden ist, dominiert heute in vielen Bereichen eine holistische Sicht auf die Kultur. Diese stellt unterschiedliche Kulturen ohne explizite Wertung gleichrangig nebeneinander und würdigt jede einzelne als spezifische, einzigartige Leistung, die von der Kreativität und der Vielfalt menschlicher Lebensformen zeugt. Jede Kultur besitzt nach dieser Vorstellung bestimmte Muster (patterns[4]), denen sich die Menschen, die in diese Kultur hineinwachsen, nicht entziehen können. Kultur erhält damit eine deterministische Qualität, jede Kultur erscheint als kohärentes und einheitliches Ganzes, in dem alles ordentlich zusammenpasst, und lässt sich von der nächsten klar abgrenzen.

Im Alltag gehen wir häufig von solchen vorgegebenen Mustern aus, reden etwa von schweizerischer, christlicher oder chinesischer Kultur. Dazu gehört auch ein meist unausgesprochener Konsens, was sich in einer bestimmten Kultur ziemt und was sich nicht ziemt, was belohnt und was bestraft werden soll. Auch das Gesetz stützt sich auf solche angeblich einheitlichen, von allen geteilten Wertvorstellungen. Straftaten etwa gelten nach dem Strafgesetzbuch als «besonders skrupellos», «besonders verwerflich» oder «entschuldbar», zeugen von «gemeiner Gesinnung» oder haben «achtenswerte Beweggründe». Formulierungen dieser Art verweisen auf die «herrschenden» Wertmassstäbe. Im alten Sexualstrafrecht wurden «unzüchtige Veröffentlichungen» unter Strafe gestellt, wobei «das Sittlichkeits- und Schamgefühl des normal empfindenden Bürgers» als Massstab diente. Doch wer genau legt diese «normale Empfindung» fest? Sexualität ist ein gutes Beispiel dafür, wie weit die Vorstellungen von «Normalität» innerhalb einer Gesellschaft in Wirklichkeit auseinander klaffen können und wie heikel deshalb «normalisierende» Argumentationen sind. Auf solchen Normalitätsdefinitionen basierende rechtliche Bestimmungen können absurde Züge annehmen, wenn innerhalb einer Gesellschaft wesentliche Gruppen diese Normen nicht akzeptieren. Das ist etwas der Fall beim Konsum leichter Drogen, der einerseits strafrechtlich verboten ist, andererseits aber von so vielen Menschen praktiziert wird, dass eine reale Verfolgung und Bestrafung aller Gesetzesbrecher völlig unmöglich wäre. Juristisch fixiertes Recht und soziale Realität liegen häufig weit auseinander, ebenso kann das Gerechtigkeitsempfinden grosser Teile der Bevölkerung wesentlich vom kodifizierten Recht abweichen. Gerade an solchen Widersprüchen und Reibungsflächen zeigt sich der Kulturwandel einer Gesellschaft. Hier wird sichtbar, wie sie Konflikte austrägt und Lösungen aushandelt. Kulturelle Muster und Strafen sind dabei direkt aufeinander bezogen.

Homogenität und Heterogenität

Ein einheitlicher, objektiv feststellbarer Werte- und Normenkonsens ist eine Fiktion. Es gibt keine Instanz, die einen solchen Konsens autoritativ dekretieren könnte. Früher übernahm die Kirche in vielen Bereichen diese Rolle und verkündete die richtige Moral – unabhängig davon, ob diese auch die tatsächlich vorherrschende war oder nicht.

In jeder Gesellschaft halten sich bestimmte Gruppen nicht an die «herrschenden» Normen, können sich vielleicht aufgrund ihrer Lebensumstände gar nicht daran halten oder grenzen sich bewusst davon ab. Auf diese Weise entstehen oft eigentliche Sub- oder Gegenkulturen, Gegenentwürfe zur dominanten Kultur. Das können etwa generationenspezifische Verhaltensweisen sein wie bei Jugendkulturen (Skins, Punks, Rapper), aber auch solche der gesellschaftlichen Opposition und des Widerstands. Protestbewegungen berufen sich häufig auf alternative Wertvorstellungen, wie das historisch gesehen bei Demokratiebestrebungen oder in der Gegenwart bei Ökologie- oder Tierschutzgruppen feststellbar ist.

Um angesichts der Vielfalt und der unterschiedlichen Auffassungen ein gewisses Mass an Konformität, an Konsens und damit auch an gemeinsamer kultureller Identität herzustellen, stützt sich jede Gesellschaft auf normalisierende und normierende Vorgaben. Diese erzeugen jene soziale Kohärenz, die das Heterogene nicht homogenisiert und dennoch eine Gesellschaft zureichend stabilisieren kann. Neben den ausgleichenden und identitätsstiftenden Elementen einer solchen «Normalisierung» müssen aber auch deren ausgrenzende Aspekte zur Kenntnis genommen werden.[5] Die Festlegung und Durchsetzung von Normen begrenzt immer die Vielfalt kultureller Möglichkeiten. Sie macht aus fliessenden, kontinuierlichen Übergängen, welche das kulturelle Verhalten der Menschen prägen, fixe, diskontinuierliche Grenzen, die ohne Folgen nicht überschritten werden dürfen, die entscheiden über Freispruch oder Strafe, «in» oder «out». Wer etwa Alkohol trinkt und Auto fährt, wird ab einer genau bestimmten Menge bestraft, wer ein Glas weniger getrunken hat, kommt ungeschoren davon.

(Selbst-)Disziplinierung

Strafen unterbrechen also fliessende kulturelle Übergänge abrupt. Damit ist auch gesagt, dass in der Kultur harte Trennlinien in der Regel nicht zu finden sind. Die Variabilität innerhalb einer Kultur ist praktisch genau so gross wie diejenige zwischen den Kulturen. Kultur wird in der heutigen Wissenschaft deshalb nicht mehr als ein holistisches, einheitliches System betrachtet, das den Menschen aufgezwungen wird, sondern als in alltäglichen Handlungen, Wertungen und Äusserungen von den Menschen immer wieder neu produzierte Sinngebung. Die Menschen sind der Kultur nicht einfach passiv ausgeliefert, sondern wirken als aktiv Handelnde, die kulturelle Bedeutungen erzeugen.[6]

Dieser Prozess bringt soziale, politische und wirtschaftliche Konflikte zum Ausdruck und ermöglicht damit deren Verhandlung. Jede Gesellschaft legt dabei fest, welche Werte und Normen Gültigkeit haben. Der grösste Teil dieser Festlegungen wird aber nicht festgehalten oder kodifiziert. Vieles funktioniert durch gegenseitige soziale Kontrolle oder wird der Gesellschaft so selbstverständlich, dass sie es als «natürlich» und «normal» empfindet. Norbert Elias hat am Beispiel der westeuropäischen Entwicklung aufgezeigt, wie sehr kleine, alltägliche Dinge, die uns als quasi angeboren erscheinen – zum Beispiel Umgangsformen, Tischmanieren, Hygienevorstellungen, Scham- und Peinlichkeitsgefühle – Resultat einer historischen Entwicklung, eines langen kulturellen Prozesses sind. Dieser «Prozess der Zivilisation» basiert nicht nur auf äusseren Zwängen, sondern auch auf einer inneren Verhaltenssteuerung, einer Trieb- und Bedürfnisregulierung und Selbstdisziplinierung. «Der Kontroll- und Überwachungsapparatur in der Gesellschaft entspricht die Kontrollapparatur, die sich im Seelenhaushalt des Individuums herausbildet.»[7]

Gesellschaftliche Normen wirken in uns also nicht primär durch Strafe und deren Androhung, sondern dadurch, dass sie zu persönlichen Werthaltungen kristallisieren. Eine Gesellschaft funktioniert, wenn ihre Mitglieder wesentliche Teile der in ihr gültigen Normalitätsvorstellungen internalisiert haben. Ohne eine solche Verständigung fehlen jegliche Regeln des Umgangs miteinander. Strafen sind deshalb nicht per se negativ, sondern unverzichtbare Elemente einer Selbstorganisation der Gesellschaft.

Macht und Dominanz

Aber selbstverständlich ist die Durchsetzung von Werten und Normen immer auch mit Fragen von Macht und Herrschaft verbunden. Soziale und ökonomische Ungleichheits- und Abhängigkeitsverhältnisse widerspiegeln sich in den kulturellen Praxen einer Gesellschaft. Gruppen, die mit grosser gesellschaftlicher Macht ausgestattet sind, setzen ihre Werte und Normen durch, andere haben sich zu fügen. Das kann je nach Gesellschaft autoritärer oder demokratischer vor sich gehen, resultiert aber immer in der Dominanz bestimmter Kräfte. Die durch Normen und Normalisierungsprozesse erreichte Integrationsfähigkeit moderner, heterogener Gesellschaften führt deshalb nicht nur zur erfolgreichen Schaffung von einigermassen homogenen Mehrheiten, sondern auch zur Ausgrenzung jener, die über keine oder nur wenig Macht verfügen, also der gesellschaftlichen Randgruppen und Aussenseiter. Sie werden bestraft, indem man sie von bestimmten Bereichen des sozialen Lebens vollständig oder teilweise, temporär oder auf Dauer ausschliesst.

Michel Foucault hat in seinem wegweisenden Werk *Überwachen und Strafen* gezeigt, wie sehr Überwachungs- und Disziplinierungstechniken unterschiedlichster Art die moderne Gesellschaft bestimmen.[8] Strafen bedeutet nach ihm immer Einsatz und Darstellung von Macht. Doch nicht nur staatliche Machtmittel wie etwa Gefängnisse gehören zu den Disziplinierungstechniken. Vielmehr ist Macht in allen gesellschaftlichen Institutionen, Ritualen und informellen Handlungen präsent, entfaltet sich als Bestandteil auch der kleinsten und intimsten menschlichen Beziehungen.

Kultur als Prozess

Es ist eine Errungenschaft des demokratischen Staates, dass das gleiche Recht für alle gilt. Zugleich entwickeln sich die demokratisch verfassten Gesellschaften im Zeichen von Globalisierung und Migration immer stärker zu kulturell vielfältigen, pluralistischen Gebilden. Da immer häufiger Menschen mit den unterschiedlichsten Vorstellungen und Lebensweisen zusammenkommen, prallen Normenkonflikte besonders heftig aufeinander. Manche Lösungsansätze fordern aus diesem Grund eine Art «Aufprallschutz», der darin besteht, dass die verschiedenen kulturellen Positionen fein säuberlich voneinander getrennt werden: Die erste Variante dieses Schutzes, die des friedlichen Nebeneinanders, beschwört die idyllische Idee einer multikulturellen Gesellschaft, in der alle ihre eigene Kultur leben und pflegen und die andere, fremde Kultur tolerant akzeptieren. Die zweite Variante hingegen, die des «Kampfs der Kulturen», malt mit kräftigen Pinselstrichen düstere Szenarien der Unvereinbarkeit und des Dauerkonflikts zwischen den verschiedenen Lebensweisen. Beide Sichtweisen, so fundamental sie sich auch zu widersprechen scheinen, basieren auf einer ähnlich statischen, holistischen und dichotomischen Sicht von Kultur. Kulturelle Identität gilt ihnen als fest gefügte, praktisch unveränderliche Gegebenheit. Sie muss deshalb automatisch mit den Werten und Normen der anderen, «fremden» Gesellschaft in Konflikt geraten. Integration erscheint in dieser Sicht als beinahe unmöglich; Marginalisierung und Ausgrenzung von Minderheiten sind die Folgen, häufig auch auf juristischer Ebene, weil man bestraft wird für Verhaltensweisen, die in der eigenen Kultur selbstverständlich oder sogar zwingend sind. Vom «Rechtsdilemma interkultureller Begegnung» spricht deshalb der Philosoph Otfried Höffe: «Wer der Straffälligkeit entgehen will, muss sich den eigenen Gepflogenheiten entfremden und fremden Sitten unterwerfen.»[9] Doch Kultur und kulturelle Identität weisen, wie wir gesehen haben, keine solche natürliche, homogene, fixe Qualität auf, sind nicht von selbst allen gemein, die auf eine geteilte Geschichte und auf dieselben Vorfahren zurückblicken, sondern müssen erarbeitet und geformt werden, sind immer abhängig vom sozialen Kontext und von Machtverhältnissen. Wenn Kultur durch die Teilnahme am sozialen Leben erlernt wird, verändert sie sich gerade in Migrationssituationen, weil diese zu gänzlich neuen gesellschaftlichen Konstellationen führen. Diese Veränderung verläuft keineswegs als automatischer Prozess, vielmehr wird das kulturelle Selbstverständnis der Menschen zutiefst verunsichert durch widerstreitende Praxen und Erfahrungen. Doch gerade deshalb ist der Aushandlungsprozess, der für alle geltende Werte und Normen festlegt, von zentraler Bedeutung. Nur so kann eine Verhaltens- und Rechtssicherheit entstehen, die dem Einzelnen die Möglichkeit bietet, sich zu orientieren und seinen Platz in der Gesellschaft zu definieren. Das Beharren auf fixen Kulturmustern kann deshalb kein Lösungsansatz sein, ein unverbundenes Nebeneinander unterschiedlichster Kulturen gibt es nicht.

In den Kulturwissenschaften sind aus diesen Gründen die Vorstellungen von Stabilität und Kontinuität weitgehend relativiert worden. Sie haben einem Denken Platz gemacht, das geprägt ist von Prozesshaftigkeit, Mobilität, Wandel und Verflechtung. Kulturelle Vermischungen, Prozesse der Kreolisierung und Hybridisierung sind an vielen Orten zu beobachten und führen nicht nur zur Zerstörung traditioneller Werte, sondern eröffnen auch Chancen. Unter Kultur kann man deshalb die Fähigkeit verstehen, neue Herausforderungen, wie sie für die moderne Gesellschaft alltäglich sind, zu bewältigen und ihnen Sinn zu geben. Eine derartige Konzeption bricht mit Vorstellungen, die von einer einmal festgelegten, substanziellen Ausprägung der Kultur durch vorgeformte Muster ausgehen und dann zwangsläufig Störungen diagnostizieren, wenn neue, unvertraute Situationen eintreten. Jeder und jede Einzelne muss die eigene kulturelle Identität in dauernder Auseinandersetzung mit den gesellschaftlichen Erwartungen und Bedingungen entwickeln. Die Normsetzung und das Bestrafen von Normübertretungen sind der Versuch, die ausgehandelten Resultate zu fixieren und damit die kulturelle Identität zu stabilisieren. Dieser Versuch ist einerseits zum Scheitern verurteilt, weil jede Fixierung nur eine zeitlich begrenzte Gültigkeit haben kann, da sich die Gesellschaft sowohl in ihren materiellen Voraussetzungen (Technik, Wirtschaft) wie auch in ihren internalisierten Einstellungen dauernd ändert. Andererseits ist er existenziell, weil nur so Verhaltenssicherheit und damit gesellschaftliche Integration hergestellt werden kann. Erst diese Sicherheit ermöglicht den Gesellschaftsmitgliedern, frei zu agieren und sich zu entfalten.

FUSSNOTEN. **1** Vgl. dazu Schindler, Norbert: Jenseits des Zwangs? Zur Ökonomie des Kulturellen inner- und ausserhalb der bürgerlichen Gesellschaft. In: Zeitschrift für Volkskunde 81 (1985). S. 192–219. **2** Tenbruck, Friedrich H.: Die kulturellen Grundlagen der Gesellschaft. Der Fall der Moderne. Opladen 1989. S. 15. **3** Zit. nach Lindner, Rolf: Die Stunde der Cultural Studies. Wien 2000. S. 32. **4** Benedict, Ruth: Patterns of culture. Boston 1934. **5** Vgl. dazu Link, Jürgen: Versuch über den Normalismus. Wie Normalität produziert wird. Opladen 1997. **6** Geertz, Clifford: Dichte Beschreibung. Bemerkungen zu einer deutenden Theorie von Kultur. In: Ders.: Dichte Beschreibung. Beiträge zum Verstehen kultureller Systeme. Frankfurt am Main 1987. S. 7–43. **7** Elias, Norbert: Über den Prozess der Zivilisation. Soziogenetische und psychogenetische Untersuchungen. 2 Bde., Frankfurt am Main 1990, Bd. 2. S. 327f. **8** Foucault, Michel: Überwachen und Strafen. Die Geburt des Gefängnisses. Frankfurt am Main 1976. **9** Höffe, Otfried: Gibt es ein interkulturelles Strafrecht? Ein philosophischer Versuch. Frankfurt am Main 1999. S. 23.

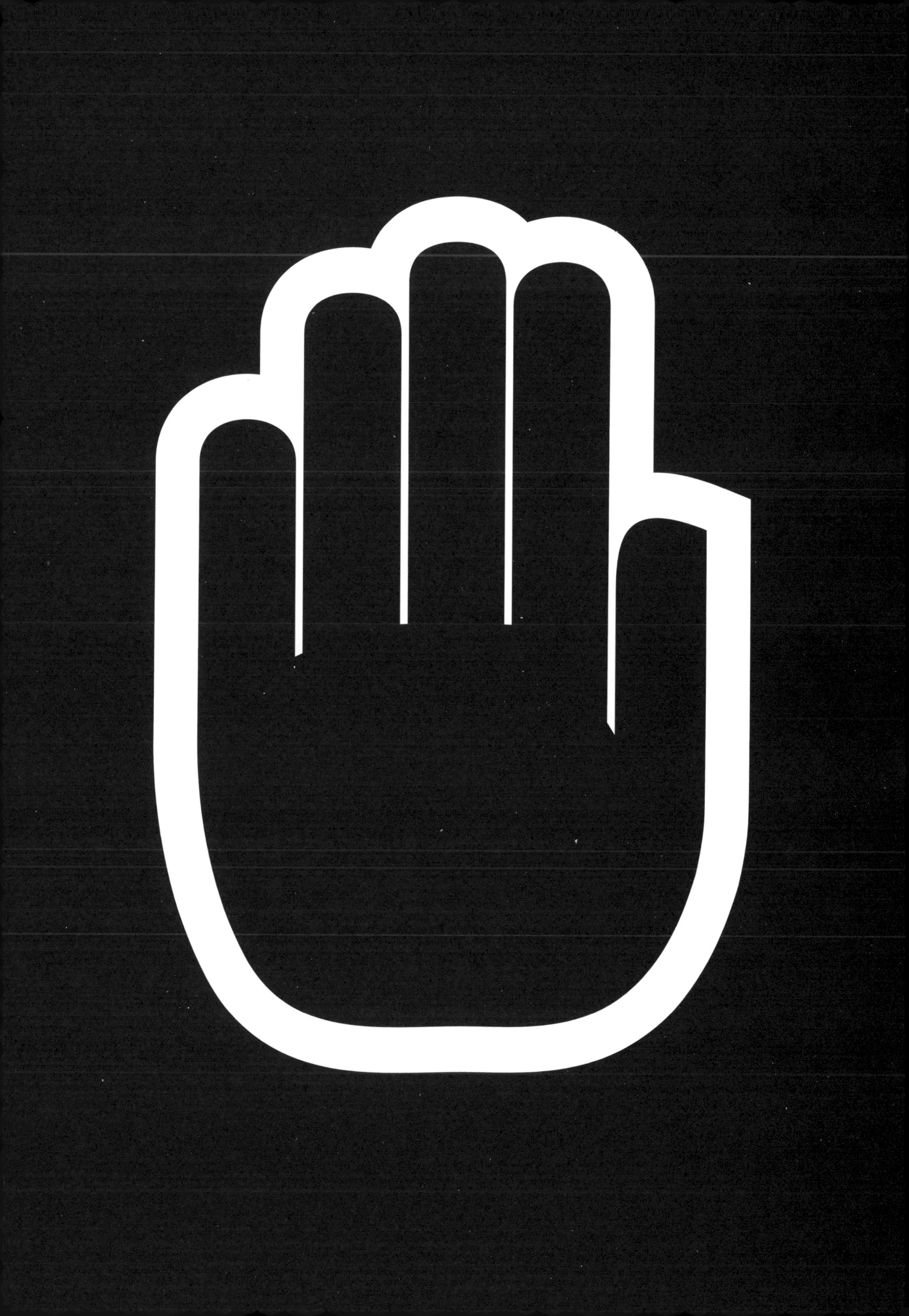

Strafzweck

Christian Schwarzenegger 1959, ist Assistenzprofessor für Strafrecht, Strafprozessrecht und Kriminologie an der Universität Zürich und seit 2002 Vizepräsident der Eidgenössischen Expertenkommission «Netzwerkkriminalität». Er wohnt in Zürich.

Rache, Gerechtigkeit, Abschreckung oder Erziehung?

Altes und Neues zur Begründung von Strafen und Massnahmen[*]

Was ist der Sinn und Zweck der Strafe? Über die Jahrhunderte blieb diese Grundfrage unverändert aktuell. Der Strafzweck pendelt zwischen Vergeltung, Abschreckung, Resozialisierung, Schutz der Gesellschaft und Bekräftigung gesellschaftlicher Normen. Die einen orientieren sich an der vergangenen Verletzung der Rechtsnormen, Strafe sei darum eine ethische Notwendigkeit. Die andern fokussieren auf die Zukunft: Strafe sei nur gerechtfertigt, wenn sie eine kriminalitätsvermindernde Wirkung hat.

Rache für den Kriegsverbrecher

Am 2. April 1998 wird Maurice Papon vom Schwurgericht Bordeaux wegen Gehilfenschaft zu Verbrechen gegen die Menschlichkeit zu einer Freiheitsstrafe von zehn Jahren verurteilt. Als Generalsekretär der Präfektur Bordeaux und «Leiter der Dienststelle für jüdische Fragen» war der Verurteilte zwischen 1942 und 1944 für die Verhaftung und Übergabe von mehr als 1500 Juden an die Gestapo verantwortlich. Mit Wissen Papons wurden diese Männer, Frauen und Kinder von den Nazis in Konzentrationslager deportiert. Nach dem Zweiten Weltkrieg machte Papon unter Präsident Charles de Gaulle zunächst Karriere als Polizeipräfekt von Paris, später ernannte ihn Premierminister Raymond Barre zum Budgetminister.

Dem vorgesehenen Antritt der Strafe im Herbst 1999 entzieht sich der mittlerweile 89-jährige Papon durch die Flucht in die Schweiz. Schon am 21. Oktober 1999 wird er in einem Hotel in Gstaad festgenommen, wo er sich unter falschem Namen einquartiert hat. Die französische Regierung reagiert mit Erleichterung: Premierminister Lionel Jospin verkündet, er empfinde eine «tiefe Genugtuung». Innenminister Jean-Pierre Chevènement drückt den schweizerischen Behörden und dem französischen Nachrichtendienst seine Dankbarkeit aus, während Justizministerin Elisabeth Guigou verspricht, sich für eine schnelle Auslieferung einzusetzen. Michel Slitinsky, Sprecher der zivilen Nebenkläger, erklärt, Papon ins Gefängnis gehen zu sehen, sei wie eine Wiedergutmachung. Seine Opfer hätten furchtbar gelitten, als er das Gericht frei verlassen habe. Er werde jetzt in den Genuss einer Haft unter ärztlicher Beobachtung kommen. Man müsse im Übrigen kaum daran erinnern, dass die deportierten Opfer nicht auf solche Rücksichten zählen konnten, als sie in die Lager geschickt wurden. Den französischen Forderungen nach einer speditiven Überstellung Papons kommt der Bundesrat schon am nächsten Tag nach. Gegen jegliche Grundsätze des Auslieferungsrechts lässt er den Kriegsverbrecher in einer Blitzaktion per Helikopter nach Frankreich zurückschaffen.[1] Nach Ausschöpfung aller rechtlichen Mittel findet die Affäre Papon erst am 11. Juni 2004 ihren Abschluss. Die zehnjährige Freiheitsstrafe wird rechtskräftig und vollstreckbar, doch nun kann der 93-jährige Täter aus medizinischen Gründen nicht mehr in den Strafvollzug eingewiesen werden. Mehr als 60 Jahre nach der Verübung der Verbrechen stellt sich die Frage, ob und warum ein gesundheitlich angeschlagener

Greis für seine folgenschwere Kollaboration mit den Nazis bestraft werden soll. Obwohl Papon nicht mehr «straferstehungsfähig» ist und zudem nicht zu erwarten ist, dass er rückfällig wird, fühlen wir uns offensichtlich nicht wohl bei dem Gedanken, ihn ohne Bestrafung durchschlüpfen zu lassen. Der Strafprozess und die Sanktion dienen hier der Vergangenheitsbewältigung und tragen auch symbolische Züge.

Sicherheit vor dem Sexualstraftäter

Im Juni 1992 begegnet der wegen mehrfacher – zum Teil versuchter – sexueller Handlungen mit Kindern und Exhibitionismus vorbestrafte Albert B. der 12-jährigen Sabine T. gegen Mittag auf dem Trottoir einer viel befahrenen Durchgangsstrasse am Stadtrand von Schaffhausen.[2] Aus einem Impuls heraus, mit dem Mädchen ein bisschen reden, ihm aber sicher nichts zuleide tun zu wollen – wie er bei der späteren Einvernahme aussagen wird – überholt Albert B. das Kind auf dem Trottoir und spricht es an. Als Sabine T. nicht reagiert und ihm auszuweichen versucht, packt er das Mädchen am rechten Handgelenk und zerrt es in Richtung eines nahe gelegenen Gebüschs. Sabine T. widersetzt sich und beginnt zu schreien. Hans W., der im Vorbeifahren beobachtet, wie Albert B. das Mädchen am Handgelenk reisst, hält seinen Wagen sofort an und eilt dem Täter hinterher, der inzwischen von Sabine T. abgelassen und die Flucht ergriffen hat. Hans W. gelingt es, Albert B. zu überwältigen und der herbeigerufenen Polizei später zu übergeben. Die Staatsanwaltschaft erhebt Anklage wegen versuchter sexueller Handlungen mit einem Kind und Nötigung. Ein psychiatrisches Gutachten stellt für den Tatzeitpunkt eine leichte bis mittelschwere Verminderung der Zurechnungsfähigkeit fest und empfiehlt die Fortsetzung der psychotherapeutischen Behandlung, in welche sich der Angeklagte freiwillig und kurz nach der Tat begeben hat. In diesem Fall stehen wir vor einem anderen Problem als bei der Affäre Papon. Einerseits ist, rein äusserlich betrachtet, kaum eine Verletzung oder Schädigung festzustellen. Das Kind und seine Eltern sind mit dem Schrecken davongekommen. Andererseits lassen aber die einschlägigen Vorstrafen und das impulsgesteuerte Verhalten des Täters auf eine beträchtliche Rückfallgefahr schliessen. Das zuständige Kantonsgericht diskutiert daher in der Urteilsberatung, ob Albert B. wegen seiner geistigen Störung zur Sicherheit der Gesellschaft – das heisst konkret, zum Schutz von Kindern – für unbefristete Zeit verwahrt werden müsse. Da der Täter im psychiatrischen Gutachten als behandlungswillig bezeichnet und ihm eine günstige Kriminalprognose ausgestellt wird, verzichten die Richter auf diese Massnahme. Albert B. wird zu einer unbedingten Gefängnisstrafe von zwei Jahren verurteilt; gleichzeitig hat er sich im Strafvollzug einer therapeutischen Behandlungsmassnahme zu unterziehen. Die Tat tritt dabei völlig in den Hintergrund. Die gegen Albert B. verhängte Strafe und die damit verbundene Massnahme bezwecken vor allem eines: Die Verminderung der zukünftigen Rückfallgefahr durch die Behandlung der geistigen Störung in der Strafanstalt. Auch die vom Gericht in Erwägung gezogene Verwahrung dient dem gleichen Ziel, wobei dieses Mittel wegen seiner zeitlichen Unbegrenztheit sehr einschneidend für den Verurteilten ist. Neben der Behandlung tritt hier der Zweck der Unschädlichmachung durch Einsperren in den Vordergrund.

Abschreckung für Raser

Ein 20-jähriger Mann aus dem Kosovo fährt am Abend des 3. September 1999 mit seinem Personenwagen VW Corrado von Hochdorf in Richtung Gelfingen. Beim Kreisel in Hochdorf schliesst ein zweiter VW Corrado, der von einem 26-jährigen Mazedonier gesteuert wird, zum Auto des Ersteren auf. In der Folge entwickelt sich zwischen den beiden Lenkern ein spontanes Autorennen. Nach der Ortschaft Baldegg überholt der Hintermann mit einer Geschwindigkeit im Bereich von 100 bis 140 Kilometern pro Stunde. Daraufhin fährt der jüngere Kontrahent mit massiv übersetzter Geschwindigkeit dicht hinterher. Vor dem Ortseingang von Gelfingen setzt er seinerseits zu einem Überholmanöver an und fährt auf die linke Fahrspur. Die beiden Männer rasen eng hintereinander beziehungsweise teilweise nebeneinander mit einer Geschwindigkeit von rund 120 bis 140 Kilometern pro Stunde in das Dorf Gelfingen hinein. Dort verliert der jüngere Fahrer die Kontrolle über sein Fahrzeug, knallt mehrmals gegen Mauern und erfasst schliesslich ein 14-jähriges Mädchen und dessen 15-jährigen Cousin. Die Jugendlichen sterben kurz darauf an den erlittenen Verletzungen. Der 20-jährige Lenker kommt mit leichten Verletzungen davon. Der andere am Rennen beteiligte Fahrer bremst derweil seinen Wagen ab und fährt langsam am Unfallort vorbei, ohne sich weiter um die Opfer zu kümmern.[3]

Dieses tragische Ereignis führte zu einem wegweisenden Urteil der Luzerner Justiz, das am 26. April 2004 auch vom Bundesgericht bestätigt wurde. Die Strafgerichte gingen bisher bei Raserunfällen mit Todesfolgen für Dritte davon aus, dass solche Täter zwar fahrlässig, aber nicht mit Wissen und Willen bezüglich der Todesverursachung gehandelt hätten. Deswegen könne ihnen nicht das selbe Mass an Schuld vorgeworfen werden wie zum Beispiel jemandem, der sein Opfer bewusst mit einem Messer um sein Leben bringt. Nach dem geltenden Strafgesetz ist Strafe im Grund ein Ausgleich für individuelles Verschulden. Folge dieser juristischen Würdigung sind milde Strafen – regelmässig bedingte Freiheitsstrafen – für die fahrlässige Tötung von Unbeteiligten durch Raser. Im Gelfinger Fall gelangten nun die Gerichte zum Resultat, dass beide Täter die Möglichkeit eines tödlichen Ausgangs des Rennens gesehen und diese Folge auch in Kauf genommen hätten. Damit hätten sie eventualvorsätzlich den Tod der beiden Jugendlichen herbeigeführt. Die Strafe lautete daher auf sechseinhalb Jahre Zuchthaus.[4] Ob diese Entscheidung dem Schuldstrafrecht «gerecht» wird, kann sich erst in der weiteren juristischen Fachdiskussion erweisen. Sie steht aber sicherlich im Einklang mit der öffentlichen Meinung. Die Bevölkerung konnte die juristischen Urteile immer weniger nachvollziehen und forderte härtere Strafen für Raser. Die härtere Bestrafung im Luzerner Fall trägt den Sanktionswünschen der Bevölkerung Rechnung. Beispielhaft für die seit Jahren geäusserte Kritik am milden Umgang mit Rasern, die den Tod oder die schwere Verletzung anderer herbeiführen, zitieren wir hier aus einem Online-Forum der «Basler Zeitung», in welchem das Luzerner Urteil diskutiert wurde.

«Ich hab's aber satt, dass in diesem Lande der Autofahrer Kinder überfahren kann, ... ohne dass ihm etwas passieren kann. Er hat es ja nicht gewollt, dieser arme Autofahrer. Und überhaupt, was haben diese Fussgänger, Kinder, Fahrradfahrer und anderen Nicht-Autofahrer überhaupt auf der (Welt) Strasse zu suchen? Auf jeden Fall möchte ich dem Richtergremium meinen Dank aussprechen für seinen Mut. Dies ist der einzige gangbare Weg, um endlich den Tätern zu zeigen, dass sie Täter und nicht arme Opfer sind.»

«So ist es für mich ganz klar, dass nebst einer harten Gefängnisstrafe für die wirklichen Raser ... auch eine sehr hohe Geldstrafe verhängt [wird]. Das muss so sein, weil wir uns sonst nicht mehr an die Gesetze halten, da es ja nicht wehtut, 3 Monate bedingt Gefängnis zu bekommen ... Es ist auch bedenklich, dass in diesem Sinne ein Menschenleben nur 3 Monate bedingt Gefängnis wert ist.»

«Endlich ist eine einigermassen angemessene Strafe in einem tragischen Fall ausgesprochen worden. Leider sind solche Raser bis jetzt immer nur mit einem blauen Auge davongekommen ... Allerdings befürchte ich, dass selbst hohe Strafen allein nicht viel helfen.»[5]

Wie diese wenigen Beispiele zeigen, werden mit den staatlichen Strafen offenbar unterschiedliche Ziele verfolgt. Die Frage nach dem Sinn und Zweck des Strafens beschäftigt die Menschen schon seit der Antike. In einem demokratischen Rechtsstaat moderner Prägung bedarf das Strafrecht aber einer rationalen Begründung und muss im Einklang stehen mit den Grundsätzen der Verfassung. Über die Jahrhunderte haben sich verschiedene Straftheorien entwickelt, die das staatliche Strafrecht – je nach Menschen- und Weltbild der Zeit – auf eine bestimmte Art und Weise legitimieren.

Strafe als Vergangenheitsbewältigung

Schon in frühen, rudimentären Formen staatlicher Organisation entwickelten sich Regeln, welche einer unkontrollierten Rache und Fehde zwischen Familien- und Sippenverbänden entgegenwirken sollten. Sie hatten das Ziel, die Verletzung «zurück zu vergelten». Die jeweiligen Machthaber versuchten durch harte, aber auf den Schädiger beschränkte Strafen zwischenmenschliche Konflikte zu bereinigen. So fordert der Kodex Hammurabi (um 1750 vor Christus): «Gesetzt, ein Mann hat das Auge eines Freigeborenen zerstört, so wird man sein Auge zerstören. Gesetzt, er hat einem anderen einen Knochen zerbrochen, so wird man seinen Knochen zerbrechen. Gesetzt, ein Mann hat einem anderen ihm gleichstehenden Manne einen Zahn ausgeschlagen, so wird man ihm einen Zahn ausschlagen.»[6]

Diese Regeln sind wohl niemals mit aller Konsequenz angewendet worden, waren jedoch für die Entwicklung der Strafgesetzgebung sehr bedeutend. Ähnliche, auf den vergeltenden Ausgleich eines begangenen Verbrechens zielende Gesetze sind bis zum Ende des Mittelalters die Regel. Im deutschsprachigen Raum steht auch die peinliche Halsgerichtsordnung Karls V. von 1532 (Constitutio Criminalis Carolina) auf diesem Fundament. Nach ihr richtete sich das Strafrecht in vielen deutschen Staaten bis zum Ende des 18. Jahrhunderts.

Obwohl Immanuel Kant (1724–1804) im ersten Teil seiner «Metaphysik der Sitten» nur wenige Seiten auf das Strafrecht verwendet, zählt er zu den bedeutendsten Verfechtern der Vergeltungstheorie, die den Zweck der Strafe allein in der Bewältigung der Vergangenheit sehen.[7] Kern der Kant'schen Straftheorie ist die Aussage, dass die richterliche Strafe immer und losgelöst von ihren möglichen individuellen und gesellschaftlichen Wirkungen verhängt werden muss, weil das Strafgesetz ein kategorischer Imperativ ist. Nach Kant hört die Gerechtigkeit auf, eine solche zu sein, wenn sie sich für irgendeinen Nutzen weggibt. «Im Stande des Züngleins an der Waage der Gerechtigkeit» muss die Bestrafung das Verbrechen aufwiegen, und dies lässt sich einzig mit dem Vergeltungsprinzip erreichen. Für Kant folgt daraus: «Was für unverschuldetes Übel du einem anderen im Volke zufügst, das tust du dir selbst an. Beschimpfst du ihn, so beschimpfst du dich selbst; bestiehlst du ihn, so bestiehlst du dich selbst...» Weil es für den Tod eines Unschuldigen keine andere Befriedigung der Gerechtigkeit gibt, muss der Mörder nach Kant immer hingerichtet werden. Das Vergeltungsrecht führt in vielen Fällen zu absurden Lösungen: Man denke nur an Vergewaltigungen oder sexuelle Handlungen mit Kindern. Selbst Kant anerkennt, dass hier keine Erwiderung möglich ist, und hält in einem Zusatz zur zweiten Auflage sei-

Straftheorien

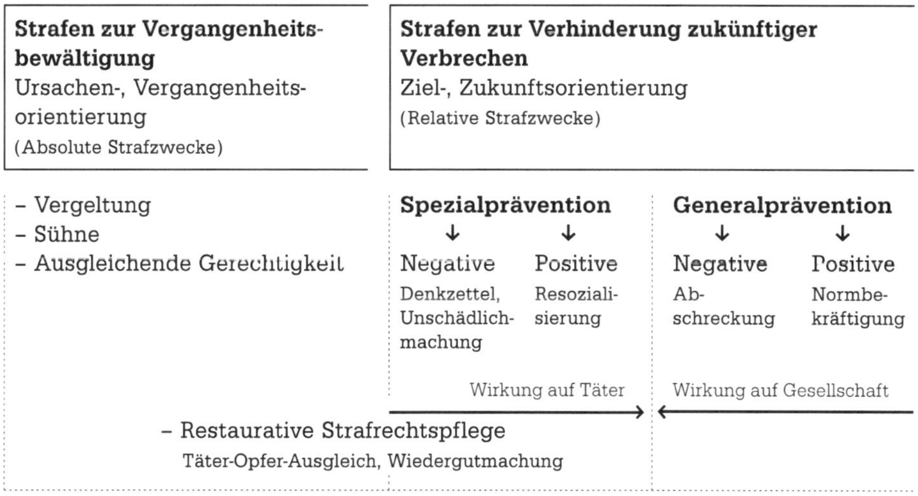

nes Buches die Bestrafung derartiger Verbrechen durch Kastration «wie eines... Verschnittenen im Serail» für gerecht.

Eine weitere Quelle absoluter Strafvorstellungen ist das christliche und jüdische Weltbild von den sündigen Menschen und ihrer persönlichen Schuld, die durch die Strafe ausgeglichen wird. Und zwar können Schuld und Sünde in der diesseitigen Welt nur durch eine aktive Sühne und Busse des Übeltäters getilgt werden. Diese Vorstellung hat die abendländische Rechtsentwicklung bis in die jüngste Vergangenheit stark geprägt. Sie mangelt allerdings daran, dass ein Sühneprozess mit den Mitteln des äusserlichen Zwangs nicht durchgesetzt werden kann. Nur wenige Straftäter läutern sich durch Bestrafung. Im Gegenteil: Die meisten fühlen sich ihrerseits ungerecht behandelt.

All diesen Theorien ist gemeinsam, dass sie den Blick auf das vergangene Geschehen, die Verletzung der Rechtsnorm und die Schädigung richten. Sie werden als absolute Straftheorien bezeichnet, weil die Strafe aus dieser Perspektive a priori eine ethische Notwendigkeit ist und nicht von der Erreichung kriminalitätsvermindernder Ziele abhängen soll. Solange keine ausgleichende Strafe verhängt und vollstreckt wird, dauert nach dieser Theorie ein ungerechter Zustand an. Strafe bezweckt somit, das schuldhaft begangene Unrecht zu beseitigen. Dieses Prinzip bildet auch heute noch den Ausgangspunkt der Strafzumessung, denn das Strafmass wird wesentlich durch die Tatschwere bestimmt.

Auch für Friedrich Nietzsche (1844–1900) ist die Strafe eine ethische Notwendigkeit. So schreibt er 1886: «Es giebt einen Punkt von krankhafter Vermürbung und Verzärtlichung in der Geschichte der Gesellschaft, wo sie selbst für ihren Schädiger, den ‹Verbrecher› Partei nimmt, und zwar ernsthaft und ehrlich. Strafen: das scheint ihr irgendworin unbillig, – gewiss ist, dass die Vorstellung ‹Strafe› und ‹Strafen-Sollen› ihr wehe thut, ihr Furcht macht. ‹Genügt es nicht, ihn ‹ungefährlich› machen? Wozu noch strafen? Strafen selbst ist fürchterlich!› – mit dieser Frage zieht die Heerden-Moral, die Moral der Furchtsamkeit ihre letzte Consequenz.»[8]

Nietzsche hatte allerdings nicht wie Kant die Vergeltung des Verbrechens im Auge. Vielmehr wollte er, dass der Staat durch Strafe, Leiden und Grausamkeit seine Bürger züchtigen und stählen solle, womit die Menschheit auf ein höheres Entwicklungsniveau gehoben würde. Er richtete den Zweck der Strafe also durchaus auf die

Zukunft aus, argumentierte dabei aber sehr elitär. Seine Vorstellungen haben vor allem bei Diktatoren Anklang gefunden – mit verheerenden Konsequenzen. Heute werden sie zu Recht abgelehnt.

Strafe als Mittel zur Prävention

Im Zeitalter der Aufklärung rücken Straftheorien in den Vordergrund, deren Sinn und Zweck in der Zukunft liegen (relative Straftheorien).[9] Da der Staat dem Gemeinwesen zum Wohl dienen soll und sich sein Handeln an den Gesetzen der Vernunft orientieren muss, kann Strafe kein Selbstzweck sein. Sie ist nur gerechtfertigt, wenn sie eine kriminalitätsvermindernde Wirkung in der Zukunft hat. Diese Theorien sehen den Zweck der Strafe in der Prävention.

Zunächst wird die Theorie der Abschreckung (negative Generalprävention) populär, die vor allem von Jeremy Bentham (1748–1832) und im deutschsprachigen Raum von Paul Johann Anselm Feuerbach (1775–1833) geprägt wird. Sie geht davon aus, dass sich alle Menschen vernünftig verhalten, das heisst vor der Ausführung einer Handlung die positiven und negativen Konsequenzen berechnen und gegeneinander abwägen. Überwiegen die Nachteile gegenüber den Vorteilen, wird das Individuum «vernünftigerweise» die Handlung nicht realisieren. Zur Verhinderung von Straftaten kann der Staat nun in dieses ökonomische Kalkül eingreifen. Und zwar durch die Androhung einer Strafe, die dem voraussichtlichen Gewinn aus der Tat einen grösseren Verlust gegenüberstellt. Damit dies überhaupt funktionieren kann, muss einerseits die Bevölkerung gute Rechtskenntnisse beziehungsweise ein entsprechendes Rechtsgefühl haben. Andererseits ist der Erfolg der Abschreckung abhängig von einer hohen Entdeckungswahrscheinlichkeit.

Die Schule des Positivismus verschiebt ab Mitte des 19. Jahrhunderts die Akzente. Beeinflusst von medizinischen, psychologischen und soziologischen Beobachtungen setzt sie der Idealvorstellung des vernunftbegabten, willensfreien Menschen, von dem die bisher behandelten Theorien ausgehen, ein deterministisches Menschenbild entgegen. Menschliches Handeln ist ein Produkt aus Erbanlage und Umwelteinflüssen. Damit entfällt aber auch die Möglichkeit eines Schuldvorwurfs. Der Täter verstösst nicht mit freiem Willen gegen die Strafvorschrift. Er ist vielmehr ein Spielball seiner physischen und psychischen Disposition sowie der sozialen Umwelteinflüsse. Für das Strafrecht folgt daraus, dass eine rationale Sanktionierung nur an der mehr oder minder vorhandenen Gefährlichkeit des Täters ausgerichtet werden kann. Es wird also nicht auf die Tat reagiert, sondern auf den Defektzustand des Täters. Cesare Lombroso (1836–1909), Enrico Ferri (1856–1929) und andere Kriminalanthropologen sehen deshalb den Sinn der Strafe in der Unschädlichmachung des Täters (negative Spezialprävention).

Im deutschsprachigen Raum erweist sich Franz von Liszt (1851–1919) in der Diskussion um den Zweck der Strafe als sehr einflussreich. Er geht davon aus, dass die Strafe verschiedene Zwecke erfüllen soll, und entwickelt die so genannte Vereinigungstheorie. Zwar hält auch er die Strafe grundsätzlich für eine blinde, instinktmässige, nicht durch Zweckvorstellungen bestimmte Reaktion der Gesellschaft. In modernen Staaten sei aber die Strafgewalt auf staatliche Organe übertragen, und von diesen sei eine unbefangene Betrachtung und Ausrichtung am Zweckgedanken zu fordern. Franz von Liszt differenziert mit Blick auf unterschiedliche Tätertypen zwischen drei spezialpräventiven Strafzwecken: Bei Straftätern, die zum Verbrechen neigen, aber noch nicht rettungslos verloren sind, soll die Besserung, die Behandlung und damit die Resozialisierung im Vordergrund stehen (positive Spezialprävention). Durch Therapie, medizinische Behandlungen, Ausbildung, Verhaltenstraining und ähnliche Massnahmen soll der Wiedereintritt des Gefangenen «in das bürgerliche Leben» vorbereitet werden (vergleiche Art. 37 Ziff. 1 StGB). Für Gelegenheitstäter, die nicht besserungsbedürftig sind, fordert Franz von Liszt eine Denkzettelstrafe und für nicht besserungsfähige Gewohnheitsverbrecher die Unschädlichmachung durch lebenslängliche Freiheitsstrafe (negative Spezialprävention).

Die moderne oder soziologische Schule, wie die von Liszt ausgelöste Bewegung hiess, fordert eine generelle Anpassung des Strafrechts an die neuen empirischen Erkenntnisse über den Verbrecher. Bei der Bestimmung der Strafe sollen die Täterpersönlichkeit und die individuellen Lebensumstände berücksichtigt werden. Gefährliche Täter sind mit unbefristeten Schutzstrafen aus der Gesellschaft zu entfernen. Gegen straffällige Kinder und Jugendliche soll allein nach erzieherischen und spezialpräventiven Prinzipien vorgegangen werden. Weil der Strafvollzug die Täter aus dem sozialen Umfeld reisst und damit mehr schadet als nützt, wird die bedingte Strafe für erstmalige Täter propagiert. Die moderne Schule hat in der Zeit zwischen 1870 und 1930 sehr stark auf die Strafgesetzgebung ausgestrahlt. Dies gilt auch für das Schweizerische Strafgesetzbuch, bei dessen Konzeption Carl Stooss (1849–1934) unter dem Einfluss der modernen Schule viele der neuen Ideen einarbeitete. Richtungweisend für ganz Europa setzte er sich etwa für die Einführung des bedingten Strafvollzugs ein und führte neben den Strafen auch die so genannten Massnahmen ein, die – unabhängig von der Schuld des Straftäters – eine zukunftsorientierte Sicherung der Gesellschaft durch die Besserung oder aber Unschädlichmachung von gefährlichen Tätern ermöglichen.

Emile Durkheim (1858–1917) weist 1893 auf eine ganz andere Bedeutung der staatlichen Bestrafung von Verbrechen hin. Für ihn gibt es eine «conscience collective ou commune», das heisst ein moralisches Kollektivbewusstsein, welches vom Durchschnitt der Bürger einer Gesellschaft geteilt wird. Bei Verletzung der «conscience collective» reagiert die Bevölkerung daher mit moralischer Empörung und verlangt die Bestrafung des Rechtsbrechers. Dies sei die wahre Funktion der Strafe: «Auch wenn sie [die Strafe] aufgrund einer völlig mechanischen Reaktion, affektiver Beweggründe und grösstenteils unüberlegt abläuft, so hört sie doch nicht auf, eine nützliche Rolle zu spielen. Nur, diese Rolle ist nicht da, wo man sie üblicherweise sieht. Sie dient nicht oder dient nur sehr zweitrangig der Besserung des Schuldigen oder der Abschreckung seiner möglichen Nachahmer; in dieser zweifachen Hinsicht ist ihre Wirksamkeit berechtigterweise fraglich und auf alle Fälle mittelmässig. Ihre wahre Funktion ist es, die soziale Kohäsion intakt zu halten, indem sie der ‹conscience commune› ihre volle Vitalität erhält.»[10]

In den letzten Jahrzehnten wächst die Zahl der Juristen, die den Zweck der Strafe darin erblicken, dass sie die gesellschaftlichen Normen bekräftigt (positive Generalprävention). Durch die Bestrafung eines Rechtsbrechers wird ein integrierendes Solidaritätsgefühl hervorgerufen, welches den gesetzestreuen Menschen die Gültigkeit und Richtigkeit ihres Rechtsbewusstseins und -gefühls bestätigt. Die positive Generalprävention wird deshalb auch Integrationsprävention genannt und ist nichts anderes als die Kehrseite der Abschreckung. Beiden liegt die Vorstellung des Lernens am Modell zugrunde: Bei der Abschreckung steht das Negativbeispiel des Täters im Vordergrund, bei der Normbekräftigung (positive Generalprävention) die positive Verstärkung der Konformitätsvorstellungen.

Forscher der Universität Zürich konnten kürzlich mit einem simplen Verhaltensexperiment nachweisen, dass bei der Bestrafung eines anderen für sein unfaires Verhalten unser Belohnungszentrum im Gehirn stark aktiviert wird. Mit anderen Worten: Die Bestrafung einer Normverletzung löst beim Bestrafenden unmittelbar ein Gefühl der Befriedigung und Genugtuung aus. Rache scheint demnach tatsächlich «süss» zu sein.[11]

In jüngster Zeit rückt eine Straftheorie in den Vordergrund, die das Strafrecht mehr auf die Bedürfnisse der Geschädigten und Opfer ausrichten möchte (restaurative Strafrechtspflege). Ähnlich wie im Haftpflichtrecht, bei dem es allein um den Ersatz des angerichteten Schadens geht, zielt diese Theorie primär auf eine «Restauration», also auf einen Ausgleich für die begangene Rechtsverletzung. Darüber hinaus soll aber in informellen Mediationsverhandlungen auch eine Konfliktbereinigung zwischen dem Angeschuldigten und Geschädigten ermöglicht werden. Das Opfer bringt seine negativen Erfahrungen direkt vor und arbeitet selbst an einer konstruktiven Lösung mit. Dem Angeschuldigten werden die Konsequenzen seines Verhaltens vor Augen geführt, gleichzeitig erhält er aber auch die Chance, die Schädigung mit eigenen Mitteln wettzumachen, je nach Fall durch das Bezahlen einer Entschädigung, durch eine Entschuldigung oder durch eine symbolische Leistung zugunsten der Allgemeinheit. Mit der Strafmediation wird somit auch ein therapeutischer, resozialisierender Effekt beim Angeschuldigten angestrebt. Bei erfolgreichem Abschluss kann auf eine Strafe im herkömmlichen Sinn und eine Fortsetzung des Strafverfahrens gänzlich verzichtet werden. Die restaurative Strafrechtspflege ist eine sinnvolle Ergänzung der strafrechtlichen Reaktionsformen. Sie kann aber Strafen und Massnahmen nicht völlig ersetzen. Denn: Niemand – weder Opfer noch Angeschuldigter, für den ja die Unschuldsvermutung gilt – kann zu einem Verzicht auf garantierte Rechte im Rahmen einer informellen Verhandlung gezwungen werden. Scheitert sie, muss das Strafverfahren fortgesetzt und per Urteil durch das Strafgericht abgeschlossen werden. Ausserdem gibt es eine Reihe von Straftaten, wie zum Beispiel Sexual- oder schwere Gewaltdelikte, die sich von vornherein nicht für einen aussergerichtlichen Tatausgleich eignen.

Straftheorie und geltendes Strafgesetz

Das Strafgesetz verfolgt heute mehrere Strafzwecke. Ausgangspunkt der Strafe sind immer die Begehung einer strafbaren Handlung und die Schuld des Täters: «Der Richter misst die Strafe nach dem Verschulden des Täters zu; er berücksichtigt die Beweggründe, das Vorleben und die persönlichen Verhältnisse des Schuldigen.» (Art. 63 StGB)

Voraussetzung jeder staatlichen Strafe ist also ein Verstoss gegen eine Norm des Strafgesetzbuches. Strafe ist insofern reaktiv beziehungsweise vergangenheitsbezogen. Auch der gefährlichste Mensch kann erst bestraft werden, nachdem er eine Straftat verübt oder zumindest versucht hat.[12] Damit ist aber erst geklärt, wann eine Bestrafung möglich ist. Welches Mass und vor allem welche Art der Strafe einen gerechten Schuldausgleich erzeugen, bleibt unklar. Wie schon Hegel bemerkte, lässt sich das Verschulden kaum in ein spezifisches Strafmass oder eine bestimmte Strafart umrechnen. Die Strafdrohungen des Gesetzes sind jeweils so breit gefasst, dass sie bei dieser Quantifizierung kaum weiterhelfen. Das Dilemma wird dadurch gelöst, dass man von einem Spielraum der schuldangemessenen Strafe ausgeht. Innerhalb einer bestimmten Bandbreite sind folglich alle Strafen «gerecht». Hinsichtlich der Vollstreckung der Strafen rückt jedoch der Resozialisierungsgedanke in den Vordergrund. Auch das neue Strafgesetzbuch hält fest: «Der Strafvollzug hat das soziale Verhalten des Gefangenen zu fördern, insbesondere die Fähigkeit, straffrei zu leben.» (Art. 75 Abs. 1 Satz 1 StGB, neue Fassung [Inkrafttreten voraussichtlich 1. 1. 2006])

In dieser Neufassung des StGB sind die Grundsätze für den Vollzug von Freiheitsstrafen nüchtern formuliert. Fast alle delinquenten Menschen werden früher oder später aus dem Strafvollzug entlassen. Es ist folglich ein Gebot der Vernunft, die Strafe möglichst so auszugestalten und zu vollstrecken, dass der Wiedereintritt in die Gesellschaft reibungslos abläuft und Rückfälle möglichst ausbleiben. Aus diesem Grund werden heute beispielsweise Freiheitsstrafen für minder- bis mittelschwere Delikte vermehrt in alternativen Strafvollzugsformen verbüsst. Anstelle eines Gefängnisaufenthalts leisten die Täter gemeinnützige Arbeit oder werden mit der elektronischen Fussfessel überwacht. Mit diesen beiden Strafformen wird der Strafzweck der Resozialisierung besser umgesetzt als mit einem Gefängnisaufenthalt. Bei schwereren Delikten sind die Strafbedürfnisse der Bevölkerung allerdings derart manifest, dass sie durch alternative Sanktionen wie etwa der elektronischen Fussfessel kaum zu befriedigen sind. Mit der Forderung nach spürbar härteren Strafen stellt die Bevölkerung den Vergeltungscharakter einer Strafe über deren präventiven Zweck.

Im Gegensatz zur blinden Resozialisierungseuphorie der zweiten Hälfte des 20. Jahrhunderts geht man heute davon aus, dass es einen sehr kleinen Prozentsatz von schweren Gewalt- und Sexualtätern mit Persönlichkeitsstörungen gibt, die mit grosser Wahrscheinlichkeit nicht straffrei leben können. Unter bestimmten engen Voraussetzungen kann das Gericht eine Verwahrung dieser Täter anordnen. Aus juristischer Sicht ist die Verwahrung keine eigentliche Strafe mehr, die dem Schuldausgleich dient, sondern eine Massnahme, durch welche die Gesellschaft vor dem Täter geschützt werden soll. Die aktuelle Diskussion um die Verwahrungsinitiative hat aber gezeigt, dass in der Bevölkerung präventive Zwecke der Sicherung und Unschädlichmachung mit jenem der Vergeltung vermischt werden.

* Für die wertvollen Vorbereitungsarbeiten zu diesem Beitrag danke ich lic. iur. Tanja Dobro ganz herzlich.

FUSSNOTEN. **1** Vgl. Neue Zürcher Zeitung, 23./24. 10. 1999, S. 13. **2** Die Namen wurden verändert. **3** Der Ablauf wird im BGE vom 26. April 2004, 6P.138/2003, 6S.390/2003 ausführlich geschildert. **4** Freiheitsstrafen von über 18 Monaten sind immer unbedingt auszusprechen, d. h. sie führen zu einer Einweisung in eine Strafanstalt. **5** Hervorhebungen des Autors. Wie Anfang Juli 2004 bekannt wurde, hat sich einer der beiden Verurteilten – der Lenker des «Todesfahrzeugs» – dem Strafvollzug entzogen. Er ist im März 2004 vor dem Strafantritt nach dem Kosovo ausgereist und seither nicht mehr in die Schweiz zurückgekehrt. Da eigene Staatsangehörige nicht aus dem Kosovo ausgeliefert werden, ist es höchst zweifelhaft, ob die Strafe jemals vollstreckt werden kann. **6** Kodex Hammurabi, Nr. 196, 197 und 200, um 1750 v. Chr. Ähnlich auch das Alte Testament, 2. Buch Mose, 23–25 (Entstehung ca. 1450–1410 v. Chr.): «Entsteht ein dauernder Schaden, so sollst du geben Leben um Leben. Auge um Auge, Zahn um Zahn, Hand um Hand, Fuss um Fuss. Brandmal um Brandmal, Beule um Beule, Wunde um Wunde.» **7** Kant, Immanuel: Die Metaphysik der Sitten. Stuttgart 1990 (Original 1797). S. 191–199, 230–231. **8** Nietzsche, Friedrich: Sämtliche Werke in fünfzehn Bänden. Band 5: Jenseits von Gut und Böse. Vorspiel einer Philosophie der Zukunft. München 1980 (Original 1886). S. 123 (Hervorhebungen im Original). **9** Der Präventionsgedanke findet sich schon bei Platon, Protagoras, 380 v. Chr.: «wer auf eine vernünftige Weise zu strafen gedenkt, der züchtigt nicht wegen des schon begangenen Unrechts – denn das Geschehene kann er ja doch nicht ungeschehen machen –, sondern um des zukünftigen willen, damit hinfort weder der Täter selbst wieder Unrecht begehe, noch auch die anderen, welche sehen, wie er bestraft wird.» **10** Durkheim, Émile: De la division du travail social. 11. Aufl. Paris 1986 (Original 1893). S. 76 (Übersetzung des Autors). **11** De Quervain u. a: The Neural Basis of Altruistic Punishment. In: Science 305, 2004. S. 1254–1258. **12** Präventive Massnahmen gegen gefährliche Personen, die noch keine Straftat ausgeführt haben, gehören daher im juristischen Sinn in den Bereich des Verwaltungsrechts (polizeiliche Gefahrenabwehr) oder des Vormundschaftsrechts.

Adrian Portmann 1965, studierte in Basel und Berlin evangelische Theologie und ist heute als Universitätspfarrer in Bern tätig. Er lebt mit seiner Familie in Basel.

Strafe als befreiende Imagination und repressive Praxis

Eine theologische Betrachtung

Gott straft sofort. Ein Blick in Bibel und theologische Schriften offenbart ein vielfältigeres Bild. Gott straft zwar – zum Teil grausam – das Volk und einzelne Übeltäter, doch ist hinter der Strafe ein Vertrauen auf die rettende Kraft Gottes erkennbar. Kirche und Staat verstehen sich zudem lange Zeit als Handlanger Gottes und nehmen den göttlichen Strafakt selbst in die Hand. Und schliesslich findet sich das Bild Gottes, der aus Leidenschaft um der Gerechtigkeit willen straft.

Der Gott der jüdisch-christlichen Tradition ist über weite Strecken ein strafender Gott. In den biblischen Büchern folgt auf das Essen der verbotenen Frucht die Vertreibung aus dem Paradies, auf die Verderbtheit der Menschen die Sintflut oder die Vernichtung von Sodom und Gomorrha, und immer wieder werden Kriege, Hungersnöte oder der Untergang Jerusalems als Strafe Gottes gedeutet. Zwar ist auch die Rede davon, dass Gott andere Völker, die Feinde Israels, bestrafen wird. Häufiger aber geht es um Strafen gegen das eigene Volk und zunehmend auch gegen einzelne Übeltäter. Geahndet werden religiöse Vergehen, etwa die Verehrung anderer Götter, aber auch die Ausbeutung der Armen. Weshalb straft Gott? Er straft im Zorn und aus Eifersucht, um der Gerechtigkeit willen, um eine Umkehr seines Volkes zu erreichen, um zu erziehen – auf einen Nenner lassen sich die Schriften des Alten Testaments nicht bringen. Fast immer aber ist durch die Strafen hindurch so etwas wie Vertrauen in die rettende und Heil wirkende Kraft Gottes erkennbar.

Zu diesen Strafen, die sich in der Geschichte vollziehen, tritt in der jüdischen und neutestamentlichen Apokalyptik die Vorstellung eines jenseitigen Gerichts: Am Ende der Tage wird Gott kommen, um die Toten und die Lebenden zu richten; für die einen bringt dieses Gericht ewige Seligkeit, für die anderen ewige Verdammnis. Diese Vorstellung entsteht aufgrund der Erfahrung, dass die Übeltäter häufig ungeschoren davonkommen. Deshalb soll der Gerechtigkeit nun in einem jenseitigen Verfahren zum Durchbruch verholfen werden. In gewalttätigen Rachefantasien tragen hier machtlose und verfolgte Gruppen die Hoffnung auf das Ende von Unterdrückung und Gewalt vor.

«Wenn ihr nicht haltet mein Gebot, Will ich euch geben Plag und Tod»[1]

Beide Stränge des strafenden Gottes werden im Christentum weiter überliefert und vielfältig variiert. Das Jüngste Gericht und insbesondere die Fegefeuer- und Höllenstrafen werden besonders im Mittelalter in der Kunst und in unzähligen Schriften bis ins Detail ausgemalt. Die Sünder werden gefoltert und in Kesseln gekocht, sie werden von einer Bestie verschlungen, verdaut, von Neuem geboren und wieder gefressen. Und jeden Sünder ereilt nun entsprechend seiner Vergehen die passende Strafe. So lesen wir, dass den Verfolgern der Gerechten die Eingeweide von nimmer schlafendem Gewürm aufgefressen werden, dass Unrat und Jauche essen muss, wer sich der Völlerei hingegeben hat, oder dass Dämonen den Geizigen flammende Münzen in den Mund schütten. Und wir lesen, dass das Glück der Seligen im Himmelreich dadurch vollständig wird, dass sie diese Strafen der Verdammten sehen.

Auch der Gedanke, dass Gott bereits in der Gegenwart straft, findet sich. Geschichtliche Ereignisse werden als Strafe oder Geissel Gottes, als seine züchtigende Rute gedeutet, das Erdbeben von Lissabon, der Dreissigjährige Krieg oder die Angriffe der Türken, die Pest und anderes mehr. Daneben werden auch persönliche Schicksalsschläge als Strafen Gottes verstanden, der Tod eines Kindes etwa und immer wieder Krankheiten. Noch heute sind solche Vorstellungen in fundamentalistischen Kreisen geläufig, wo Aids als Strafe für Unzucht oder die Attentate des 11. September als Bestrafung einer gottlosen Gesellschaft bezeichnet werden können. Was heute als ziemlich abwegige Position erscheint, ist während langer Zeit allgemeine Überzeugung. Davon zeugen etwa die Legenden von so genannten Strafwundern, in denen erzählt wird, dass frevelhafte Versündigung gegen Gott, die Heiligen, aber auch Unzucht, Lüge und Aufruhr gegen die Obrigkeit wundersam und oft sofort bestraft werden. So wird 1620 von einem Hugenotten berichtet, der die Eucharistie lästert – lieber würde er von Ratten gefressen werden, als von dieser zu kosten. «Die göttliche Gerechtigkeit aber fährt gleich auf ihn herab», heisst es dann, «und sieh da, von allen Seiten fallen zahllose Ratten über ihn her» und beissen ihn zu Tode.

Nicht erst dieses Beispiel macht deutlich, dass die Vorstellungen vom strafenden Gott oft in einer bestimmten, verglichen mit seinen Ursprüngen geradezu perversen Weise genutzt werden: Mit Drohungen und Angst betreibt die nunmehr selbst mächtige Kirche Religionspropaganda, Gehorsam gegen die Obrigkeit wird eingebläut, Gläubige werden diszipliniert und Feinde und Ketzer werden als strafwürdig dargestellt und so für die tatsächliche Vernichtung zugerichtet – und all dies nicht etwa nur in der katholischen Kirche und auch nicht nur im Mittelalter. Allerdings wird der Gedanke des Gerichts – ausgehend etwa von der Gerichtspassage in Matthäus 25, wo als einziges Kriterium im Gericht die Barmherzigkeit gegenüber Bedürftigen genannt wird – immer auch anders gelesen: als Motivation zu einem ethisch verantwortlichen Leben, zu sozialer Gerechtigkeit. Bis heute ist dieser Text einer der Grundtexte sozial engagierter Christen.

Unerbittliche Strafen im Namen Gottes

Diese Bilder und Vorstellungen des strafenden Gottes und die von ihr geprägte Mentalität haben einen grossen Einfluss auf die Haltung zum Strafen in Staat und Kirche. Immer wieder zeigt sich die Tendenz, den göttlichen Strafakt selbst in die Hand zu nehmen, als Gottes Handlanger quasi – und dabei die biblische Mahnung, dass die Rache allein Gottes sei, ausser Acht zu lassen. Dabei spielen dann auch jene Stellen im Alten Testament eine Rolle, die von Strafen handeln, die von irdischen Gerichten verhängt werden. Allerdings wird dabei häufig ausgeblendet, dass sich dieses Recht über weite Strecken von den Prinzipien der Wiedergutmachung und der Reintegration des Täters leiten lässt, dass es auch Rechte der Fremden oder der Armen festschreibt und dazu Prozessregeln, die dem Schutz der Angeklagten dienen. Zur Kenntnis genommen wird vor allem die Todesstrafe und das «Auge um Auge» – Letzteres wird primär als Rachegrundsatz verstanden, obwohl es in der damaligen Zeit zugleich ein Mittel zur Eindämmung der Rache war.

Die Tendenz zum unerbittlichen Strafen zeigt sich darin, dass Religionsvergehen wie Blasphemie oder Häresie von kirchlicher und weltlicher Gerichtsbarkeit in wechselnder Arbeitsteilung verfolgt und bestraft werden. Ihren beklemmenden Höhepunkt findet diese Praxis in der Inquisition. Weshalb eine harte Bestrafung geradezu notwendig ist, zeigt sich etwa bei der Blasphemie: Diese, so glaubt man, hat zur Folge, dass Gott der Gemeinschaft sein Wohlwollen entzieht und das Land mit Katastrophen straft. Der göttliche Zorn kann nur besänftigt, die kollektive Strafe nur abwendet werden, wenn die Lästerer bestraft werden. Mit dieser Begründung wird in Rechtstexten bis in die Aufklärungszeit die Bestrafung von Lästerern gefordert, und weltliche Herrscher sehen es lange Zeit als ihre Pflicht an, die Gotteslästerung zu ahnden – was denn auch geschieht: mit Geldstrafen und Pranger, mit dem Durchbohren oder Abschneiden der Zunge, mit der Hinrichtung.

Aber auch sonst, bei weltlichen Vergehen, gibt es einen deutlichen Zug zum Strafen und zur religiösen Legitimierung der Strafe. Die irdische Obrigkeit – so heisst es dann jeweils und besonders in protestantischen Theologien unter Berufung auf den Römerbrief – ist von Gott als seine Stellvertreterin eingesetzt. So wie Gott straft und Vergeltung übt, soll auch die Obrigkeit strafen und vergelten. Sie wird quasi zur Vollstreckerin des göttlichen Willens. Die Strafe ist hier zur Wiederherstellung der in Frage gestellten göttlichen Norm unausweichlich, sie erscheint als notwendige Vergeltung und Sühneleistung. Bis ins letzte Jahrhundert ist in der theologischen Ethik beider Konfessionen diese Vergeltungsidee vorherrschend. Mittlerweile hat sich das geändert: In der theologischen Ethik werden (wie im Strafrecht) andere Straftheorien vertreten – bereits im 19. Jahrhundert wird eine theologische Resozialisationstheorie skizziert. Zwar hält man fest, dass der Bestand der menschlichen Gemeinschaft weltliche Strafen erfordert. Aber der Täter hat im Licht der für alle geltenden Rechtfertigung ein Anrecht darauf, dass ihm der Weg in die Gemeinschaft wieder eröffnet wird. Gleichzeitig wird darauf geachtet, die Strafen nicht religiös zu überhöhen.

Wahrheit aufdecken, Ungerechtigkeit benennen

Allerdings ist der Gott der jüdisch-christlichen Tradition zugleich ein Gott, der vergibt, ein Gott der Liebe. Und immer findet sich auch die Vorstellung, dass Gott letztlich niemanden der ewigen Verdammung preisgibt, sondern alle erlösen wird. Entsprechend fordert er seine Anhänger auf, einander zu vergeben und nicht zu richten, sondern Böses mit Gutem zu vergelten und selbst die Feinde zu lieben. Auch wenn dieser Traditionsstrang weniger wirksam bleibt, gibt es immer wieder einzelne Christen, die dieser Maxime nachleben – angefangen mit der Bitte Jesu für jene, die ihn kreuzigen: «Vater, vergib ihnen, denn sie wissen nicht, was sie tun.»

Trotzdem wird auch in neueren theologischen Arbeiten Gott als Richter nicht einfach aufgegeben, sondern mit dem liebenden Gott zusammen gedacht. Der Zorn Gottes etwa wird als Leidenschaft für Gerechtigkeit verstanden, und mehr als die Strafe ist es das Gericht, an dem festgehalten wird: Das Gericht, verstanden als Aufdecken der Wahrheit, als Benennen der Ungerechtigkeit, macht Versöhnung erst möglich. Die von Bischof Desmond Tutu geleitete Wahrheitskommission zur Aufarbeitung des Apartheid-Unrechts, die auf Strafen verzichtet, aber den Tätern ein Schuldbekenntnis abverlangt und so den Opfern gerecht werden will, kann als Umsetzung dieses Gedankens verstanden werden.

FUSSNOTEN. 1 Brant, Sebastian: Narrenschiff, 1494.

II

Strafe als befreiende Imagination

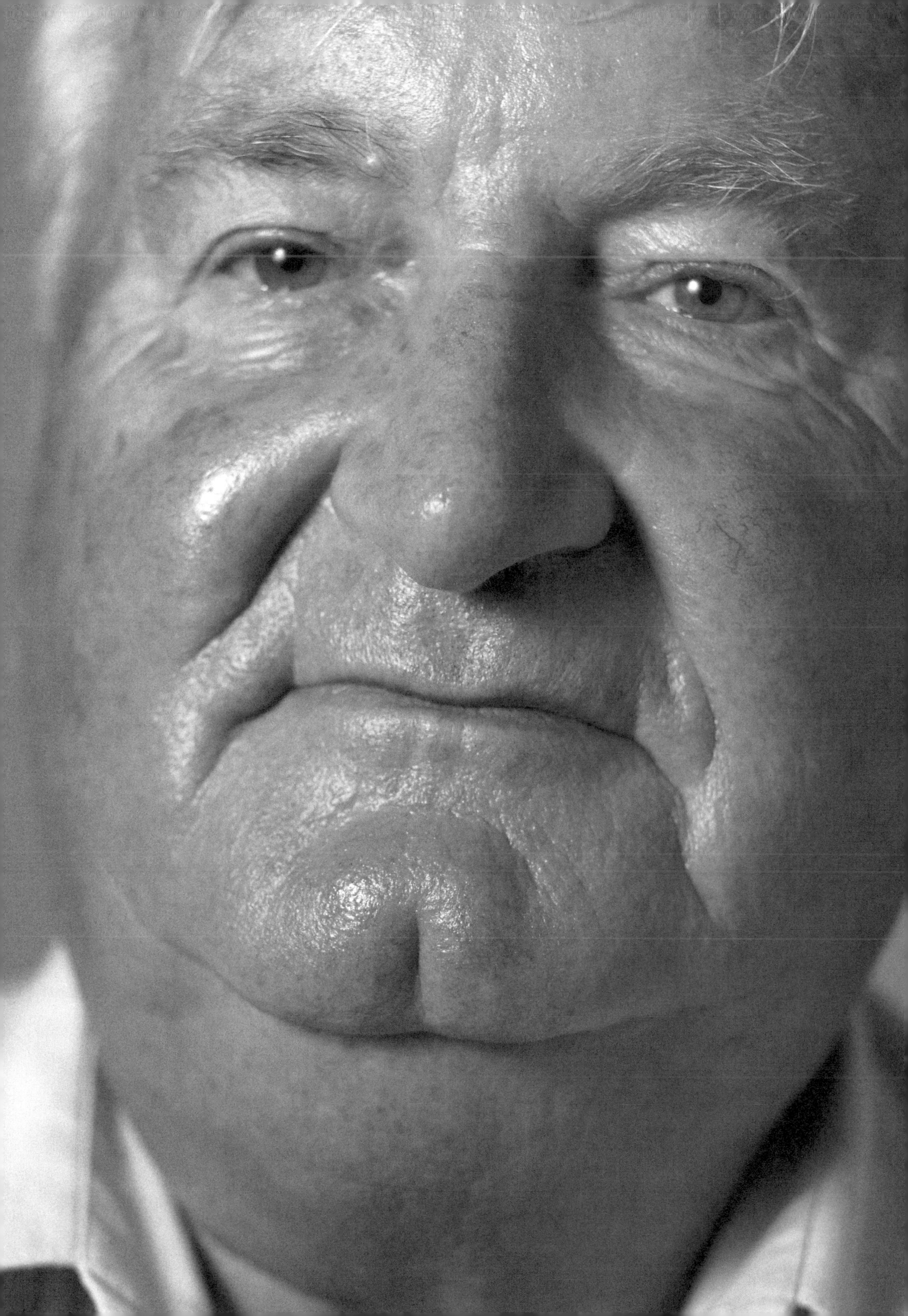

Viktor Kissling, 1935, pensionierter Handelsreisender

Viktor Kissling stiehlt in seiner Jugend jeweils leere Flaschen aus den Harassen des Dorfwirts. Die leeren Flaschen bringt er umgehend zurück und kassiert dafür pro Flasche 30 Rappen Depot. Vom Geld kauft er sich Zigaretten, die er heimlich raucht. Ein Dorfbewohner ertappt ihn und meldet die Tat seinem Lehrer.

Viktor Kissling wird von der Lehrerschaft bestraft, indem er sich in die vorderste Schulbank setzen und vor versammeltem Publikum eine «Brissago» (Zigarre) rauchen muss. Der Vater verpasst ihm eine gehörige Tracht Prügel mit dem «Fisel», einem speziell zur Züchtigung angefertigten Stock.

Barbara Jaecklin 1942, studierte an der Universität Zürich Psychologie und erwarb das Kindergärtnerinnen-Diplom. Sie arbeitete unter anderem als Schulpsychologin und als Psychotherapeutin für Gefangene, heute ist sie als Sozialpädagogin im Jugendheim Schenkung Dapples in Zürich tätig. Sie wohnt in Zürich.

Strafe als Hilfe in der Dissozialität

Eine sozialpädagogische Betrachtung

In der alltäglichen Kommunikation vieler Familien wachsen die Kinder, geführt von winzigen «pädagogischen Zeichen», in das Wertsystem der gesellschaftlichen Strukturen hinein. Jugendliche, die ohne diese Führung aufwachsen, bleiben dem reinen Lustprinzip verhaftet. Nur durch sorgfältig eingesetzte Strafen können sie dazu gebracht werden, sich ein adäquateres Wertsystem aufzubauen.

Aufwachsen in der Welt der sozial Erfolgreichen

Für die meisten von uns sind Strafen Bestandteil unseres Alltags: Wenn ich über ein rotes Licht fahre, droht mir eine Busse. Wenn ich meinen Abfall in die Nachbargemeinde trage und dort entsorge, wos billiger ist, kann ich bestraft werden, und so weiter. Tatsächlich erfahren wir aber kaum jemals diesen «Bestandteil» am eigenen Leibe. Von klein auf haben wir das System der Strukturen integriert und ecken im Normalfall auch kaum mehr an. Es sind die Strukturen, innerhalb deren unsere Gesellschaft das Leben des Menschen in seiner Rolle, Position und an seinem Platz klar definiert. Und die Gesellschaft stützt diese Strukturen mit einem ausgeklügelten System von Strafen. Dieses wird uns im Lauf unserer Kindheits- und Jugendjahre vermittelt.

Unser Haus ist umgeben von Spielplätzen und Gärten, in denen wohl behütete Kinder unter der liebevollen Aufsicht ihrer Mütter die Nachmittage verbringen. Es herrscht ein lebhafter Betrieb: bisweilen wird gebastelt an langen Gartentischen, dann wird in Planschbecken gebadet, mit Schläuchen herumgespritzt, mit allerlei Fahrzeugen gefahren und mit Bällen, Federbällen und anderen Geräten herumgetollt. Die Mütter sitzen daneben und plaudern. Aber obwohl die Mütter etwas abseits sitzen, dauert es doch meistens nur wenige Minuten, bis ich als Aussenstehende erkenne, welche Kinder zu welcher Mutter gehören. Wie wenn ein unsichtbares Netz zwischen den Kindern und den Müttern gespannt wäre, so gehen zwischen ihnen laufend Reaktionen hin und her. Und es wird klar: Hier werden beständig Strukturen vermittelt, hier findet «Einfügung in unsere Gesellschaft» statt – nicht mit gewaltigen Aktionen, nicht mit Strafen, ja meist sogar nicht einmal mit Worten, aber mit einem beinahe unmerklichen Kontinuum von winzigen «pädagogischen Aktionen»: eine kindliche Augenbraue, die fragend in die Höhe gezogen wird, ein kleines Stirnrunzeln der Mutter auf eine kindliche Absicht hin, ein bestärkendes Lächeln. So haben schon wir seinerzeit die Strukturen unseres heutigen Lebens gelernt – und so werden auch diese wohl behüteten Kinder von ihren verantwortungsbewussten Eltern in das Wertsystem unserer Gesellschaft eingewöhnt. Kaum jemals ist wirklich ein Eingreifen der Mutter notwendig, und schon gar nicht eine strafende Handlung. Nur selten wird der «pädagogische Zeigefinger» erhoben zur Bekräftigung einer Anweisung oder eines Verbots. Die Kinderschar merkt schnell: «Oha, das ist wichtig!», und sieht von einem geplanten Unternehmen ab.

Unbehütete Kindheit

Während meiner über 20-jährigen Tätigkeit mit dissozialen Menschen bin ich in Kontakt gekommen mit einer «anderen Welt», einer anderen Art des Aufwachsens: Hier fehlte dieses feine Netz von Signalen zwischen Kindern und Müttern. Die Mütter waren meist gar nicht vorhanden, sie mussten arbeiten, und die Kinder waren tagsüber mehr oder weniger sich selbst überlassen. Niemand war da, der mit wenigen Zeichen die Kinder lenkte: «Tu dies!» «Lass das!» «Dies ist lustig – jenes ist gefährlich!» So haben diese Jugendlichen alles einfach ausprobiert und je nach eigenem Empfinden beibehalten oder wieder verworfen. Aber es fehlte ihnen der «Spiegel», es fehlte der verlässliche Erwachsene, der aus seiner fundierten Kenntnis der geltenden Strukturen das Tun des Kindes «gespiegelt» und damit in das bestehende Wertsystem eingefügt hat.

Kinder, die so aufwachsen mussten, haben gelernt, rein nach dem Lustprinzip zu leben. Dieses ist ja das einzige Wertsystem, das uns von Geburt an funktionstüchtig zur Verfügung steht. Die gesellschaftlichen Strukturen werden erst allmählich, durch «Erziehung», dem urtümlichen Lustprinzip übergeordnet. Die Kinder hatten zwar möglicherweise eine grössere Freiheit zur Erkundung der Welt, als dies meine Nachbarkinder haben, aber das einzige Ordnungsprinzip bei dieser Erkundung, das ihnen zur Verfügung stand, war ihre Lust: «Was mir angenehm ist, ist gut – das Unangenehme lasse ich sein!»

Strafe als Anstoss zur Erprobung neuer Wege

Wenn ich junge Menschen, denen die Eingewöhnung in das Wertsystem unserer Strukturen fehlt, in unsere Gesellschaft einfügen soll, dann läuft das nicht ohne ein differenziertes System von angemessenen Strafen: Ein Jugendlicher läuft aus der Werkstatt davon, um den Vorbereitungen fürs «Zürifäscht» zuzusehen. Bei diesem Zusehen betrinkt er sich so, dass er am folgenden Tag nur halbwegs ansprechbar ist. Er schwänzt die Gewerbeschule mit der Begründung, er habe vor lauter Übelkeit am Vortag die Hausaufgaben nicht erledigen können und wolle diese nun machen, anstatt in die Schule zu gehen. Dieser junge Mann hat offenbar gelernt, dass Hausaufgaben sehr hoch bewertet werden. Im Übrigen ist er während dieser Episode nach dem Lustprinzip verfahren: Zürifäscht bringt mehr Lust als Werkstatt, bei Übelkeit lege ich mich hin und schlafe. Wenn er sich dereinst zufrieden und erfolgreich in unsere Gesellschaft integrieren soll, dann muss er das Wertsystem der geltenden Strukturen lernen und dieses in seine Lebensführung miteinbeziehen. Er steckt fest in Gewohnheiten, die auf einem kleinkindlichen Wertsystem basieren, das ihm als Erwachsenem keine Chance bietet. Die Einsicht, dass diese unbequeme, lästige Umstellung vom reinen Lustprinzip zu einem höheren Wertsystem tatsächlich notwendig ist, ist bei ihm nur über ein differenziert abgestimmtes System von Strafen zu erreichen. Denn als Jugendlicher hat er die unproblematische Formbarkeit der Kindheit schon verloren. Er erfährt erst spät, dass das bisher Gewohnte nicht tolerierbar ist und dass es sich lohnt, neue Weg zu erproben.

Gregor Dobler 1971, studierte in Freiburg im Breisgau, Berlin und Bayreuth Ethnologie, hat über den Wandel von Bedürfnissen und materieller Kultur auf der bretonischen Insel Ouessant promoviert und verschiedene Forschungen über Hexerei in Frankreich und über den Staat in Namibia publiziert. Er wohnt in Basel.

Strafe als Wiederherstellung des Gleichgewichts

Eine ethnologische Betrachtung

Strafe hat eine ausgleichende Funktion (oder: beruht auf Wechselseitigkeit). Wenn eine Tat das soziale Gleichgewicht beschädigt hat, soll Strafe es wiederherstellen. Darin gleicht sie der Rache – und ist oft genauso destruktiv. Doch Rache und Strafe sind nicht die einzigen Möglichkeiten, mit Beschädigungen umzugehen. Den Begriff der Strafe von der Funktion her aufzubrechen, kann helfen, neue Wege im Umgang mit Verfehlungen zu finden.

«Selbst, wenn sich die bürgerliche Gesellschaft mit aller Glieder Einstimmung auflösete [...], müsste der letzte im Gefängnis befindliche Mörder vorher hingerichtet werden, damit jedermann das widerfahre, was seine Taten wert sind, und die Blutschuld nicht auf dem Volke hafte, das auf diese Bestrafung nicht gedrungen hat.»[1] – Kants Sätze aus der Metaphysik der Sitten sind berühmt geworden. Ihre Radikalität mutet uns fremd an. Woher kommt dieser Gedanke, eine Blutschuld müsse ausgeglichen werden, da sie sonst auf dem ganzen Volke hafte? Wo liegen die Wurzeln des Wunsches nach Vergeltung? Immanuel Kants Vergeltungslehre steht im Kontext seines philosophischen Systems, aber der Sühnegedanke, den er formulierte, findet sich in allen menschlichen Gesellschaften.

Ethnologen sprechen, wenn sie sich mit dem Wunsch nach Ausgleich beschäftigen, gerne von Reziprozität. Mit diesem Wort bezeichnen sie die Einsicht, dass jedes soziale Handeln, mit dem sich das Beziehungsgefüge zwischen Menschen verändert, nach einen Ausgleich verlangt – sei es durch die Anerkennung der Veränderung, sei es durch eine entsprechende Gegenhandlung. Die bekannteste Erscheinungsform von Reziprozität ist der Gabentausch: Ein Geschenk, das man uns macht, oder eine Einladung, die wir annehmen, rufen ein Gefühl des Ungleichgewichts zwischen Gebendem und Nehmendem hervor. Wir fühlen uns zu einer Gegengabe oder zur Erwiderung der Einladung verpflichtet.

Das Geschenk schafft ein positives Ungleichgewicht – wir haben mehr erhalten, als uns zusteht. Ein Diebstahl oder eine Beleidigung dagegen schaffen ein negatives Ungleichgewicht: Ein anderer hat uns mehr genommen, als ihm zusteht. Dabei muss es nicht um materielle Güter gehen; wer unsere Rechte schmälert, unsere Würde einschränkt, unsere Ehre beleidigt oder unserem Körper oder Geist Schaden zufügt, verschiebt das Gleichgewicht ebenso zu seinen Gunsten. Der Schaden ist dabei meist grösser als der materielle Verlust. Ein Dieb mag das gestohlene Geld zurückzahlen; der materielle Ausgleich schafft den Eingriff in unser Recht nicht aus der Welt. Der Diebstahl an sich bleibt ungesühnt, und dem Dieb ist nicht «widerfahren, was seine Taten wert sind». In Kants Worten drückt sich das gleiche Bestreben aus wie in unserem Gefühl, eine Einladung erwidern zu sollen: Das Gleichgewicht, das durch eine Handlung verletzt wurde, soll wieder ins Lot gebracht werden. Auch Strafe ist eine Form, die Reziprozität zu erhalten.

«Wieder ins Lot bringen» klingt harmlos – doch dieses Streben kann sehr destruktive Folgen haben. Die wenigsten Taten lassen sich durch einen Ausgleich aufheben. Wenn, wer einem anderen ein Auge ausgestochen hat, selbst ein Auge verlieren muss, führt das allenfalls zu einem Gleichgewicht auf niedrigerem Niveau. Nicht ohne Grund ist in unserer Gesellschaft das Strafrecht immer mehr rationalisiert und objektiviert worden und orientiert sich heute vor allem an der Prävention, nicht an destruktiver Vergeltung. Doch Versuche, Strafrecht allein auf dem Präventionsgedanken aufzubauen, stossen immer wieder an Grenzen; nicht zuletzt im Hinblick auf das, was Juristen «Strafbedürfnis der Bevölkerung» nennen.

Nun ist Strafe zwar eine, aber nicht die einzige Möglichkeit, die Ausgeglichenheit sozialer Beziehungen nach einer Verletzung wiederherzustellen. Das gleiche Ziel kann auf verschiedenen anderen Wegen erreicht werden, von denen einige mit denen, die wir heute kennen, ebenso wenig gemeinsam haben wie unsere Freiheitsstrafen mit der Blutrache. Das Bedürfnis nach Vergeltung und Wiedergutmachung hat in der Geschichte schon höchst unterschiedliche Praktiken hervorgebracht. Ich möchte nur drei solcher Praktiken erwähnen: das Ritual, die Sublimierung und die Konfrontation mit der Schuld.

In den Bereich des Rituals gehören unter anderem unsere Gerichtsverhandlungen; selbst die Freiheitsstrafe lässt sich als Ritual der Reinigung betrachten, auf dessen Ende zumindest theoretisch die Wiedereingliederung in die Gesellschaft folgt. Weiter entfernt von der Strafe war die rituelle Form des Offiziersduells: Es bot eine Bühne, auf der nach strengen Regeln die beschädigte Ehre wiederhergestellt werden konnte. Das Duell bestrafte nicht, denn das Leiden wurde nicht nach der Schuld verteilt; es bot eine Möglichkeit zu beweisen, dass die eigene Ehre intakt war, und so konnte die Verletzung der öffentlichen Person aus der Welt geschafft werden, ohne sie zu ahnden. Voraussetzung dafür war ein gruppeninterner Konsens über das Verfahren.

Offener in der Form ist die Sublimierung. Dazu zähle ich Praktiken, die Vergeltung unnötig machen, indem sie die Wiedergutmachung auf eine andere Ebene verschieben. Das kann durch Herabsetzung des Täters geschehen – das Absprechen der Satisfaktionsfähigkeit ist dafür ebenso ein Beispiel wie unsere Neigung, über einen Säugling, der uns ins Gesicht spuckt, nur zu lachen. Eine andere Form der Sublimierung ist der Grossmut: der Wille, Verzeihung zu üben, weil es wichtiger erscheint, den eigenen moralischen Ansprüchen zu genügen, als auf einem äusseren Ausgleich zu beharren. Schliesslich kann die Sublimierung auch durch Verschiebung von Strafe und Belohnung auf das Jenseits erfolgen – wer auf göttliche Gerechtigkeit vertraut, kann möglicherweise gelassener mit irdischer Ungerechtigkeit umgehen.

Die Schweiz gehört mit 2,2 Tötungsdelikten, 75 Körperverletzungen, 30,2 Raubdelikten und 5,6 Vergewaltigungen pro 100 000 Einwohner zu den sichersten Ländern im europäischen Vergleich.

Statistisches Jahrbuch der Schweiz 2003

Die Konfrontation mit der Schuld schliesslich sei als dritter Typ des Ausgleichs erwähnt. Sie spielt auch in unserem Rechtssystem eine Rolle: Wer Einsicht zeigt, wer seine Tat gesteht und bereut, kann mit geringeren Strafen rechnen. Die Möglichkeit, sozialen Ausgleich durch Konfrontation des Täters mit seinem eigenen Handeln und seinen Folgen zu suchen, wird heute weltweit wichtiger – vor allem in Kontexten extremer Schuld, in denen jede Wiedergutmachung von vornherein zum Scheitern verurteilt ist. In ruandischen Dorfgerichten ersetzt ein Schuldbekenntnis der Täter vor den Angehörigen ihrer Opfer die Verurteilung durch ein Gericht; Wahrheits- und Versöhnungskommissionen suchen nicht nur in Südafrika nach Wegen, gesellschaftlichen Ausgleich zu schaffen, wo Vergessen zynisch wäre und Strafe nur destruktiv.

Das sind nur drei von vielen Möglichkeiten, die Vergeltungsfunktion der Strafe durch Alternativen zu ersetzen. Alle drei nehmen den Wunsch nach Wiederherstellung der Reziprozität ernst, ohne zu strafen. Sie sind auch eine Aufforderung zur Kreativität bei der Suche nach einem Ausgleich. Es gibt nicht nur die beiden Alternativen, Vergeltung als Strafzweck abzulehnen oder mit Kant alle verurteilten Mörder hinzurichten.

FUSSNOTEN. **1** Kant, Immanuel: Metaphysik der Sitten, Akademie-Ausgabe Bd. VI, Berlin 1907. S. 333.

Stephanie Tremp 1954, studierte Romanistik und Germanistik, liess sich in Zürich zur Fotografin ausbilden und ist seit 1998 als freischaffende Fotografin tätig. Sie wohnt in Zürich.

«Kein Durchgang»

Normen im Alltag

STOP

Ausgenommen Fahrgast-
schiffe während max 4 Stunden

BRAVO

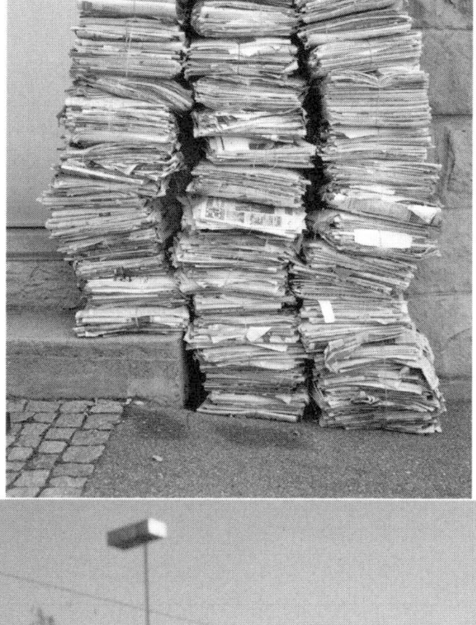

«Kein Durchgang»

LEBENSGEFAHR
LEITUNGEN
NICHT
BERÜHREN

Zutritt für
Unbefugte
verboten

40 41

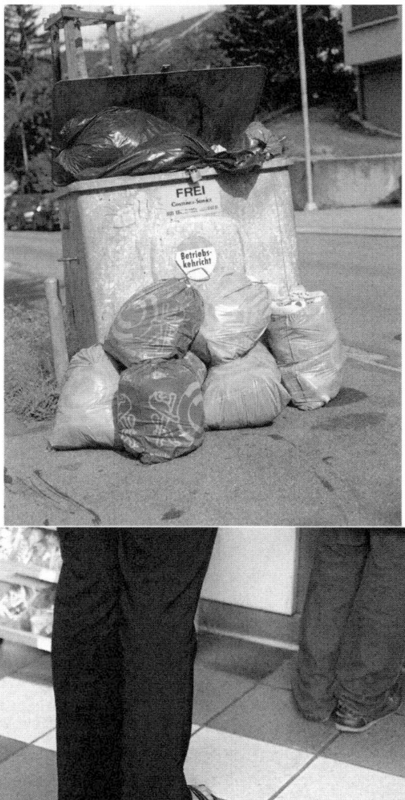

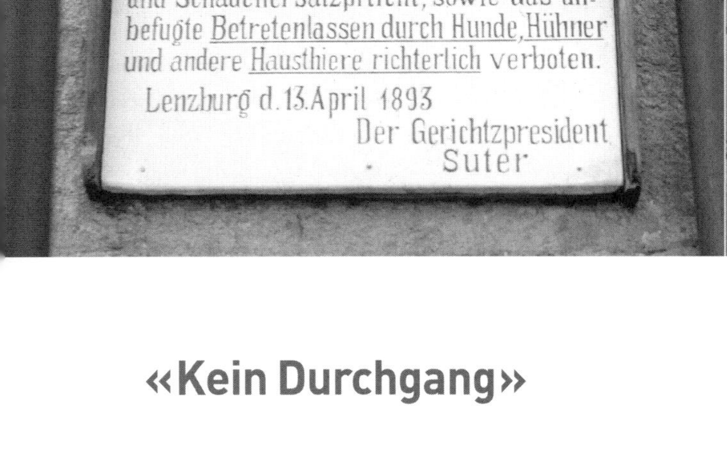

«Kein Durchgang»

Kein Durchgang
Bitte benützen Sie
die offiziellen Wege.

Ruheabteil
Compartiment silence
Compartimento del silenzio
Quiet area

42 43

II

Barbara Helg 1965, hat Germanistik und Geschichte studiert. Heute ist sie als Redaktorin des «Interkantonalen Kirchenboten» und als freie Journalistin tätig.

Vom Sinn der Strafe

Eine Annäherung in fünf Gesprächen

Strafvollzug ist etwas Paradoxes. Strafen bedeutet, jemandem ein Übel zuzufügen. Zugleich soll die Strafe dem Täter etwas bringen und ihn davon abhalten, ein neues Delikt zu verüben. Gefängnisstrafen bedeuten den Verlust sozialer Kontakte, haben einen negativen Einfluss auf das Umfeld des Gefangenen, bieten Grundlage für weitere kriminelle Unternehmen und heilen den Menschen trotzdem nicht von den eigenen Schwächen. Ob eine Strafe etwas nützt, hängt wesentlich von der Einsicht des Gefangenen ab.

Die Kolonie Ringwil sieht aus wie ein grosser Landwirtschaftsbetrieb: ein stattliches Haupthaus, kleinere Wohnhäuser, Ställe, eine Gärtnerei, Schreinerei, Schlosserei und im Zentrum ein Platz, um Boccia zu spielen, zu sitzen, eine Pause zu geniessen. Was man auf den ersten Blick nicht sieht: Die Erzeugung landwirtschaftlicher Produkte ist nicht der Hauptzweck dieses Betriebs. Die Anlage im Zürcher Oberland ist eine offene Strafanstalt, ein Zweigbetrieb der kantonalen Strafanstalt Pöschwies in Regensdorf. Wer in Ringwil im Gefängnis ist, bewacht sich zu einem grossen Teil selbst. Abhauen ist leicht – aber wer es tut, landet unter Umständen im geschlossenen Vollzug. Die 60 Gefangenen arbeiten 42 Stunden in der Woche frei auf dem Gelände oder im Wald. Abends werden sie in den Wohnhäusern eingeschlossen. Auch tagsüber dürfen sie einen klar abgegrenzten Bereich nie verlassen. «Unsere Aufgabe ist es, mit einem konsequenten, differenzierten, betreuungs- und behandlungsorientierten Vollzug die Gefangenen zu einem eigenverantwortlichen Leben in der Gemeinschaft zu führen», steht im blaugrünen Faltprospekt, in dem die Produkte und Dienstleistungen der Kolonie der Öffentlichkeit bekannt gemacht werden.

Im offenen Strafvollzug: Marcel Zurbriggen*

Was bringt eine Strafe, wie sie in Ringwil vollzogen wird? Marcel Zurbriggen, 38-jährig, ist bereit, diese Frage aus seiner Sicht zu beantworten. Er stammt aus einem Bergkanton und ist von Beruf Polier. Zurbriggen hat Drogen von Albanien in die Schweiz transportiert und dafür viereinhalb Jahre netto erhalten. Sein eigenes Baugeschäft sei wegen eines Brandes Konkurs gegangen, und die Versicherung habe nicht bezahlt. «Da kam mir der Gedanke, dass ich jetzt schnell viel Geld verdienen will.» Das grosse Geld kam nicht. Aber nach einem halben Jahr wurde er verhaftet.

«Ich fiel in ein tiefes Loch», erzählt Marcel Zurbriggen. «Am schlimmsten waren die Verhaftung und die ersten Einvernahmen.» Man werde grob angefasst. «Ich kann das nachvollziehen, die müssen sich ja auch wehren. Man wird halt verhaftet, als ob man ein gefährlicher Verbrecher wäre.» In den zwei Monaten U-Haft sass Marcel abgeschottet und isoliert. Hinzu kam das Gefühl, er habe die Familie verraten und verletzt. Der Anwalt sei ein Pflichtverteidiger gewesen, der wohl stärker mit der Bezirksanwaltschaft als mit ihm zusammengearbeitet habe, meint er. «Mir sagte er, ich könne mit viereinhalb Jahren rechnen, wenn ich kooperativ sei und aussage.» Sieben Jahre brutto hat er erhalten. Dass das Urteil dann vom Kassationsgericht und schliesslich vom Bundesgericht bestätigt worden ist, bezeichnet Marcel Zurbriggen als «Schock». Er habe zwar wirklich einen Fehler gemacht. Aber die Strafe sei zu hoch.

Er sei froh, in Ringwil und nicht im geschlossenen Vollzug zu sein, sagt Marcel Zurbriggen mehr als einmal. Es gibt Dinge über die er sich freut, dass er seit kurzem ein eigenes Zimmer bei den Rossställen hat zum Beispiel, wo er selbst bestimmen kann, wann er drin ist und wann draussen. Auch die Arbeit im Forstbetrieb gefalle ihm. Dankbar ist er für die «Sachurlaube», die es ihm zum Beispiel ermöglichen, die Theateraufführung seiner Tochter an der Schule zu besuchen. Im Rahmen solcher Urlaube organisierte er auch den Umzug von Frau und Tochter in die Region – eine Anstrengung, auf die er stolz ist. Dass er die beiden jede Woche sehen kann, das halte ihn über Wasser. Überhaupt werde in Ringwil «für die sozialen Aspekte» gut geschaut. Nicht zuletzt bedeute ihm viel, dass er beim Betreuungsdienst eine Vertrauensperson gefunden habe, die ihm zuhöre, ihn ernst nehme und die versuche, die Probleme der Insassen zu lösen. Soweit das Gute.

«Aber dass meine Strafe dazu dienen soll, mich zu resozialisieren und vor einem Rückfall zu bewahren, das leuchtet mir nicht ein.» Drogen kämen genau gleich weiterhin in die Schweiz, ob er im Gefängnis sei oder nicht. Hingegen habe die Strafe einen negativen Einfluss auf sein Umfeld, die Familie sei mitbestraft. «Meine Frau bekommt Sozialhilfe. Die Tochter muss ohne Vater aufwachsen. Da könnte man ein besseres System finden, das ermöglicht, aktiv in der Familie mitzuwirken.» Wenn man jemanden einsperre, verliere dieser seine sozialen Kontakte. Marcel Zurbriggens Vision eines sinnvollen Strafvollzugs ist die elektronische Fussfessel.

Hält die Strafe Marcel Zurbriggen davon ab, erneut schnell zu viel Geld kommen zu wollen? «Das kann niemand garantieren», antwortet er. «Hier sind 60 Personen. Die hocken jeden Tag zusammen und reden über die begangenen Straftaten. Dauernd ist zu hören, wie man schnell zu viel Geld kommt.» Diese Kollegen seien heute seine Kontakte, und diese behalte man auch später bei. Darum sei die Rückfallquote so hoch. Und fügt an: «Wer rückfällig wird, kalkuliert Strafe ein. Ich will ein normales Leben führen. Wie es allerdings sein wird, sehe ich erst dann. Der Strafvollzug heilt mich nicht von meinen eigenen Schwächen.»

Der Anstaltsleiter: Werner Burkhard

Werner Burkhard leitet die Kolonie Ringwil. Er sagt: «Die Frage, was Strafe bringt, ist eine schwierige Frage.» Entscheidend sei, wie viel Einsicht jemand habe. Wenn einer seine Tat nicht als Verfehlung sehe, sondern im Nachhinein immer noch «geil» oder sein «gutes Recht» finde, habe er Schwierigkeiten, die Strafe zu akzeptieren. Wenn er sich aber eingestehe, dass er etwas Ungutes getan habe, könne die Strafe den Sinn bekommen von «Ich büsse etwas ab, ich mache etwas wieder gut». In diesem Fall könne jemand an sich arbeiten. Dann könne man von Seiten der Betreuung auch beginnen, nach dem «Warum?» zu fragen. Eine Frage, die man in Ringwil wenn möglich mit den Gefangenen aufarbeiten möchte. Aber all dies sei abhängig von der Bereitschaft des Einzelnen, sich zu öffnen und zu kooperieren.

In Ringwil sind die Anforderungen an den Einzelnen höher als im geschlossenen Vollzug. «Die Gefangenen können ihre Eigenverantwortung trainieren», sagt Werner Burkhard. Wer bereit sei, könne ein umfassendes Angebot nutzen: Im Lernprogramm, das zusammen mit dem Bewährungsdienst Zürich durchgeführt wird, lernen

Gefangene, folgende Fragen zu stellen: Weshalb ist es zum Delikt gekommen? Gab es Anzeichen? Wie hätte ich einen anderen Weg gehen können? Ziel sei, die eigene Frustrationstoleranz und das eigene Gewaltpotenzial kennen zu lernen und zu lernen, damit positiv umzugehen. Auch die Entlassung wird vorbereitet.

Es gebe ganz verschiedene Insassen, schildert Werner Burkhard. «Wir haben etwa ein Drittel selbständige Leute, die ihre eigene Verantwortung wahrnehmen. Ein weiteres Drittel nimmt mit etwas Widerstand das Angebot der Strafanstalt in Anspruch. Das letzte Drittel lehnt die Strafe ab, oder die Umstände verunmöglichen eine vertiefte Arbeit.» Es gebe tragische Situationen von Männern mit Familie, die lange in der Schweiz lebten und nach der Strafe ausgewiesen würden.

Es sei sehr unterschiedlich, wie die Täter zu ihrer Strafe stünden. Manche, mehrheitlich aus dem Ausland, könnten sich ganz gut damit abfinden. Zuhause, sagten sie, würden sie viel schlimmer bestraft. Andere wiederum sagten, sie hätten einen Blödsinn gemacht und verstünden, weshalb sie im Gefängnis seien. Aber dass sie durch den Verlust der Beziehung, der Arbeit, der Wohnung gleich mehrfach bestraft seien, das fänden sie ungerecht. «Für Gefangene aus unseren Breitengraden spielt vor allem die Trennung von den Bezugspersonen trotz Urlaub und Besuchen eine grosse Rolle und wird als wirklich hart empfunden», sagt der Anstaltsleiter. «Aber ich wehre mich gegen ein schlechtes Gewissen.» Er sage dann oft zu den Betreffenden: «Sie sind hier, weil etwas passiert ist, auf Grund dessen die Polizei ausrücken musste. Bei ihnen hat es angefangen!» Es gelte dann, «das Buch ein wenig genauer aufzumachen.»

Strafe findet Werner Burkhard richtig und nötig. Es sei eine Forderung der Menschheit, sogar der Täter selbst. «Gefordert sind wir darin, dass wir sinnvolle Strafen anwenden.» Der Strafvollzug stehe heute im Spannungsfeld zwischen zwei Lagern: Die einen forderten einen harten Kurs und fänden jeden Franken für Betreuung vergeudetes Geld. Die andern redeten von den «armen Gefangenen» und vergässen dabei die Opferseite. «Wir müssen eine Zwischenposition einnehmen», sagt Werner Burkhard. Dies sei heute schwieriger geworden, durch den Spardruck und die Flüchtlingsbewegungen. Gefangene mit Kriegserfahrung beispielsweise hätten eine höhere Gewaltbereitschaft. Sie lachten, wenn sie sähen, wie hier mit den Leuten umgegangen werde. «Wir versuchen trotzdem, mit ihnen zu reden. Manchmal, mit der Zeit, wenn sie eigene Erfahrungen hier machen, öffnen sie sich etwas. Wenn keine Chance auf Anpassung oder Veränderung besteht, können wir die Rückversetzung in den geschlossenen Vollzug beantragen.»

Gefängnisseelsorger Patrice de Mestral

Patrice de Mestral hat seine wichtigsten Gedanken zur Frage «Was bringt Strafe?» auf ein Blatt notiert: «Verhaftung, Vollzug, Neubeginn». Es seien diese drei Phasen der Strafe, die ein Täter auf sich nehmen müsse. Die Erste sei die der Verhaftung und der Untersuchungshaft. Der Täter sei allein in einer Zelle und werde mit sich und der Vergangenheit konfrontiert. «Die meisten haben grosse Mühe, damit fertig zu werden. Hier finden Schock und Brüche statt. Diese Phase hinterlässt starke Spuren», sagt de Mestral.

Patrice de Mestral war neun Jahre Seelsorger in der Interkantonalen Strafanstalt Bostadel in Menzingen. «Der Mensch lebt nicht vom Brot allein», sagt er zu seinem Dienst an den Gefangenen. In einer geschlossenen Anstalt sei der Strafvollzug viel härter als in einer offenen. Während früher der Gefängnisalltag viel mit Busse und Umkehr zu tun gehabt habe und Gefängnisse oft von Pfarrern geleitet worden seien, setze man heute mehr auf Therapie. «Von den rund 100 Männern in Bostadel habe ich jeweils höchstens 10 bis 20 intensiv gekannt», sagt er. Der Gefängnisseelsorger durfte bei jedem Gefangenen einen Antrittsbesuch machen. Anschliessend kam zu ihm, wer dies wünschte. «Diese Gespräche bilden den Anfang einer Vertrauensbeziehung», sagt de Mestral. Danach würden die Männer oft wieder zurückgeworfen in ein Milieu, das gewalttätig sei. Erpressung, Drohungen und Drogen gehörten zum Alltag in geschlossenen Anstalten, sagt der reformierte Pfarrer: «Da kann eine Pflanze schwer gedeihen.»

«Wenn jemand zu mir kam und sagte: ‹Ich habe neun Tonnen [Jahre] bekommen›, was sollte ich ihm sagen? Vielleicht: ‹Das kann ich mir selbst gar nicht richtig vorstellen. Komm, wir sitzen nach der Werkstatt zusammen und schauen uns die nächsten Wochen an.›» Die erste Phase im Strafvollzug sei enorm wichtig für die ganze Weiterentwicklung im Gefängnis. Der Gefangene müsse sich einen Alltag einrichten: an einem Abend der Woche einen Briefkontakt aufbauen zum Beispiel, an einem anderen einen Sprachkurs besuchen, um nicht in der Scheinwelt des Fernsehens zu ertrinken. Das brauche viel Kraft. «Es ist immer die Frage, welche Seite von sich einer mobilisieren kann, um in diesem kriminellen Umfeld zu überleben.»

Ein Mensch, der mehr als vier Jahre inhaftiert werde, gebe sich innerlich auf, ist die Erfahrung des Seelsorgers. «Nach vier Jahren ist ein Mensch psychisch abgebaut.» Im besten Fall sei jemand vier Jahre lang ansprechbar. Danach zeige er wenig Bereitschaft mehr, an sich zu arbeiten. Einzig bei Tötungsdelikten machten längere Strafen Sinn. Diese liessen den Täter lange Zeit nicht in Ruhe. Wer sechs bis acht Jahre im Gefängnis verbringe, der habe nachher nur noch wenige tragfähige Kontakte. «Die Männer kommen mir dann vor wie Kanarienvögel». Sobald sie draussen seien, drohe der Absturz. Lange Strafen machten deshalb für die meisten Täter keinen Sinn. Sie bewirkten sehr oft Abstumpfung: mental, geistig, physisch.

Patrice de Mestral sagt: «Es ist schwierig, dass man nicht zynisch wird bei der Arbeit mit Gefangenen.» Wer nicht spirituell verankert sei, halte das schwer aus. Das Gefängnis sei ein Ort voll Ohnmacht, geballter Wut und Frustration. Und er fügt seine beiden persönlichen Grundsätze an: «Ein Täter ist mehr als seine Tat.» Und: «Einen Täter zu verstehen heisst nicht, seine Tat zu billigen.»

Patrice de Mestral hat nach seiner Pensionierung vor sechs Jahren ein Projekt in Albanien auf die Beine gestellt. Es hilft ehemaligen Gefangenen und anderen aus der Schweiz zurückgeschafften Albanerinnen und Albanern, im Arbeitsleben Fuss zu fassen.

Haft in gemeinnützige Arbeit umwandeln: Sozialarbeiter Kurt Vuillemin

Die Gesellschaft sei herausgefordert, sinnvolle Strafen anzuwenden, sagt Anstaltsleiter Werner Burkhard. Am leichtesten ist es, sinnvolle Strafen zu finden, wenn die Vergehen nicht ganz so schwer sind. Eine Strafe, die heute als sinnvoll gilt, ist die gemeinnützige Arbeit. Täter und Täterinnen (nur etwa zehn Prozent sind Frauen), die eine Gefängnisstrafe von bis zu drei Monaten erhalten, bekommen von der Fachstelle gemeinnützige Arbeit des Zürcher Amtes für Justizvollzug einen Brief. Darin wird ihnen angeboten, die Haft in Form von gemeinnütziger Arbeit zu vollziehen. Für einen Gefängnistag wird vier Stunden in einer gemeinnützigen Institution gearbeitet. Kurt Vuillemin ist Sozialarbeiter bei der Fachstelle gemeinnützige Arbeit. Er sagt: «Die meisten unserer Klienten sind sozial integriert. Das Ziel ist, dass ihr Umfeld nicht kaputt geht.» Der Klient soll seine Arbeit und seine Kontakte zu Familie, Freunden und Kollegen behalten können. Auf der Fachstelle sieht es aus wie in einem gewöhnlichen Stellenvermittlungsbüro: An einer Pinwand hängen die Jobangebote, ein Betreuer oder eine Betreuerin bespricht mit den Klienten deren Wünsche und Möglichkeiten. Es sind unbezahlte Einsätze im Naturschutz, in einem Spital, einem Heim oder einer anderen Institution. Ort und Zeit sind so geplant, dass der Einsatz in der Freizeit, am Abend, am Wochenende oder in den Ferien geleistet werden kann. 80 Prozent schliessen ihren Einsatz erfolgreich ab. Im Jahr 2003 sind im Kanton Zürich rund 125 000 Arbeitsstunden von zirka 750 Klienten erbracht worden.

«Ein Vorteil dieser Art Strafe ist, dass man versuchen kann, auf das Verhalten des Klienten einen positiven Einfluss zu nehmen», sagt Kurt Vuillemin, der als Fallverantwortlicher zahlreiche Klienten bei ihrem Einsatz betreut. Der Gedanke der Wiedergutmachung werde klar sichtbar, es sei eine sinnvolle Abgeltung der Strafe. Klienten, die ohne Arbeit seien, könnten sich so wieder für eine gewisse Zeit im Arbeitsleben erfahren und hätten eine Tagesstruktur. Andere würden sich bei einer für sie neuen Form von Arbeit positiv erleben. Dies könne helfen, Rückfälle zu verhindern. Dabei ist die gemeinnützige Arbeit nicht einfach eine bequeme Form von Strafe. Sie stellt hohe Anforderungen an die Leute, ist die Erfahrung von Kurt Vuillemin: «Der Klient muss eine aktive Rolle übernehmen, er muss die zusätzliche Arbeit mit seinen sonstigen Tätigkeiten unter einen Hut bringen, und er muss verlässlich sein.»

Er leistet gemeinnützige Arbeit: Robert Meierhans*

Es sei «kolossal wichtig», dass es die gemeinnützige Arbeit gebe, sagt Robert Meierhans. Er hätte sonst seine Strafe in Halbgefangenschaft in Winterthur abbüssen müssen. Robert Meierhans ist 54 Jahre alt, allein lebend und arbeitet in einer Zürcher KMU. «Die gemeinnützige Arbeit», glaubt er, «hat meinen Job gerettet.» Ohne Auto – sein Führerausweis wurde ihm entzogen –, jeden Tag pendeln und die Nacht in einer Zelle mit einer unbekannten Person verbringen: Das hätte er nicht durchgestanden. Für Fahren in angetrunkenem Zustand, im Wiederholungsfall, erhielt Robert Meierhans 70 Tage Gefängnis. Dabei fühlt er sich nicht wirklich schuldig. Eine ortsunkundige Frau sei ihm ins Auto gefahren. Weil er gerade von einem Geschäftsessen gekommen sei, habe er mehr als 0,8 Promille im Blut gehabt. Dies habe zum Verfahren geführt.

Robert Meierhans arbeitet bei «Kunst und Krempel», einem Brockenhaus der Caritas. Ein «sehr schönes Brocki», betont er, der Wert auf Sauberkeit und Ordnung legt. Jeden Samstag betreut Meierhans den Laden, zählt den Stock, begutachtet die Spenden, die hereinkommen, und lagert die Sachen ein. «Ich mache das sehr gern», sagt er. Der Samstag sei für ihn zum «Caritas-Tag» geworden. Dass die Arbeit schon bald zu Ende geht, findet er fast schade. Er habe bei der Caritas eine ganz neue Welt und tolle Leute kennen gelernt. Deshalb möchte er den Kontakt nach seinem Einsatz nicht verlieren.

Dass Robert Meierhans heute keinen Alkohol mehr trinkt, führt er vor allem auf eine Entzündung der Bauchspeicheldrüse zurück. Diese könne teilweise durch Alkohol bedingt sein, räumt er ein. Er sei aber nur ein Gesellschaftstrinker. Der Körper habe ihm wohl sagen wollen: «Jetzt isch gnueg Heu dunne.» In seinen Augen sei diese Strafe eine Win-Win-Situation. Am Anfang sei es zwar hart gewesen, sechs Tage in der Woche zu arbeiten. Die Arbeit gefalle ihm aber, und es sei ihm sehr bewusst, weshalb er sie mache: «Das behält man einfach im Kopf.»

*Name geändert

Florian Küffer, 1985, Malerlehrling

Florian Küffer überfällt am 20. Dezember 2001 einen 50-jährigen Passanten, um ihm das Portemonnaie zu entwenden. Als dieser sich wehrt, verletzt er ihn lebensgefährlich durch mehrere Messerstiche. Vier Monate später wird Florian Küffer durch eine DNS-Vergleichsanalyse als Täter identifiziert und verhaftet.

Florian Küffer wird nach der Verhaftung der Jugendanwaltschaft übergeben, die ihn im Rahmen einer vorsorglichen Massnahme zur stationären Beobachtung und Begutachtung in die Durchgangsstation für straffällige Jugendliche in Winterthur überweist. Im Februar 2003 tritt Florian Küffer in die geschlossene Abteilung der Arbeitserziehungsanstalt Uitikon ein, wo er eine Malerlehre beginnt.

Günter Stratenwerth 1924, hat bis 1994 den Lehrstuhl für Strafrecht und Rechtsphilosophie an der Universität Basel innegehabt. Er hat über Jahrzehnte an Vorarbeiten zu Teilrevisionen des schweizerischen Strafrechts mitgearbeitet.

Sicherung sozialer Normen

Über die Aufgaben und Möglichkeiten des Strafrechts

Dass es öffentliche, durch die Staatsgewalt angedrohte und durchgesetzte Strafen seit Menschengedenken gibt, entbindet nicht von der Frage nach ihrer Berechtigung. Anwendungsbereich und Form strafrechtlicher Sanktionen unterliegen einem beständigen Wandel und stehen immer erneut zur Diskussion. Dabei besteht die Gefahr, mit dem Strafgesetz allzu bereitwillig auf tagespolitische, oft medial verstärkte Postulate einzugehen, statt dieses nur als äusserstes Mittel in rechtsstaatlich eng begrenztem Rahmen einzusetzen.

Der Sinn der Strafe

Öffentliche Strafe anzudrohen und zu verhängen, entspricht einer jahrtausendealten Tradition. Staatliche Organisation scheint bisher stets mit einem Strafrecht einhergegangen zu sein. Ausserhalb vielleicht engster persönlicher Beziehungen ist soziales menschliches Leben nicht denkbar ohne Regeln, die es ordnen. Auch wird ein grösserer Sozialverband durch die Anerkennung gemeinsamer Verhaltensnormen geradezu erst begründet. Mit sozialen Verhaltensnormen aber sind Sanktionen eng und unauflöslich verknüpft. Normen beanspruchen, verbindlich zu sein, und Verbindlichkeit bedeutet, dass die (wahrgenommene) Zuwiderhandlung gesellschaftliche Reaktionen auslöst. Solche Reaktionen müssen allerdings nicht in einer Strafe bestehen, zumindest nicht in der Form, in der sie heute verhängt und vollstreckt wird. Selbst in einer sozialen Ordnung wie der unseren, die ein Strafrecht kennt, gibt es mannigfache andere Möglichkeiten, den Verstoss gegen Verhaltensregeln zu sanktionieren, wie beispielsweise durch unmittelbaren (körperlichen) Zwang zur Herstellung oder Wiederherstellung eines rechtmässigen Zustandes, die Verpflichtung zur Wiedergutmachung oder zum Schadenersatz, die Auflösung (Kündigung) von Rechtsverhältnissen und anderes mehr. Auf weiten Strecken wird soziale Kontrolle auch durch informelle Sanktionen ausgeübt, im Nahbereich, am Arbeitsplatz beispielsweise, durch die unverhohlene Bekundung von Missachtung gegenüber dem «Abweichler», die sich bis zu völliger Ächtung steigern kann.

Die Strafe erscheint demgegenüber, zunächst grob gesagt, als eine besondere Form staatlichen Zwangs, die in erster Linie bezweckt, dem Betroffenen ein äusseres Übel zuzufügen, ihm eine mehr oder weniger drastische Einbusse an Lebensgütern aufzuerlegen. Schon die Antike hat sich gefragt, ob das nicht vernunftlose Rache sei, eine sinnwidrige, eher zerstörerische Reaktion. Die besonders in der zweiten Hälfte des jetzt vergangenen Jahrhunderts mit Nachdruck erhobene Forderung, das Strafrecht abzuschaffen oder doch entschieden zurückzudrängen, ist deshalb bis heute nicht verstummt. Solche Bestrebungen haben sich jedoch nicht durchsetzen können. Vielmehr verstärkt die steigende Komplexität der gesamtgesellschaftlichen Verhältnisse offenkundig die Tendenz, auf krisenhafte Entwicklungen, die eine differenzierte Antwort erfordern würden, mit verstärkter Repression zu reagieren. Strafrechtsreformen beschränken sich deshalb, wie auch die neuere Entwicklung in der Schweiz zeigt, heute im Wesentlichen auf die Form der Sanktionen, das heisst vor allem auf die Zurückdrängung der als wenig sinnvoll erkannten kurzen bis mittleren Freiheitsstrafen, ihren Ersatz durch Geldstrafen oder die Verpflichtung zu gemeinnütziger Arbeit und die Erweiterung des Spielraums für bedingte Verurteilungen.

Der Begriff der Strafe umschliesst im geschichtlichen Rückblick nicht nur eine unabsehbare Vielfalt äusserer Erscheinungsformen, sondern zugleich eine kaum geringere Fülle an Bedeutungsgehalten: die von magisch-sakralen Vorstellungen geprägte Opferung des Rechtsbrechers ebenso wie das der rohesten Abschreckung dienende Grauen mittelalterlicher Lebens- und Leibesstrafen oder die auf «Besserung» gerichtete Freiheitsstrafe der Neuzeit. Daraus folgt jedoch nicht, dass sich die Strafe in der Gegenwart, an unserem geschichtlichen Ort, mit beliebigem Sinngehalt erfüllen liesse. Denn Aussagen über die Strafe, die nicht blosse Spekulation sein wollen, können sich nicht über das in der Gesellschaft tatsächlich vorherrschende Verständnis der Strafe hinwegsetzen, das ihre Realität, so wie sie alltäglich verhängt und vollstreckt wird, entscheidend prägt und sich offenbar nur in grossen Zeiträumen verändern lässt. Dazu gehört für uns, dass die Strafe auf die (sittliche) Schuld des Rechtsbrechers antwortet und sie ihrerseits zum Ausdruck bringt. Diese Deutung, die sich erst auf dem Boden des Christentums seit dem späteren Mittelalter schrittweise entwickelt hat, ist nunmehr sozialpsychologisch unaufhebbar geworden, mit der Konsequenz, dass sich mit der Strafe, im Unterschied zu jeder anderen Form staatlichen Zwangs, ein entsprechender Vorwurf an den Täter verbindet. Schuld ist zum eigentlichen Angelpunkt der strafrechtlichen Zurechnung geworden, die sich in allen ihren Teilen um die Frage dreht, unter welchen Voraussetzungen und in welchem Grad jemand für einen rechtlich missbilligten Geschehensablauf verantwortlich gemacht werden kann.

Strafrechtlich geschützte Normen

Welche menschlichen Interessen wichtig genug sind, um strafrechtlichen Schutz zu verdienen, und gegen welche Formen von Bedrohung er sich richten sollte, darüber lassen sich auf weite Strecken keine allgemein gültigen Aussagen machen. Das gilt schon mit Blick auf den Einzelnen. Welche seiner «Güter» als schützenswert erscheinen und welchen Rang sie in der Hierarchie seiner Interessen beanspruchen, unterliegt ebenso dem geschichtlichen Wandel wie die Möglichkeit und das Mass der Gefährdung, der menschliches Verhalten sie aussetzen kann. Man denke nur an die jahrzehntelangen Auseinandersetzungen über die Regelung des legalen Schwangerschaftsabbruchs oder an die Problematik gentechnischer Eingriffe in das Erbgut des Menschen. Insoweit sieht man sich letztlich allein auf vorherrschende oder auch umstrittene Wertüberzeugungen zurückverwiesen. Das gilt erst recht für allgemeine Verhaltensnormen: Ob etwa homosexuelle Handlungen zwischen Erwachsenen, Ehebruch oder Bigamie strafrechtlich verfolgt werden sollten, kann keine Gesellschaftstheorie, sondern allein die konkrete kulturelle Überlieferung entscheiden. Insofern spiegelt das Strafrecht nur die zu einer bestimmten Zeit an einem bestimmten Ort geltende soziale Ordnung (oder sollte es doch tun).

Allerdings brandmarkt die Strafe Zuwiderhandlungen gegen diese Ordnung nicht nur als verwerflich. In der Strafe liegt ausserdem, je nach Art und Mass, einer der schwersten Eingriffe in die Freiheitsrechte des Einzelnen, die ihm in einem Rechtsstaat zugefügt werden können. Daraus folgt der theoretisch weithin anerkannte Grundsatz, dass eine Strafdrohung neben anderen Formen der Durchsetzung des

Rechts nur als äusserstes Mittel, als «ultima ratio» eingesetzt werden sollte. Das Strafrecht hätte sich danach, konkret gesprochen, auf den Schutz solcher Verhaltensnormen zu beschränken, die für Freiheit und Sicherheit in unserer rechtlichen Ordnung wesentlich sind, und auf solche Verstösse gegen sie, die sie ernstlich in Frage stellen. Es würde dann, mit einer viel zitierten Formel gesagt, nur ein «ethisches Minimum» sichern. Eine der Konsequenzen aus solcher Sicht ist immerhin die, dass die weitaus meisten Delikte, die das schweizerische Strafgesetzbuch umschreibt, nur vorsätzlich, mit Wissen und Willen, begangen werden können, Fahrlässigkeit also nur ausnahmsweise unter Strafe steht (aber durchaus eine Verpflichtung etwa zum Ersatz eines so angerichteten Schadens begründen kann). Praktisch geht freilich das Strafrecht über seinen so umgrenzten, legitimen Anwendungsbereich seit langem erheblich hinaus. Das hat verschiedene Gründe.

Zum einen wächst in der heutigen Mediengesellschaft, vor allem unter aussen- oder innenpolitischem Druck, die Neigung gesetzgebender Instanzen, auf gesellschaftliche Probleme, die sich anders nicht oder nur mit erheblich grösserem Aufwand beherrschen liessen, durch den Erlass neuer Strafgesetze zu reagieren, die zwar die unerwünschten Erscheinungen, gegen die sie sich richten, nicht aus der Welt schaffen können, aber immerhin den Eindruck erwecken sollen, dass etwas Tapferes geschieht. Prominente Beispiele bilden die erst 1975 geschaffene Strafdrohung gegen den Drogenkonsum oder, seit den 1980er-Jahren, die Strafnorm gegen den Missbrauch von Insiderwissen, von der inzwischen ausufernden Gesetzgebung gegen Geldwäscherei nicht zu reden. Man spricht hier, zumeist kritisch, von «symbolischem» Strafrecht, im Grenzfall sogar von «Alibigesetzen». Strafgesetze werden so zu einer leichthin manipulierbaren Materie gemacht und damit im Ganzen diskreditiert. Symbolische Straftatbestände können freilich auch einen durchaus guten Sinn haben, so etwa, wenn es, wie beim 1994 geschaffenen Tatbestand der Rassendiskriminierung, darum geht, unzweideutig klarzustellen, dass Menschenverachtung in unserer Gesellschaft keinen Platz haben darf, oder wenn, wie beim Umweltstrafrecht, die Verantwortung für den Lebensraum auch künftiger Generationen entschiedener zur Geltung kommen soll. Gestritten werden kann und wird natürlich darüber, welche solcher Strafgesetze sachlich vertretbar oder gar notwendig sind.

2003 wurden durch Strassenverkehrsunfälle in der Schweiz 2,5 Mal mehr Menschen getötet und fast 3,5 Mal mehr Menschen verletzt als durch Gewaltdelikte.

Statistisches Jahrbuch der Schweiz 2003

Auf der anderen Seite umfasst das komplizierte Gefüge der Rechtsordnung eines modernen Industriestaates zahllose Vorschriften, die nicht zu dem Mindestbestand an sozialen Normen gehören, über die weitgehend Konsens besteht. Der Sozial- und Lenkungsstaat der Gegenwart hat, im Unterschied zum liberalen Rechtsstaat des 19. Jahrhunderts, neben der Gefahrenabwehr in weitem Umfang Aufgaben der so genannten «Daseinsvorsorge» übernommen. Sie möglichst ungehindert und reibungslos zu erfüllen, ist das selbstverständliche Interesse einer rationalen Staatsverwaltung. Und da sich die Strafe als besonders effektives Zwangsmittel darstellt, liegt es nahe, sie überall dort einzusetzen, wo staatlichen Anordnungen Nachdruck verschafft werden soll. Im vergangenen Jahrhundert hat sich infolgedessen ein kaum noch übersehbares Nebenstrafrecht entwickelt, das sich weitgehend als Verwaltungsstrafrecht darstellt. Die Zuwiderhandlung gegen Ordnungsvorschriften, die elementare Interessen nicht oder nur mittelbar schützen, wiegt jedoch in aller Regel nicht schwer genug, als dass es notwendig oder auch nur sinnvoll wäre, sie zu «kriminalisieren». Der Einsatz der Kriminalstrafe erscheint hier vielmehr als ein Missbrauch, der sich über den besonderen Charakter dieser Sanktion hinwegsetzt und sie als Ganze entwertet.

Die Aufgabe des Strafrechts

Aus alledem ergibt sich im Grunde schon, welche Aufgaben das Strafrecht erfüllen kann und welche nicht.

Im Vordergrund steht hier zweifellos seine Funktion, die Rechtsordnung zu sichern. Zuwiderhandlungen gegen elementare soziale Normen sind auf andere Weise als durch die Androhung und die Verhängung öffentlicher Strafe nicht zu verhindern oder, wo sie trotzdem begangen und wo sie entdeckt werden, ohne Gefahr für den Rechtsfrieden nicht zu bewältigen. Die Erregung der Öffentlichkeit besonders bei schweren Rechtsbrüchen enthüllt massive Vergeltungsbedürfnisse. Wer selbst Opfer eines Verbrechens wird, wird in der Regel ebenso empfinden. Die Verfolgung der Straftat von Amtes wegen ist in einem solchen Fall unerlässlich, um die Selbsthilfe des Einzelnen oder der sozialen Gruppe, Faustrecht und Lynchjustiz, abzulösen und die Reaktion auf den Rechtsbruch unter Kontrolle zu bringen. Auch historisch hat sie sich so, in der Landfriedensbewegung des 12. und 13. Jahrhunderts, entwickelt: Blutrache und Fehde liessen sich nur in dem Masse zurückdrängen, wie eine Zentralgewalt in der Lage war, diese Aufgabe zu übernehmen. Der Bestand der Rechtsordnung wäre daher ernstlich gefährdet, ein Rückfall in die Selbstjustiz wohl unabwendbar, wenn die staatliche Strafe nach Art und Ausmass allzu weit hinter durchschnittlichen Erwartungen zurückbliebe. Das gilt auch im Blick auf die Sicherungsbedürfnisse der Allgemeinheit, die vom Strafrecht möglichst wirksam gegen künftige schwere Delikte geschützt zu werden verlangt.

Bei der mittleren und leichteren Kriminalität verschieben sich die Gewichte mehr und mehr in Richtung einer blossen Denkzettelstrafe. Das heisst, dass hier die Funktion der Strafe in den Vordergrund tritt, rechtlichen Verboten den nötigen Nachdruck zu verleihen. Dabei hat die Entwicklung der Sanktionspraxis überall gezeigt, dass es weniger darauf ankommt, wie schwer die Strafe im Einzelfall ist, als vielmehr darauf, dass das Delikt überhaupt geahndet wird. Es gilt, in relativ weiten Grenzen, der Satz von der «Austauschbarkeit der Sanktionen». Das hat nicht nur erlaubt, den Rahmen für bloss bedingte Verurteilungen zunehmend zu erweitern, sondern wird, wie das Beispiel Deutschlands und Österreichs seit 30 Jahren zeigt, voraussichtlich auch in der Schweiz gestatten, die eingangs erwähnten, noch bevorstehenden Reformen des Systems der strafrechtlichen Sanktionen ohne stärkere Kriminalitätsbelastung durchzuführen. In dieses Bild gehört zudem der Befund, dass die Opfer vor allem von Vermögensdelikten ganz überwiegend nicht an einer Bestrafung des Täters interessiert sind, sondern allein an Schadenersatz und Wiedergutmachung. Dabei fördert eine drohende Strafe natürlich die Bereitschaft des Täters, so etwas zu leisten. Die Entwicklung geht im Übrigen auch ganz allgemein dahin, die Stellung des Opfers im Strafverfahren zu stärken. Dazu gehören, vor allem im Jugendstrafrecht, Ansätze zu einem Täter-Opfer-Ausgleich, der sogar zum Verzicht auf eine formelle Sanktion führen kann.

Blickt man auf diese Rolle des Strafrechts im Ganzen, so liegt auf der Hand, dass sein Schwerpunkt auf der Bewahrung der bestehenden sozialen Ordnung liegt. Das Strafrecht kann der gesellschaftlichen Entwicklung nicht vorangehen oder sie in eine bestimmte Richtung steuern, ausser allenfalls dort, wo, wie beim schon erwähnten Umweltrecht, Ansätze bereits vorhanden sind und bekräftigt werden sollen. Es kann diese Aufgabe auch immer nur exemplarisch erfüllen. Die Dunkelziffer, das heisst der Prozentsatz nicht entdeckter oder nicht geahndeter Delikte, ist bei allen, selbst bei schweren Straftaten so hoch, dass es oft als Zufall erscheint, ob jemand als Täter identifiziert und verurteilt wird. Die Wirkung des Strafrechts liegt deshalb primär nicht in einer äusserlich verstandenen Abschreckung möglicher Übeltäter. Man weiss seit langem, dass es nicht Art und Schwere der angedrohten Sanktion sind, die mögliche Täter von Delikten abhalten, sondern allenfalls die Wahrscheinlichkeit, gefasst zu werden. Das sollte uns vor jeder Überschätzung des Strafrechts bewahren: Es kann keine höhere Gerechtigkeit auf dieser Erde verbürgen. Aber es bleibt doch notwendig, um die Geltung der sozialen Normen, nach denen wir hier und heute zusammenleben wollen, in ihrem Kernbestand zu sichern.

Andreas Urs Sommer 1972, lehrt als Privatdozent Philosophie mit besonderer Berücksichtigung der Philosophiegeschichte an der Universität Greifswald. Buchveröffentlichungen u. a.: «Lohnt es sich, ein guter Mensch zu sein?». Er lebt in Greifswald.

Strafe ohne Moral?

Einige skeptische Erwägungen

Menschen betreten verbotenerweise einen Rasen, rauchen, wo es untersagt ist, und fahren zu schnell. Andere betrügen, rauben und morden. Die Rechtsordnung sagt, welche Normverletzung nicht mehr toleriert und von Gesetzes wegen bestraft wird. Nur: Auch unsere Rechtsordnung ist nicht so unantastbar, wie sie wirkt. Auch sie ist historisch gewachsen und moralisch geprägt. Aber wie ist es um das Verhältnis von Rechtsordnung und Moral bestellt?

Strafrecht und Rache

Ein wesentlicher Bestandteil der Rechtsordnung ist das Strafrecht. Es regelt, welche Verhaltens- und Handlungsweisen als derart schädlich für andere Mitglieder der Gesellschaft und für die Gesellschaft insgesamt angesehen werden, dass sie geächtet und geahndet werden müssen. Die Gesellschaft als Ganze wird durch das Strafrecht stabilisiert.

Historisch ist die Rechtsinstitution der Strafe aus der Rache entstanden. Als Blutrache erstreckt sie sich auch auf die Nachkommen und Verwandten des Schädigers. Augenscheinlich aber droht dieses individuell und familiär beanspruchte Recht, Rache auszuüben, Gesellschaften aus dem Gleichgewicht zu bringen, wenn deren Mitglieder in unversöhnlicher Fehde liegen. In den modernen westlichen Gesellschaften ist es daher von Rechts wegen niemandem mehr erlaubt, persönlich Rache zu üben. Der Aspekt der Rache wird vielmehr in die obrigkeitlich verordnete Strafe selbst eingetragen, und zwar unter dem Stichwort der Vergeltung: Vergeltung impliziert, «dass der die Reaktion auslösende Angriff zu Unrecht erfolgt ist»[1] und dass dieser Angriff eine «objektive Normverletzung» darstellt, also nicht bloss eine die Motivation für Rache kennzeichnende, subjektiv als unrechtmässig empfundene Verletzung. In der Bestrafung wird dann nicht nur ein Mittel der Besserung und der Abschreckung gesehen, sondern auch eine Vergeltung am Übeltäter: Ihm widerfahre durch das Strafrecht, «was er an anderen verbrochen hat».[2] Was indessen nicht bedeutet, dass der persönliche Racheakt in unseren Breiten ausgestorben wäre. Ich denke zum Beispiel an den Einwanderer aus dem Nahen Osten, der selbstverständlich für sich das Recht in Anspruch nimmt, dem jungen Mann, der seiner Tochter die Unschuld geraubt hat, zugleich mit ihr das Leben zu nehmen. Sein Tun wird in unserer Rechtsordnung wiederum als Straftatbestand verfolgt. Denn diese Rechtsordnung duldet im Hinblick auf die von ihr festgelegten Straftatbestände keinen rechtsfreien Raum.

Überzeugungen im Widerstreit

Es bleibt eine Irritation: Offenbar gibt es innerhalb unserer Gesellschaft Menschen und Menschengruppen, die an den Schutz ihrer Interessen durch Polizei und Gerichte nicht glauben. Sie halten Handlungweisen für rache- und sühnebedürftig, die von der Gesellschaft als Ganzer oder vom Gesetzgeber in Stellvertretung eines angenommenen gesellschaftlichen Gemeinwillens für nicht strafrechtlich relevant erachtet werden. Wenn die Tochter nicht minderjährig ist und dem Geschlechtsverkehr zugestimmt hat, dann ist weder sie noch ihr Liebhaber nach der vorherrschenden Rechtsauffassung moderner westlicher Gesellschaften strafrechtlich zu belangen. Ebenso wenig steht dem Vater nach dieser Auffassung die Blutgerichtsbarkeit über die eigenen Kinder zu, noch erstreckt sich die Strafbarkeit eines Vergehens auf Nachkommen und Verwandte. Die Irritation angesichts solch unvereinbarer Positionen einer gesellschaftlichen Mehrheit und einer Minderheit rührt nicht einfach daher, dass sich offensichtlich nicht alle Menschen den Rechtsvorstellungen der Mehrheit fügen wollen. Die Irritation reicht tiefer und kann zu der Einsicht führen, dass die Festlegung dessen, was strafbar sein soll, sich kontingenten, gesellschaftlich-historischen Umständen verdankt und keiner für alle unmittelbar evidenten Erkenntnis moralischer Wahrheiten.

Gelegentlich pflegen Gottes- und Rechtsgelehrte im Verbund mit Philosophen unsere gesetzlich festgeschriebenen Normen, das «positive Recht», auf das so genannte Naturrecht zurückzubuchstabieren, das heisst, auf das, was von Natur unbedingt und für alle Menschen gelte. So schreibt etwa der deutsche Philosoph Robert Spaemann (*1927): «Gäbe es kein von Natur Rechtes, so könnte man über Fragen der Gerechtigkeit gar nicht sinnvoll streiten.»[3] Der Begriff des Naturrechts meint, dass es ein in der Beschaffenheit der Welt oder des menschlichen (Vernunft-)Wesens gründendes, unwandelbares Recht gibt, dass allem positiven, von Menschen nach situativen Bedürfnissen geschaffenen Recht vorausgeht oder vorausgehen soll. Den Naturrechtsdenkern zufolge stimmt das jeweilige positive Recht in seinen Grundzügen entweder mit diesem Naturrecht überein oder widerspricht ihm. Im letzteren Fall müsste das positive Recht nach Massgabe des Naturrechts umgestaltet werden. Bloss: wie will man erkennen, was Bestandteil dieses Naturrechts ist und was nicht? Und wie ist das Naturrecht selbst begründet? Unterliegt man nicht einem Fehlschluss, wenn man vom Sein auf das Sollen schliesst? Wenn man aus dem (ohnehin nur) behaupteten Vorhandensein einer natürlichen Ordnung ableitet, es gebe eine moralische oder eine rechtliche Verpflichtung, dieser Ordnung gemäss zu leben? Für einen notwendigen, logischen Zusammenhang von Naturrecht und positivem Recht fehlen die Garantien: Warum soll nicht die Ansicht, dass man die angetastete Ehre seiner Familie zu retten habe, viel eher naturrechtskonform sein als das Verbot der Blutrache?

Wie kann man Gewissheit erlangen, dass sich hinter dem positiven Recht so etwas wie die wahre Moral, die wahre Auffassung vom Wesen des Menschen verbirgt? Genau dafür – dass nämlich unsere Gesetzesordnung der wahren Moral und der wahren Auffassung vom Wesen des Menschen entspricht – haben wir keine Anhaltspunkte, abgesehen von unseren Voreingenommenheiten, dank denen wir die eigene Sichtweise für die rational einzig mögliche zu halten geneigt sind. Moralische oder naturrechtliche Begründungen lassen sich am Ende wahrscheinlich für jede Überzeugung finden.

Nicht übersehen werden darf hierbei, dass die naturrechtliche Begründung positiven Rechts zwar eine moralische Begründung ist, dass aber beileibe nicht jede moralische Rechtsbegründung naturrechtlich ist. Moral, verstanden als Komplex von Wertvorstellungen, die ein Individuum, eine Gruppe von Individuen oder eine Gesellschaft in ihrem Handeln und Unterlassen bestimmen, kann die unterschiedlichsten theoretischen Begründungen haben: Eine Moral kann sich beispielsweise aus der göttlichen Offenbarung direkt ableiten (Dekalog); sie kann sich auf einen aus praktischer Vernunft geschöpften Pflichtbegriff stützen (Immanuel Kant); sie kann sich aus der Erwägung des grösstmöglichen Nutzens für die grösstmögliche Zahl speisen (Utilitarismus) oder sie kann auf einen rationalen Konsens in einer ideal-apriorischen Diskursgemeinschaft setzen (Diskursethik von Jürgen Habermas und Karl-Otto Apel). Alle diese Moralen *könnten* beanspruchen, dem positiven Recht eine moralische Basis zu geben, und führen leicht zur Vorstellung, rechtliche Normen *müssten* eine moralische Basis haben.

Diese Vorstellung betrifft insbesondere den Bereich des Strafrechts. Kaum jemand wird im Ernst von der Mehrwertsteuergesetzgebung oder der Friedhofsbepflanzungsverordnung verlangen, dass sie auf moralische Begründungen zurückgeführt werde. Da sind wir geneigt, pragmatische Begründungen gelten zu lassen: Wir haben eine Mehrwertsteuergesetzgebung und eine Friedhofsbepflanzungsverordnung, weil diese (zumindest dem Anspruch nach) das Zusammenleben in komplexen Gesellschaften vereinfachen, nicht weil sie einer übergesetzlichen oder moralischen Wahrheit entsprechen. Aber wo beginnt dann die moralische Legitimation des positiven Rechts? Wie ist auszuschliessen, dass derjenige, der Blutrache übt, eine gleichwertige Legitimation seiner Rechtsauffassung hat? Könnte die Blutrache legitimierende Rechtsauffassung wie eine moderne «rechtsstaatliche» begründet werden, wäre die Legitimation der modernen Rechtsauffassung wenig wert. Wenn wir behaupten, sowohl die moderne «rechtsstaatliche» wie die Blutrache legitimierende Rechtsauffassung habe ihren Legitimationsgrund in der Moral, müssen wir den Moralbegriff vervielfältigen und von verschiedenen, einander entgegengesetzten Moralen sprechen. Dann aber drohen uns die moralischen Mittel abhanden zu kommen, mit denen wir die universelle und nicht bloss subjektive oder gruppenbezogene Gültigkeit einer moralischen Vorstellung zu begründen vermögen. Gesetze haben dann mit bestimmten Überzeugungen zu tun. Keine übergeordnete moralische Instanz könnte über die Berechtigung dieser Überzeugungen befinden. Und keine über die Berechtigung, auf moralischer Grundlage ein Gesetz zu erlassen oder seine Geltung zu behaupten.

Reglementierungsdichte

Wenn wir uns also die Gesetze etwas genauer ansehen, mit denen wir es tagtäglich zu tun haben, dann fällt auf, dass wir leicht den Glauben verlieren, diese Gesetze seien in einer höheren – naturrechtlichen oder sonstwie moralischen – Ordnung verankert. Wir stellen zwar fest, dass diese Gesetze uns eine Ordnung des zwischenmenschlichen Umgangs vorschreiben, wissen aber nicht, ob dies die richtige, die uns entsprechende Ordnung ist.

Womöglich neigen wir gerade in dieser metaphysischen Verunsicherung, über die letzten Gründe der Gesetze nicht unterrichtet zu sein und wahrscheinlich auch nicht unterrichtet werden zu können, dazu, das Netz der das Leben reglementierenden Gesetze so eng wie möglich zu spannen. In modernen westlichen Gesellschaften kann prinzipiell alles zum Gegenstand gesetzlicher Reglementierung werden. Und offensichtlich wird es das auch: Nicht allein die Friedhofsbepflanzung und die Mehrwertsteuer heischen nach Kodifizierung, sondern auch die so genannten Grundrechte, die sich inflationärer Vermehrung erfreuen.[4] Nichts scheint sich mehr «moralisch» von selbst zu verstehen.[5] Man hofft, die gesetzliche Reglementierungsdichte könne wenigstens partiell die metaphysische Ordnung ersetzen, die ungefragt feststehende Ordnung des Weltganzen, an die wir nicht mehr fraglos glauben. Die Dichte der Reglementierung tröstet und täuscht uns darüber hinweg, dass hinter der gesetzlich festgeschriebenen Ordnung womöglich keine «wahre» Ordnung, keine Ordnung höherer Art mehr auf uns wartet. Die Reglementierungsdichte entspringt auch einer praktischen Erfordernis: Nichts mehr liegt unmittelbar auf der Hand, nichts kann mehr als selbstverständlich vorausgesetzt werden, alles ist einer gesetzlichen Regelung bedürftig. Wirkliche oder eingebildete Ordnungsdefizite werden mittels Gesetzgebung ausgeräumt. Auf die Gefahr hin, dass wir immer mehr Lücken entdecken, die zwischen den nun gesetzlich mühsam geordneten Bereichen klaffen, und uns so veranlasst sehen, unablässig weitere Gesetze zu erlassen. Die alte Einsicht: «summum ius, summa iniuria» (höchstes Recht, höchstes Unrecht, oder: je mehr Recht, desto mehr Unrecht),[6] darf man da ruhig in Erinnerung rufen.

Der Zusammenhang von Moral und positivem Recht erscheint also als durchaus prekär. Zwar pflegen wir gesetzliche Strafe häufig mit sozialer Ausgrenzung zu verbinden; ein Mörder verfällt nicht nur der Strafjustiz, sondern auch der moralischen Ächtung. Aber wir fragen schon hier genauer nach den Motiven und sind zuweilen zu moralisch sehr nachsichtigen Urteilen bereit. Man denke an die Mörderin, die ihren sie schlagenden und vergewaltigenden Mann sich endlich mit Gift buchstäblich vom Halse schafft. Freilich wird sie auch vom Gericht mildernde Umstände zugebilligt bekommen.

Wir sind zwar gewohnt, uns zur Rechtfertigung rechtlicher und insbesondere strafrechtlicher Normen auf Moral zu berufen. Jedoch liegt dieser alltäglichen moralischen Begründung des Rechts meist keine einheitliche Konzeption von Moral zugrunde, sondern wir pflegen situativ moralisch zu verfahren. Die jeweils miteinander verknüpften Moralvorstellungen sind systematisch eigentlich unvereinbar: Wenn wir gegen die Folter an potenziellen Terroristen protestieren, tun wir das beispielsweise unter Berufung auf die metaphysische Idee einer unantastbaren Menschenwürde, aus der wir bestimmte moralische Werte deduzieren. Wenn wir dafür plädieren, dass Sexualstraftäter lebenslänglich in Verwahrung bleiben, argumentieren wir utilitaristisch, behaupten also, dass diese Massnahme der grösstmöglichen Zahl von Menschen den grösstmöglichen Nutzen bringe. Nämlich insofern eine grosse Zahl von Menschen vor den allfälligen Übergriffen des Sexualstraftäters geschützt wird. Nun kann dieselbe utilitaristische Begründung ebenso zur Rechtfertigung der Folter an potenziellen Terroristen verwendet werden; auch hier scheint das Glücksinteresse der Mehrzahl das Unglück des Folteropfers zu rechtfertigen. Zumindest ist dies die mehr oder weniger offenkundige Überzeugung militärischer und politischer Verantwortungsträger der USA, die ansonsten gerne mit der metaphysischen, in der christlichen Offenbarungsreligion gründenden, abendländischen Wertegemeinschaft argumentieren, um die Notwendigkeit ihrer Feldzüge anzupreisen.[7]

57 % der Bevölkerung sind davon überzeugt, dass die Haftbedingungen in den Gefängnissen zu milde sind. 27 % sind für die Wiedereinführung der Todesstrafe.

Univox, GfS & IPSC, Zürich 2003

Der Blick auf die, schonend ausgedrückt, brüchige moralische Legitimation positiven Rechts macht mindestens eines deutlich: Dass hier von einer abendländischen Wertegemeinschaft nur sehr bedingt, nämlich in pragmatischer Hinsicht, die Rede sein kann. Wir fügen uns mit unserem Handeln in den Rahmen des Erlaubten und Gebotenen ein, weil wir gerne den Schutz der Gesellschaft in Anspruch nehmen; in diesem Rahmen aber soll möglichst jeder das machen dürfen, was er möchte.

Moralische Aufrüstung oder notwendige Entmoralisierung?

Nun neigen die Philosophen spätestens seit Platon (427–347 vor Christus) dazu, die moralische Desintegration der Gesellschaft für ein grosses Übel zu halten, das es durch moralische Aufrüstung zu beseitigen gelte. Darin unterscheiden sich viele Berufsphilosophen nicht von amerikanischen Präsidenten. Aber wer genauer hinsieht und seinen Kopf keinem zwanghaften Einheitswillen geopfert hat, der wird vielleicht erkennen, welche Chancen die Uneinigkeit in moralischen Dingen birgt – eine Uneinigkeit, die häufig genug auch eine innere Unentschiedenheit verrät (einmal Menschenwürde, einmal grösstmöglicher Nutzen – fast im gleichen Atemzug). Die Chancen liegen in der Neutralisierung unvereinbarer moralischer Gesinnungen – eine Neutralisierung, die auf ähnliche Weise vonstatten gehen könnte wie die Neutralisierung religiöser Gesinnungen: In der Frühen Neuzeit glaubte jede Konfession, sie habe die absolute Wahrheit für sich allein gepachtet, was angesichts rivalisierender Wahrheitsansprüche schliesslich dazu führte, dass man keiner der konkurrierenden religiösen Wahrheitsmonopolistinnen mehr glauben wollte.[8] Es trat eine weitreichende, undramatische Entchristianisierung Westeuropas ein, die zur Folge hatte, dass die sozial früher alles entscheidende Frage, wie man es mit der Religion halte, ins Private und in Sondergruppen abgedrängt worden ist. Die blutige Konfliktträchtigkeit einander in Geltung und Recht bestreitender religiöser Überzeugungen hat zum Ausschluss solcher Überzeugungen aus den Kernbereichen gesellschaftlicher Interaktion geführt. Dies geschah im pragmatischen Interesse letztlich aller Betroffenen und Beteiligten, mit der Einsicht, dass ohne erzwungene, einheitliche und öffentliche Religion menschliches Zusammenleben besser funktioniert – und dass es im Übrigen auch der Religion gut tut, wenn sie sich auf den Bereich privater Lebensgestaltung konzentriert, statt sich mit gesamtgesellschaftlicher Verantwortung zu überlasten. Weshalb sollte es sich im Bereich der Moral grundsätzlich anders verhalten? Könnte nicht die blutige Konfliktträchtigkeit entgegengesetzter moralischer Überzeugungen deren Ausschluss aus dem Kernbereich der Gesellschaft nahe legen und eine Privatisierung von Moral herbeiführen? Wäre moralisches Partisanentum, das zwar partiell und kritisch ins öffentliche Leben eingreift, seine eigenen Ansprüche aber nicht unstatthaft verallgemeinert und allen Menschen aufzwingen will, nicht sehr viel hilfreicher als eine mit despotischem Einheitswillen auftretende Hypermoral?[9] Mit Blick auf mögliche Konflikte von positivem Recht und Moral könnte dieses moralische Partisanentum bedeuten – wie es der deutsche Rechtsphilosoph Gustav Radbruch (1878–1949) nach den Erfahrungen mit der nationalsozialistischen Unrechtsjustiz 1946 vorgeschlagen hat –, dass dem positiven Recht normalerweise der Vorzug zu geben ist, «es sei denn, dass der Widerspruch des positiven Gesetzes zur Gerechtigkeit ein so unerträgliches Mass erreicht, dass das Gesetz als unrichtiges Recht der Gerechtigkeit zu weichen hat».[10] Wann ein solcher Zustand der Gerechtigkeitsverletzung eingetreten ist, muss jeder mit seinen moralischen Überzeugungen selbst ausmachen.

Wohlgemerkt: Die Neutralisierung kann – soll sich das gesellschaftliche Gefüge nicht gänzlich auflösen – nicht die Rechtsordnung als solche betreffen, wohl aber die sie vorgeblich tragenden moralischen Überzeugungen. Strafrecht insbesondere würde nicht mehr primär nach seiner moralischen Legitimation befragt – da kann jeder denken, wie er mag –, sondern nach rein funktionalen Gesichtspunkten bemessen.[11] Man sollte sich keinen Illusionen darüber hingeben, dass das Strafrecht in erster Linie dazu dient, das Funktionieren der Gesellschaft, die dieses Recht erlässt und forciert, optimal zu gewährleisten, statt überhistorische und unwandelbare moralische Wahrheiten abzubilden. Dies wiederum schliesst aber nicht aus, «dass die soziale Geltung, das heisst die soziale Wirksamkeit von Rechtsnormen (jedenfalls auch) davon abhängt, welche Moralnormen in einer Gesellschaft sozial wirksam sind».[12]

Es dürfte sich lohnen, einmal über die Entmoralisierung der Rechtsordnung und die Entmoralisierung unserer politisch-sozialen Ordnungsvorstellungen insgesamt nachzudenken. Eine skeptische Entlastung könnte darin bestehen, unsere moralischen Erwartungen etwa an die Rechts- und die sie einbegreifende gesellschaftliche Ordnung zurückzuschrauben. Gewiss nicht in der Absicht, die Rechtsordnung zu vernichten oder der gesetzgeberischen Willkür Tür und Tor zu öffnen. Sondern um die Rechtsordnung auf ihren pragmatischen (statt moralischen) Grund zurückzuführen, nämlich auf die Intention und das Interesse, das Zusammenleben von Menschen unter jeweils ganz kontingenten Bedingungen möglichst konfliktfrei zu gestalten. Entmoralisierung des Strafrechts wäre Bestandteil der vielleicht ohnehin angeratenen Dämpfung unserer überspannten Sinnansprüche.

FUSSNOTEN. **1** Sprenger, Gerhard: Rache II. In: Ritter, Joachim; Gründer, Karlfried (Hg.): Historisches Wörterbuch der Philosophie. Bd. 8. Basel 1992. Sp. 5–6, hier Sp. 5. Nach: Kelsen, Hans: Vergeltung und Kausalität. Eine soziologische Untersuchung. Den Haag/Chicago 1941. S. 52. **2** Kant, Immanuel: Metaphysik der Sitten. Rechtslehre, Anhang erläuternder Bemerkungen zu den metaphysischen Anfangsgründen der Rechtslehre, Abschnitt 5. In: Ders.: Werke in zehn Bänden, hg. von Wilhelm Weischedel, Bd. 7. Darmstadt 1983. S. 488. **3** Spaemann, Robert: Die Aktualität des Naturrechts. In: Ders.: Philosophische Essays. Erweiterte Ausgabe. Stuttgart 1994. S. 60–79, hier S. 60. **4** Vgl. die am 7. Dezember 2000 verkündete Europäische Grundrechte-Charta, die diverse «neue» Grundrechte (wie z. B. das Verbot reproduktiven Klonens beim Menschen – Artikel 3, Absatz 2 –, das Recht auf Wehrdienstverweigerung aus Gewissensgründen – Artikel 10, Absatz 2 –, das Recht auf unternehmerische Freiheit – Artikel 16 –, oder das Recht auf Zugang zu einem unentgeltlichten Arbeitsvermittlungsdienst – Artikel 29) enthält. Man wird in diesem Zusammenhang erinnern an das reaktualisierte «Grundrecht des Papierkorbs auf Inhalt» von Marquard, Odo: Schwierigkeiten mit der Geschichtsphilosophie. Frankfurt am Main 1982. S. 27. **5** Die neue Schweizerische Bundesverfassung macht mit ihrem sparsamen Grundrechte-Katalog im gegenwärtigen Trend eine löbliche Ausnahme. **6** Cicero, Marcus Tullius: De officiis I. 33. **7** Dazu jüngst pointiert Lapham, Lewis H.: Imperial America. Gottes Wille und Mammons Gold. Zürich 2004. **8** Siehe z. B. – im Anschluss an Carl Schmitt – Kittsteiner, Heinz Dieter: Die Stufen der Moderne. In: Rohbeck, Johannes; Nagl-Docekal, Herta (Hg.): Geschichtsphilosophie und Kulturkritik. Historische und systematische Studien. Darmstadt 2003. S. 91–117, insbesondere S. 98–102. **9** Vgl. auch Gehlen, Arnold: Moral und Hypermoral. Eine pluralistische Ethik. 2. Auflage. Frankfurt am Main/Bonn 1970. Insbesondere S. 141–163. **10** Radbruch, Gustav: Rechtsphilosophie. 7. Auflage. Stuttgart 1974. S. 345. Radbruch hält aber daran fest, dass die «Geltung des Rechts [...] auf die Moral gegründet [ist], weil der Zweck des Rechts auf ein moralisches Ziel gerichtet ist» (Radbruch, Gustav: Vorschule der Rechtsphilosophie. Dritte, verbesserte Auflage, besorgt von Arthur Kaufmann. Göttingen 1965. S. 39). **11** Dies ist durchaus auch die Intention des Rechtspositivismus, wie ihn etwa Hart vertritt; vgl. Hart, H. L. A.: Der Positivismus und die Trennung von Recht und Moral. In: Ders., Recht und Moral. Drei Aufsätze. Göttingen 1971. S. 14–57. **12** Dreier, Ralf: Recht – Moral – Ideologie. Studien zur Rechtstheorie. Frankfurt am Main 1981. S. 195.

Urs Germann 1973, hat in Bern und Lille (F) Geschichte und Kunstgeschichte studiert und mit der Studie «Psychiatrie und Strafjustiz. Entstehung, Praxis und Ausdifferenzierung der forensischen Psychiatrie in der deutschsprachigen Schweiz 1850–1950» promoviert. Er arbeitet derzeit als Wissenschaftlicher Mitarbeiter im Schweizerischen Bundesarchiv in Bern.

Vom «Laster» zur «Krankheit»

Der Wandel strafrechtlicher Normen am Beispiel der «widernatürlichen Unzucht» in der Schweiz

Strafrechtliche Normen unterliegen einem steten Wandel. Eine Handlung, die früher als Verbrechen galt, kann heute erlaubt und gesellschaftlich akzeptiert sein. So entkriminalisierte das Strafgesetzbuch von 1942 homosexuelle Beziehungen unter Erwachsenen. Unter welchen Voraussetzungen und Umständen konnte sich die Forderung nach einer weitgehenden Entkriminalisierung der «widernatürlichen Unzucht» in der Schweiz durchsetzen? Was sagt dieses Beispiel über den strafrechtlichen Normenwandel aus?

Warum ändern sich strafrechtliche Normen? Wie wird aus einem Delikt eine erlaubte Tat, wann aus einem Laster ein Verbrechen? Bedeutet Entkriminalisierung grundsätzlich ein Mehr an Freiheit oder verlagern sich dadurch lediglich die Mittel der sozialen Kontrolle? Gerade auf dem Gebiet des Sexualstrafrechts zeigt sich, wie wandelbar und prekär das Verhältnis von Strafrecht und Moral, von Toleranz und gesellschaftlicher Ächtung ist. Vor nicht allzu langer Zeit galt Ehebruch in einzelnen Kantonen als Vergehen, heute interessieren aussereheliche Beziehungen kaum mehr den Scheidungsrichter. Noch markanter zum Ausdruck kommt dieser langfristige Normenwandel im Hinblick auf gleichgeschlechtliche Beziehungen: Im 19. Jahrhundert ahndete man die «widernatürliche Unzucht» noch mit Freiheitsstrafen. Um 1900 sah die Psychiatrie im Homosexuellen einen «Perversen», den man wegen seiner angeborenen Neigung nicht bestrafen durfte. Nach langen Kontroversen entkriminalisierte schliesslich das Schweizerische Strafgesetzbuch (StGB) von 1942 homosexuelle Beziehungen unter Erwachsenen.

Die Entkriminalisierung von gleichgeschlechtlichem Sex ist ein gutes Beispiel dafür, dass der Wandel strafrechtlicher Normen eng mit Veränderungen von Einstellungen und Mentalitäten sowie mit komplexen politischen Entscheidungsprozessen verbunden ist. Dieser Prozess der Entkriminalisierung war zudem keineswegs frei von Ambivalenzen und Verwerfungen. So waren die relevanten Bestimmungen des StGB Ergebnis einer hitzigen Parlamentsdebatte in den Jahren 1929 und 1931, bei der selbst Befürworter der Entkriminalisierung wie Bundesrat Heinrich Häberlin keinen Zweifel daran liessen, dass gleichgeschlechtlicher Sex etwas «Anormales», «Verpöntes» und «Schmutziges» sei.[1] Entscheidend für die Entkriminalisierung war schliesslich weniger eine gewachsene Akzeptanz gegenüber gleichgeschlechtlichen Beziehungen als der Umstand, dass es gelang, gleichgeschlechtlichen Sex in ein medizinisches Problem umzudefinieren. So befreite der freisinnige Nationalrat Adolf Seiler Homosexualität zwar vom Odium des strafwürdigen Lasters, gleichzeitig sah er darin aber eine Gefahr, die es mit extralegalen Mitteln zu bekämpfen galt: «Dann wird das Laster zur Krankheit, deren Heilung allen Ernstes anzustreben ist und deren Betätigung aus Gründen der Gemeingefahr nach Möglichkeit zu verhindern ist, nicht durch Strafe, sondern durch Eingriffe anderer Art.»[2] Moralische Ächtung, strafrechtliche Repression und medizinische Normalisierung bildeten die Koordinaten der Debatte um die Entkriminalisierung von gleichgeschlechtlichem Sex, an der im Folgenden exemplarisch die historische Dimension des Wandels strafrechtlicher Normen aufgezeigt werden soll.[3]

Von der «widernatürlichen Unzucht» zur «Homosexualität»

Seiler grenzte sich indirekt von der christlichen Sexualmoral ab, als er «Laster» und «Krankheit» einander gegenüberstellte. Unter dem Begriff der «Sodomie» hatten Obrigkeit und Kirche in der frühen Neuzeit jegliche sexuellen Handlungen, die nicht der Norm des ehelichen Sexualakts entsprachen, als Verstösse gegen die göttliche Ordnung verfolgt. Zur Auflösung dieser Gleichsetzung von Moral und Strafrecht kam es nach der Französischen Revolution. Das Sexualstrafrecht des französischen «code pénal» von 1810 beschränkte sich auf die Bestrafung von Verbrechen gegen die sexuelle Integrität und von Störungen der öffentlichen Ordnung. Gleichgeschlechtlicher Sex wurde dagegen straffrei. Im deutschen Sprachraum blieben Vergehen gegen die Sittlichkeit wie aussereheliche oder gleichgeschlechtliche Beziehungen allerdings weiterhin strafbar. Das Nebeneinander dieser Rechtstraditionen spiegelte sich in den kantonalen Strafgesetzen, die in der Schweiz im Lauf des 19. Jahrhunderts erlassen wurden: Waren gleichgeschlechtliche Sexualakte in den Kantonen Genf, Waadt, Wallis nicht strafbar, so stellten die übrigen Kantone – mit Ausnahme Basels ab 1919 – die «widernatürliche Unzucht» unter Strafe.[4]

Gefördert wurde die Entflechtung von Sexualmoral und Strafrecht durch einen Einstellungswandel gegenüber gleichgeschlechtlichem Sex in der zweiten Hälfte des 19. Jahrhunderts, der massgeblich durch die Psychiatrie geprägt war. Hatten gerichtsmedizinische Sachverständige zunächst lediglich den Vollzug des Analverkehrs zwischen Männern zu beurteilen, so verlagerte sich das Interesse der Psychiater zunehmend vom Sexualakt auf die Persönlichkeit der beteiligten Personen. Angelpunkt der psychiatrischen Argumentation war nicht mehr der «widernatürliche» Sexualakt an sich, sondern eine in der Persönlichkeit der betroffenen Männer und Frauen angelegte «conträre Sexualempfindung». Der österreichische Psychiater Richard von Krafft-Ebing, dessen einflussreiche «Psychopathia sexualis» 1886 erschien, sah in gleichgeschlechtlichem Begehren das Zeichen einer angeborenen «Perversion» und verlangte konsequenterweise die Entkriminalisierung von gleichgeschlechtlichem Sex. Zu Beginn des 20. Jahrhunderts gingen Sexualwissenschaftler wie Magnus Hirschfeld dann von einer grundsätzlichen Zweigeschlechtlichkeit des Menschen aus und bezeichneten den «Homosexuellen» als eine natürliche Variation der Evolution.[5]

Auch der Schweizer Psychiater Eugen Bleuler betonte 1918, dass der «Uranismus» – wie er Homosexualität nannte – meist eine «biologische Erscheinung» sei und nur «in Fällen schwankender Sexualrichtung» der Zufall über die Partnerwahl entscheide. Er wandte sich ebenfalls gegen die Bestrafung der Homosexuellen und forderte, dass nur die Verführung zu gleichgeschlechtlichen Handlungen bestraft werden solle.[6] Die Medikalisierung und Verwissenschaftlichung von gleichgeschlechtlichem Sex stiess in der Schweiz vor allem bei freisinnigen und sozialdemokratischen Politikern auf Zustimmung. So sekundierte der Sozialdemokrat Hans Oprecht 1929 in der zuständigen Nationalratskommission die Meinung der konsultierten psychiatrischen Experten: «Strafrechtlich ist entscheidend, dass die Homosexualität eine pathologische Erscheinung ist [...]. Und weil der Zustand pathologisch ist, dürfen wir ihn nicht als solchen bestrafen.»[7] Oprechts Parteikollege Johannes Huber argumentierte statt dessen mit Hirschfelds «Zwischenstufentheorie», dass «in jedem Menschen die weibliche und die männliche Komponente vorhanden ist».[8] In der Justizpraxis hatte die Pathologisierung der Homosexualität allerdings schon längst Einzug gehalten und dazu geführt, dass eine wachsende Zahl von Sexualdelinquenten im Hinblick auf ihre Zurechnungsfähigkeit begutachtet wurde. Eine Verminderung der Zurechnungsfähigkeit hatte für die betroffenen Männer die zweischneidige Folge, dass sie zwar von einer Strafminderung profitierten, dafür aber psychiatrisch verwahrt werden konnten.[9]

Die Entkriminalisierung der «widernatürlichen Unzucht» im Strafgesetzbuch

Im Bereich des Sexualstrafrechts bedeutete der in den 1890er-Jahren angelaufene Prozess zur Vereinheitlichung und Reform des schweizerischen Strafrechts generell eine Stärkung der durch die romanische Rechtstradition vorgezeichneten Trennung von Strafrecht und Sexualmoral. Dennoch stellte der erste Vorentwurf von 1894 den «widernatürlichen Beischlaf» zusammen mit «Päderastie» und «Sodomie» unter Strafe, um so die Weiterverbreitung dieses «abscheulichen Lasters» zu verhindern. Erst die späteren Vorentwürfe beschränkten die Strafbarkeit auf Fälle, bei denen «unzüchtige Handlungen» an Unmündigen, abhängigen Personen oder «gewerbsmässig» vorgenommen wurden. Beziehungen unter Männern und Frauen wurden dabei grundsätzlich gleich behandelt, wenngleich gleichgeschlechtlicher Sex in Politik, Wissenschaft und Öffentlichkeit auch später in erster Linie als ein «Männerproblem» wahrgenommen wurde. Unter Berufung auf die Erkenntnisse der Psychiatrie sah die Botschaft des Bundesrats von 1918 vor, das Schutzalter für gleichgeschlechtlichen Sex von 16 auf 20 Jahre zu erhöhen und im Gegensatz zur heterosexuellen die gleichgeschlechtliche Prostitution zu bestrafen. Im Vordergrund stand damit nicht mehr – wie noch 1894 – eine generelle und präventiv ausgerichtete Kriminalisierung, sondern eine Ausrichtung des Strafrechts auf den Schutz der Jugend, die man vor der «Gefahr» gleichgeschlechtlicher Verirrungen bewahren wollte.[10]

Opposition erwuchs dieser weit gehenden Entkriminalisierung vor allem seitens katholisch-konservativer Kreise. Die Entkriminalisierungsgegner entfalteten einen Gefährdungsdiskurs, der gleichgeschlechtlichen Sex zur ernsthaften «Gefahr» für Sitte und Anstand und zum Anlass für eine «Entartung des Volks» emporstilisierte.[11] So sah der katholisch-konservative Nationalrat Emil Grünenfelder anlässlich der Nationalratsdebatte von 1929 in gleichgeschlechtlichen Handlungen eine «Gefahr der sittlichen Ansteckung». Kaum ein anderes «sittenwidriges Handeln» würde einen Menschen derart entwürdigen und seine «moralische Kraft und seinen Charakter» schwächen. Aufgabe des Gesetzgebers sei es, dieser «Volksgefahr» mit dem Strafrecht zu begegnen.[12] Allerdings vermochten sich auch die Befürworter der Straffreiheit diesem Gefährdungsdiskurs nicht zu entziehen. So diente das mehrdeutige Ansteckungsargument dem Parlament dazu, die «Verführung» von Minderjährigen unter Strafe zu stellen. «Ansteckung» hiess in diesem Zusammenhang zum einen, dass heterosexuelle Personen zu gleichgeschlechtlichem Sex verleitet wurden, zum anderen identifizierte man das homosexuelle Prostituiertenmilieu ganz allgemein als einen Hort des Verbrechens, dessen Ausbreitung es zu verhindern galt.

Die Auseinandersetzungen im Nationalrat vom März 1929 endeten damit, dass der entsprechende Artikel an die zuständige Kommission zurückgewiesen wurde, die unter Beiziehung juristischer und psychiatrischer Experten eine neue Vorlage erarbeitete. Eine entscheidende Rolle spielte dabei ein Vorschlag des Strafrechtlers Ernst Hafter, der sich für eine Beschränkung der Straftatbestände auf die «Verführung» Minderjähriger und den Missbrauch abhängiger Personen aussprach.[13] Die von der

Kommission angehörten Psychiater befürworteten den Verführungstatbestand ebenfalls. Im Gegensatz zu Hafter sprachen sich die Kommissionsmehrheit und die Psychiater für die zusätzliche Bestrafung der homosexuellen Prostitution aus.[14] Trotz nachhaltiger Opposition seitens der Katholisch-Konservativen fand der Kommissionsvorschlag schliesslich die Zustimmung des Nationalrats und zwei Jahre später des Ständerats. Der Artikel 194 des 1942 in Kraft getretenen StGB stellte schliesslich die Verführung unmündiger Personen des gleichen Geschlechts im Alter von mehr als 16 Jahren zur «Vornahme und Duldung unzüchtiger Handlungen», den Missbrauch abhängiger Personen und die gleichgeschlechtliche Prostitution unter Strafe.

«Eingriffe anderer Art» statt Strafe?

Wenngleich die Schweiz mit Artikel 194 StGB über eine der liberalsten Regelungen in Europa verfügte, so darf dieser Entkriminalisierungsakt nicht mit einer gewachsenen sozialen Akzeptanz gleichgeschlechtlicher Sexualität gleichgesetzt werden. Das StGB zog lediglich die Grenze zwischen Normabweichungen, die der sozialen Ächtung anheim fielen und sich allenfalls zur «Krankheit» umdefinieren liessen, und strafwürdigen Delikten neu. Wie unscharf diese Grenze in den Jahren nach der Einführung des StGB noch war, zeigt sich darin, dass die Rechtsprechung den Tatbestand der Verführung Minderjähriger sehr extensiv auslegte. Christoph Schlatter hat darauf hingewiesen, dass aus der höchstrichterlich abgesegneten Ausweitung des Jugendschutzes faktisch ein Verbot gleichgeschlechtlicher Beziehungen zu Jugendlichen zwischen 16 und 20 Jahren resultierte.[15] Bis weit in die 1970er-Jahre hinein verlagerte sich die Bekämpfung der Homosexualität zudem auf das Gebiet der Polizei. Die städtischen Polizeikorps kontrollierten regelmässig einschlägige Treffpunkte und Versammlungslokale und führten Personenkontrollen durch, die weniger der Strafverfolgung als der präventiven Überwachung dienten. In Zürich und Basel bestanden spezielle Schwulenregister, mit deren Hilfe die Polizei die homosexuelle Subkultur in den Griff bekommen wollte.[16]

Einen «Eingriff anderer Art» (Seiler) stellte die Kastration homosexueller Männer dar. Seit den 1930er-Jahren postulierte die Psychiatrie die operative Entfernung der Keimdrüsen zur Abschwächung eines «übermässigen Sexualtriebs» und zur Verhinderung künftiger Sexualdelikte. Soweit es sich aufgrund des Forschungsstands beurteilen lässt, hatten sich die betroffenen Männer zu einem grossen Teil der – nach 1942 weiterhin strafbaren – «widernatürlichen Unzucht» mit Kindern oder Jugendlichen oder anderer (heterosexueller) Sexualdelikte schuldig gemacht. Das StGB sah die Kastration weder als Strafe noch als sichernde Massnahme vor. Die «Entmannung» von Sexualdelinquenten war vielmehr in einem Graubereich zwischen Justiz und Psychiatrie angesiedelt, wobei formell das Prinzip der Freiwilligkeit gewahrt wurde. Selbst Psychiater gaben aber zu, dass die Einwilligung zur Kastration oft unter einem beträchtlichen Druck zustande kam, sahen sich die betroffenen Straftäter doch vor die Alternative Verwahrung oder Kastration gestellt.[17] Obwohl Kastrationen meist in engem Zusammenhang mit Straftaten diskutiert und durchgeführt wurden, wiesen sie gegenüber herkömmlichen Strafen eine neue Qualität auf. Zum einen waren sie weniger eine Angelegenheit der Justiz als des Straf- und Massnahmenvollzugs, zum anderen zielten sie auf eine dauerhafte Änderung des Charakters und des Sexualverhaltens von (homosexuellen) Männern ab.

Was sagt das Beispiel der Entkriminalisierung von gleichgeschlechtlichem Sex im StGB von 1942 über den Wandel strafrechtlicher Normen aus? Voraussetzung für die Entkriminalisierung war zunächst ein Einstellungswandel, der sich mit den Stichworten Säkularisierung und Medikalisierung umschreiben lässt und darauf hinaus lief, die Grenze zwischen Strafrecht und Sexualmoral neu zu ziehen. Durchgesetzt wurde die Zurückdrängung des staatlichen Strafanspruchs von einer politischen Koalition, die sich aus den Reihen des Freisinns und der Sozialdemokratie rekrutierte und eine Kriminalpolitik favorisierte, welche Zweckmässigkeitsüberlegungen gegenüber religiös-moralischen Traditionen in den Vordergrund stellte. Diese Mehrheit sah in gleichgeschlechtlichem Sex primär ein medizinisch-psychiatrisches Problem und beschränkte die Rolle des Strafrechts auf den Jugendschutz und die Prostitutionsbekämpfung. Diese Entkriminalisierung trug freilich ambivalente Züge. Die Stigmatisierung homosexueller Prostituierter, die Ausweitung des Verführungstatbestands, die polizeiliche Repression gegen das Schwulenmilieu und schliesslich die Kastration homosexueller Sexualdelinquenten in den ersten Nachkriegsjahrzehnten zeigen, dass der Wandel der strafrechtlichen Normen nicht automatisch zu grösserer sozialer Akzeptanz gegenüber homosexuellen Männern führte. Bis weit in die 1970er-Jahre verlagerten sich die Instrumente der sozialen Kontrolle lediglich in justizfernere Bereiche. Gerade diese Diversifizierung der sozialen Kontrolle mittels einer eigentümlichen Mischung aus Liberalisierung, punktueller Repression und der Inanspruchnahme paralegaler (medizinischer, pädagogischer, polizeilicher) Interventionsinstrumente ist charakteristisch für die moderne Kriminalpolitik. Bezeichnend für die Kontinuität einer tief wurzelnden Ächtung gleichgeschlechtlichen Begehrens ist schliesslich der Umstand, dass der Artikel 194 StGB trotz weit gehender Entkriminalisierung weiterhin die auf die sittlich-moralische Dimension verweisende Marginalie «widernatürliche Unzucht» trug. Der Artikel wurde erst 1992, und nicht zuletzt auf Druck der neuen Schwulenbewegung, aus dem StGB gestrichen.[18]

FUSSNOTEN. **1** Stenographisches Bulletin der Bundesversammlung. Ständerat, 1931, S. 536. **2** Stenographisches Bulletin der Bundesversammlung. Nationalrat, 1929, S. 767. **3** Dieser Beitrag stützt sich auf die in den letzten Jahren zum Thema erschienenen Forschungsarbeiten: Gerodetti, Natalia: Modernising Sexualities. Towards a Socio-Historical Understanding of Sexualities in the Swiss Nation. PhD University of Leeds 2002; Schlatter, Christoph: «Merkwürdigerweise bekam ich Neigungen zu Burschen». Selbstbilder und Fremdbilder homosexueller Männer in Schaffhausen 1867 bis 1970. Zürich 2002; Stuker, Monika: Homosexualität in den Gutachten der Psychiatrischen Klinik Münsingen 1895–1975. Diss. med. Bern 1999. **4** Vgl. Stooss, Carl: Die Grundzüge des Schweizerischen Strafrechts. Basel/Genf 1893, Band 2, S. 262–264. **5** Vgl. Oosterhuis, Harry: Stepchildren of Nature. Krafft-Ebing, Psychiatry and the Making of Modern Sexuality. Chicago/London 2000. **6** Bleuler, Eugen: Lehrbuch der Psychiatrie. 2. Auflage. Berlin 1918, S. 435–441. **7** Verhandlungen der Kommission des Nationalrats betreffend das schweizerische Strafgesetzbuch. XIV. Session vom 14. und 15. November. In: Schweizerisches Bundesarchiv, E 4110 (A) –/42, Band 62. **8** Stenographisches Bulletin der Bundesversammlung. Nationalrat, 1929, S. 183. **9** Germann, Urs: Psychiatrie und Strafjustiz. Entstehung, Praxis und Ausdifferenzierung der forensischen Psychiatrie in der deutschsprachigen Schweiz. Zürich 2004, 283–290; Schlatter (wie Fn. 3), S. 150–153. **10** Vgl. Schüle, Hannes: Die Entstehung des Homosexuellen-Artikels im Schweizer Strafrecht 1894–1942 im zeitgenössischen Umfeld von Sitte, Moral und Gesellschaft. Bern 1984. **11** Gerodetti (wie Fn. 3). **12** Stenographisches Bulletin der Bundesversammlung. Nationalrat, 1929, S. 170–172. **13** Hafter, Ernst: Homosexualität und Strafgesetzgeber. In: Schweizerische Zeitschrift für Strafrecht, 43, 1929, S. 37–71. **14** Verhandlungen der Kommission des Nationalrats vom 14. und 15. November (wie Fn. 7) **15** Schlatter (wie Fn. 3), S. 97–106. **16** Schlatter (wie Fn. 3), S. 123–128; Miescher, Stefan: Polizeiliche Razien im Park. In: Trüb, Kuno; Miescher, Stefan (Hg.): Männergeschichten. Schwule in Basel. Basel 1988. S. 66–73. **17** Vgl. Germann (wie Fn. 9), S. 456–458; Schlatter (wie Fn. 3), S. 158–174; Stuker (wie Fn. 3), S. 109–114; Thürlimann, Rochus: Über die Indikation und den therapeutischen Erfolg der Kastration bei sexuell Perversen. In: Schweizer Archiv für Neurologie und Psychiatrie, 57, 1946. S. 153–206. **18** Vgl. Gerber, Beat: Lila ist die Farbe des Regenbogens, Schwestern, die Farbe der Befreiung ist rot. Die Homosexuellen Arbeitsgruppen der Schweiz (HACH) von 1974–1995. Lizentiatsarbeit Bern 1997. S. 68–79.

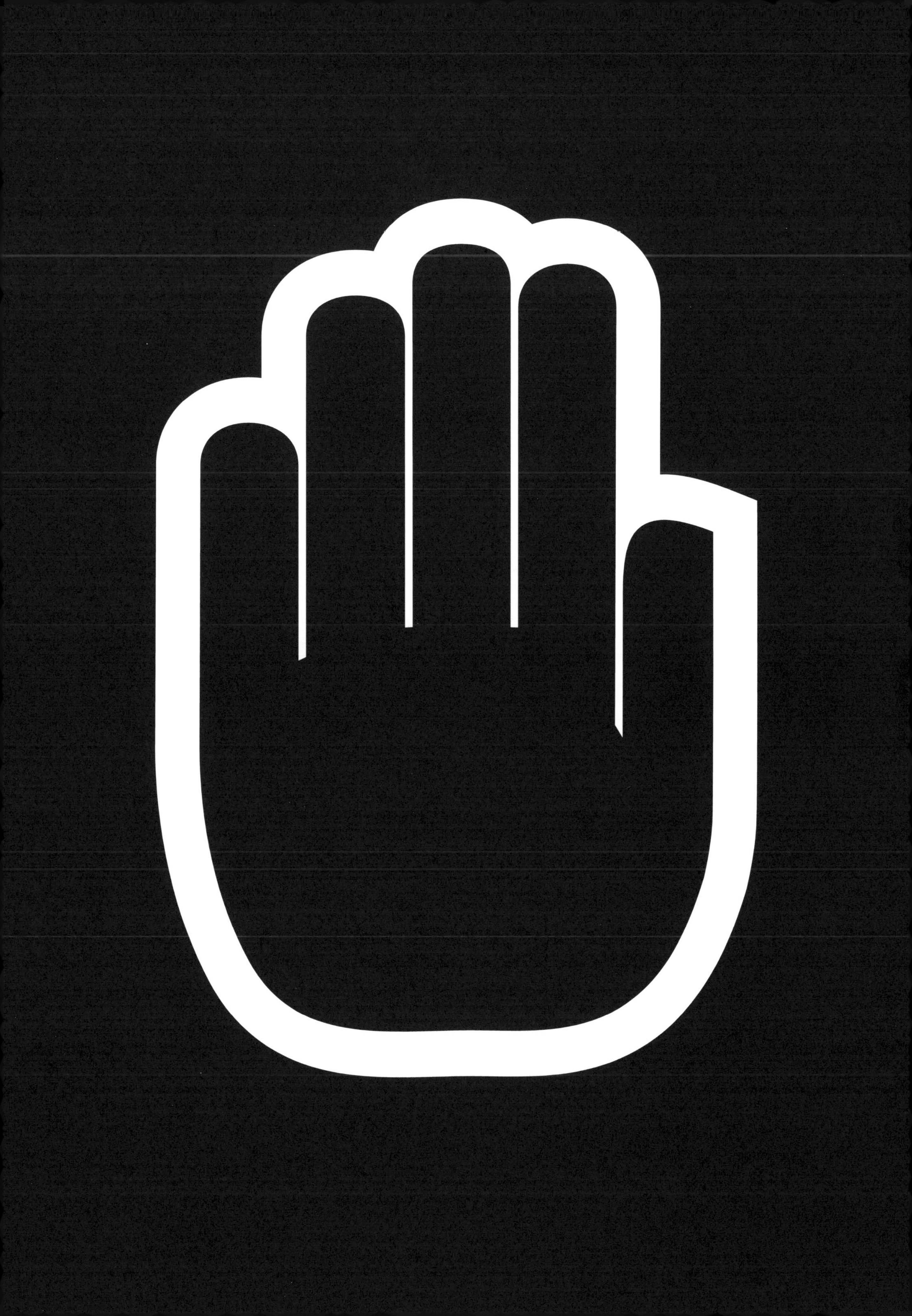

Strafmethode

Markus Hofmann 1969, hat in Zürich und Frankfurt am Main Rechtswissenschaften studiert und mit einer rechtshistorischen und -philosophischen Arbeit promoviert. Er ist Redaktor der «Neuen Zürcher Zeitung» und lebt mit seiner Familie in Zürich.

In der Strafkammer der Menschheit

Vom Reichtum der Fantasie beim Strafen

Menschen, die sich in den Augen der Gesellschaft auf irgendeine Weise strafbar gemacht haben, werden getötet, geschlagen, eingesperrt, öffentlich zur Schau gestellt, zur Arbeit gezwungen, weit fortgeschickt, oder es wird ihnen Geld weggenommen. Die Bandbreite der Strafmethoden ist gross, und sie verändert sich im Lauf der Zeit. Grundsätzlich gilt aber: Je schlimmer eine Tat eingeschätzt wird, desto härter fällt die Strafe aus – eine historische Tour d'Horizon durch das menschliche Strafkabinett.

«Die Strafen richten sich nach der Art des Vergehens: Verräter und Überläufer hängt man an den Bäumen auf; Feiglinge und Kriegsscheue und Unzüchtige versenkt man im Sumpf und Morast, wobei man noch Flechtwerk darüber wirft. [...] Die Verschiedenheit der Vollstreckung beruht auf dem Grundsatz, man müsse Verbrechen zur Schau stellen, wenn man sie ahnde, Schandtaten hingegen dem Blicke entziehen. Doch auch in leichteren Fällen entspricht die Strafe dem Vergehen: wer überführt wird, muss mit einer Anzahl von Pferden und Rindern büssen.» (Tacitus, 1. Jahrhundert nach Christus)

Strafen ist die Reaktion auf eine unrechte Tat. Je schlimmer die Tat gesellschaftlich erachtet wird, desto härter fällt die Strafe aus. Der römische Historiker Tacitus, von dem das einleitende Zitat stammt, nennt in seinem Werk über die Germanen zwei der wichtigsten Strafmethoden: Todesstrafe und Vermögensstrafe. Diese beiden Strafarten stecken die Grenze ab, innerhalb derer sich Menschen gegenseitig bestrafen. Hier mit der ultimativen Reaktion, dem Tod: Der Täter wird ausgetilgt, und so werden weitere Untaten, die von ihm ausgehen könnten, verhindert. Dort mit einer ausgleichenden Reaktion, einer Vermögenseinbusse: Der Täter übereignet dem Opfer Vermögenswerte, wie Sachen, Tiere oder Geld, und begleicht damit die Rechnung, die er mit seinem gesellschaftlich unbilligen Tun eröffnete.

Todes- und Vermögensstrafe tauchen im Lauf der Kriminalgeschichte in den vielfältigsten Varianten auf. Zwischen diesen Polen entfaltet sich die ganze Straf-Fantasie der Menschen. Wie in der Waffentechnik scheint auch in der Maschinerie des Strafens der menschliche Erfindungsreichtum unbeschränkt zu sein. Straffällige Menschen werden aufs Rad geflochten, verbrannt, geköpft, lebendig vergraben, in die Wildnis oder auf Wallfahrt geschickt, an den Pranger gestellt, zur Arbeit gezwungen, eingekerkert; es werden ihnen elektronische Fussfesseln umgebunden, und sie dürfen gewisse Orte, zum Beispiel ein Restaurant, nicht mehr betreten oder gewisse Handlungen, etwa Auto fahren, nicht mehr begehen.

Die Strafmethoden lassen sich grob in sieben Kategorien einteilen. Neben der Todes- und der Vermögensstrafe gehören zum Repertoire des Strafrichters die Körperstrafe, die Ehrenstrafe, die Versklavung, die Verbannung und die Freiheitsstrafe. Die meisten dieser Strafarten bestehen seit Menschengedenken. Die Art ihrer Vollstreckung änderte sich allerdings im Lauf der Zeit. Auch lassen sie sich nicht immer genau voneinander trennen. So wurde und wird bis heute die Freiheitsstrafe immer wieder mit einer Arbeitsstrafe verbunden. Körperstrafen wiederum führten nicht selten zum Tode. In der Regel standen während einer gewissen Zeit einige Strafarten im Vordergrund. Heute sind dies im hiesigen Kulturraum die Freiheits- und die Geldstrafe. Der Geschichte der Letzteren wird zunächst nachgegangen.

Abschied von der Selbstjustiz – die Vermögensstrafe

Die Vermögensstrafe ist eine der ältesten Strafarten in der Geschichte der Menschheit. Und sie war ein bedeutender zivilisatorischer Fortschritt. Denn mit ihr gelang es, die Spirale der durch Fehden verursachten Gewalt zu durchbrechen.

In archaischen Zeiten lebte der Mensch in familienähnlichen Gruppen. Für die soziale Stellung des Einzelnen war die Sippe bestimmend. Sie war es, die auf die Schädigung eines ihrer Mitglieder reagieren musste. Die Sippe zeigte sich höchst anfällig gegenüber Prestigeverlusten. Ihre Ehre war heilig. Wurde diese durch Externe gekränkt, wurde sie in der Regel durch Fehdehandlungen gerächt. Da es noch keinen Staat oder eine andere übergeordnete und neutrale Macht gab, sagte man der gegnerischen Gruppe offen den Kampf an, und die Tat wurde mit einer mindestens gleichwertigen Handlung geahndet. Bei der Fehde kann man nicht von einer Strafe in unserem Sinn sprechen, da diese das Instrument einer organisierten Gesellschaft ist. Die Fehde hingegen ist eine Form der Selbsthilfe.

Die Fehdehandlungen hatten die Tendenz, sich immer weiter fortzusetzen. Eine Rachehandlung wurde mit einer Gegentat vergolten und so weiter. Vor allem bei den Blutrachen, bei denen Mord und Totschlag ebenfalls mit Tötung beantwortet wurde, hatte dies mit der Zeit zunehmend agonale Folgen für ganze Gruppenverbände. Daher ging man dazu über, mit Ausgleichszahlungen auf die Fehde zu verzichten oder diese zumindest zu beenden. Als Zahlungsmittel, auch Wergeld genannt, diente Vieh (lateinisch «pecunia», das Geld, abgeleitet von «pecus», das Vieh). Auf diese Weise konnte die «Schuld» abgekauft werden. Die Busse stiess allerdings im Fall von Tötungen naher Verwandter immer wieder auf Akzeptanzschwierigkeiten.

Trotz einigen Rückschlägen gestaltete sich das Busssystem mit der Zeit immer differenzierter. Eigentliche Busskataloge wurden aufgestellt, die detailliert auflisteten, welches Delikt welches Bussgeld verlangte. In einem fränkischen Gesetz aus dem 7. Jahrhundert hiess es: «Wenn jemand einen freigeborenen Kleriker tötet, werde [er] wegen zweimal 50 Schillingen als schuldig erachtet». Oder: «Wenn aber einer die Spitze des Daumens abschlägt, büsse er mit 6 Schillingen. Wenn aber ganz, mit 12.» Für einen ganzen Daumen konnte man auch zwei gebeizte Kraniche geben; ein Kranich war sechs Schillinge wert. Die Höhe der Busse bemass sich zudem nach der gesellschaftlichen Stellung des Opfers. Ein freier Franke war am teuersten, ein Angehöriger der römischen Urbevölkerung, ein Romane, am billigsten. Beeinflusst von matriarchalischen Wertvorstellungen wurde auch das Leben einer gebärfähigen Frau besonders hoch eingestuft.

Die Vermögensstrafe hat sich bis in unsere Zeit erhalten. Selbstverständlich übereignet man heute nicht mehr Kühe und Pferde, sondern Geld. Das Strafübel, das dem Täter zugefügt wird, besteht im Zwang zum zeitweiligen Verzicht auf Konsum und Bedürfnisbefriedigung. Das soll nicht darüber hinwegtäuschen, dass die Geldbusse vor allem ein Denkzettel ist. Dem Verurteilten wird zwar eine Belastung auferlegt, er wird aber nicht aus seinem sozialen Umfeld herausgerissen wie bei der Gefängnisstrafe. Die Geldbusse ist neben der Freiheitsstrafe zur wichtigsten Strafart geworden. Die Tendenz geht sogar dahin, kurze Freiheitsstrafen in Geldstrafen umzuwandeln – was den Staat doppelt freut, kann er sich doch den teuren Gefängnisaufenthalt sparen und gleichzeitig etwas einnehmen. Im Jahr 2001 entfielen 38,3 Prozent aller vollzogenen Strafen in der Schweiz auf Bussen (Freiheitsstrafe: 60,9 Prozent). Dass mit einer Busse ein Mord «bezahlt» werden kann, lässt sich mit unserem Gerechtigkeitsverständnis allerdings nicht mehr vereinbaren.

Die Bussenhöhe ist in der Schweiz auf 40 000 Franken begrenzt. Handelte der Täter aus Gewinnsucht, muss sich der Richter nicht an diese Grenze halten. Auch einer weiteren potenziellen Ungerechtigkeit wird der Zahn gezogen: Der Richter beachtet bei der Bemessung der Busse die finanzielle Situation des Täters, damit dieser auch wirklich eine Einbusse erfährt. Wie im Mittelalter ist seine gesellschaftliche Stellung bei der Urteilsbemessung also noch immer von Bedeutung. Zudem besteht die Möglichkeit, dass die Geldstrafe in eine Freiheitsstrafe umgewandelt wird. Dabei gilt die Gleichung: 1 Tag Haft entspricht 30 Franken. 3 Monate darf die so genannte Umwandlungsstrafe aber nicht überschreiten. Der Richter kann zudem je nach Delikt eine Geld- mit einer Freiheitsstrafe verbinden.

Doch auch wenn der Geldstrafe eine wichtige Stellung in der heutigen Strafrechtspflege zukommt, vermag sie das Rechtsgefühl der Opfer wenig zu befriedigen. Zwar ist der Strafzweck auf Seiten des Täters durchaus erfüllt, da das Mitglied der Konsumgesellschaft eine Einbusse freier Lebensgestaltung erfährt. Das Opfer kann jedoch nur dabei zusehen, wie das Bussgeld im Schlund der Staatskasse verschwindet. Die Entschädigung für den erlittenen Schaden findet den Weg nicht zum Opfer. Dieses müsste dafür auf Genugtuung klagen. Die unbefriedigende Situation des Opfers im modernen Strafsystem, das vor allem auf den Täter ausgerichtet ist, wurde von Opferbewegungen immer wieder zum Thema gemacht. Heute verfügen viele Staaten, darunter auch die Schweiz, über ein Opferhilfegesetz, das die Stellung des Opfers im Strafrechtsverfahren verbessert.

Doch es war nicht immer üblich, dass das Sühnegeld beim Gemeinwesen landete. Bei den Germanen ging das Vieh an die Opfergruppe über. In Indien wiederum wurde geteilt: Die eine Hälfte für die geschädigte Sippe, die andere Hälfte für die Götter. Im deutschen Sprachraum bediente sich mit dem Auftreten öffentlicher Gewalten der König teilweise an der Busszahlung, manchmal auch das Volk. Auch die Richter hielten sich nicht zurück: In Hexenprozessen fielen ihnen zum Teil riesige Beträge zu. Ab dem 19. Jahrhundert gingen mehrere amerikanischen Staaten zu einer einfachen Lösung über: Der Täter musste dem Opfer den doppelten Schadensbetrag bezahlen.

Gleiches mit Gleichem vergelten – Körper- und Todesstrafe

Die in unseren Augen fortschrittliche Busse war lange Zeit den «Freien» vorbehalten. Bis in die Zeit von Karl dem Grossen (800 nach Christus) wurden die Menschen in Freie und Unfreie geschieden. Letzteren, den Knechten und Sklaven, wurde in der Regel nicht eine Vermögensstrafe auferlegt. Ihnen drohten vielmehr peinliche Strafen, Leibes- und Lebensstrafen. Nur wenn der Knecht Glück hatte, kaufte ihm der Herr die peinliche Strafe ab. Doch auch die Freien blieben nicht gänzlich von Todes- oder Körperstrafen verschont. Die neuere Forschung zeigt gar, dass die peinlichen Strafen weiter verbreitet waren, als man bisher annahm. So sind Fälle bekannt, in denen ein König einen untergebenen Freien tötete, von dem er sich lediglich gekränkt fühlte.

Romanisierung und Christianisierung weiteten die Palette der Straffälle nochmals aus: Beging jemand eine Tat, die mit christlichen Moralvorstellungen nicht vereinbar war, verwirkte er die Achtung seiner körperlichen Integrität. Im westgotischen Recht zeigte sich dies zum Beispiel beim Abtreibungsverbot.

Die Vollstreckung von peinlichen Strafen folgte bis zur Aufklärung dem Talionsprinzip: Gleiches wird mit Gleichem vergolten. Was man dem andern tat, das sollte auch einem selbst geschehen. «Wer zu töten wisse, lerne zu sterben», hiess es in der Decretio Childeberti zur Zeit der Merowinger 596 nach Christus. Bei Körperstrafen wurde die Tat, die der Täter begangen hatte, an seinem Körper gespiegelt: «Bem der mund wird ab gesniten oder dy augen aus gestochen oder dy oren ab gesniten oder dye zung wirt aus gesniten, wer dy ding dem andernn tut dem sol man das selbig hinbider tun.» Das klingt auf den ersten Blick barbarisch. Doch das Talionsprinzip war nicht nur brutal, sondern es schränkte die Sanktionsmöglichkeiten auch ein. Eine Körperverletzung durfte nicht mit einer Tötung bestraft werden, sondern nur noch mit einer gleichartigen Verletzung.

65 % aller Verurteilten haben gegen das Strassenverkehrsgesetz verstossen. 12 % haben Drogen verkauft oder konsumiert. 9 % haben gestohlen, und 2 % wurden wegen Körperverletzung verurteilt.

Statistisches Jahrbuch der Schweiz 2003

Die Grenzen von Körper- und Todesstrafe waren fliessend. Manchmal ging eine Prügelstrafe (zum Beispiel das Auspeitschen) der Todesstrafe voraus. Oder die Vollstrecker übertrieben ihr Tun, wie ein Vorfall aus Ulm von 1672 zeigt: «10. November ist ein Weib wegen Diebstahls auf den Pranger gestellt und darauf mit Ruten gehauen worden. Weil man aber dem Henker befohlen, ihrer nicht zu schonen, so hat er gar hart zugehauen, sodass sie am anderen Tag im Böfinger Hölzle tot gefunden wurde. Der Abdecker hat sie an demselben Ort begraben müssen.» Eine Körperstrafe wurde auch dann verhängt, wenn die Todesstrafe als zu hart erschien, zum Beispiel wenn der Täter nicht über das Versuchsstadium der Tat hinaus kam, die Beute verlor oder dieser kein grosser Wert beigemessen wurde.

Hinter der Prügelstrafe stand die Vorstellung, dass mit dem Schlagen das Böse den Körper verlasse. (Die Selbstzüchtigung ist bis heute Praxis vieler Gläubiger.) In alten Zeiten wurden in Zuchthäusern die Gefangenen jeweils am Freitag ausgepeitscht, um sie moralisch zu «entlausen». Die Peitsche, die das Böse aufsog, musste anschliessend fortgeworfen werden. Auch in der Sprache finden sich Spuren dieser Idee. Man spricht etwa davon, dass jemand mit Blindheit geschlagen ist. Diese Redewendung stammt aus einer Zeit, als man dachte, dass das Übel durch einen Schlag übertragen werde. Und was durch einen Schlag angetan wird, kann durch einen Schlag auch wieder abgetan werden. Eine leichtere Form davon ist das Schütteln: Welche Eltern verspürten nicht schon das Bedürfnis, unartige Kinder zu schütteln?

Wie die Prügelstrafen waren auch die Todesstrafen drastisch. Die Täter wurden enthauptet, verbrannt, ertränkt, gesteinigt, von Höhen gestürzt oder gerädert. Beim Rädern zerbrach der Henker dem Täter mit einem speziellen Rad die Knochen und flocht ihn anschliessend zwischen die Speichen. Dann stellte er den Geräderten der Bevölkerung zur Schau. Bei der Vierteilung wiederum wurde der Körper mit Beil und Messer geöffnet, und die inneren Organe (Herz!) wurden entfernt. Dann wurde der Leib in vier Teile zerhauen und meistens an verschiedenen Orten ausgestellt. Auch der Tod durch den Galgen war eine oft geübte Vollstreckung. In den Urteilen wurde genau beschrieben, wie getötet werden sollte. In einem Rechtsspruch der freien Städte des Aargaus aus dem Spätmittelalter hiess es: «Ich urteile das und dünkt mich recht, dass man diesen armen Menschen [einen Dieb] solle an den Galgen henken mit einem neuen Strick zwischen Himmel und Erdenreich so hoch, dass das Haubt ohnegefähr den Galgen berühre und unter ihm Laub und Gras wachsen möge und solle allda am Strick zu Tode erwürgt werden, dass er daran sterb und verderb und seinen Leib lassen am Galgen hängen, damit der den Vögeln im Luft erlaubt und dem Erdenreich entzogen werde, also dass fürhin weder Leut noch Gut von diesem Menschen geschädigt und andere seinesgleichen ab dieser Straf ein Schrecken und Wahrung empfahen.»

Wurden die einen zwischen Himmel und Erdenreich gehängt, wurden andere unter die Erde gebracht. Bereits Tacitus erwähnte das lebendig Begraben bei den Germanen. Manchmal wurde dieser brutale Vollzug im Sinn der Barmherzigkeit etwas gelockert. Eine Bestimmung aus dem frühen 15. Jahrhundert lautet: «Kindesvertilgerin lebendig ins Grab, ein Rohr ins Maul, ein Stecken durchs Herz.» Doch der Gnadenakt des Luftrohrs war in Tat und Wahrheit nur ein vermeintlicher. Denn der Henker wurde auch angewiesen, die Delinquentin zu ersticken, bevor er sie begrub. Das Rohr im Mund diente lediglich dazu, dass die Seele entweichen konnte.

Die allmähliche Abschaffung der peinlichen Strafen, insbesondere der Todesstrafe, setzte mit der Aufklärung ein. Dahinter steckten vornehmlich Gründe des Gemeinwohls. Voltaire etwa erachtete die Todesstrafe als «antiökonomisch». Besser sei es, die Sträflinge zu Zwangsarbeit zu verurteilen. Zudem bestehe das Risiko des Justizirrtums. Es war dann aber nicht Voltaire als vielmehr das Werk «Dei delitti e delle pene» von 1764 von Cesare Beccaria (1738–1794), das zu einem Umdenken führte. Beccaria bestritt das Recht des Staates, seine Bürger zu töten. Zudem zeigte er, dass die Todesstrafe den Strafzweck der präventiven Abschreckung nicht erfüllen kann. Wenn die Todesstrafe nicht überhaupt verboten wurde (in der Schweiz hielt sie sich im Militärrecht bis 1992), wurde sie zum einen, wie deren Verfechter sagen, «humanisiert», und zum anderen nicht mehr in aller Öffentlichkeit vollzogen. Die staatliche Tötung soll heute möglichst schmerzfrei und rasch vonstatten gehen.

In der Nacherziehung – die Freiheitsstrafe

Gegenüber der Vermögensstrafe, einer seit alters bestehenden Strafart, ist die Freiheitsstrafe, so wie sie uns heute vertraut ist, vergleichsweise jung. Sie ist erst 450 Jahre alt.

Aus der Antike sind nur wenige Beispiele von Freiheitsentzug bekannt, bei den Ägyptern etwa im Zusammenhang mit Zwangsarbeitsstrafen beim Bau der Pyramiden. Einfache Einkerkerungen, oftmals in den Stadttoren, gab es zur Zeit der Antike in Babylon, Assyrien und im alten Israel. Der römische Jurist Ulpian, der bis zirka 220 nach Christus lebte, brachte die antike Sicht zur Freiheitsstrafe auf den Punkt: «Ein Kerker darf nämlich nur zur Aufbewahrung von Menschen [im Sinn der Untersuchungs- oder Sicherheitshaft], nicht zur Bestrafung unterhalten werden.» Auch wenn das römische Strafrecht die Freiheitsstrafe nicht kannte, war es im privaten Bereich aber durchaus üblich, dass das Familienoberhaupt, der «pater familias», sämtliche Familienangehörigen, von den Kindern über die Frau bis zu den Sklaven, einsperren konnte. Später hielt dann allerdings auch der römische Staat Menschen aus niederen Ständen, die öffentliche Zwangsarbeit (Kloakenreinigung, Bergwerksarbeit und anderes mehr) verrichten mussten, gefangen. Auch im Mittelalter stand die Busse noch immer im Mittelpunkt des Strafsystems. Die Freiheitsstrafe kam, wenn überhaupt, nur als Ersatz zur Busse oder zur Todesstrafe (damals als «ewiges Gefängnis» bezeichnet) zum Zug. Vollzogen wurde sie in Türmen der Stadtbefestigung oder in den so genannten Löchern, in unterirdischen Gefängnissen. Seit damals «locht» man Gefangene «ein».

Die Freiheitsstrafe, wie wir sie heute kennen, entwickelte sich in der Morgendämmerung der Moderne. 1555 nahm das erste Gefängnis im ehemaligen Schloss Bridewell bei London, zwischen Fleet Street und der Themse gelegen, seine Funktion auf. Bridewell war ein «house of correction» für die «thriftless poor» (die grundlos Armen). In erster Linie wollten deren Betreiber die Insassen zur Ordnung erziehen. Innert kürzester Zeit war es mit Bettlern, Prostituierten und Arbeitsscheuen gefüllt. Neuartig an Bridewell war, dass die Insassen einem strengen Anstaltsreglement unterworfen waren. Dieses sah vor allem Arbeiten vor, die innerhalb der Mauern verrichtet werden mussten. Die Insassen stellten Gebrauchsgegenstände der unterschiedlichsten Art her. Die Idee dieser Besserungsmassnahme gründete im Humanismus und in der Reformation. Bis anhin hatte man Menschen, die man als Gesindel betrachtete, körperlich hart bestraft oder getötet, damit aber keinerlei Erfolg gehabt. Müssiggang wurde nun nicht mehr als gottgewollt betrachtet, sondern man war zur Auffassung gelangt, dass jeder das Leben durch Arbeit selbst meistern sollte.

1596 wurde das erste Zuchthaus auf dem Kontinent in Amsterdam in einem ehemaligen Kloster eröffnet. Stärker als Bridewell übernahm die Amsterdamer Anstalt Aufgaben der Strafrechtspflege. Anlass dazu war der Fall des 16-jährigen Diebes Evert Jans, der überhaupt zur Gründung des ersten kontinentaleuropäischen Gefängnisses führte. Nach geltender Rechtsauffassung hätte man Jans zum Tode oder zumindest zu harter Körperstrafe verurteilen müssen. Da er aber aus einer angesehenen Familie stammte, scheute man davor zurück und kam auf die Idee, ein Zuchthaus für «alle Vagabunden, Übeltäter, Spitzbuben und dergleichen» einzurichten. Das Amsterdamer Zuchthaus wurde zum Vorbild für weitere Gefängnisse in Europa. Diese Art von Anstalten fügte sich in die absolutistische Zeit, da mit ihr das eudämonistische Menschenbild und die utilitaristische Staatsauffassung verwirklicht wurden. Die neue Sicht auf Mensch und Staat waren auch der Grund, weshalb bei Gefängnisstrafen nicht der Freiheitsentzug, sondern die Zwangsarbeit im Vordergrund stand. In Gent etwa wurde 1772 ein «Maison de force» als konzentrischer Bau mit Innenhöfen gebaut. Die Gefangenen verrichteten tagsüber zusammen die Arbeit, die Nacht mussten sie allein verbringen. Nur strengste Einzelhaft ohne Beschäftigung kannte das amerikanische «solitary system», etwa in einem Zuchthaus in Philadelphia von 1790. Und im Staat New York galt das «silent system»: Arbeit mit Schweigegebot und nächtliche Isolierung.

Das Wegsperren von Tätern war von Beginn weg mit dem Erziehungsgedanken verbunden. Gemäss der Ideologie des Calvinismus sollten die Gefangenen durch Arbeit erzogen werden. Zudem forderte die Kirche, dass sie Reue und Busse üben sollten. Es wurden Disziplin, Sauberkeit und Arbeit verlangt. Kurz, die Zucht stand im Mittelpunkt. Sie war das Mittel, die Täter wieder gemeinschaftstauglich zu machen. Oder, anders gesprochen, sie zu resozialisieren.

Was die Zahl der Eingesperrten betrifft, ist das Gefängnis zu einem vollen Erfolg geworden. Heute sitzen im Land des ersten Zuchthauses 74 000 Menschen hinter Gittern, bei einer Einwohnerzahl von 59,4 Millionen. Die Anzahl Gefangener ist in den vergangen Jahren weltweit stark angestiegen. In den USA betrug sie im Jahr 2003 2,1 Millionen, bei 283,2 Millionen Einwohnern. In der Schweiz sieht die Situation anders aus: Am statistischen Stichtag vom 4. September 2002 waren 4987 Menschen in Haft, davon 3077 im Strafvollzug, die anderen in Untersuchungs- oder Auslieferungshaft. Die Zahlen sind hierzulande ziemlich stabil. Immer mehr Freiheitsstrafen werden zudem nicht im Gefängnis vollzogen, sondern in gemeinnützige Arbeiten umgewandelt. Denn die Wahrscheinlichkeit, dass jemand eine Straftat begeht, erhöht sich markant, wenn er bereits im Gefängnis war. In Grossbritannien zeigt nicht nur die Kurve der Insassenzahl nach oben, sondern auch diejenige der begangenen schweren Verbrechen. Gefängnisse seien, so ist in einem Bericht der britischen Regierung von 1990 zu lesen, ein teures Mittel, um aus schlechten Menschen noch schlechtere zu machen.

Um die desintegrierenden Folgen der Gefängnisstrafe zu verhindern, kann heute den Delinquenten auch eine so genannte elektronische Fussfessel angelegt werden, die den Vollzugsbehörden Kontrolle über den Aufenthaltsort des Sträflings gibt. In der Regel verbringen die Täter dann ihre «Haft» in Hausarrest. Den Steuerzahlern erspart man so zudem die hohen Gefängniskosten. Die Freiheitsstrafe kann aber auch im Sinn des protestantischen Arbeitsethos in Halbgefangenschaft abgesessen werden, indem der Sträfling tagsüber an gewohntem Ort auf freiem Fuss arbeitet, die Nacht hingegen hinter Gittern verbringt.

«Sünder, geh weg und mach dich nützlich» – Versklavung, Verbannung und Arbeitsstrafe

Als sich die Menschen über ihre Sippen definierten, kam eine Verstossung dem sozialen und manchmal auch dem physischen Tod gleich. In der Gruppe wehrte man sich gegen die Naturkräfte, und die Gruppe sorgte gemeinsam für die Nahrung, also das Überleben des Einzelnen. Das Zusammensein bot Schutz und Fürsorge. Der Entzug der schützenden Hand der Sippe war deshalb eine schwere Strafe. Für die Gruppe war sie zugleich sehr effizient, da der Übeltäter entfernt wurde. Dieses Grundmuster der Verbannung gilt für alle Zeiten, in denen sie angewandt wurde. Sie kam auch dann zum Zug, wenn die Todesstrafe als zu hart erachtet wurde und sich der Verbannnte möglicherweise noch für die Gesellschaft nützlich machen konnte. Daher gehen Versklavung, Verbannung und Arbeitsstrafe oft ineinander über.

Bestimmte Formen der Verbannung hatten ähnlich wie die Vermögensstrafe einen nicht zu unterschätzenden befriedenden Zweck. Schickte man die Übeltäter auf die Wallfahrt, konnten sich die Rachegefühle der Opferfamilie abkühlen, bis der Verstossene wieder zurückkehrte. Im besten Fall führte das Wallfahren auch zu einer Besserung des Täters und damit zu seiner Resozialisierung. Die angeordnete Wallfahrt war allerdings keine gemütliche Bildungsreise: Die deutschen Wallfahrer im 15. Jahrhundert mussten ohne Pause, ohne Fleischgenuss und ohne Schuhe über die schneebedeckten Alpen nach Rom reisen. Die Wallfahrten waren sehr gefährlich. Viele Täter machten vorher ihr Testament.

Im Mittelalter vertrieben Stadtbewohner einmal im Jahr, in der Regel im Herbst, unter Läuten der Sturmglocken ihre «schädlichen Elemente» aus der Stadt, oft mit der Auflage, dass sie ein paar Jahre nicht mehr zurückkommen durften. In der Stadt Augsburg, die in der zweiten Hälfte des 14. Jahrhunderts 16 000 bis 17 000 Einwohner umfasste, wurden jeweils 70 bis 100 Menschen fortgejagt. Später dann führte man die «Huren» und anderes «Gesindel» still und heimlich aus der Stadt. Die heutige Praxis des Landesverweises erinnert noch daran.

Die Intelligenzija der Aufklärung dachte aber utilitaristisch und fragte, was es dem Gemeinwohl nütze, wenn man jemanden verbannte. Und sie antwortete: Nichts, also lassen wir die Mörder und Diebe arbeiten, am besten in Gebieten, die noch nicht bewohnt sind. In Russland besiedelten die Verurteilen im 18. Jahrhundert Sibirien. Die Engländer schickten ihre Verbrecher in die Kolonien. England bezeichnete dieses

Strafvollzugsmittel als «transportation», was die Verbindung von Bestrafung und Wirtschaftlichkeit ausdrückte: Die Verbrecher sollten ausserhalb der Gesellschaft gerade für diese nutzbar gemacht werden. Spanien wiederum zählte im 17. Jahrhundert rund 2000 Männer, die eine Galeerenstrafe verbüssten. Und die französische Flotte wäre stillgestanden, wenn neben den Sklaven nicht auch Tausende von Verurteilten, die meisten davon Diebe, die Galeeren über das Mittelmeer gerudert hätten. Insgesamt 12 000 Mann mussten für die Grande Nation am Riemen reissen. Die Verurteilung zu harter Arbeit statt zur Todes- oder Körperstrafe war also nicht nur ethisch legitim, sondern auch wirtschaftlich sinnvoll. Noch heute sollen die Gefängnisinsassen nicht nur ihre Zeit in der Zelle absitzen, sondern zudem eine (in der Regel körperlich leichte) Arbeit verrichten. Auch straffällige Jugendliche werden heutzutage gerne zu gemeinwohlorientierter Arbeit verurteilt.

Wieder zeitgemäss – die Ehrenstrafe

Eine der wichtigsten Strafarten des Mittelalter erhält heute – vor allem in den USA – wieder zunehmend Bedeutung, die Ehrenstrafe. Die sichtbare Entblössung des Bestraften war lange Zeit ein wichtiger Bestandteil des Strafens, solange man der Bevölkerung wirklich vor Augen führen wollte, was böses Tun für Folgen haben konnte. So wurde auch der Vollzug der Körper- und Todesstrafen zu Inszenierungen der öffentlichen Gewalt. Dabei beruhte die Strafwirkung in einer erregenden Gegenüberstellung von Täter und Gemeinschaft. Der Sünder war wehrlos der Menge ausgeliefert. Es mag deshalb nicht erstaunen, dass die Volksmasse die «Aussätzigen» immer wieder schwer verletzte oder gar tötete.

Bei Ehrenstrafen kam vor allem der Pranger zum Zuge. Er hatte bis Mitte des 19. Jahrhunderts in Europa Bestand. In Appenzell etwa war er bis 1850, in Uri gar bis 1862 üblich. Der letzte Täter stand 1904 im US-Staat Delaware am Schandpfahl. Beim Pranger zeigt sich ein Reichtum an Variationen: Es gab Holz- und Eisenpfähle, an denen man die Delinquenten festband, den Tätern legte man Halseisen an, oder sie wurden auf Karren durch die Stadt gezogen. 1373 etwa wurde eine Pariser Prostituierte «toute nue» verurteilt und nur mit einem Pergamentkreuz und dem Schriftzug «Meineidige» durch die Strassen geführt. Aber nicht nur ganze Menschen stellte die Obrigkeit an den Pranger. Es kam auch vor, dass nur die Körperteile, etwa ein abgetrennter Arm oder ein Kopf, öffentlich gezeigt wurden.

Im Zeitalter des Internet erfährt die Ehrenstrafe eine Renaissance. Unter der Internetadresse www.parentsformeganslaw.com werden amerikanische Sexualdelinquenten mit Name und Bild publik gemacht. Man sucht den eigenen Wohnort, und nach wenigen Mausklicks weiss man, wer dort sein Unwesen treibt. Man nennt diese Strafart nicht mehr Pranger, sondern «naming» (übersetzt etwa: beim Namen nennen). In der Schweiz ist solches nicht üblich; es würde gegen den Persönlichkeitsschutz verstossen. Zudem schätzt man die Abschreckungswirkung dieser Massnahme als klein ein. Im Strafgesetzbuch finden sich deshalb nur noch schwache Spuren des Pranger-Prinzips: Ist die Veröffentlichung (in der Regel im Amtsblatt oder der lokalen Tageszeitung) eines Strafurteils im öffentlichen Interesse oder in demjenigen des Verletzten, so kann sie der Richter auf Kosten des Verurteilten anordnen.

Miteinander reden oder für immer einsperren – heutige Tendenzen

Auch in den gegenwärtigen Tendenzen wird die ganze Spannbreite des Strafens sichtbar. Sie reicht vom miteinander Reden bis zum Einsperren für den Rest des Lebens. Kleinere Übel versucht man mit Hilfe der Mediation zu lösen. Dabei sitzen sich Täter und Opfer gegenüber, schauen sich ins Gesicht, und ein staatlicher Vermittler schlichtet den Konflikt. Die Konfrontation des Täters mit seinen Taten vor den Augen des Opfers (so genanntes «Shaming») soll als konstruktiver und sozialverträglicher Beitrag zur Streitschlichtung führen. Die Mediation betont das ausgleichende Moment der Strafe. Täter und Opfer treffen sich bei einer Konsensstelle, wenn dies das Opfer wünscht. Unter der Aufsicht eines Mediators arbeiten sie gemeinsam eine für beide akzeptable Vereinbarung aus. Der Täter soll eine symbolische Handlung unternehmen, um seine Tat wieder gutzumachen. Dabei kann es sich um gemeinnützige Arbeiten handeln, um das schriftliche Versprechen, gewisse Dinge nicht mehr zu tun, oder um ein Entschuldigungsschreiben.

Menschen hingegen, die ein sehr schweres Delikt verübt haben, verwahrt man für unbestimmte Zeit in Hochsicherheitstrakten. Fachkommissionen befinden darüber, ob die gemeingefährlichen Mörder, die Kinderschänder und Vergewaltiger vor ihrem Tod der Gesellschaft wieder zugemutet werden können – wenn überhaupt. Im Jargon der Strafrechtler handelt es sich bei der Verwahrung nicht um eine Strafe, sondern um eine Massnahme. Nicht die Schuld des Täters ist entscheidend dafür, ob sie angeordnet wird, sondern die Gefährlichkeit des Täters. Von Seiten der Opfer wird gefordert, die Schwerverbrecher wenn immer möglich nicht mehr auf freien Fuss zu setzen. In der Schweiz verfügten die Bürgerinnen und Bürger im Februar 2004 per Stimmzettel, dass extrem gefährlichen Tätern nur dann wieder die Tore zur Freiheit zu öffnen sind, wenn neue wissenschaftliche Erkenntnisse zeigen, dass sie geheilt werden können – sie sollen gleichsam lebendig «begraben» werden.

LITERATUR.
- von Hentig, Hans: Die Strafe. Zwei Bände. Heidelberg 1954.
- Krause, Thomas: Geschichte des Strafvollzugs. Darmstadt 1999.
- Meier, Bernd-Dieter: Strafrechtliche Sanktionen. Heidelberg 2001.
- Rübing, Hinrich; Jerouschek, Günter: Grundriss der Strafrechtsgeschichte. München 2002.
- Schott, Claudieter; Senn, Marcel; Luminati, Michele: Materialien zur Rechtsgeschichte 1. Zürich 2000.

Hans Weber 1938, ist freier Fotojournalist sowie Bildautor von rund 40 Fotobüchern für in- und ausländische Verlage und fotografierte 35 Jahre lang für das Historische Museum auf Schloss Lenzburg. Er lebt in Lenzburg/Staufen.

Strafobjekte

Folterinstrumente aus dem 17. und 18. Jahrhundert der Sammlung des Historischen Museums Aargau, Schloss Lenzburg

Daumenfessel

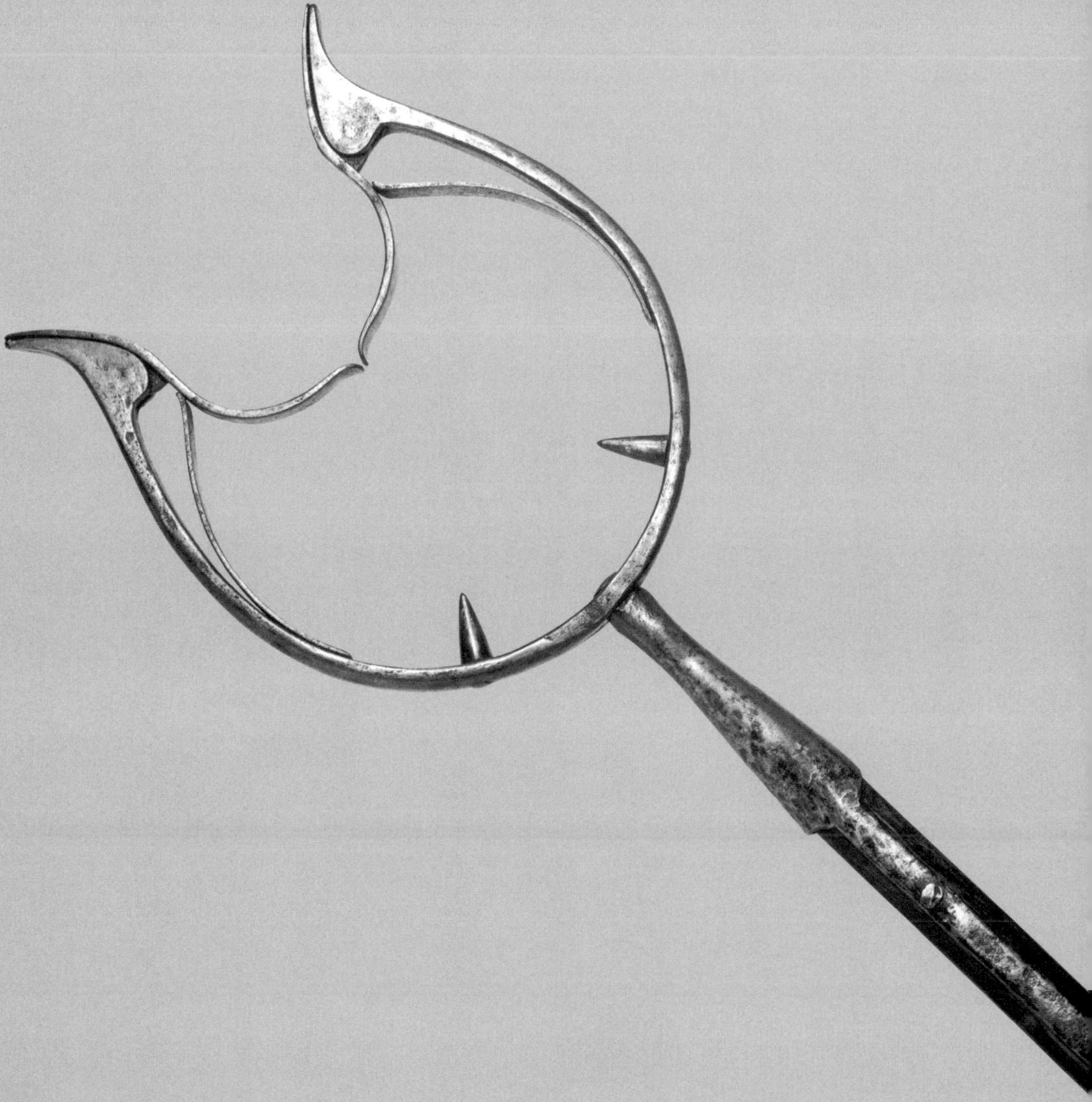

Fangeisen

Kettenpeitsche

Halskrause

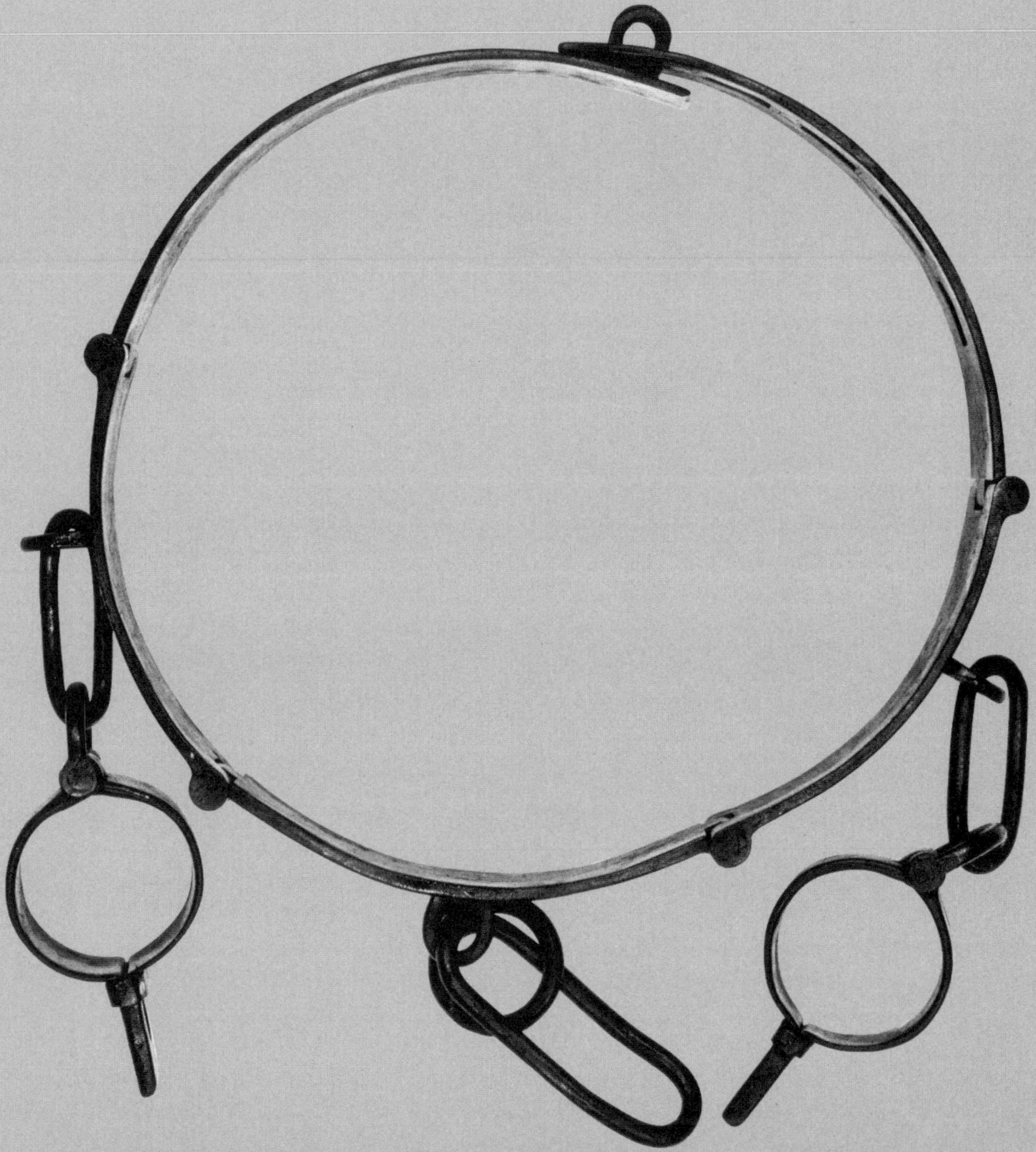

Bauchring

Doppel-Handschelle

82 83

II

Andrea Baechtold 1942, ist vollamtlicher Professor am Institut für Strafrecht und Kriminologie der Universität Bern und Präsident der Schweizerischen Stiftung für die Hilfe an Straffällige und ihre Familien. Er lebt in Bremgarten bei Bern.

Alternativen zur Freiheitsstrafe – Paradigmenwechsel oder modischer Firlefanz?

Einschätzung der gemeinnützigen Arbeit und des Electronic Monitorings

Die Freiheitsstrafe steht seit mehr als 200 Jahren im Zentrum der strafrechtlichen Sanktionen. Ein Strafrecht ohne Freiheitsstrafe erscheint geradezu undenkbar. Mit Blick auf die Wirkungen der Freiheitsstrafe werden allerdings seit langem Bedenken erhoben: Ist die Freiheitsstrafe tatsächlich ein taugliches Instrument der Kriminalitätsverhütung oder doch eher Teil des Problems, das sie zu lösen vorgibt? Und: Gibt es zur Freiheitsstrafe überhaupt geeignete Alternativen?

Keine Frage: Als Antwort auf strafbares Verhalten steht dem Strafrichter heute ein äusserst armseliges Instrumentarium zur Verfügung. Er kann – wenn dies das Strafgesetz im konkreten Fall zulässt – zwischen einer Geldstrafe und einer Freiheitsstrafe wählen. Im Mittelalter war das noch anders, als der Richter unter anderem über eine breite Palette von Körper- und Todesstrafen verfügte. Wie lässt sich diese Entwicklung erklären?

Die Freiheitsstrafe: das Mass aller Dinge?

Seit der Entstehung des modernen Strafrechts im 17. Jahrhundert hat sich die Überzeugung zunehmend durchgesetzt, dass strafrechtliche Sanktionen mindestens fünf Kriterien erfüllen sollten:

- Strafen sollen grundsätzlich auf alle dem Strafgesetz unterworfenen Personen anwendbar sein – also nicht nach Geschlecht oder Ständen differenziert werden. Deshalb können sich Strafen nur auf Güter beziehen, welche allgemein verfügbar sind.
- Strafen sollen sowohl für die davon Betroffenen als auch in den Augen der gesamten Bevölkerung «Beschwernisse» darstellen – also unangenehm sein und auch so wahrgenommen werden.
- Verurteilte sollen durch ihre Strafe nicht definitiv aus der Gesellschaft ausgeschlossen werden. Damit entfallen etwa die Verbannung und die Todesstrafe als ungeeignete Sanktionen.
- Die Bestrafung soll beim Verurteilten keine körperlichen oder psychischen Schäden nach sich ziehen. Körperstrafen und auf die Beschämung des Verurteilten zielende Strafen, etwa der Pranger, erfüllen diese Voraussetzung offensichtlich nicht.
- Strafen sollen in dem Sinn wirksam sein, dass sie weitere Straftaten zu verhindern oder zu mindern vermögen.

Mit Blick auf diese Kriterien scheinen die Geldstrafe und die Freiheitsstrafe tatsächlich überaus geeignete strafrechtliche Sanktionen zu sein. Bei der Geldstrafe ist allerdings nicht zu übersehen, dass das Geld sehr ungleich verteilt ist. Und in Bezug auf die Freiheitsstrafe werden seit eh und je auch Zweifel laut: Sind vom Vollzug von Freiheitsstrafen nicht unausweichlich auch schädigende Wirkungen auf Psyche und Körper der Strafgefangenen zu erwarten? Trifft es tatsächlich zu, dass Straftäter durch den Entzug ihrer Freiheit für ein späteres Leben in Freiheit «fit gemacht» werden, dass von der Freiheitsstrafe also rückfallverhütende Wirkungen ausgehen? Oder entspricht die Strafanstalt doch eher einem lebensfeindlichen Biotop oder gar einer «Schule des Verbrechens»?

Die empirische Wirkungsforschung belegt, dass diese Fragezeichen nicht unberechtigt sind: Von Freiheitsstrafen können in der Tat schädliche Wirkungen auf den Betroffenen ausgehen. Jedenfalls für kurze Freiheitsstrafen ist gesichert, dass deren negative Nebenwirkungen (Verlust des Arbeitsplatzes, Schwächung des Netzes tragender Sozialbeziehungen, Stigmatisierung und anderes mehr) allfällige positive Wirkungen (Erteilung eines «Denkzettels») weit überlagern. Und für lange Freiheitsstrafen sind namentlich so genannte «Prisonierungsschäden» nachgewiesen – die Anpassung an den durchorganisierten Anstaltsalltag, der Strafgefangene von eigenständigen Entscheidungen und von Verantwortung entbindet, lässt Kompetenzen verkümmern, welche für ein späteres «Überleben» in der normalen Gesellschaft unverzichtbar sind.

Es kann deshalb nicht verwundern, dass die Geschichte der modernen Freiheitsstrafe auch als Geschichte der Suche nach Alternativen geschrieben werden kann. Eine erste, bedeutende Alternative ist die bereits Anfang des 20. Jahrhunderts in etlichen Kantonen eingeführte bedingte Verurteilung zu einer Freiheitsstrafe, also der vom Richter bei guter Prognose gewährte Aufschub des Vollzugs der Freiheitsstrafe «auf Bewährung»: Wer sich innerhalb der richterlich festgesetzten Probezeit bewährt (im Wesentlichen: nicht rückfällig wird), dem wird der Vollzug der Strafe erlassen. Diese «klassische» Alternative zur Freiheitsentziehung kommt heute in jedem zweiten Urteil zum Zuge, spielt in quantitativer Hinsicht also eine bedeutende Rolle. Sie gilt, gemessen an der Rückfallquote, als die weitaus erfolgreichste Sanktion: Bloss eine von zehn bedingten Freiheitsstrafen muss während der Probezeit widerrufen werden, weil sich der Verurteilte eben nicht zu bewähren vermochte.

Eine zweite «klassische» Alternative sind die bereits im ersten Schweizerischen Strafgesetzbuch aus dem Jahr 1942 verankerten so genannten strafrechtlichen Massnahmen: Der Richter kann im Urteil zusätzlich zu einer Freiheitsstrafe eine Massnahme von unbestimmter Zeitdauer aussprechen und diese vollziehen lassen. Massnahmen werden immer zum Schutz der Bevölkerung vor Straftaten angeordnet: Die Massnahme der Verwahrung gewährleistet diesen Schutz durch die Sicherung des Verurteilten im Freiheitsentzug. Mit den therapeutisch ausgerichteten Massnahmen – für psychisch kranke oder suchtmittelabhängige oder junge erwachsene Straftäter – will man auf die verantwortlichen Faktoren für das strafbare Verhalten einwirken. Die therapeutische Behandlung erfolgt entweder in einer spezialisierten Behandlungseinrichtung – zum Beispiel in einer psychiatrischen Klinik oder einem Heim für die Rehabilitation Drogenabhängiger – oder kann auch ambulant erfolgen. Im Fall einer ambulanten Behandlung kann somit eine Freiheitsstrafe durch eine bloss ambulante Behandlungsmassnahme vollständig ersetzt werden.

Abgesehen von diesen wichtigen, dem Richter zur Verfügung stehenden Alternativen zur Freiheitsstrafe sind im Verlauf der letzten 30 Jahre für die Vollzugsbehörde etliche Möglichkeiten hinzugekommen, eine ausgesprochene Freiheitsstrafe zu differenzieren: In der so genannten Halbgefangenschaft können Freiheitsstrafen von bis zu zwölf Monaten verbüsst werden, in der Halbfreiheit die letzte Phase einer längeren

Freiheitsstrafe. In beiden Fällen muss sich der Strafgefangene nicht während der gesamten Strafdauer rund um die Uhr auf dem Anstaltsareal aufhalten, sondern bloss während seiner Frei- und Ruhezeit – die Arbeitszeit verbringt er ausserhalb der Anstalt bei einem «normalen» Arbeitgeber. Sofern der Verurteilte aus gesundheitlichen Gründen nicht in der Lage ist, seine Freiheitsstrafe in einer Strafanstalt zu erstehen, kann ihm ferner ermöglicht werden, die Freiheitsstrafe in angepasster Form, etwa in einer medizinischen Einrichtung oder einem Heim, zu erstehen. Und schliesslich können Strafgefangene mit guter Bewährungsprognose das letzte Drittel ihrer Freiheitsstrafe nach einer bedingten Entlassung auf Bewährung in Freiheit «verbüssen».

Das einleitend gezeichnete Bild eines äusserst armseligen sanktionenrechtlichen Instrumentariums ist also nicht die ganze Wahrheit: Bereits der Richter kann die Freiheitsstrafe durch andere Sanktionen ersetzen (bedingter Strafvollzug, Massnahme), und die Vollzugsbehörde hat für den Vollzug einer Freiheitsstrafe einen differenzierten Fächer von Vollzugsformen zur Verfügung. Eines ist allerdings nicht zu übersehen: Alle diese Sanktions- und Vollzugsformen sind nicht eigenständige Alternativen zur Freiheitsstrafe, sondern bloss Modalitäten der klassischen Freiheitsstrafe. Trotz allen sanktionen- und vollzugsrechtlichen Differenzierungen steht die Freiheitsstrafe weiterhin unverrückbar im Zentrum des strafrechtlichen Sanktionensystems.

Neue Alternativen zur Freiheitsstrafe: alter Wein in neuen Schläuchen?

Die oben erwähnten Bedenken in Bezug auf die Wirkungen der Freiheitsstrafe haben – mitbeeinflusst durch zeitweilige Überbelegungen im Gefängnisbereich sowie durch die hohen Kosten des Vollzugs von Freiheitsstrafen – in den vergangenen zwei Jahrzehnten dazu geführt, dass zusätzliche alternative Sanktionsformen eingeführt wurden. Ausdruck dieser in ganz Europa verfolgten Tendenz sind die im Jahr 1992 vom Ministerkomitee des Europarates erlassenen Richtlinien zu gemeinschaftsbezogenen Sanktionen.[1]

In der Schweiz zeigt sich diese Tendenz in der Einführung der gemeinnützigen Arbeit sowie im Electronic Monitoring (elektronischer Hausarrest), der in sieben Kantonen versuchsweise eingeführt worden ist. Die Strategie, kurze Freiheitsstrafen unter sechs Monaten nur noch ausnahmsweise einzusetzen und an deren Stelle andere Sanktionen treten zu lassen, hat der Bundesrat überdies in seiner Botschaft zur Änderung des Schweizerischen Strafgesetzbuches vom 21. September 1998 klar deklariert. Diese von den Eidgenössischen Räten Ende 2002 bereits verabschiedete Gesetzesrevision wird im Jahr 2006 in Kraft treten.

Die erfolgte Einführung der gemeinnützigen Arbeit und des Electronic Monitoring scheint bereits auf den ersten Blick einen bedeutenden Neuigkeitswert aufzuweisen: Der Freiheitsentzug wird im einen Fall durch Arbeitsleistungen für die Gemeinschaft («schwitzen statt sitzen») ersetzt und erfolgt im anderen Fall kostengünstiger in der eigenen Wohnung. Allerdings: So originell sind diese Neuheiten auch wieder nicht: Der Vollzug der Freiheitsstrafe war während der gesamten Dauer ihres Bestehens (fast) durchgehend mit Zwangsarbeit zu Gunsten des Staates verbunden, sei dies zur Strassenreinigung, zur Abfallentsorgung, zum Bau von Strassen und militärischen Anlagen, zur Bewirtschaftung grosser Landwirtschaftsbetriebe und anderes mehr. Auch die Idee, eine Freiheitsstrafe nicht in einer Anstalt, sondern in der eigenen Wohnung zu verbüssen, ist so neu nicht: Für die Wende vom 19. zum 20. Jahrhundert ist belegt, dass einige Kantone die strafrechtliche Sanktion des Hausarrests durchaus kannten – natürlich ohne elektronisches Kontrollinstrumentarium (dieses wurde durch die soziale Kontrolle der Nachbarn trefflich ersetzt). Erwähnenswert ist in diesem Zusammenhang auch ein Vorschlag von Johann Heinrich Pestalozzi: Der Vollzug der Freiheitsstrafe in einer Strafanstalt sei durch die Einweisung in ein abgelegenes und nach aussen gesichertes Bergtal zu ersetzen, in welchem die Verurteilten zusammen mit ihren Familien und normalen Bürgern in einem gewöhnlichen Dorf arbeiten und leben.[2]

Ist es auf diesem Hintergrund überhaupt gerechtfertigt, von neuartigen Alternativen zur Freiheitsstrafe zu sprechen? Abgesehen von der Abkoppelung dieser Alternativen von der Freiheitsstrafe ist namentlich ein entscheidender Unterschied hervorzuheben: Bei den neuen Alternativen handelt es sich im Wesentlichen um Freizeitstrafen. Mit der Bestrafung legt die Strafjustiz also vorab Hand auf die heute ja als besonders kostbar und knapp bewertete Freizeit des Verurteilten. Das ist unverkennbar so bei der gemeinnützigen Arbeit, welche der Verurteilte während seiner Freizeit zu leisten hat: In der Regel sollen pro Woche mindestens zehn Stunden gemeinnützige Arbeitsleistung erbracht werden – eine ganz erhebliche Einschränkung des individuellen Freizeitbudgets! Auch das Electronic Monitoring ist im Kern eine Strafe, welche die Verfügung über Freizeit beschränkt: Die Verpflichtung, sich elektronisch überwacht in der eigenen Wohnung aufzuhalten, betrifft bloss die Ruhe- und Freizeit. Dem Verurteilten wird damit grundsätzlich die Möglichkeit genommen, Freizeitaktivitäten aller Art ausser Haus zu betreiben. Dazu kommt als weiteres typisches Merkmal, dass die gemeinnützige Arbeit und das Electronic Monitoring nur mit Zustimmung des Betroffenen angeordnet werden dürfen. Dieses ungewohnte «Privileg» macht Sinn: Der Vollzug einer Strafe in Freiheit kann in Einzelfällen (etwa bei Straftaten, welche eine emotionsgeladene Berichterstattung in den Medien nach sich gezogen haben) zu unzumutbar schweren Belastungen des Verurteilten führen, welche einen erfolgreichen Vollzug weitgehend aussschliessen. Das ist generell immer dann zu erwarten, wenn der Verurteilte – aus welchen Gründen auch immer – eine solche Alternative ablehnt.

Obwohl diese Alternativen nicht wesentliche Nachteile gegenüber der Freiheitsstrafe aufweisen, sind sie doch nicht völlig unproblematisch. Ein an sich gerechtfertigtes Bedenken betrifft den Sachverhalt, dass Einschränkungen des Handlungsspielraums während der Freizeit nicht nur – und unter Umständen sogar nicht vorwiegend – den Verurteilten belasten, sondern auch sein persönliches Umfeld, gegebenenfalls namentlich seine Familie. Es ist nicht auszuschliessen, dass die sich aus einer gemeinnützigen Arbeit ergebende Belastung des Verurteilten im Ergebnis auf die Schultern der Ehefrau verschoben wird oder dass die weitgehend permanente Anwesenheit eines Verurteilten in der eigenen Wohnung weniger vom Verurteilten als von Ehefrau und Kindern als Belastung erfahren wird. Allerdings sind solche Wirkungen auf das soziale Nahfeld Verurteilter bei allen Strafarten nicht auszuschliessen.

Trotz solchen Bedenken hat sich die gemeinnützige Arbeit in der Schweiz bereits erfolgreich etabliert. Und auch das erst seit wenigen Jahren versuchsweise eingeführte Electronic Monitoring gilt als Erfolgsgeschichte. Es lohnt sich deshalb, die Ausgestaltung dieser beiden Instrumente in der Schweiz etwas genauer zu betrachten und nach den diesbezüglichen Erfahrungen zu fragen.

Erfahrungen mit alternativen Vollzugsformen in der Schweiz

Die gemeinnützige Arbeit wurde im Jahr 1990 vorerst als Vollzugsform für kurze Freiheitsstrafen von höchstens 30 Tagen eingeführt – im Jugendstrafrecht ist sie schon länger unter der Bezeichnung «Arbeitsleistung» bekannt. Falls der Richter eine kurze Freiheitsstrafe verfügt, kann diese durch eine Verwaltungsbehörde also nachträglich in die Vollzugsform der gemeinnützigen Arbeit umgewandelt werden. Aufgrund positiver Erfahrungen wurde der Anwendungsbereich der gemeinnützigen Arbeit schon 1995 auf Strafen von bis zu drei Monaten erweitert. Bereits beschlossen ist eine weitere Ausdehnung des Anwendungsbereichs auf sechs Monate ab 2006, dann allerdings nicht mehr als Vollzugsform, sondern als eigenständige richterliche Sanktion. Ein Tag Freiheitsstrafe kann heute und in Zukunft durch vier Stunden gemeinnütziger Arbeit abgearbeitet werden. Vorausgesetzt wird natürlich, dass weder Flucht-, noch Gemeingefahr vorliegt und dass der Straftäter arbeitswillig und arbeitsfähig ist. Die maximale Dauer der Arbeitsleistung beträgt heute somit 360 Stunden, in Zukunft werden es nicht weniger als 720 Arbeitsstunden sein. Die Arbeitsleistung ist unentgeltlich zu erbringen. Dies zu Gunsten sozialer oder öffentlicher Einrichtungen (wie Heime aller Art, Spitäler, Wald- und Landschaftspflege und anderes mehr) oder zu Gunsten hilfsbedürftiger Einzelpersonen, was in der Praxis allerdings sehr selten vorkommt. Gemeinnützige Arbeit darf nicht in Konkurrenz zum allgemeinen Arbeitsmarkt treten: Damit werden ausschliesslich Leistungen erbracht, auf welche sonst verzichtet werden müsste. Hinter der gemeinnützigen Arbeit steht somit auch der Gedanke, dass eine Strafe nicht bloss eine Belastung des Täters bewirken, sondern diesem auch die Möglichkeit eröffnen soll, den durch die Straftat angerichteten Schaden mit der im öffentlichen Interesse erbrachten Arbeitsleistung ein Stück weit zu kompensieren. Dieses «Angebot» wird von vielen Straffälligen durchaus so verstanden.

62 % der Bevölkerung sind der Meinung, dass es ein Gefängnis braucht, um die Gesellschaft zu schützen. 48 % wollen, dass das Gefängnis den Täter bestraft, 27 %, dass es den Täter resozialisiert, und 21 %, dass es potenzielle Täter abschreckt.

Univox, GfS & IPSC 2003

Obwohl die Kantone nach geltendem Bundesrecht frei entscheiden können, ob sie die gemeinnützige Arbeit einführen wollen oder nicht, wurde diese in der Zwischenzeit in nicht weniger als 25 Kantonen eingeführt. Jährlich werden zwischen 4000 und 4500 Arbeitseinsätze angetreten – bloss etwas mehr als einer von zehn Einsätzen führt nicht zu einem erfolgreichen Abschluss. Da ohne gemeinnützige Arbeit rund 160 zusätzliche Gefängnisplätze zur Verfügung gestellt werden müssten, bewirkt die gemeinnützige Arbeit überdies jährliche Kosteneinsparungen von über sechs Millionen Franken. Diese und viele weitere detaillierte statistische Angaben hat das Bundesamt für Statistik in einer umfassenden Studie zusammengestellt und analysiert.[3]

Aufgrund einer bundesrätlichen Bewilligung wurde das Electronic Monitoring im Jahr 1999 in den Kantonen Basel-Stadt, Basel-Landschaft, Bern, Waadt, Genf und Tessin versuchsweise eingeführt und im Jahr 2003 auf den Kanton Solothurn ausgedehnt. Die bisherigen Erfahrungen lassen darauf schliessen, dass das Electronic Monitoring in absehbarer Zeit als eigenständige Sanktion oder als Vollzugsform definitiv ins Strafrecht aufgenommen wird. Heute kann es in den erwähnten Kantonen als Vollzugsform Freiheitsstrafen von bis zu zwölf Monaten ersetzen. Es kann ferner als letzte Vollzugsstufe längerer Freiheitsstrafen eingesetzt werden, also vor einer bedingten oder definitiven Entlassung. Auch die Vollzugsform des Electronic Monitoring ist natürlich nur dann zulässig, wenn der Straftäter weder als flucht-, noch als gemeingefährlich beurteilt wird. Überdies wird vorausgesetzt, dass er während mindestens 20 Wochenstunden einer geregelten Arbeit, Ausbildung oder Beschäftigung nachgeht. Abgesehen von der zu diesen Zwecken erforderlichen Zeit ist der Straftäter grundsätzlich verpflichtet, sich in seiner Wohnung aufzuhalten, was elektronisch überwacht wird. Die Anwesenheitskontrolle erfolgt durch einen normalerweise am Fussgelenk befestigten Sender von der Grösse einer Zigarettenschachtel. Vom Sender gehen Signale an einen in der Wohnung am Telefonanschluss befestigten Empfänger, welcher über die Telefonleitung mit einem zentralen Computer verbunden ist. Dieser kennt das individuelle «Tagesprogramm» des Verurteilten. Stellt der Computer also eine Abwesenheit des Verurteilten fest, kann er beurteilen, ob sich dieser rechtmässig ausser Haus aufhält (um seiner Arbeit nachzugehen oder um zum Beispiel eine Therapie oder Schulung zu besuchen). An den Aufwendungen für die elektronische Anwesenheitskontrolle muss sich der Straftäter übrigens beteiligen: Er bezahlt pro Tag 20 Franken (in der lateinischen Schweiz 10 Franken) und trägt auch die Kosten für die Telefonverbindung.

Für das erst vor fünf Jahren in sechs Pionier-Kantonen eingeführte Electronic Monitoring sind erst wenige Daten auf gesamtschweizerischer Ebene veröffentlicht worden.[4] Bekannt ist namentlich, dass jährlich bereits rund 250 EM-Einsätze angeordnet werden, welche fast ausschliesslich an die Stelle von kurzen Freiheitsstrafen treten. Der Anteil der nicht erfolgreich beendeten, also vorzeitig abgebrochenen EM-Einsätze lag mit weniger als sieben Prozent vorerst noch tiefer als bei der gemeinnützigen Arbeit. Obwohl das Electronic Monitoring in quantitativer Hinsicht also noch weit hinter der gemeinnützigen Arbeit zurückliegt, zeichnet sich auch hier eine durchaus erfolgreiche Bilanz ab.

Damit ist allerdings die Frage noch nicht beantwortet, welche Wirkungen auf die Verhütung künftiger Kriminalität von der gemeinnützigen Arbeit und dem Electronic Monitoring im Vergleich zur Freiheitsstrafe ausgehen. Diese Frage kann für die Schweiz aufgrund des verfügbaren statistischen Materials leider nicht präzise beantwortet werden. Allerdings können wir zur Kenntnis nehmen, dass durch unzählige im Ausland durchgeführte Rückfallstudien eines hinreichend belegt ist: Sanktionen – jedenfalls im Bereich kürzerer Strafen – sind mit Blick auf das Ausmass von Rückfällen (und auch auf eine abschreckende Wirkung auf die gesamte Bevölkerung) weitestgehend austauschbar. Weil die desintegrierenden Nebenwirkungen einer Freiheitsstrafe wegfallen, darf sogar mit geringeren Rückfällen gerechnet werden. Zu diesem Ergebnis kommt übrigens auch das Bundesamt für Statistik nach Auswertung der oben genannten Studie zur gemeinnützigen Arbeit. Wenn die Rückfallbilanz der gemeinnützigen Arbeit und des Electronic Monitoring nicht schlechter ausfällt als beim Vollzug einer Freiheitsstrafe, dann macht es Sinn, diese weniger eingriffsstarken und überdies deutlich kostengünstigeren Reaktionen auf Straftaten bevorzugt einzusetzen. In der Schweiz wird diese Einsicht derzeit schon in beachtlichem Umfang umgesetzt: Bereits jede dritte unbedingt vollziehbare Freiheitsstrafe wird nicht in einem Gefängnis, sondern in einer alternativen Vollzugsform erstanden.

Strafe muss sein – muss Strafe sein?

Ungeachtet der unbestrittenen Erfolge der neuartigen Alternativen zur Freiheitsstrafe ist die darüber hinausgehende Frage aufzuwerfen, ob einer Straftat tatsächlich in jedem Fall eine Strafe auf dem Fuss folgen muss. Bereits das geltende Recht verneint diese Frage. Und das im Jahr 2006 in Kraft tretende revidierte Strafgesetzbuch sieht vor, dass der Richter in drei Fällen auf eine Strafe verzichten kann, obwohl ein Täter gegen eine Strafnorm verstossen hat. In allen drei gesetzlich vorgesehenen Fällen wird für eine «Strafbefreiung» vorausgesetzt, dass die Verhängung einer Strafe unzweckmässig oder unverhältnismässig wäre.

Der erste Fall betrifft die Strafbefreiung bei mangelndem Strafbedürfnis: Hat der Richter ein absolutes Bagatelldelikt zu beurteilen (in der Sprache der Strafjuristen: sind sowohl das Verschulden des Täters als auch die Folgen der Straftat geringfügig), dann hat er von einer Bestrafung abzusehen – die polizeilichen Ermittlungen und das eingeleitete Strafverfahren mögen als staatliche Reaktion auf die Straftat also genügen. Ein solcher Verzicht auf Strafe entspricht dem «gesunden Menschenverstand» und entlastet überdies die Strafjustiz. Das Strafrecht ist eben ein grober Knüppel, der auf Bagatelldelikte angewendet mehr schaden als nützen kann.

Der zweite Fall bezieht sich auf die Strafbefreiung nach erfolgten Wiedergutmachungsleistungen: Hat der Straftäter den durch seine Tat bewirkten Schaden entweder gedeckt oder alle zumutbaren Anstrengungen unternommen, um das Unrecht seiner Tat auszugleichen, ist ebenfalls eine Befreiung von Strafe möglich. Dies allerdings nur dann, wenn eine Strafe nicht als erforderlich erscheint, um den Straftäter von weiteren Straftaten abzuhalten und sofern kein Interesse der Öffentlichkeit oder des Opfers an einer Bestrafung vorliegt. Mit diesen zusätzlichen Voraussetzungen wird namentlich ausgeschlossen, dass sich ein Täter durch nachträgliche Wiedergutmachungsleistungen von einer Strafe gewissermassen «freikaufen» kann.

Der dritte und letzte Fall, die Strafbefreiung bei Betroffenheit des Täters durch die Tatfolgen betrifft Straftäter, welche durch die unmittelbaren Folgen der Tat so schwer betroffen werden, dass sie «schon genügend bestraft» sind. Diese Voraussetzung kann etwa dann vorliegen, wenn ein Straftäter nach einer Brandstiftung oder einem von ihm verschuldeten Verkehrsunfall selbst schwere und dauerhafte Schädigungen erleidet oder wenn nahe Familienangehörige als unbeabsichtigte Opfer dadurch das Leben verloren haben.

Diese drei Strafbefreiungsgründe machen deutlich, dass das heutige Strafrecht in erster Linie als Instrument der Kriminalitätsverhütung eingesetzt wird. Für seine Ausgestaltung ist das allgemeine Gerechtigkeitsempfinden natürlich eine massgebliche Richtlinie – überzogen wäre dagegen der Anspruch, mit dem Instrument des Strafrechts Gerechtigkeit auf Erden herstellen zu wollen.

Auf diesem Hintergrund ist auch ein weiteres, neueres Instrument zu werten, welches in der schweizerischen Strafrechtspflege erst in Ansätzen eingesetzt wird: die so genannte Diversion, häufig verbunden mit einem Mediationsverfahren. Diese Instrumente kommen bereits vor einem Gerichtsverfahren zum Zug, mit dem Ziel, immer dann eine richterliche Beurteilung abzuwenden (Diversion), wenn der Straftäter sein Verschulden anerkennt und bereit ist, «freiwillig» eine angemessene Leistung zu erbringen, etwa einen bestimmten Geldbetrag zu Gunsten einer sozialen Institution auszurichten. Ist in einem Straffall ein konkretes Opfer vorhanden, dann wird in einem Ausgleichsverfahren (Mediation) versucht, ein Einvernehmen zwischen Täter und Opfer darüber herzustellen, wie der Täter den beim Opfer entstandenen materiellen und immateriellen Schaden beheben kann. In einigen Fällen mag dazu eine förmliche Entschuldigung als ausreichend anerkannt werden, in anderen Fällen ist der materielle Schaden zu decken, eine finanzielle Genugtuung zu leisten oder eine im Interesse des Opfers liegende Arbeitsleistung zu erbringen. Diese Festlegungen werden in schriftlicher Form in einer Vereinbarung festgehalten. Ein Mediationsverfahren setzt das Einverständnis sowohl des Täters wie auch des Opfers voraus. Nicht «Bestrafung auf Teufel komm raus» ist hier der Leitgedanke, sondern das Bestreben, den durch die Straftat bewirkten Schaden soweit als möglich auszugleichen und die durch die Straftat gestörte «gesellschaftliche Harmonie» wiederherzustellen.

Alternativen zur Freiheitsstrafe

Der Kanton Zürich hat die Einführung der Straf-Mediation im Herbst 2002 versuchsweise als begrenztes Pilotprojekt beschlossen und diesen Beschluss ab Anfang 2003 auch umgesetzt. Während die Zulassung zur Mediation und alle rechtlich verbindlichen Entscheide natürlich weiterhin durch die zuständigen Behörden der Strafrechtspflege getroffen werden, wird die Durchführung des Mediationsverfahrens einer professionellen Mediations-Fachstelle anvertraut, welche im ersten Jahr bereits 17 Mediationen erfolgreich abschliessen konnte.[5]

Mit solchen Interventionsformen entfernt sich die Strafjustiz zunehmend vom klassischen Modell, das sich durch die drei Fragen charakterisieren lässt: Ist eine Straftat begangen worden? Wer ist der Täter? Wie ist er angemessen zu bestrafen? Im Vordergrund steht prominenter als früher die Frage, mit welchen Mitteln Straftaten wirksam verhindert werden können und wie die Folgen von Straftaten gesellschaftlich sinnvoll zu bewältigen sind.

Damit gerät auch die weit über das Strafrecht hinausreichende Frage nach den zur Prävention von Straftaten geeigneten Mitteln ins Blickfeld. Darauf kann in diesem Aufsatz leider nicht eingegangen werden. Als Gedankenanstoss sei immerhin auf das Land Lilliput verwiesen, über welches uns Jonathan Swift berichtet hat (Gullivers Reisen, erster Teil, sechstes Kapitel). Wie bei uns hält die Justitia im Land Lilliput in der einen Hand ein strafendes Schwert (welches allerdings zurückhaltend in der Scheide steckt), in der anderen aber einen offenen Goldbeutel. Ihre sechs auf alle Seiten ausgerichteten Augen machen deutlich, dass sie diese beiden Mittel mit Sorgfalt und Umsicht einsetzt. Belohnung für rechtsmässiges Verhalten wird also als mindestens ebenso wirkungsvoll gewertet wie die Bestrafung für rechtswidriges Verhalten: Wer während 73 Monden die Landesgesetze nachweislich genau befolgt, hat Anspruch auf die staatliche Ausrichtung einer bestimmten Geldsumme und erhält überdies einen Ehrentitel zugesprochen («Snilpall», auf Deutsch: «der Gesetzliche»), den er seinem Namen voranstellen darf. Gewiss: eine absonderliche Idee. Tatsächlich?

FUSSNOTEN. **1** Règles européennes sur les sanctions et mesures appliquées dans la communauté. Recommendation N° R (92) (16) und analoge Richtlinien der Vereinten Nationen aus dem Jahr 1990 (United Nations Standard Minimum Rules für Non-Custodial Measures; «Tokyo Rules»). **2** Arners Gutachten über Kriminalgesetzgebung. Ein Schweizer-Blatt, Bd. VIII, 1789. **3** Bundesamt für Statistik/ Bundesamt für Justiz (Hg.): Gemeinnützige Arbeit 1996–1998. Organisation der Einsätze und GA-Leistende. Statistik der Schweiz, 19 Rechtspflege. Neuchâtel 2002. **4** Entwicklung & Evalutation (e&e): Evaluations-Schlussbericht Elektronisch überwachter Strafvollzug (Electronic Monitoring/EM) für Kurz- und Langstrafen. Zürich, 30. Juni 2003; Patrice Villettaz und Martin Killias: Les arrêts domiciliaires sous surveillance électronique dans les cantons de Genève, du Tessin et de Vaud. Rapport final. Lausanne, Juni 2003. **5** Sylvie Berchtold-Remund: Pilotprojekt Straf-Mediation für den Kanton Zürich. In: Die letzte Pendenz 4/2003, S. 16–18.

Markus Binder 1974, hat an der Universität Zürich und in Raleigh (USA) Geschichte, Englische Literatur und Politikwissenschaft studiert. Er arbeitet als Kantonalredaktor beim «Landboten» in Winterthur sowie als freier Journalist und Schreibtrainer und lebt in Zürich.

Eine fast harmlose Polizeinacht

Unterwegs mit der Polizeipatrouille im Zürcher Langstrassenquartier

Im Züricher Kreis 4 registrierte die Polizei im Jahr 2003 unter anderem 3087 Betäubungsmitteldelikte, 3786 Diebstähle, 297 strafbare Handlungen gegen Leib und Leben, 418 gegen die sexuelle Integrität und 182 gegen die öffentliche Gewalt. Wer hier Polizeidienst leistet, sollte allerdings nicht nur den Pfefferspray und die Handschellen bedienen können.

Kurz vor der Ablösung um Mitternacht versichert mir der Stadtpolizist Walter Marti*, er sei nicht einfach der einfühlsame Vorzeigepolizist der Langstrasse. «Zuhören, verstehen und verhandeln ist ein wichtiger Teil unserer Arbeit. Das können wir hier alle.» Sein Partner Beat Joller nickt und fügt hinzu: «Aber wir können auch zupacken, wenn es sein muss.» Ich hätte daran gezweifelt, wäre nicht diese Szene während des Nachtessens gewesen. Und natürlich diese Medienmitteilung am nächsten Tag, doch dazu später.

«Hände hoch»

Joller verteilt in der neu renovierten Küche der Kreiswache Aussersihl gerade den Kartoffelstock auf die Teller, als über Funk die Meldung zu hören ist, die Patrouille verfolge einen weinroten Ford Escort Richtung Langstrasse. Die nächste Durchsage: «Wir sind an der Ecke Militärstrasse/Langstrasse.» Joller und Marti zögern nicht, kurbeln die Storen in der Küche hoch, öffnen die Fenster und klettern aufs Trottoir. «Das ist er», ruft Marti, und rennt auf die Strasse. «Hände hoch! Hands up!» Die beiden Tamilen im Auto pressen die Hände gegen die Windschutzscheibe. «Schlüssel! Key!» Marti legt den Autoschlüssel aufs Autodach und öffnet die Wagentür: «Langsam aussteigen. Slowly.» Während Marti und Joller die beiden Männer nach Waffen abtasten, überprüfen die Kollegen aus dem Streifenwagen das Auto. Sie finden nichts, keine Waffen, keine Drogen. «Entschuldigen Sie bitte, es handelt sich um ein Missverständnis. Sie können gehen.» Das Ganze hatte nur ein paar Minuten gedauert und hätte in jedem Fernsehkrimi vorkommen können. Die verdeckte Drogenfahndung hatte über die Zentrale gefordert, den Wagen zu kontrollieren, weil sie darin Rauschgift vermutete.
«Natürlich kann man sich nun fragen, ob das verhältnismässig war», sagt Marti, als er durch die langen verwinkelten Gänge in die Küche zurückkommt, wo der Kartoffelstock noch immer dampft. «Das ist im Nachhinein immer die grosse Frage.» Eine Frage, die Marti im Übrigen sehr interessiert. Nach der Matura hat er ein Publizistikstudium angefangen, später aber an die juristische Fakultät gewechselt, wo er immer noch eingeschrieben ist. Richtig vorwärts kommt der 28-Jährige an der Uni aber nicht mehr, seit er vor vier Jahren die Polizeischule beendet hat und auf der Wache an der Militärstrasse arbeitet. Wir essen Hackbraten, Kartoffelstock und Erbsen, dazu Salat. Joller hat gekocht. Allerdings nicht begeistert. Der 30-jährige gelernte Elektromonteur aus Flums, der seit eineinhalb Jahren Polizist ist, wäscht lieber ab. Um 20 Uhr

kocht stets jemand für die ganze Mannschaft, die von 18.30 Uhr bis 6.30 Uhr Dienst leistet. Immer wieder kommt es vor, dass alle davonrennen müssen, weil die Pflicht ruft, wobei beides den Zusammenhalt fördert, das gemeinsame Essen und das gemeinsame Wegrennen.

«Haben Sie getrunken?»

Marti und Joller machen sich bereit, den Streifenwagen für die nächsten drei Stunden zu übernehmen. Bereit für alles: schusssichere Weste unter dem Polizeihemd, Pistole, «Polizeimehrzweckstock», Pfefferspray und Handschellen am Gurt, Brecheisen, Spurensicherungskoffer, Alkoholtestgerät, Ölbinder, Feuerlöscher, Verkehrstafeln, Leichentuch, Besen, Gasmaske, zwei geladene Maschinenpistolen und ein Gummischrotgewehr im Auto. Manchmal sei an der Langstrasse der Teufel los. Manchmal genüge es, sagt Marti, einen Dealer zu kontrollieren, und die Situation eskaliere. «Manche Leute solidarisieren sich mit dem dunkelhäutigen Mann, weil sie das Klischee der rassistischen Polizei bestätigt sehen. Sie beschimpfen uns, weitere empörte Passanten stossen hinzu, und der Dealer beginnt sich zu wehren.» Deshalb auch das Gummischrotgewehr. «Es ist traurig, dass wir das mitführen müssen, aber es hat uns schon geholfen, uns zurückzuziehen.» Gesund zurückzukehren ist das oberste Gebot. Heute allerdings, am Samstag, dem 24. Juli 2004, scheint es, als wäre auch der Teufel in den Sommerferien. Zu Hause geblieben sind nur laute Jungs, streitende Nachbarn, betrunkene Städter und Agglos sowie ein verwirrter Bergler. Alles Fälle für geschicktes Verhandeln, nicht für grobes Zupacken.

Der Abend beginnt mit Herrn K. Er hatte am Helvetiaplatz beim Überqueren der Strasse mehrmals die Verkehrsampel touchiert, war auf den Tramgeleisen gestürzt und schliesslich mitten auf der Strasse liegen geblieben. Das erzählt uns Werner Sauter*, Gemeindeschreiber irgendwo im Zürcher Unterland, der mit seinem blauen BMW-Cabrio an der Kreuzung stand. Er hatte dem Mann auf die Beine geholfen, ihn auf eine Bank gesetzt und die Nummer 117 angerufen.

«Wie geht es Ihnen?», fragt Marti Herrn K., der etwas schräg und mit zusammengepressten Beinen auf der Bank sitzt, aber keinen ungepflegten Eindruck macht.

«Ich wollte nur nach Hause», antwortet dieser.

«Haben Sie getrunken?» Herr K. antwortet undeutlich.

«Sehen Sie, es ist kein Verbrechen, betrunken zu sein, Sie können mir das schon sagen. Ich möchte einfach wissen, ob Sie in Ordnung sind.» Der Mann starrt ins Leere. Marti tritt nahe an ihn heran und zeigt auf Werner Sauter: «Der Mann hat Ihnen geholfen aufzustehen und macht sich Sorgen um Sie. Und ich mache mir auch Sorgen um Sie.»

Herr K. nickt: «Ja, ja, ich habe getrunken, habe getrunken.»

«Sonst aber haben Sie keine Probleme?» Herr K. schüttelt den Kopf.

Marti fragt Werner Sauter, der etwas abseits steht: «Was meinen Sie, ist es nur Alkohol?» Sauter zuckt mit den Schultern: «Stinken tut er nicht. Er schien mir eigentlich ganz normal.»

Joller überprüft per Telefon die Personalien des Mannes. Nicht weil er vermutet, dass Herr K. ein Verbrecher ist, sondern um sicher zu gehen, dass der Mann nicht schon bekannt ist. «Vielleicht hat er ja ein Medikamentenproblem. Dann müssten wir die Ambulanz rufen.» Das Resultat ist negativ. Marti ruft ein Taxi. Joller will Herrn K. bis zur Autotür helfen, doch Marti winkt seinen Kollegen zur Seite. Der Taxifahrer soll nicht den Eindruck erhalten, der Kunde könnte ihm jeden Augenblick ins Auto kotzen. Obwohl der Taxifahrer nicht verpflichtet ist, Betrunkene nach Hause zu fahren, nimmt er Herrn K. mit.

Noch bevor Marti und Joller wieder in ihren Volvo einsteigen, kommt ein Mann auf sie zu: «Ich finde mein Auto nicht mehr.» Er wollte an der Langstrasse einen Freund treffen, hat diesen aber verpasst und nun auch noch vergessen, wo sein Auto steht. «Wie sieht es denn aus?» «Ein grauer Subaru mit St. Galler Nummer.» «Und wo ungefähr vermuten Sie ihren Wagen?» Der Mann schaut hilflos umher, zeigt zuerst in die eine Richtung, korrigiert sich und zeigt in die entgegengesetzte Richtung. «Ich bin aus Flums und kenne mich hier nicht aus.» Marti verspricht, während der Streife durchs Quartier Ausschau zu halten. Nach einer halben Stunde soll der Mann die 117 anrufen. Oder dann, wenn er das Auto gefunden hat. Er findet es nach 20 Minuten, was die beiden Polizisten über Funk von der Zentrale erfahren. Es komme ab und zu vor, dass einer die Orientierung verliere, sagt Marti und fügt mit einem Seitenblick auf Joller an: «Meistens sind es Bergler.»

«He, Schlatter, wie stehts?»

Auf dem Weg zum McDrive an der Hohlstrasse sagt Marti: «Kreative Problemlösung ist ein wichtiger Teil unseres Jobs.» Das mache den Polizeiberuf interessant, neben dem Zusammenhalt im Team und der Möglichkeit, fremde Welten kennen zu lernen. Mit Voyeurismus habe das aber nichts zu tun. In der Langstrasse fährt Marti Schritttempo. Auf der Höhe der Brauerstrasse hält er an. «He, Schlatter, wie stehts?», ruft er aus dem Wagen. Ein zahnloser Junkie mit langen, fettigen Haaren kommt zum Wagen. Er lacht: «Hab ich dir erzählt, dass ich in Bern war? Im Oberland.» «Ja, als du mit drei Promille aufgegriffen wurdest?» Schlatter lacht und erzählt, er habe sich dort die Haare schneiden lassen: «Schön, nicht?» Dann klopft er auf die Haube und geht weiter. Nach ein paar Schritten dreht er sich nochmals um, zeigt mit der Bierdose in der Hand auf Marti und ruft: «Ist schön, das Oberland!» Schlatter sei eine Ausnahme. Die meisten Junkies seien abgelöscht, depressiv oder melancholisch. Nur der Schlatter sei immer aufgestellt. «Er ist seit mindestens zehn Jahren in der Szene und immer gut drauf», sagt Marti. Im McDrive bestellt er ein grosses Mineral mit Eis, Joller eine Cola ohne Eis. Damit kurven wir abwechselnd durch Altstetten und Aussersihl. Normalerweise sind in den beiden Quartieren zwei Streifenwagen unterwegs, aber wegen Ferien, Krankheit und abkommandierten Polizisten ist die Mannschaft an diesem Abend zu klein für zwei Patrouillen.

Wenn das Gericht Strafen ausspricht, sind dies zu 33 % Bussen, zu 50 % bedingte und zu 15 % unbedingte Freiheitsstrafen.

Statistisches Jahrbuch der Schweiz 2003

«Dürfen wir kurz reinkommen?»

«Limmat 4 von Zentrale antworten.»

«Zentrale von Limmat 4 verstanden, antworten.» Joller bedient den Funk, während Marti fährt.

«Ein Mann an der Luggwegstrasse 130 hat Zoff mit seinem Nachbarn.»

«Verstanden, Luggwegstrasse 130. Worum gehts, müssen wir pressieren?»

«Nein, kein Blaulicht. Es geht um Lärm. Bei Egli läuten.»

«Verstanden, bei Egli läuten.»

«Richtig, Schluss.»

Die Luggwegstrasse ist die Verlängerung der Europabrücke. Alles andere als eine vor-

zügliche Wohnlage. Marti läutet bei Egli. Der Summer tönt, und Joller schiebt die Fussmatte unter die Haustür, damit sie offen bleibt. Herr Egli steht in der Wohnungstür, barfuss, in Shorts und Hawaiihemd. Eine asiatische Frau steht hinter ihm. Er beschwert sich über den 13-jährigen Jungen im oberen Stock. Da sitze immer eine ganze Gruppe im Zimmer und höre laut Musik oder schaue fern, sodass man jedes Wort verstehen könne. Genau über dem Zimmer seiner Tochter. Vor ein paar Minuten seien allerdings gerade vier Jungs gegangen, und deshalb sei es nun ruhig. Herr Egli erzählt eine lange Geschichte über die Eltern des Jungen. Sie sei Brasilianerin, er Portugiese, seit Monaten lebten sie getrennt. Sie habe einen neuen Freund und sei nie zu Hause. Marti hört eine Weile zu, unterbricht dann den Mann und sagt: «Sehen sie, wenn ich nichts höre, kann ich nichts machen. Ich kann dem Jungen nur ins Gewissen reden. Ist das für Sie in Ordnung?» «Ja, danke, machen Sie das», sagt Herr Egli und schliesst die Tür. Einen Stock höher öffnet ein schwarzhaariger Junge die Tür, er ist schlank, hat schwarze, krause Haare, trägt nur lange, weisse Trainerhosen.
«Ribiero?»
«Ja, grüezi.»
«Ist dein Vater zu Hause?»
«Nein, der wohnt nicht mehr hier.»
«Und deine Mutter?»
«Sie ist beim Freund.»
«Dürfen wir kurz reinkommen?»
Der Junge geht wortlos in die Wohnung. Im Zimmer des Jungen sitzen zwei Kollegen auf dem Bett.
«Euer Nachbar von unten hat sich beschwert, dass es hier oben zu laut sei», sagt Marti.
«Aber wir waren gar nicht laut, Mann, jetzt sicher nicht. Früher schon, o.k., aber jetzt nicht», sagt der Junge.
«Jetzt ist es ruhig, das höre ich», sagt Marti, «aber vorher waren ja auch vier Kollegen mehr da.»
«Vier? Was vier? Zwei. Nur zwei, Mann. Und wir waren nicht laut, haben nur Playstation gespielt.» Er stellt den Fernseher an, um zu zeigen, wie leise er eingestellt ist.
Während Joller die Personalien überprüft, um abzuklären, ob einer der Jungen vielleicht aus einem Heim ausgebrochen ist, spricht Marti mit den Dreien: «Raucht ihr?»
«Ja, manchmal.»
«Und kiffen?» Sie schauen sich an.
«Keine Angst, ihr kriegt deswegen nicht gleich eine Busse.»
«Ja, also, schon ab und zu», sagt der eine und zieht nervös am Joystick.
«Das ist nicht gut», sagt Marti.
Die Jungen schauen auf den Boden. Nach einer Weile beginnen sie den grossgewachsenen Polizisten zu mustern. Schliesslich fragt einer: «Können Sie kämpfen, Karate oder so?»
«Klar, das ist Teil der Ausbildung, probier es aber besser nicht aus.»
«Mein grosser Bruder kann Karate. Er wollte auch Polizist werden, aber keine Chance. Zu schlecht Deutsch, glaube ich.»
Joller kommt mit den Ausweisen zurück: «Alle sauber.» Er hält sie den drei Jungen hin und vertauscht dabei zwei, um zu sehen, ob sie reagieren. Wenn nicht, sind die Ausweise wahrscheinlich gefälscht.
«He, Sie haben uns verwechselt», sagt einer prompt, und Joller lächelt. Am Schluss versprechen die drei Jungen, zukünftig leiser zu sein.

«Bis jetzt war nicht gerade der Teufel los»

Zurück im Auto kommt der nächste Auftrag. Zoff an der Langstrasse. Eine beleibte, schwarze Frau redet vor einem Café in Französisch wort- und gestenreich auf zwei Männer ein. Drei Polizisten vom Sonderkommissariat 1 (SOKO), jener Abteilung, die sich vornehmlich im Milieu an der Langstrasse aufhält, ist bereits vor Ort und versucht zu schlichten. Das heisst, vor allem herauszufinden, worum es überhaupt geht. Marti kommt hinzu und fragt auf Französisch, was los sei. Es zeigt sich, dass es ein Mieterproblem ist. Die Frau führt vier Polizisten und den Hausmeister in den Keller, um ihnen eine verschlossene Stahltüre zu zeigen. Dahinter sind die Kellerabteile, aber jetzt habe sie keinen Zugang mehr. Sie verlangt vom Hausmeister den Schlüssel zur Stahltür. Er habe diese Tür einbauen lassen, weil im Keller immer wieder Drogen gebunkert würden, sagt dieser. Beim Wort «Drogen» wird die Frau noch lauter. Sie handle nicht mit Drogen. Das sei eine Frechheit, eine Beleidigung. Sie wolle jetzt sofort diesen Schlüssel, sonst schlage sie morgen die Tür ein. Der Hall im Treppenhaus verstärkt das Gezeter. Marti gelingt es, die Frau zu beruhigen, und die Polizisten machen den Streitenden klar, dass die Polizei hier nichts tun könne. Wenn sie nicht erhalte, was im Mietvertrag stehe, müsse sie dies vor dem Friedensrichter oder vor dem Mietgericht regeln. Und wenn Drogen hinter der Tür lägen, dann könne er die Polizei rufen. Schliesslich zeichnet sich ein Kompromiss ab. Der Hausmeister will die Tür nur nachts verschliessen. Die Polizei zieht wieder ab. Marti und Joller fahren zurück zur Wache, um abgelöst zu werden. «Bis jetzt war nicht gerade der Teufel los», sagt Marti entschuldigend. «Aber wir sind eben auch Sozialarbeiter. Das gehört zum Job, genauso wie die Uniform.»

«Zwei Personen mit Auto angefahren»

Später in der Nacht war dann der Teufel doch noch los. Nach knapp zehn Stunden Arbeit. Am Sonntag lief folgende Meldung über den Polizeifax:

«Im Einvernehmen mit der Bezirksanwaltschaft V teilt die Kantonspolizei Zürich mit: Aus noch nicht restlos geklärten Gründen kam es kurz vor 04.00 Uhr vor einem Klub an der Hohlstrasse zu einer Auseinandersetzung zwischen zwei Gruppen von Ausländern. Nachdem diese anfänglich verbal ausgetragen worden war, kam es schliesslich zu Handgreiflichkeiten. In deren Verlauf bestieg der 18-Jährige seinen Personenwagen und überfuhr zwei seiner Kontrahenten. Einer der beiden, ein 22 Jahre alter Mann, erlitt dabei Gesichtsverletzungen, ein 21-jähriger Mann eine Hirnerschütterung. Der Autolenker flüchtete nach der Tat, stellte sich aber kurze Zeit später bei der Stadtpolizei Zürich, die an den Tatort ausgerückt war und die Ermittlungen am Tatort vorgenommen hatte. Täter und Opfer stammen aus dem Kosovo. Der 18-Jährige wurde festgenommen und der Bezirksanwaltschaft V für Gewaltdelikte zugeführt.»

*Alle Namen und Ortsangaben wurden geändert.

Georg Lienhard,* 1964, Tätowierer

Georg Lienhard kauft regelmässig grössere Mengen Haschisch und Marihuana in Kommission ein. Die Drogen packt er in seiner Wohnung in Portionen ab und verkauft sie weiter. Einen geringen Teil der Drogen konsumiert er selbst. Bis zu seiner Festnahme 2002 bezieht er mindestens 120 Kilogramm Haschisch und Marihuana und erzielt damit einen Umsatz von mindestens 960 000 Franken.

Georg Lienhard wird der qualifizierten Widerhandlung gegen das Betäubungsmittelgesetz und des mehrfachen Konsums von Betäubungsmitteln schuldig erklärt. Er verbüsst seine Strafe von zehn Monaten Gefängnis in Form von Electronic Monitoring (elektronische Fussfessel).

* Name geändert

Dagmar Schifferli 1951, ist Schriftstellerin und Dozentin für Sozialpädagogik und Gerontologie. Werke u. a.: «Anna Pestalozzi-Schulthess. Ihr Leben mit Heinrich Pestalozzi»; «Wiborada»; «Verwandte Gefühle». Sie lebt in Zürich, wo sie auch das Kulturbüro k&s betreibt.

Beim Prügeln nicht von Liebe reden

Zur Geschichte des Strafens in der Erziehung

Ob Strafen in der Erziehung sinnvoll sind, daran entzündet sich das pädagogische Denken und Schreiben seit eh und je. Argumente für ein ausgeklügeltes Strafsystem werden mit ebensolcher Vehemenz vorgetragen wie mahnende Appelle, die vor der Niedertracht und Schädlichkeit von Strafen warnen.

Drakonisch, mild und ungerecht, grausam und empfindlich. So und noch ganz anders können Strafen sein. Denken wir an unsere Kindheit im Elternhaus und in der Schule zurück, so stehen uns die Situationen, in denen wir bestraft wurden, sofort wieder vor Augen. Wir erinnern uns an Schläge und strafende Blicke, an abgesperrte Türen, hinter denen wir so lange schmoren mussten, bis wir unsere Tat bereut hatten.

Bereuten wir wirklich oder war es nur eine oberflächliche Anpassung an die Forderungen der Eltern, die uns vor weiteren Strafen schützen sollte? Eine Zufallsumfrage unter heutigen Berufsschülerinnen und -schülern zeigt, dass sie, obwohl sie selbst geschlagen und geschimpft wurden, Strafen befürworten. Den Grund für die Strafen müsse man wissen, sagen sie, und: Strafen dürften nicht allzu wehtun. Also zum Beispiel nicht ins Gesicht schlagen, auf den Po aber schon. Als Begründung mag die Antwort eines 18-jährigen Schülers allgemein gelten, der von seinem Vater sogar mit dem Gürtel gezüchtigt wurde: «Ohne Strafen gerät die Erziehung aus der Bahn.» Er formuliert dies so bestimmt, dass wir ihn geradewegs als Vater die eigenen Kinder später auch wieder schlagen sehen.

Ob Strafen in der Erziehung sinnvoll sind, daran entzündet sich das pädagogische Denken und Schreiben seit eh und je. Argumente für ein ausgeklügeltes Strafsystem werden mit ebensolcher Vehemenz vorgetragen wie mahnende Appelle, die vor der Niedertracht und Schädlichkeit von Strafen warnen.

«Wenn sich Härte und Rohheit bei den Kindern zeigte, so war ich streng und gebrauchte körperliche Züchtigungen. Die Sorge, dadurch das Vertrauen der Kinder zu verlieren, ist ganz unrichtig.» Heinrich Pestalozzi (1746–1827) hatte offenbar nicht die geringsten Zweifel daran, dass Körperstrafen als Instrument der Charaktererziehung und Besserung Erfolg versprechend, ja nötig waren. Die Erziehungseinrichtungen für arme, verwahrloste Kinder, die er und seine Frau Anna Pestalozzi-Schulthess zeitweise gemeinsam führten, boten genügend Gelegenheiten, in dieser Weise auf die Kinder einzuwirken. Auch mit dem eigenen Sohn Jacqui ging der berühmte Pädagoge so wenig zimperlich um, dass selbst der Knecht auf dem Neuhof in Birr meinte, der Vater übertreibe es mit dem Knaben, wenn er ihm vor seinen Augen die Nüsse wegass oder seinen Willen anderweitig zu brechen suchte. Pestalozzis Tagebuch gibt uns diesbezüglich einen unverstellten Einblick: «Jacquis Eigensinn ist stark und äussert sich gewaltsam. Ich habe heute ein paar Strafen dagegen angewandt. Der Bub ging so weit, dass er selbst einen Schollen Gerstenzucker nicht aus meinem Mund, sondern aus der Hand haben wollte und in einen heftigen Grad des Zorns ausbrach, als ich ihm beide Hände zurückhielt und mich mit dem Zuckerschollen seinem Mund näherte. Kalt ass ich den Zucker!» Seine Strafmethoden empfahl er durchaus auch weiter. Unter anderem unterwies er den Hauserzieher der Söhne Franziska Romanas vom Schloss Hallwyl, wie Ohrfeigen auszuteilen seien.

Obwohl Heinrich Pestalozzi es liebte, sich in vielen Dingen auf den Genfer Kulturphilosophen Jean-Jacques Rousseau (1712–1778) zu berufen, wich er bezüglich seiner Strafauffassung erheblich von seinem Vorbild ab. «Die Strafen müssen sich von selbst ergeben», sagt nämlich Rousseau und denkt dabei an die Erziehung seines virtuellen Zöglings Emile. «Wenn er ein Fenster eingeworfen oder sich beim Spielen die Hose zerrissen hat, so muss der Junge eben frieren. Er merkt dann von allein, dass er beim nächsten Mal besser aufpassen soll.» Nie dürfe man einem Kind etwas befehlen, was immer es auch sei, ist Rousseau überzeugt. Das Kind solle auch nicht gestraft werden, denn es wisse nicht, was es heisst, ein Versehen begangen zu haben. Diese Denkweise imponierte schon damals vielen «aufgeklärten» Müttern, Vätern und Autoren pädagogischer Ratgeber, rief jedoch gleichzeitig heftige Gegner auf den Plan. Andere wiederum wählten eine Art Mittelweg, den pädagogischen Kompromiss gewissermassen.

Gefährdung der Gemeinschaft

Zu den Denkern, die eine solche Art Mittelweg befürworteten, gehört der Philosoph und Theologe Friedrich Schleiermacher (1768–1834). Er findet Strafen in jedem Alter «bedenklich» – und meint damit bedenkenswert –, weil sie nicht ursprünglich auf dem Boden der Erziehung liegen. Im Gegensatz zu Pestalozzi stellten für ihn Strafen in jedem Fall eine Gefährdung der Gemeinschaft zwischen Erzieher und Zögling dar. Durch Strafe wird diese Gemeinschaft brüchig, so brüchig, sagt er, dass sich eine Kluft zwischen Erzieher und Zögling auftun könne und der Gestrafte sich wie in einem Zustand des Kriegs zu fühlen beginnt. Dadurch könne es ungewollt, aber leicht geschehen, dass die Strafe das angestrebte Erziehungsziel geradezu verhindere. Dennoch, so Schleiermacher, komme man in der Erziehung nicht ohne Strafen aus. Deswegen entwarf er in seinen Schriften ein regelrechtes Verlaufssystem von Strafen, das in der frühen Kindheit beginnt und dort endet, wo sich im Heranwachsenden die Einsicht von der Verkehrtheit der Handlung entwickelt und Strafen daher nicht mehr nötig sind. Schauen wir uns dieses Strafsystem in seinen wesentlichen Punkten an: Zuerst gibt es gemäss Schleiermacher eine Zeit im Leben, wo Strafen, die Schmerz hervorrufen, durchaus heilsam sind. Es ist die Zeit, in der das Kind noch nicht über Sprache und daher auch noch nicht über ein Vorstellungsvermögen verfügt. Dies sei bei Tieren genauso, auch bei ihnen bewirke vor allem die Zufügung von Schmerzen eine Veränderung des Verhaltens. Entwickelt sich aber die Sprache und damit das Vorstellungsvermögen, müsse ein sittlicher Faktor mit ins Spiel kommen, den Schleiermacher in seiner damaligen Sprache mit «Ehrtrieb» bezeichnet. Die Beschämung sei in diesem Stadium das Mittel, das zum erzieherischen Erfolg führe. Allerdings gelte dies nur, solange das Gewissen noch nicht erwacht sei. Hat nämlich das sittliche Gefühl im Menschen seine natürliche Stärke erreicht, wird alle Strafe vergeblich für die Erziehung. Jetzt wird Sittlichkeit zum Leitmotiv aller erzieherischen Bemühungen, und Schleiermacher warnt mit Nachdruck: «Wenn Sittlichkeit nicht anstelle von Strafen treten kann, ist der pädagogische Bankrott eingetreten.» Damit spricht er von einem Grundsatz, dem wir bei späteren Autoren erneut begegnen werden, und der lautet: «Das Strafverfahren ist als eine abnehmende Grösse zu betrachten.»

Wie ist es vor dem Hintergrund dieses Allgemeingültigkeit beanspruchenden Strafsystems um jene Berufsschülerin bestellt, die in der schon erwähnten Umfrage antwortete: «Rückblickend muss ich sagen, dass ich auch noch als Jugendliche häufig bestraft worden bin, aber ich wusste immer, weshalb und wieso.» Sie arbeitet seit über zwei Jahren als verantwortungsbewusste junge Frau in einem Heim für betagte Menschen, ist kommunikativ, lernbegierig und wird von allen Seiten für ihre Arbeit gelobt. Pädagogischer Bankrott?

Zumindest was die Strafen im Kleinkindalter betrifft, fand Schleiermacher in Friedrich Bock einen solidarischen Zeitgenossen. Schon in seinem Erziehungsratgeber von 1780 weist er künftige Eltern deutlich darauf hin, wie klug es sei, ihr Kind bereits im frühesten Alter geschmeidig und gehorsam zu machen. Dies setzt auch bei Bock die Brechung des Willens voraus, jedoch bei gleichzeitiger Pflicht der Eltern, ihr Kind fröhlich und gut gelaunt zu erhalten. Wenn Eltern wüssten, dass der sicherste Weg, ein Kind unglücklich zu machen, darin bestehe, stets alle seine Wünsche zu erfüllen, falle es ihnen leicht, mit harter Hand durchzugreifen. Gewöhnung an Verzicht und Entsagen von klein auf ist danach der Weg, den Bock postuliert. Was er damit meint, zeigt er an einem konkreten Beispiel: Spielt ein Säugling mit etwas, das ihm Freude bereitet, schaue man ihn freundlich an und nehme ihm diesen Gegenstand lächelnd weg. Lächelnd, nicht etwa mit einem ernsten Gesicht oder einer Drohgebärde. Sofort ersetze man das begehrte Spielzeug durch ein anderes. Sollte sich das Kind wider Erwarten unzufrieden zeigen, weinen oder gar schreien, so kümmere man sich nicht weiter darum, denn die Heftigkeiten und kleinen Zornanfälle seien auch bei sehr lebhaften Kindern nur von kurzer Dauer.

Nicht grimmig dreinschauen

Dies weiss auch Johannes Bernhard Basedow (1724–1790), Gründer der Erziehungsanstalt «Philanthropin» in Dessau, der sich ungefähr um dieselbe Zeit mit Erziehungsfragen beschäftigt. Er empfiehlt den Eltern bei der Züchtigung des Kindes, zwar ernsthaft, aber nicht grimmig oder gar feindselig dreinzuschauen. Sie sollten das Kind auf keinen Fall merken lassen, dass sie ungern straften und betrübt darüber seien, ihnen Schmerzen zuzufügen. Natürlich, so Basedow, nützt es den Kindern, wenn sie um die zärtliche Liebe ihrer Eltern wissen, aber sie sollen zum Zeitpunkt des Strafens nicht daran erinnert werden. Das Basedowsche Vorgehen ist daher sehr einfach: Man kündige die Strafe an, führe sie ungerührt durch und sage weiter nichts, bis die Handlung beendet und der gestrafte kleine Verbrecher wieder fähig ist, neuen Rat und neue Befehle zu verstehen.

Selbstbeherrschung entwickeln

Allein dieser kleine Einblick in die Geschichte der Strafe macht deutlich, mit welcher Akribie manche Pädagogen ihre Strafsysteme errichteten, obwohl sie vielleicht selbst immer auch ein wenig an der Wirksamkeit der Strafe gezweifelt haben. Denn gemäss Sokrates tut kein Mensch wissentlich etwas Böses, vielmehr entspringe das vermeintlich Böse der Unwissenheit und Beschränktheit des menschlichen Verstandes. Sind diese Aussagen nur auf die Bestraften oder auch auf die Strafenden selbst zu beziehen? Und was ist mit jenen Eltern, die ihre Kinder für deren pure Existenz bestrafen? Wir alle kennen aus der Geschichte die Fälle von Kindesmord oder Aussetzung in Wäldern und Schluchten, was zumeist auch mit dem Tod des Kindes endete. Kann man hier noch von «Strafe» sprechen, oder ist es nicht pure Verzweiflung?

»

Lebensbedrohlich war für viele Kinder bis weit in die Neuzeit auch die Unterbringung in einem Waisenhaus. In den meisten dieser Einrichtungen wurden die Kinder zu harter, nicht enden wollender Arbeit gezwungen, zumal wenn eine industrielle Anlage dem Waisenhaus angegliedert war. Auspeitschen mit dem Lederriemen oder Anbinden an einen Klotz waren hier die am häufigsten angewandten Strafen, wenn die Aufseher eine vermeintlich ungenügende Arbeitsleistung der Kinder feststellten. Mangelernährung, schlechte hygienische und räumliche Verhältnisse widerspiegelten das brutale System von Unterdrückung und Ausbeutung. In den pietistischen Heimen, den streng evangelisch-religiös geführten Erziehungsanstalten, kam zur weltlichen Disziplinierung der Kinder noch deren Unterwerfung unter religiöse Dogmen hinzu. Die Autorität der Erzieher wurde gewissermassen noch überhöht durch die heraufbeschworene Autorität eines strafenden Gottes. Erst gegen Ende des 18. Jahrhunderts wurden einige der am meisten kritisierten Waisenhäuser aufgehoben und die Kinder zum Teil in Pflegefamilien untergebracht. Für viele nahm allerdings die systematische Unterdrückung und Ausbeutung hier ihren Fortgang.

Mögen sich bei einzelnen Erziehern zuweilen auch Selbstzweifel eingeschlichen haben, die meisten Ratgeber, von pädagogischen Autoritäten verfasst, belehrten sie stets eines anderen. So betrat gegen Mitte des 19. Jahrhunderts Daniel G. M. Schreber die Bühne der Brutalität. Er legte 1858 ausführlich dar, wie man ein Kind zu dem Erwachsenen erzieht, der einem selbst als Vorbild dient. Ein Blick in eine seiner Publikationen zeigt, wie er bei einem einjährigen Kind Selbstbeherrschung herstellen will. Man müsse ihm wiederholt die Gelegenheit geben, Menschen in seiner Umgebung essen und trinken zu sehen, ohne selbst davon kosten zu dürfen. Wenn das Kind auch in den Zeiten zwischen den Mahlzeiten nichts zu essen erhält, entwickelt sich diese Selbstbeherrschung nach Schreber am besten. Wie streng er selbst als Vater diesen Grundsatz angewandt hat, wird deutlich, wenn er von der Kinderwärterin seines kleinen Sohnes erzählt. Sie, eine im Allgemeinen sehr brave Person, habe er dabei ertappt, wie sie seinem Sohn ausserhalb der Mahlzeiten ein Stück einer Birne zugesteckt habe. Daraufhin habe er sie sofort aus dem Dienst entlassen, ohne dass ihr irgendein anderes Verschulden zur Last hätte gelegt werden können.

Kinder müssen merken, dass die Eltern das Sagen haben, äussern einige der befragten jungen Männer und Frauen der Berufsschule.

Gegenbewegungen

Zu Beginn des 20. Jahrhunderts trat eine Frau an die Öffentlichkeit, die sich mit einer besonderen Radikalität für die Interessen des Kindes einsetzte. Es war Ellen Key, eine auch politisch aktive Lehrerin und Publizistin aus Schweden. Zu ihrem 51. Geburtstag im Jahr 1900 erschien ihr Buch «Das Jahrhundert des Kindes», das von Rainer Maria Rilke begeistert rezensiert und als «Ereignis» bejubelt wurde. Das grösste Verbrechen, mahnte Key, besteht darin, das Kind nicht in Frieden zu lassen. Jedes Kind lebt in seiner eigenen Welt und will sich selbst darin zurechtfinden. Es will die Welt erobern, sich aber auch in diese Welt hineinträumen. Was aber erfährt es? Hindernisse, Mahnungen und Zurechtweisungen. Das Kind soll immer irgendetwas bleiben lassen, oder etwas anderes tun als das, was es gerade macht oder machen möchte. So könne das Kind sich nicht entwickeln und entfalten. Aber, fragt Key, wie kann es gelingen, ein Kind ohne Unterdrückung und Bestrafung zu einem verantwortungsvollen Erwachsenen reifen zu lassen? Die wichtigste Voraussetzung dafür, so Key, besteht darin, dem Kind wie seinesgleichen zu begegnen: mit derselben Zurückhaltung, demselben Feingefühl und demselben Vertrauen, das man einem Erwachsenen gegenüber zeigt. Oder anders ausgedrückt: mit der Ehrlichkeit und Ernsthaftigkeit, wie dies den Kindern selbst eigen ist.

Dem Kind mit Zurückhaltung und Wertschätzung zu begegnen – das war ein Aufruf, der einen enormen Widerhall fand. Das Buch erlebte mehrere Auflagen und würde heutzutage als Bestseller gefeiert. Dennoch erreichte Key, wie wäre es auch anders zu erwarten gewesen, bei weitem nicht alle Pädagogen. Bereits zwei Jahre nach dem Erscheinen des «Jahrhunderts des Kindes» machte Adolph Matthias auf sich aufmerksam. Er stand Keys pädagogischen Prinzipien diametral entgegen, wie seine Systematik der Straftechniken deutlich werden lässt. Eine Systematik, die durchaus auch heute noch ihre Gültigkeit zu haben scheint. Matthias unterschied drei Kategorien von Strafen: stumme Strafen, Strafen des Worts und Strafen der Tat.

Bis zum 33. Lebensjahr sind 25 % der Männer und 5 % der Frauen mindestens ein Mal verurteilt worden.

Statistisches Jahrbuch der Schweiz 2003

Zunächst zur stummen Strafe: Sie nimmt bei Matthias eine «feine und würdige Stelle» ein. Wirksam wird sie durch eine entsprechende Mimik oder eine deutliche Gestik. Mit Recht, so Matthias, habe man darauf hingewiesen, dass der Mensch allein mit seinem Blick wilde Bestien zähme. Wie leicht müsste es ihm daher fallen, all die schlechten und verkehrten Triebe und Regungen der jungen Menschenseele zu bändigen. Obwohl diese Strafform als harmlos gelten mag, hinterlässt sie auch bei heutigen jungen Erwachsenen deutliche Erinnerungsspuren: «Allein der strafende Blick meines Vaters genügte, er musste mich gar nicht mehr schlagen», antworteten sogar mehrere der befragten Berufsschülerinnen.

Matthias' zweite Stufe des Strafsystems umfasst die Strafen des Worts. Sie bezwecken, das Gemüt des Kindes im tiefsten Innern zu erschüttern, sein Schamgefühl wachzurufen und den Willen nach Besserung zu stärken. Mannigfaltig und reich seien die Arten, wie man mit Worten tadeln kann, darunter besonders erfolgreich: die tadelnden Fragen, die den Sünder in die Enge treiben. Abzuraten, so Matthias, sei allerdings von Schimpfwörtern und plebejischen Wendungen der Gasse. Auch lange Moralpredigten nützten nichts, «das sind blosse Platzpatronen»! Und, liebe Eltern und Erzieher: während des Strafens keine weinerlichen und wehmütigen Beteuerungen der Liebe! Auch darin sind sich Matthias und Basedow einig.

Als dritte Stufe nennt Matthias die Strafen der Tat, wobei er hier eine weitere Untergliederung vornimmt und mit den so genannten natürlichen Strafen beginnt. Gemeint ist etwa: Wer nicht pünktlich zum Essen erscheint, dem soll der Teller weggestellt werden, wer sich die Kleider zerrissen hat, der soll sie anbehalten müssen und damit zum Gespött der anderen werden, wer erst nach der vereinbarten Zeit für den Ausflug bereit steht, muss zu Hause bleiben, und so weiter.

Auch mit den Entziehungsstrafen liessen sich gute Erfolge erzielen, ist Matthias überzeugt. Hier geht es darum, den Kindern lieb gewonnene Speisen oder Tätigkeiten vorzuenthalten als Strafe für vorher begangenes Unrecht. Wirksam und daher empfehlenswert seien überdies die Freiheitsstrafen. Dabei wird das Kind für kürzere oder längere Zeit eingesperrt. Es fühlt sich von der Welt verlassen, die Zeit kommt ihm unendlich lang vor, sodass es ihm ein Leichtes sein wird, seine Tat zu bereuen. Die Freiheitsstrafen lassen sich jedoch nicht bei allen Kindern gleichermassen anwenden. Besonders bei den Kleinen sei Vorsicht geboten, da sie zu Torheiten neigten und zum Beispiel anfangen könnten, mit dem Speichel und dem Finger Fratzen an die Tapete zu malen. Oder die phlegmatischen Kinder: Sie legen sich gemütlich zum Schlafen hin und geniessen die verordnete Ruhe, womit naturgemäss der Strafzweck verfehlt wird.

Prügel sprengen die Herzenstore

Schliesslich gehört zur Kategorie der Strafen der Tat auch die körperliche Züchtigung. Dass das Herz für die geistigen und sittlichen Einflüsse empfänglich werde, dafür sollen Prügel vorbereitend dienen; sie sollen die Tore des Herzens sprengen oder wie eine Hacke den Boden lockern, damit die geistige Saat ausgestreut werden kann. Wie man die Saat am besten in den ersten Frühlingstagen ausstreut, so soll man auch in den ersten Lebensjahren die Rute recht häufig verwenden. Und Matthias stimmt ein in das uns inzwischen bekannte Lied der pädagogischen Brutalitäten: Je mehr Prügel in der frühen Kindheit ausgeteilt werden, desto weniger braucht man sie in späteren Jahren. Trotz allem sei aber zu beachten, dass zu häufiges Prügeln das Ehrgefühl abstumpft und das Gemüt verschüchtert.

Mag Matthias durch seine Schriften auch noch so viele Anhänger gewonnen haben, eine in Italien wirkende Ärztin und Pädagogin gehörte nicht dazu: Maria Montessori. Sie wurde 1870 in der Nähe von Ancona in Italien geboren. Als erste Frau Italiens erkämpfte sie sich das Medizinstudium, das sie 1896 erfolgreich abschloss. Aus ihrer Arbeit mit geistig behinderten Kindern erwuchs ihr Wunsch, sich vermehrt in anderen pädagogischen Bereichen zu engagieren. 1907 gründete sie in Rom ein erstes Haus für vernachlässigte Kinder, dem weltweit andere Kinderhäuser folgten. Heute pflegen vor allem Montessori-Kindergärten und -Schulen ihre pädagogischen Grundsätze weiter. Mit aller Deutlichkeit ergreift auch sie, wie Ellen Key, Partei für die Kinder: «Eine besondere Art von Grausamkeit verbindet sich mit dem Grundsatz, dass Schule und Elternhaus bei der Erziehung zusammenwirken müssen.» Denn dabei verbünden sich Schule und Elternhaus gegen das Kind, das doppelt gequält und gezüchtigt wird: In der Schule bestraft, muss das Kind den Vorgang zu Hause berichten, damit der Vater sich der Züchtigung durch den Lehrer anschliesst. «Und wo ist die Liebe, bei der es tröstliche Zuflucht fände?», fragt Montessori, «sie existiert nicht.» In einem streng nach der Montessori-Pädagogik geführten Kindergarten werden die Kinder daher nicht getadelt – aber auch nicht gelobt. Mittels speziell für diese Altersstufe geschaffenen Lern- und Übungsmaterialien aus unterschiedlichen Formen, Grössen und Farben lernt das Kind, sich allein zu beschäftigen und Aufgaben zu lösen, deren richtige Ausführung es selbst überprüfen kann. Das Vorgehen ist plausibel und einfach zugleich: Nur wenn die einzelnen Gegenstände richtig eingeordnet oder aufgebaut werden, passt schliesslich alles perfekt zusammen. Auf diese Weise wachsen die Kinder in einer Umgebung heran, in der sie unabhängig von Erwachsenen spielen und sich entwickeln können. Diese für die Kinder angestrebte Unabhängigkeit wuchs auf dem Boden von Montessoris Beobachtungen, dass Erwachsene vor allem die Unfähigkeit und Unartigkeiten der Kinder wahrnähmen und deswegen hemmend auf die kindliche Entwicklung einwirkten. Kinder jedoch bräuchten nur eins von den Erwachsenen, nämlich die Hilfe, es selbst zu tun.

Strafe als Akt des Hasses

Weltberühmtheit erlangte schliesslich ein weiterer Zeitgenosse Maria Montessoris. Seine geradezu revolutionären Ansichten über die richtige Art und Weise, mit Kindern umzugehen, gingen von einem Hügel in der englischen Grafschaft Dorset aus: dem Summerhill. Alexander Sutherland Neill, 1883 in Schottland geboren, wirkte zunächst als Lehrer und Schulleiter an öffentlichen Schulen, für einige Zeit auch in der Nähe von Dresden. 1921 eröffnete er mit nur fünf Schülern seine Internatsschule «Summerhill», die er einige Jahre darauf nach Südengland umsiedelte. «Mutig wurden wir genannt», schrieb der Begründer der antiautoritären Erziehung, «doch nicht Mut war es, dessen wir bedurften. Dieses Unterfangen verlangte etwas, das wir alle besassen: den unerschütterlichen Glauben an das Kind als gut veranlagtes, nicht als böses Wesen.» Gewaltfrei und ohne moralische oder religiöse Beeinflussung soll das Kind erzogen werden, in Freiheit, die nur eine Grenze kennt: das Recht und die Freiheit des anderen. Neills pädagogisches Credo erreichte den Kontinent erst in den 1960er-Jahren. Dann jedoch mit voller Wucht. «Strafe ist immer ein Akt des Hasses», lernten die später antiautoritären Mütter und Väter, verfügten aber häufig nicht selbst über die Autorität eines Alexander Sutherland Neill, ihren Kindern die Respektierung der Grenzen der anderen zu vermitteln. Entnervt und enttäuscht, kehrten viele von ihnen wieder zu den traditionellen Erziehungsstilen zurück, sodass wir heute auf Umfrageergebnisse stossen, wie jene der oben mehrfach erwähnten. Dennoch taucht in modernen Erziehungsratgebern der Begriff «Körperstrafe» kaum mehr auf. Im bereits in der vierten Auflage vorliegenden «Taschenbuch der Pädagogik» der beiden Pädagogik-Professoren Hierdeis und Hug gibt es zwischen «Sprachentwicklung» und «Supervision», wo «Strafe» hingehörte, gar keinen Eintrag mehr. Wen es dennoch wieder gelüsten sollte, zu Praktiken eines Basedow, Matthias oder Schreber zurückzukehren, dem hat im Juli 2003 das Urteil des Schweizerischen Bundesgerichtes zum Erziehungs- und Züchtigungsrecht der Eltern einen deutlichen Riegel geschoben. Wer seine Kinder regelmässig ohrfeigt und mit Fusstritten traktiert, muss selbst mit Strafe rechnen, sagt das Gericht knapp und präzis. Dies heisst indessen nicht, dass Eltern oder andere Erziehungsberechtigte nicht gelegentlich ihrem Kind einen Klaps geben dürfen. Wo die noch erlaubte Züchtigungsgrenze liegt, hat das Bundesgericht nicht festgelegt. Was aber sollen heutige Eltern tun, wenn sie sich in der Erziehung unsicher fühlen? Das, was ihnen schon seit langem zur Verfügung stünde: fachkundige Hilfe beiziehen oder noch besser: mit dem Kind von klein auf reden und ihm die Dinge so erklären, dass es die möglichen Folgen seines Handelns versteht. Denn Kinder sind empfänglich für erklärende Worte.

LITERATUR.

- Herrmann, Ulrich; Priem, Karin (Hg.): Konfession als Lebenskonflikt. Weinheim 2001.
- Kodalle, Klaus-M.: Strafe muss sein! Muss Strafe sein? Kritisches Jahrbuch der Philosophie. Beiheft 1. Thüringische Gesellschaft für Philosophie Jena. Würzburg 1998.
- Mehringer, Andreas: Heimkinder. Gesammelte Aufsätze zur Geschichte und zur Gegenwart der Heimerziehung. München 1994.
- Netzer, Hans: Die Strafe in der Erziehung. Reihe Kleine Pädagogische Texte, Band 24. Weinheim 1959.
- Reble, Albert: Geschichte der Pädagogik. 15. Aufl. Stuttgart 1989.
- Reble, Albert: Geschichte der Pädagogik. Dokumentationsband. Stuttgart 1992.
- Rousseau, Jean-Jacques: Emile oder Über die Erziehung. Paderborn 1971.
- Rutschky, Katharina (Hg.): Schwarze Pädagogik. 8. Aufl. München 2001.
- Schifferli, Dagmar: Anna Pestalozzi-Schulthess. Ihr Leben mit Heinrich Pestalozzi. Zürich 1996.
- Schleiermacher, Friedrich: Texte zur Pädagogik. Kommentierte Studienausgabe, Band 1. Hg. von Michael Winkler und Jens Brachmann. Frankfurt am Main 2000.

Renate Amuat 1954, ist Kulturbeauftragte an der Pädagogischen Hochschule Zürich. Sie hat zwei Töchter, eine davon im Alter der Jugendlichen im Platanenhof.

Aus-Zeit im Platanenhof

In der geschlossenen Abteilung eines Jugendheims

Was tun mit Jugendlichen, die sich nicht einfügen in die Regeln und Normen unserer Gesellschaft, die in der Schule nicht mehr tragbar sind und über kein Familiennetz verfügen, die ausreissen, auf der Strasse leben, kriminell werden? Die Unterbringung in einem geschlossenen Jugendheim ist die strengste Massnahme, die vom Gesetz her für Kinder und Jugendliche unter 18 Jahren ausgesprochen werden kann. Ein Bericht aus dem Alltag in einer geschlossenen Wohngruppe.

«Warum verdaut der Mensch das Essen, aber nicht sich selbst?» Frage eines Jugendlichen im Schulunterricht des Plantanenhofs.

Ankunft in Uzwil

Knapp eine Stunde dauert die Fahrt nach Uzwil, diesem Ort, der irgendwo in der Schweiz sein könnte, vorbei an gesichtslosen Ortschaften, sanften Hügelketten, fetten Wiesen. Es regnet. Am Bahnhof tönt aus der Unterführung Musik herauf. Ein schlaksiger Jugendlicher sitzt am Boden, die Mütze tief ins Gesicht gezogen, spielt auf seiner Mundharmonika ein trauriges Lied.

Zehn Jugendliche zwischen 13 und 18 Jahren sind zurzeit in der geschlossenen Wohngruppe Atlantis und Orion untergebracht. Sie befinden sich in akuten Krisensituationen und gingen über längere Zeit nicht mehr zur Schule, konsumierten und/oder handelten mit Drogen, rissen aus, lebten auf «Kurve», waren gewalttätig, wurden vergewaltigt, begingen sexuelle Übergriffe, stahlen und raubten. Waren Opfer, waren Täterin, Täter.

Montag im Platanenhof

7.20 Uhr: Ich befestige das Personenschutzgerät an meinem Gürtel. Das ist Vorschrift. Alle Betreuerinnen und Betreuer tragen dieses Gerät auf sich. Es ist auf Stufe zwei eingestellt. Wenn ich auf den roten Knopf drücke oder an der Reissleine ziehe, geht im ganzen Heim der Alarm los.

7.28 Uhr: Betreuerin S. schliesst mit dem Schlüssel, der an ihrem Gürtel befestigt ist, die Tür des Büros zu, geht zum Treppenhaus, schliesst die vergitterte Glastür auf, steigt die Treppe hoch, schliesst die Tür zum Schlaftrakt auf, klopft an jede einzelne Zimmertür und öffnet diese mit dem Schlüssel: «Guten Morgen.»

7.30 Uhr: Die Jugendlichen kommen angezogen aus ihren Zimmern. Anscheinend haben sie vor der Tür gewartet.

«Sie, ich habe die Polizei gehört», sagt Sepp. «Wo ist Melinda?»

«Melinda wurde zur Einvernahme abgeholt», antwortet die Betreuerin knapp. Niemand fragt nach.

Melinda wurde abgeholt

Melinda hat langes, lockiges Haar. Es ist grau, als hätte sie Asche auf ihr Haupt gestreut. Als sie ausriss und sich vor der Polizei verstecken musste, hat sie es eingefärbt. Doch sie wurde gefasst und ins Heim gebracht. Melinda ist 15 Jahre alt.
An diesem Montagmorgen holte sie die Polizei um halb sieben zur Einvernahme, legte ihr Handschellen an. Damit sie niemand warnen konnte, wurde ihr erst am Sonntagabend bei Zimmereinschluss mitgeteilt, dass sie am nächsten Tag vor Gericht aussagen müsse.
7.32 Uhr: Die Tür zum Treppenhaus wird ab-, die Tür zum Wohntrakt aufgeschlossen. «Die Sitzecke war heute Morgen gar nicht in Ordnung, Kaugummis lagen herum, die Aschenbecher waren nicht ausgewischt», tadelt Betreuerin S., «heute Abend gehen alle eine Stunde früher in ihre Zimmer.» «Wegen diesem Scheiss haben wir jetzt alle eine Strafe», stöhnt Daniel, «warum?»
7.39 Uhr: Frühstück.
Das Gespräch dreht sich um Melinda und um die Stunde, die sie heute alle früher ins Zimmer müssen. Gereizte Stimmung.
7.49 Uhr: «Aufgelöst», sagt Virginia. Das Beenden des Frühstücks liegt in ihrer Verantwortung. Jeder hat hier Aufgaben zu übernehmen, Arbeiten zu leisten. Virginia ist zuständig für den Abwaschdienst zusammen mit Melinda, die nun fehlt. «Wer hilft?», fragt die Betreuerin. Remo und Sepp melden sich.
7.57 Uhr: Alle Aufgaben sind erledigt. Die Jugendlichen stellen sich vor die Tür des Büros. Auf dem Boden befindet sich eine schwarze Markierungslinie. Sie dürfen das Büro nur auf Aufforderung und allein betreten. Die Betreuerin holt ein Feuerzeug und die Zigarettenschachteln aus dem verschlossenen Schrank. Jede Schachtel ist mit Namen angeschrieben und enthält die Werktagsration von zehn Zigaretten. Die Jugendlichen lassen sich in die Sessel der Sitzgruppe fallen, zünden die erste Morgenzigarette an. Nur Virginia raucht nicht, und Linda darf noch nicht.

Sepp hat Geburtstag

Sepp ist gerade 14 Jahre alt geworden. Seit seinem Geburtstag darf er offiziell rauchen. Endlich, endlich gehört er zu den Grossen. Natürlich hat er schon geraucht, lange schon. Tief zieht er den Rauch in die Lungen. Aber am Abend wird ihm dann doch ein wenig schlecht, und Kopfschmerzen hatte er schon den ganzen Tag. Nein, sein Vater gratulierte ihm nicht zum Geburtstag, auch sein Bruder nicht, der schon länger in einem Heim ist, seine Mutter lebt nicht mehr. Vor einem Jahr war er bereits zur Abklärung hier, hatte mehrere Delikte begangen, ist mit dem Wagen seines Vaters gefahren, wurde erwischt. Nun ist er wieder hier, diesmal zur Überbrückung. «Wenn der Platanenhof offen wäre, wenn ich keinen Vater hätte, dann könnte das hier ein Zuhause sein», sagt Sepp.
8.05 Uhr: Das Tagesteam von Atlantis und Orion, die beiden Gruppenleiter, das Schulteam mit drei Personen, die beiden Atelierleitenden, die Praktikanten und der Heimleiter treffen ein. Das Büro ist übervoll, die einen stehen. Die Tür wird geschlossen. Zeit für die Übergabe. Die Betreuerin von Orion beginnt, erzählt von der Stimmung in der Gruppe, um anschliessend auf alle Jugendlichen einzeln einzugehen.

Das schwarze Buch

Das Rapportbuch ist ein grosses, schwarz eingebundenes Buch mit linierten Seiten. Minutiös wird eingetragen, was sich den ganzen langen Tag ereignet, Beobachtun-

gen aus dem Alltag, Rückmeldungen aus den Ateliers und der Schule, Belohnungen und Sanktionen, Ereignisse, Eindrücke, Termine. Der Auftrag der Sozialpädagoginnen und -pädagogen beschränkt sich auf die Abklärung der Jugendlichen. Therapeutische Massnahmen können und sollen für diese kurze Zeit nur in Notfällen ergriffen werden. Und auch Beziehungen zu den Jugendlichen sollen nur beschränkt aufgebaut werden, um die Erfahrung weiterer Beziehungsabbrüche zu vermeiden.
8.15 Uhr: «Ladina ist am Samstag abgehauen», informiert Betreuer G.

Ladina geht auf Kurve

Nadja hatte bei ihrem Austritt eine Bemerkung fallen lassen. Ladina und Johnny hätten Pläne, auf Kurve zu gehen. Was ist Verrat, was Freundschaft, was Zusammenhalt? So direkt und doch schwierig sind Fragen manchmal zu beantworten, auch hier. Vor dem Frühstück steckte Johnny Ladina einen Zettel zu. In der Rauchpause wurde geflüstert. Beim Tagesplan für die Freizeit trugen sich Johnny und Ladina für den Hartplatz ein. Der Hartplatz ist der Sportplatz des Heims und (fast) die einzige in Frage kommende Fluchtmöglichkeit. Zwar ist er mit einem hohen Zaun eingefasst, aber alle wissen, dass das Gitter überklettert werden kann. «Da bahnt sich was an», meinte kurz zuvor Betreuer M. Auf die Frage, ob sie unter «Kurvenstress» stehe, antwortete Ladina, Ausreissen sei für sie kein Thema, sie habe es gut gehabt in dieser Woche. So wurden Ladina und Johnny auf den Sportplatz begleitet. Eine Zeit lang spielten sie Fussball. Dann rollte der Ball ins Aus. Betreuer G. lief dem Ball nach. In diesem Moment warf Ladina ihre Schuhe über den Zaun, kletterte hoch: «Es tut mir leid, es tut mir so leid, ich halte es nicht mehr aus.» Sie kletterte auf der anderen Seite herunter, ging davon, Richtung Dorf, Richtung Bahnhof. Mit nichts, kein Ausweis, kein Geld. Sie weinte. Der Betreuer informierte die Polizei.
Der Fahndungsauftrag läuft. In Ladinas Zimmer liegt ein Brief: «Wisst ihr, was es heisst, eingeschlossen zu sein? Wisst ihr, wie es sich innerlich anfühlt, einsam zu sein? Ich brauche Nähe, Liebe, Freiheit…» In eine Holzleiste über dem Bett hat sie die Tage eingekratzt, die sie schon hier verbracht hat. 44 Striche. «Mach dich doch selbst kaputt, bevor es jemand anderer tut», steht auch noch da.
8.25 Uhr: Das Team beendet die Sitzung.

Die Welt drinnen und die Welt draussen

«Aussenwelt» nennen die Jugendlichen die Welt ausserhalb des Platanenhofs. Sie sind jetzt «drinnen». Ihre Briefe werden gelesen. Ihre Telefongespräche – werktags zwischen 19.45 und 20.15 Uhr – werden mitgehört. Mit wem sie Besuch haben dürfen, wird in Absprache mit der Behörde und der für sie zuständigen Begleitperson aus dem Heim festgelegt. Die Aussenwelt ist jenseits der Kuhwiesen, hinter den grünen Hügeln und lockt und ruft. Es ist die Welt, aus der die Jugendlichen kommen. Sie sind abgeschnitten, ausgeschlossen, eingesperrt.
8.26 Uhr: Zeit für die Arbeit im Atelier.
Die Tür zum Treppenhaus wird vom Atelierleiter auf- und zugeschlossen, die Tür zum Lift mit dem Schlüssel geöffnet und der Lift, ebenfalls mit dem Schlüssel, in Gang gesetzt. Der Lift fährt zwei Etagen hinunter. Die Glastür zum Atelier wird aufgeschlossen. Es riecht nach Holz.
Im Atelier stellen die Jugendlichen nach Vorlagen Holzspielzeug her, welches vom Heim verkauft wird. Pro Woche erhalten sie eine bargeldlose Pauschale von Fr. 35.– und kaufen sich damit Zigaretten und Süssigkeiten im hauseigenen Kiosk.

8.30 Uhr: Die Jugendlichen gehen an die Arbeit. Die Atelierleiter zeigen die Vorgänge, unterstützen sie. «Mit etwas mehr Gefühl», fordert der eine Atelierleiter Linda auf, die die Kanten eines Holzwägelchens abschleift. «Ich habe kein Gefühl», antwortet diese.
10.00 Uhr: «Pause», ruft Linda.
10.20 Uhr: Weiterarbeit.
10.55 Uhr: Linda klagt über Bauchschmerzen. Sie wird zur Betreuerin begleitet und erhält homöopathische Tabletten.
11.15 Uhr: Aufräumen.
11.30 Uhr: Auswertung. Nacheinander kommen die Jugendlichen mit ihrem Arbeits- und Phasenblatt ins Büro. Es gilt, an jedem Tag «gut», «genügend» oder «ungenügend» einzutragen, mit Strichen, die nach oben oder nach unten weisen. Bei gutem Verhalten winkt ein Bonus, welcher Spielraum für eigene Wünsche ermöglicht.
11.47 Uhr: Die Atelierleiter berichten im Büro über den Verlauf des Morgens.
12.00 Uhr: Das Mittagessen wird in Blechschüsseln aufgetischt: ein Gulascheintopf. Das Gespräch dreht sich um die Aufenthaltsdauer im Heim. Niemand kennt sein genaues Austrittsdatum. Sepp erfährt vom Gruppenleiter, dass er am Donnerstag in einer Woche austreten kann. «Danke für die Mitteilung.» Sepp strahlt.
12.20 Uhr: Ende des Mittagessens.
12.30 Uhr: Die Arbeiten im Haushalt sind erledigt. Daniel und Sepp stehen in der Tür zum Büro. «Können wir einen Zahnstocher haben?» «Ja, aber nachher entsorgt ihr ihn», mahnt Betreuerin S. «Der ist nicht zum Stechen oder Ritzen!»
12.40 Uhr: Zimmerrunde. Sind die Zimmer aufgeräumt? Eine Jugendliche ist verantwortlich für die Kontrolle.
13.00 bis 13.15 Uhr: Der Kiosk ist offen. Der Kiosk ist ein Fach in einem verschlossenen Schrank im Büro. Da locken Schokoriegel und Kaugummi, Lollipop und Gummibärli. Süsser Trost.

Vanessa ist müde und still

Vanessa möchte am liebsten schlafen, schon nach dem Mittagessen. Sie hat einen Antrag gestellt, dass sie abends früher in ihr Zimmer gehen darf. Vanessa hat Narben und unbeholfen eingebrannte Tätowierungen an den Armen. Knapp 160 Zentimeter ist sie gross, 16 Jahre alt, zart. Sieht jung aus, so jung. 38 Kilo wog sie beim Eintritt ins Heim. Sie wohnte zeitweise bei ihrem 24-jährigen, drogenabhängigen Freund. Aus einer Illustrierten hat sie das Bild eines Neugeborenen ausgeschnitten und an ihre Tür geheftet. Sie strickt und hat sich für ihr Kind einen Namen ausgedacht. Sie ist schwanger.

Am Sonntag ist alles anders, ihre Müdigkeit verflogen. Besuch hat sich angemeldet, der erste Besuch seit ihrer Ankunft im Heim. «Es gibt Jugendliche, die erhalten in der ganzen Zeit nie Besuch», sagt Betreuer M. «Manchmal müsste man die Angehörigen einschliessen und nicht die Jugendlichen.» Vanessa ist aufgeregt. Voller Freude erzählt sie, dass ihr Bruder komme. Meint, dass er wohl schimpfen werde mit ihr. Sie backt einen Kuchen. Um 14 Uhr, als die Tür nach der Zimmerpause aufgeschlossen wird, eilt sie zum Fenster, erfährt, dass ihr Bruder bereits angekommen ist, aber noch mit der Begleitperson ein Gespräch führt. Sie muss warten, trippelt unruhig hin und her, blickt immer wieder auf das Tablett, ob nichts fehle für den Kaffee. Der Zitronenkuchen duftet. Abends ist sie glücklich, lacht viel: «Mein Bruder hält zu mir.» Sie trägt ein altmodisches, dunkelblaues Kleid mit kleinen weissen Blümchen, wie hingestreut. «Das hat schon meine Mutter getragen, als sie mit mir schwanger war.»

13.20 Uhr: Umziehen für den Sport.

13.30 Uhr: Die Gruppe geht mit dem Sportlehrer in den Kraftraum. Der Raum ist klein und niedrig. Die Stunde beginnt mit intensivem Einturnen zu Breakdance-Rhythmen.

13.45 Uhr: Remo erhält einen Verweis. Er hat Sepp angestossen. «Wenn du dir nochmals eine Übertretung erlaubst, musst du sofort in dein Zimmer!» Körperkontakt ist absolut verboten, jegliche Form, jegliche Berührung, sei das ein freundschaftlicher Klaps, gegenseitiges Haarekämmen, Anlehnen. Diese Regel gilt für alle, für die Jugendlichen und die Erwachsenen.

14.00 Uhr: Pingpong mit Rundlauf. Daniel und Remo bleiben an den Kraftgeräten, schwitzen.

14.25 Uhr: Die Jugendlichen werden in den Wohnraum begleitet. Im Eingangsbereich steht Melinda. Sie ist wieder da!

14.30 Uhr: Der Sportlehrer informiert die Betreuerinnen über das Verhalten der Jugendlichen. Die Zeit ist knapp. Die Jugendlichen werden einzeln in der Dusche eingeschlossen. Die anderen sitzen in der Polstergruppe, rauchen. Liegen ist untersagt, die Füsse dürfen nicht auf den Salontisch gestellt werden. Im Büro stehen zwei Reisetaschen und vier überquellende Plastiksäcke, die ganze Habe von Melinda. Nach der Verhandlung wurde sie von zwei Polizistinnen nach Hause begleitet, damit sie ihre Sachen einpacken konnte. «Meine Mutter hat mein Bett bereits weggeräumt!»

14.40 Uhr: Linda klagt über Kopfweh.

Das weisse Buch

Das weisse Buch ist ein Ordner, in dem alle Regeln und Absprachen, Sanktionen und Belohnungen schriftlich festgehalten werden. Es sind unzählige Regeln von A wie Abfall bis Z wie Zopfbacken, von den Kleidervorschriften zum Ablauf der Urinprobe. Immer wieder müssen sie aufgrund der Erfahrungen neu definiert und ergänzt werden. Ein regelrechtes Labyrinth.

Dass es Regeln gibt und dass diese eingehalten werden müssen, versteht Daniel. «Aber dass Beziehungen und Berührungen verboten sind, das ist unmenschlich. Ein Mensch kann doch ohne Liebe nicht leben.»

14.45 Uhr: Die beiden Lehrerinnen holen die Jugendlichen für den Schulunterricht ab. «Von dieser Türe an kostet jeder Kaugummi zwei Franken», bemerkt die Lehrerin beim Eintritt in die Schulräume.

Der Altersdurchschnitt aller Verurteilten liegt bei 34 Jahren.

Statistisches Jahrbuch der Schweiz 2003

14.50 Uhr: Im Büro zieht Betreuerin B. weisse Gummihandschuhe an und beginnt Melindas Sachen zu filzen. Bestimmte «auffällige» Kleider werden aussortiert, Briefe und Schmuck in der persönlichen Effektenschublade bis zum Ende des Aufenthalts deponiert.

15.05 Uhr: Nach dem gemeinsamen Vorlesen wird in der Schule nach individuellen Plänen gearbeitet. Melinda rechnet mit der Lehrerin. Virginia übt am Computer das Zehnfingersystem, Sepp malt eine geometrische Form aus. Remo löst ein Sprachblatt.

Remo spielt den Clown

Remo hampelt herum, macht Witze, ist lustig, ist frech. «Hey Baby», ruft er Virginia nach und erhält einen Verweis wegen sexistischer Bemerkung. Ständig stellt er die Regeln in Frage, versucht, sie zu umgehen, zu übertreten und ist dabei charmant und hilfsbereit. Klagt nie. Er hat kein Zuhause, sein älterer Bruder lebt nicht mehr, ein anderer Bruder ist ebenfalls in einem Heim untergebracht.

«Mein Name ist Bigboss», so hat er sich mir vorgestellt, «und mein Vater ist der Rapper ‹50 Cents›. Ich hab alles erlebt, was er im Ghetto erlebt hat, nur gemordet hab ich nicht.» Im Atelier arbeitet er präzis, mit genauen Bewegungen, effizient und konzentriert. Ich staune. «Ich arbeite gern», sagt er. Gerüstbauer will er werden. Ja, er hat Delikte begangen, Raubüberfälle, immer wieder geklaut, ja, er ist von der Lehrstelle geflogen.

Wie heisst es von den Clowns? Sie tragen alle Traurigkeit der Welt in sich, und sie bringen andere zum Lachen, um nicht selbst weinen zu müssen.

15.30 Uhr: Melinda darf sich mit einer Aufgabe ins Zimmer mit der Hängematte zurückziehen. Die anderen Jugendlichen wechseln die Lernstationen. Daniel konzentriert sich auf ein Computerprogramm über Verkehrsregeln.

15.50 Uhr: Die Lehrerin zieht sich mit Sepp für eine Zwischenauswertung ins Büro zurück.

16.15 Uhr: Zeit für die Tagebucheinträge.

16.30 Uhr: Mit jedem Jugendlichen werden einzeln Leistung und Verhalten ausgewertet und das weitere Vorgehen geplant.

16.40 Uhr: Gang in den Wohnraum.

16.42 Uhr: Melinda eilt zur Betreuerin. «Darf ich meine Fotos wieder haben?» – «Ich habe sie noch nicht richtig durchgeschaut», wird sie vertröstet.

16.45 Uhr: Übergabe zwischen den Lehrerinnen und den Betreuerinnen.

17.15 Uhr: Melinda fragt nach ihren Fotos, erhält sie, zeigt sie herum. Es wird erzählt, geraucht und gelacht.

17.30 Uhr: Der «Ämtliplan» muss neu erstellt werden. Beim Festlegen der Aufgaben müssen die Jugendlichen Verschiedenes berücksichtigen, zum Beispiel darf eine Aufgabe nicht zweimal hintereinander übernommen werden. Linda ist für das Eintragen zuständig und bringt das Blatt ins Büro. Sie wird von der Betreuerin zweimal zurückgeschickt, um Änderungen vorzunehmen.

17.45 Uhr: Daniel und Sepp spielen Tischfussball.

17.55 Uhr: Der Tisch wird gedeckt.

18.00 Uhr: Essenszeit. Es gibt Hörnlisalat.

Linda erzählt von ihrer zukünftigen Pflegefamilie. Sie haben ein Pferd!

18.25 Uhr: Das Essen wird beendet.

18.35 Uhr: Das Geschirr ist abgewaschen, der Boden gewischt.

Die Jugendlichen sitzen bei Melinda. Ich schaue auf die verregnete Hügellandschaft hinaus, fühle mich wie ein Fisch in einem Aquarium, immer unter Beobachtung. «Wie geht es Ihnen?», fragt mich Virginia.

Virginia weiss nicht, warum sie hier ist

Ein Jahr lang ist sie nicht mehr zur Schule gegangen. Hat gekifft und Dinge erlebt, die sie mir nicht erzählt. Sie findet es unfair, dass der Jugendliche, der mit Drogen gehandelt hat, nicht hier ist. «Ich bin wie ein Vogel, der nicht fliegen kann. Ich gebe alles, damit ich hier raus komme.»

18.45 Uhr: Linda sitzt neben Sepp und näht ein Loch in einer Jeans zusammen. Beide, sonst unruhig und immer in Bewegung, sitzen friedlich da. Sie näht, er schaut zu.

18.50 Uhr: Remo telefoniert unter Aufsicht.

18.58 Uhr: Melinda telefoniert unter Aufsicht.

19.05 Uhr: Telefon für Linda. Sie erhält für ihre Reise eine Begleitung.

19.10 Uhr: Betreuerin B. ruft zur Abendsitzung und präsentiert einen schmutzigen Plastiklöffel und einen Schleckstängel. Sie hat ums Haus eine «Abfallrunde» gemacht. «Wenn ihr offen legt, wer was hinaus geworfen hat, erhält diese Person einen Franken Busse. Wenn nicht, erhalten alle die Busse.» Linda und Sepp bekennen sich schuldig.

19.30 Uhr: Die Aufgaben für die nächste Woche sind verteilt. Daniel macht sich Notizen.

19.40 Uhr: Die Jugendlichen füllen den Beobachtungsbogen aus – es geht dabei um die Erfüllung der Aufgaben an diesem Montag – und geben ihn ab.

19.50 Uhr: Der Tagesrückblick – dabei geht es um das Verhalten in der Gruppe – soll heute individuell und schriftlich im Zimmer verfasst werden.

19.55 Uhr: Remo gibt im Büro die leeren Zigarettenschachteln und das Feuerzeug ab.

20.00 Uhr: Die Jugendlichen werden in die Zimmer begleitet, mit einem «Gute Nacht» verabschiedet, die Türen verschlossen.

20.30 Uhr: Die beiden Betreuerinnen besprechen den Tag, tragen die Einzelheiten zu jedem Jugendlichen nochmals zusammen.

21.00 Uhr: Die Betreuerin holt auf den Zimmern die Tagesrückblicke ab. Sepp klagt über Kopfschmerzen.

22.00 Uhr: «Ein aussergewöhnlich ruhiger Abend», sagt Betreuerin H.

Abfahrt von Uzwil

«Würden Sie das drei Monate aushalten?» fragt mich Daniel.
Der Heimleiter bringt mich zum Bahnhof. Ich stehe auf dem Perron.
Aus der Unterführung tönt dieses eine, traurige Lied.

Das Jugendheim Platanenhof

- ist ein kantonales Jugendheim,
- untersteht dem Justiz- und Polizeidepartement des Kantons St. Gallen,
- umfasst verschiedene Wohngruppen für Schülerinnen und Schüler sowie Lehrlinge, eine Werkschule, diverse Ausbildungsbetriebe und zwei geschlossene Wohngruppen.

- Die geschlossenen Wohngruppen Atlantis und Orion bieten 16 Plätze für männliche und weibliche Jugendliche von 13 bis 18 Jahren (gesamtschweizerisch stehen rund 100 Plätze zur Verfügung).
- Die Einweisung erfolgt durch die Behörden, die Vormund- oder Jugendanwaltschaft. Der Aufenthalt dauert maximal drei Monate.
- Die Einweisung wird zur Abklärung der Jugendlichen, zur Überbrückung (wenn der zukünftige Heimplatz noch nicht zur Verfügung steht), im Time-out (Versetzung aus anderen Institutionen), in Untersuchungshaft oder zur Einschliessung (seltene Strafmassnahme, in der Regel wenige Tage) ausgesprochen.
- Die Zahl der weiblichen Jugendlichen hat in den letzten Jahren zugenommen und beträgt zurzeit mehr als 50 Prozent.
- Die Betreuung und Abklärung der Jugendlichen (mit Schlussbericht und Empfehlungen) erfolgt durch entsprechend ausgebildete, interne und externe Fachleute.

Irène Dietschi 1963, studierte Germanistik, Anglistik und Medienwissenschaften an der Universität Basel. Sie war Redaktorin beim «Magazin» des «Tages-Anzeigers», seit acht Jahren ist sie als freie Journalistin und Publizistin tätig. Sie lebt mit Mann und drei Kindern in Hägendorf SO.

Weichenstellung

Das Projekt «eins zu eins» – Integration und Prävention für schwierigste Kinder

Kinder, die unter schweren emotionalen oder psychischen Störungen leiden, finden in den normalen Kinderheimen oft keine Aufnahme mehr. Manche von ihnen landen in der Psychiatrie. Das Kinderheim Grünau in Wädenswil hat ein Programm ins Leben gerufen, das sich dieser schwierigsten Kinder annimmt. Die Acht- bis Zwölfjährigen leben im Haus von spezialisierten «Müttern und Vätern» und werden «eins zu eins» – so der Projektname – betreut. Eine Begegnung mit Matthias* und seiner «eins zu eins»-Familie.

Als das Probewochenende vorbei war, hatte Meta Keller ihre ersten Zweifel, ob sie das durchstehen würde. Der Bub hatte sich drei Tage lang komplett verweigert. Seine ersten Worte, als sie ihn am Freitagabend vom Schulheim abholten, waren: «Ich muss nicht zu euch kommen, wenn ich nicht will, und ich will nicht!» Eine junge und etwas unerfahrene Leiterin des Schulheims hatte ihm diesen Floh offenbar ins Ohr gesetzt. Aber Matthias musste mit. Er musste sich ins Auto setzen und mit in diese Stadt fahren, die er nicht kannte, zum Haus dieser Frau und ihres Mannes, die er noch nie gesehen hatte und die vom Alter her seine Grosseltern hätten sein können. Als sie ankamen und seine Tasche ins Haus trugen, das idyllisch am Rand des Städtchens gelegen ist, sagte er: «Hier esse und trinke ich nicht, und ich gehe nicht ins Bett!» Er schlief auf dem Boden. Den folgenden Tag verbrachte er, die Bettdecke über den Kopf gezogen, in seinem Zimmer, bis auf einen kurzen Ausflug ins Städtchen, dem er knurrend zugestimmt hatte. Am Sonntag fuhr Meta Keller mit dem Bub in den Zoo. Auf dem Weg dorthin hockte er sich immer wieder an den Strassenrand, im Zoo sass er die meiste Zeit auf dem Boden. Zu allem Überfluss hatte er auch noch Durchfall, weigerte sich aber standhaft, eine Toilette aufzusuchen. Meta Keller war nudelfertig, als sie Matthias am Sonntagabend ins Wohnheim zurückbrachte.

Einzelbetreuung als Chance

Neun Monate später betritt mittags ein Bub mit hellen Augen und freundlichem Lächeln das Haus am Rand des Städtchens und gibt der Besucherin artig die Hand. Sein Gang ist etwas schlurfend, die dunkle Hose hängt auf Halbmast. Ein Zehnjähriger wie andere auch. «Setz dich an den Tisch, Matthias, du hast am Nachmittag wieder Schule und nicht viel Zeit zum Essen», sagt Meta Keller freundlich. Ihr Mann Karl Bodenmann sitzt bereits am Tisch. Beim Mittagessen ist die Fussball-Europameisterschaft das Thema. Matthias outet sich als grosser Fan der Schweizer Mannschaft. «Schade, dass sie verloren haben», meint er bekümmert und fragt, ob es stimme, dass ein Schweizer Spieler einen Engländer angespuckt habe. Karl Bodenmann, offenbar für Fragen aus dem Bereich des Sports zuständig, gibt bereitwillig Auskunft. Spucken, das gehe nicht, findet Matthias. «Habt ihr in der Pause auch getschuttet», will Meta Keller wissen. Matthias nickt und erzählt, er und sein Freund hätten sich gestritten, weil er – Matthias – den Jörg Stiel, aber keiner den Schiedsrichter spielen wollte. «Gell, Meta, wir schauen nach einem Trikot von Jörg Stiel», ereifert sich der Bub. «Oder vielleicht bekomme ich das Trikot ja von Mami …»

Niemand würde diesem Bub ansehen, dass er zu Äusserungen fähig ist wie: «Du verdammti Huere, jetzt schmieri dir dänn fadegrad eini!» Oder: «Wottsch eis id Fresse, du perversi blödi Nutte!» Nein, bei diesem Mittagessen fragt er höflich, ob er die restliche Salami haben dürfe, und was denn ein «Apfel im Schlafrock» sei.

Seit September 2003 lebt Matthias bei Meta Keller und Karl Bodenmann im Rahmen des Projekts «eins zu eins», das vom Kinderheim Grünau in Wädenswil initiiert worden ist. Meta Keller ist Psychologin, Karl Bodenmann arbeitet als Coach und Mediator. Kernpunkt von «eins zu eins» ist die Einzelbetreuung von «schwierigsten Kindern». Das Programm entstand vor drei Jahren aus der Erkenntnis des Grünau-Teams, dass für eine ganze Reihe von Kindern, die fremdplatziert werden sollten, die bestehenden Angebote nicht greifen. Diese Kinder leiden meistens unter schweren emotionalen und psychischen Störungen, sie sind gruppenuntauglich und somit weder in einem «normalen» Kinderheim noch in einer Pflegefamilie tragbar. Es sind Kinder mit erschütternden Biografien, «Kinder, die keiner mehr will», wie der Grünau-Leiter Donald Specht resümiert.

Nach Odysseen gescheiterter Platzierungsversuche bleibt für viele der «schwierigsten Kinder» nur die Psychiatrie als quasi letzte Station. Auch Matthias, über den eine dicke Akte bei der Jugendanwaltschaft deponiert ist, hätte dieses Schicksal geblüht. Doch dann hörte der Jugendpsychiater, der das Gutachten für den Buben erstellt hatte, vom Projekt «eins zu eins» – und eine Chance tat sich auf.

Ein Fall für die Jugendanwaltschaft

Matthias stammt aus einem ländlichen Kanton der Innerschweiz. Er ist das zweite von drei Geschwistern. Seine Mutter, geschieden und mit dem Vater seiner jüngeren Schwester verheiratet, betreibt im Dorf ein einschlägiges «Restaurant» mit Studio. «Weil die Mutter morgens ausschlief, wurden Matthias und seine Schwestern früh selbständig», erzählt Meta Keller, «allerdings auf eine verwirrte Art; sie haben sich irgendwie durchgeschlagen.»

Dass bei Matthias etwas «nicht stimmte», fiel irgendwann der Kindergärtnerin auf. Der Bub kam im Winter manchmal ohne Socken, oft zu spät und etwas verwirrt, zudem schien er sehr eigen, seine Entwicklung war gehemmt. Der Schulpsychologische Dienst wurde kontaktiert, um den Buben «abzuklären». «Es musste auf Biegen und Brechen eine Diagnose hin – dabei hätte man besser die Verhältnisse zu Hause genauer angeschaut», sagt Meta Keller. Zu diesem Schritt hätten die Behörden auch Grund gehabt: Einer Bekannten von Matthias' Mutter war aufgefallen, dass die vier Jahre ältere Schwester des Buben massive Störungen zeigte und beispielsweise nicht mehr zur Toilette ging. Die Bekannte kontaktierte die Vormundschaftsbehörde. Deren Vertreter sahen sich allerdings nicht zum Handeln veranlasst. Der diffuse Verdacht, etwas Gravierendes laufe schief in dieser Familie, mit fatalen Folgen für die Kinder, verlief im Sand.

Bei Matthias führten die schulpsychologischen Abklärungen dazu, dass er in ein Wohnheim eingewiesen wurde, eine therapeutische Einrichtung, in der er gleichzeitig Schulunterricht erhielt. Das ging anfangs ganz gut. Im Lauf der Zeit wurde es schwieriger. Und dann, Matthias war mittlerweile acht, kam das Unfassbare ans Licht: Matthias missbrauchte im Wohnheim einen jüngeren Buben. Es waren sexuelle Übergriffe der schlimmsten Art, «die man einem Achtjährigen nicht in der wildesten Fantasie zutrauen würde», wie Meta Keller erzählt. Matthias stellte regelmässig auf drei Uhr nachts den Wecker, um aufzustehen und den anderen Jungen in der Tiefe der Nacht zu bedrängen. Er nötigte ihn aufs Übelste, tat Dinge, die er vielleicht in einem Porno gesehen – aber möglicherweise am eigenen Leib erfahren hat. «Als Matthias' Vergehen aktenkundig wurde, stand bald einmal der Verdacht im Raum, er sei selbst ein Opfer sexuellen Missbrauchs», sagt Meta Keller. Doch diese Frage ist bis heute nicht geklärt. Der Kinderpsychiater, zu dem Matthias regelmässig in die Therapie geht, will sich langsam an das Thema herantasten.

Der Bub im Wohnheim liess Matthias' Treiben eine Zeit lang über sich ergehen. Irgendwann hielt er es nicht mehr aus, er brach zusammen und erzählte seiner Mutter von den Übergriffen. Diese ging schnurstracks zur Polizei und machte eine Anzeige. Matthias wurde ein Fall für die Jugendanwaltschaft: Nach gängigem Jugendstrafrecht, das die Grenze für Strafmündigkeit bei sieben Jahren festlegt, war er straffällig geworden. Unverzüglich wurde der Bub aus dem Schulheim entfernt und in eine «Time-out»-Familie platziert, bis das psychiatrische Gutachten vorliegen würde. Der Psychiater, der eine sehr intensive Arbeit leistete, empfahl vorerst eine Einweisung in die Psychiatrie.

Ein Törchen tut sich auf

«In gewissem Sinn war es für Matthias ein ‹Glück›, dass er straffällig wurde», sinniert Karl Bodenmann, als wir beim Kaffee sitzen – Matthias ist längst wieder zur Schule aufgebrochen. «Wird die Strafmündigkeit tatsächlich von sieben auf zehn Jahre angehoben, wie es die Revision des Jugendstrafrechts vorsieht, verpassen Kinder wie er womöglich eine wichtige Chance.» Denn durch die «Mühle der Jugendanwaltschaft» tat sich für Matthias ein Törchen auf: Der Jugendanwalt, die Sozialarbeiterin, der Kinderpsychiater – sie alle nahmen sich des Falls nach bestem Wissen und Gewissen an und legten dabei jene Professionalität an den Tag, die etwa eine aus Laien zusammengesetzte Vormundschaftsbehörde schlicht nicht bieten kann. Kurz: Matthias war in guten Händen. Und somit war es nur folgerichtig, dass der Psychiater, als er vom Grünau-Projekt «eins zu eins» erfuhr, auf seine ursprüngliche Empfehlung zurückkam.

«Wir sahen das Inserat in der Zeitung und fühlten uns sofort angesprochen», schildert Meta Keller den Anfang, wie sie und ihr Mann Karl Bodenmann im Juni 2003 zum Projekt stiessen. Es wurden Betreuungspersonen gesucht, die einem ganz bestimmten Profil entsprachen: Ehepaare, von denen ein Teil eine heil- oder sozialpädagogische Ausbildung oder einen vergleichbaren Hintergrund hatte und deren eigene Kinder bereits «ausgeflogen» waren; die Hauptbetreuungsperson sollte nicht berufstätig sein, damit sie sich ausschliesslich und rund um die Uhr um ein Kind kümmern konnte, um ein «schwierigstes» Kind. Ziel sollte sein, bei diesem Kind die Beziehungsfähigkeit wieder aufzubauen und ihm dabei zu helfen, seinen Platz in der Gesellschaft neu zu finden.

Meta Keller und ihr Mann bewarben sich. Die Tochter beziehungsweise der Sohn, die sie beide aus erster Ehe hatten, standen tatsächlich schon auf eigenen Füssen. Und als Psychologin erfüllte Meta Keller das Kriterium des professionellen Hintergrunds, zudem war sie auf Stellensuche und offen für Neues. Einzig für ein pubertierendes Kind war das Ehepaar nicht offen. «Ein Pubertierender kommt mir nicht ins Haus», hatte Karl Bodenmann deutlich gesagt – offenbar in einer Vorahnung darauf, «dass das Konzept nur für Kinder bis zum 12. Lebensjahr eine gute Chance für die Wiederintegration bietet», wie im «eins zu eins»-Jahresbericht 2003 festgehalten ist.

Drei Monate später, eine Woche nach dem katastrophalen Probeweekend, zog der damals neunjährige Matthias definitiv bei Meta Keller und Karl Bodenmann ein.

«Schwarzer Schatten-Oger» und andere dunkle Gestalten

Vier Monate lang ging es ungefähr im selben Stil weiter wie beim ersten Kennenlernen: Matthias verweigerte sich praktisch auf der ganzen Linie. In die Schule ging er vorläufig nicht, und auch die von «eins zu eins» vorgesehene Einzelschulung durch einen Sonderschullehrer war nicht möglich. Er ass zwar mit am Tisch und schlief in seinem Bett. Aber nichts war ihm Recht. Alles war Scheisse. Die Kleider, das Essen, das Haus, der Garten, Meta, Karl – Scheisse, Scheisse, Scheisse. Warum sollte er sich auf seine neue Umgebung auch einlassen? Würde sich das überhaupt lohnen?

«Ich probierte verschiedene Strategien, um mit ihm zurechtzukommen», erzählt Meta Keller. «Ich wollte nicht einfahren wie ein Kommandant, weil ich das von unseren Kindern her überhaupt nicht kannte. Aber bei Matthias war anfänglich jegliche Weichheit fehl am Platz. Nur, was ich ihm mit absoluter Klarheit und Härte vermittelte, funktionierte.» Weigerte sich Matthias zum Beispiel irgendwo mitzukommen, zeigte ihm Meta Keller klipp und klar die Konsequenzen auf: «Wenn du nicht kommst, dann hebe ich dich hoch und trage dich hinaus.» Mehr als einmal setzte sie diese Drohung in die Tat um. In solchen Momenten, als sie mit dem Buben buchstäblich um Akzeptanz rang, war sie froh um ihre Körperkraft, die sie trotz ihrer geringen Grösse aufbrachte. Da war sie besser dran als jene «eins zu eins»-Mutter, die von «ihrem» Kind spitalreif geschlagen wurde und sechs Wochen in der Klinik verbrachte.

«Matthias neigt zu einer dunklen Seite», erzählt Meta Keller. Das zeigte sich zum Beispiel in seiner Passion für Yu-Gi-Oh!-Karten. Diese japanischen Spielkarten mit Sujets wie «roter Totenkopfvogel» oder «böses Wurmungeheuer» oder «schwarzer Schatten-Oger» hatten es Matthias nicht nur angetan, nein, er war von ihnen regelrecht besessen. Er geriet ausser sich, brüllte und tobte, um zu neuen Karten zu kommen. Und als das nichts nützte, log er und stahl Geld aus Meta Kellers Fünfliber-Kasse – nicht nur, um sich am Kiosk mit neuen Yu-Gi-Oh!-Vorräten einzudecken, sondern auch, um seine Klasse zu beschenken – mittlerweile war Matthias in die Kleinklasse eingeschult worden.

Auch Computerspiele faszinierten ihn, der «Shadow Man» und andere gesichts- und geschichtslose Figuren, mit denen er es aufnehmen konnte und die in ihm offenbar ein Gefühl der Allmacht erweckten, grenzenlos und ohne Diskussionen um Regeln. Karl Bodenmann erinnert sich an jenen Nachmittag, als ein junger Bursche, den das Ehepaar zum «Hüten» engagiert hatte, mit Matthias unerlaubterweise Computergames spielte. «Matthias war völlig abgespaced, er schwebte irgendwo in anderen Sphären, ich habe das noch nie so stark bei jemandem beobachtet.»

Matthias war, um es auf den Punkt zu bringen, ein völlig verwahrlostes, haltloses Kind, das seine bisherige Kindheit in grosser Einsamkeit verbracht hatte; der keinerlei Werte kannte ausser die aus Computerspielen und Yu-Gi-Oh!-Karten, der zu Hause wenig geliebt gewesen war. «Schwierigsten Kindern fehlt in der Regel ein warmes Nest, ein Zuhause, das Gefühl, geliebt und gemocht zu sein», schreibt Donald Specht. Meta Keller erzählt: «Ich vermute, dass Matthias' Mutter ihren Sohn nie wirklich akzeptiert hat. Sie bevorzugte die Töchter. Matthias hatte wohl das falsche Geschlecht, er störte, und sie vermittelte ihm das Gefühl, ‹aus dir gibts ohnehin nie was Rechtes›.» Der Vater war in Matthias' Leben praktisch abwesend, weil er mehr im Gefängnis als draussen beziehungsweise zu Hause war.

Matthias lässt sich ein

Irgendwann gegen Ende des Winters ist Matthias dann mit Meta Keller und Karl Bodenmann in Beziehung getreten. Das war entscheidend für die neue Weichenstellung, die das Ehepaar im Leben des Buben zu bewirken versuchte. Die Situation begann sich zu entspannen, der Umgangston wurde fröhlicher. Matthias' lauernde, verschlossene Miene wich einem offenen und freundlichen Gesichtsausdruck. «Ich habe ihn gern», sagt Meta Keller schlicht. «Er hat einen speziellen Humor, und er ist sehr clever.» Auch die unflätige Sprache hat aufgehört. Heute nennt Matthias seine «eins zu eins»-Mutter unverkrampft beim Vornamen, «Meta da, Meta dort», ausserdem hat er neue Wörter gelernt, «Kommunikation» zum Beispiel oder «Konsequenz». Wenn er etwas tun soll, das ihm nicht passt, so sagt er heute spielerisch: «Das gibt eine Konsequenz.» Schulisch hat er ebenfalls stark aufgeholt. Noch besucht er die Kleinklasse, ist dort aber dermassen unterfordert, dass das anvisierte Ziel, die Regelklasse, nicht mehr weit weg scheint.

53,7 % der strafrechtlich verurteilten Personen sind Schweizer. 20 % sind Ausländer mit Wohnsitz in der Schweiz. 19 % sind Ausländer ohne Wohnsitz in der Schweiz, 6,7 % sind Asylsuchende.

Statistisches Jahrbuch der Schweiz 2003

Neun Monate nach seinem «eins zu eins»-Start lässt sich sagen, dass Matthias über dem Berg ist. So wie fünf andere der insgesamt sieben Kinder, die in der Pilotphase des Programms platziert worden sind (gegenüber 100 Platzierungsanfragen, die bis Ende Oktober 2003 im Kinderheim Grünau eingingen). In einem Fall musste die «eins zu eins»-Platzierung abgebrochen werden, weil sich die Eltern des Kindes quer legten.

Auch für Matthias ist die Beziehung zur eigenen Mutter ein schwieriges Feld. Nach anfänglicher Funkstille besucht er sie heute etwa alle vier Wochen. «Er weiss nie, was ihn zu Hause erwartet», sagt Meta Keller. Die Mutter ruft auch kaum an, während Matthias während Tagen nervös ist, wenn ein Wochenende bei seiner Mutter bevorsteht. Etwas vage ist der Kontakt zum Vater. Dieser bemüht sich zwar nach Kräften, zu Matthias eine Beziehung aufzubauen. Aber niemand kann voraussagen, ob die auch von Dauer sein wird. Der Umgang mit Gefühlen fällt dem Buben noch immer schwer. Darüber reden mag er nicht. Nur einmal sagte er, als Meta Keller ihn fragte, ob er traurig sei: «Wenn du mich jetzt anschauen würdest, würdest du etwas sehen.» Er meinte seine Tränen.

«Alles ist bei Matthias im Moment noch weich und völlig labil, sein neu gewonnenes Selbstvertrauen sehr verwundbar», sagt Meta Keller. «Es bräuchte wenig, damit er wieder auf die dunkle Seite kippen würde.» Zwei Jahre wird es mindestens noch dauern, bis Matthias in seinem neuen Selbst gefestigt ist. Dann wird er bereit sein für eine «Anschlusslösung» – die Platzierung in einem Heim, in einer Pflegefamilie oder sogar bei seiner Mutter.

Warum es sich lohnt

Rund 390 Franken kostet ein «eins zu eins»-Platz für ein Kind pro Tag. Ist dieser Aufwand gerechtfertigt? «Grundsätzlich lohnt es sich in jedem Fall, für ein einzelnes Kind drei Jahre lang etwas mehr zu investieren anstelle lebenslanger Desintegration», sagt Grünau-Leiter Donald Specht. Denn im anderen Fall würde dieses Kind sein Leben lang der Sozialhilfe zur Last fallen.

Donald Specht hofft, das «eins zu eins»-Projekt mit Hilfe seines hochkarätig besetzten Patronatsteams – unter anderem mit Prof. Heinz Stefan Herzka und Dr. Heinrich

Nufer, Leiter des Marie Meierhofer-Instituts – in andere Kantone zu «exportieren», damit es dort Schule mache. Denn es gebe immer mehr Kinder mit Bindungsstörungen. Und für die brauche es andere Angebote als die bestehenden.

Bei Kindern wie Matthias wird durch die gängigen Bestrafungsmechanismen unserer Gesellschaft suggeriert, sie seien selber «schuld» an ihrer Fehlentwicklung. Dabei ist diese eine Folge dessen, was Erwachsene an diesen Kindern verfehlt haben. «Eins zu eins» bietet diesen Kindern die Chance, dass ihnen dieses Fehlende zum letztmöglichen Moment noch nachgeliefert wird. Dass praktisch alle «eins zu eins»-Kinder der Pilotphase nach weniger als einem Jahr über dem Berg sind, darf als grosser Erfolg diesers Projekts gewertet werden.

Mehr Informationen unter: www.einszueins-projekt.org

*Alle Namen sind geändert.

Weichenstellung

II

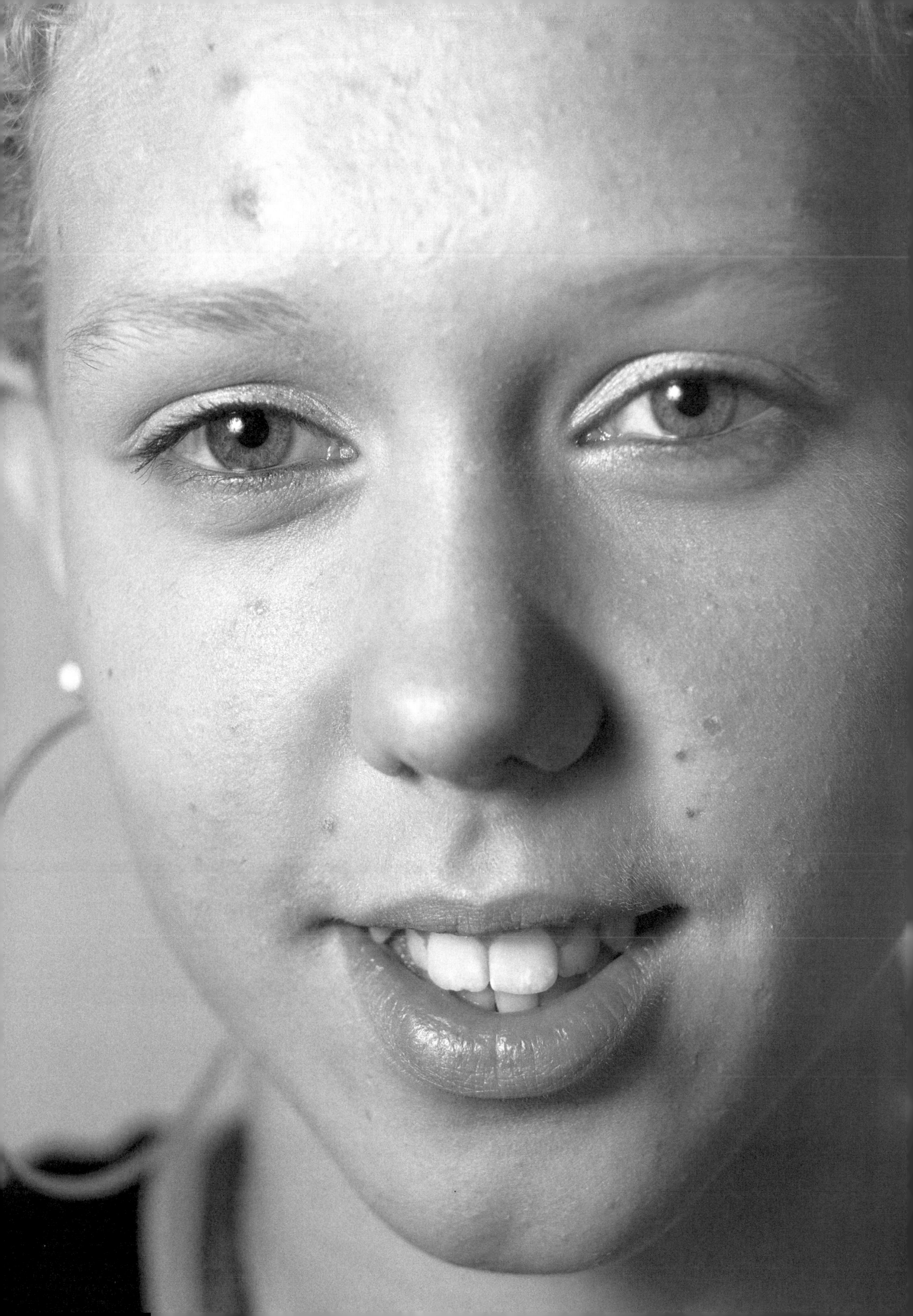

Alexandra Russo, 1990, Schülerin

Alexandra Russo verbringt im Sommer 2004 einen Freitagabend in der Disco Crazydoor. Sie kommt erst um 23.00 Uhr statt wie vereinbart um 21.00 Uhr nach Hause.

Ihre Eltern bestrafen sie mit einem einmonatigen Handy-Verbot.

Annemarie Sancar-Flückiger 1957, studierte Ethnologie an den Universitäten von Bern und Madrid und arbeitet als Genderbeauftragte bei der Direktion für Entwicklung und Zusammenarbeit sowie als Lehrbeauftragte an der HSA Luzern zum Thema Migrationsprozesse. Sie lebt in Bern.

Kulturelle Aspekte im Strafverfahren

Migrantinnen und Migranten als Abweichungsverdächtige

Im Strafen widerspiegelt sich die Art, wie Menschen mit Konflikten umgehen. Die Vielfalt der Strafformen lässt vermuten, dass Gesellschaften Normbrüche unterschiedlich handhaben. Migrantinnen und Migranten stehen schon von vornherein unter dem Verdacht von abweichendem Verhalten. Dies hat strafmildernde wie strafverschärfende Auswirkungen in einem Strafverfahren.

Gesellschaften organisieren sich unter anderem mittels Regelsystemen, die Normbrüche definieren und festlegen, wie damit umzugehen ist. Strafen ist die Reaktion auf abweichendes Verhalten. Indem eine Gesellschaft auf Abweichung reagiert, manifestiert sie die Grenzen des richtigen Verhaltens und die für alle Mitglieder geltenden Regeln und Normen. Damit wird geordnetes soziales Leben überhaupt möglich. Strafverfahren legitimieren die geltende Ordnung, sie widerspiegeln die gesellschaftliche Handhabung von Konflikten und sind Teil von historischen Prozessen und Veränderungen. Analysen von bestehenden Machtverhältnissen geben darüber Aufschluss, welches Verhalten nicht toleriert wird und welches die Ziele sind, die eine Gesellschaft mit Strafen verfolgt. Darüber hinaus zeigen sie den Legitimationsdruck, unter welchem die strafenden Instanzen stehen. Gesellschaften unterscheiden sich darin, wie sie die Grenze zwischen richtigem und falschem Verhalten ziehen.

Die Diskussion über interkulturelle Aspekte im Strafverfahren ist nicht neu. Die Gerichte bedienen sich seit mehr als 20 Jahren einer Logik, in der die Besonderheit der in die Schweiz Zugewanderten nicht bloss auf die fehlende Staatsbürgerschaft bezogen, sondern als Problem der kulturellen Andersartigkeit beschrieben wird. Hintergrund dieses Diskurses ist die Tatsache, dass in der Schweiz «Ausländerinnen und Ausländer» leben, Mitmenschen ohne Bürgerrechte also, die aus einem anderen gesellschaftlichen Kontext stammen. Die andere (nationale) Herkunft lässt – gemäss dieser Logik – anderes Verhalten vermuten, auch im Umgang mit Normen, und diese Vermutung verstärkt sich fast selbstredend bei anderer Religionszugehörigkeit.

Ethnografische Sammlungen über Strafen

Die Problematik der Interkulturalität im Kontext des Strafens kann aus mindestens zwei Perspektiven angegangen werden. Wir können einen ethnografischen Ansatz wählen, das heisst, wir untersuchen unterschiedliche Strafkulturen, vergleichen sie, erklären Differenzen und versuchen zu verstehen, wie Strafen mit Ordnungssystemen und Machtverhältnissen zusammenhängen. Ethnografien geben Aufschluss darüber, wie sich die Praxis des Strafens verändert und welche Rolle dabei Sozialisierungs- und Vergesellschaftungsprozesse spielen. Aus dieser Perspektive kann Interkulturalität verstanden werden als Verhältnis zwischen Gesellschaften, die sich unter anderem über ihren je unterschiedlichen Umgang mit Abweichung abgrenzen.

Wir können auch den Kontext eines Einwanderungslandes wie der Schweiz ins Zentrum stellen. Der Blick richtet sich dann auf den Umgang der Schweiz mit Migration und den zugewanderten Menschen. Es geht also nicht darum, unterschiedliche Strafkulturen zu vergleichen, sondern um die Frage, ob Abweichung bei Migrantinnen und Migranten anders definiert wird als bei Einheimischen und welche Rolle dabei die Herkunft spielt: Warum wird die Kultur der Anderen für das Strafverfahren bedeutungsvoll, und wie zeigt sich dies? Nicht die Herkunft steht im Zentrum des Interesses, sondern der Kontext, in dem die Zugewanderten in den Blick der strafenden Instanzen geraten.[1]

Strafen als Spiegel gesellschaftlicher Bedingungen

Der institutionelle Rahmen einer Gesellschaft beeinflusst das Ausgestalten von Strafen massgeblich. Ein national definierter Staat mit einer ausgearbeiteten Verfassung, einem Strafgesetz und einer Gefängniskultur wird mit Abweichung anders umgehen als eine Gesellschaft, in welcher der Staat institutionell schwach ist und die soziale Ordnung sich zum Beispiel über soziale Beziehungen reproduziert. Während im ersten Fall der Staat allein für die Justiz verantwortlich ist, gibt es im zweiten Fall auch institutionalisierte Formen von Selbstjustiz. Die normative Kraft eines gesetzlich verbrieften Rechtssystems unterscheidet sich von derjenigen eines Regulierungssystems, welches sich beim Verhandeln zwischen verschiedenen Verwandtschaftsgruppen oder beim Debattieren im Rat der Ältesten immer wieder verändert. Formen der staatlich nicht anerkannten Selbstjustiz können auch dann weiter bestehen, wenn sich ein Staat etabliert. Wie stark diese auf das System einwirken, hängt davon ab, wie fest der Staat institutionell verankert, legitimiert und präsent ist und welche Ressourcen ihm zur Verfügung stehen, um seine Funktion als Regulator und Überwachungsinstanz wahrzunehmen. In vielen ehemaligen Kolonien haben traditionelle, in der Bevölkerung verankerte Ordnungssysteme ihre Bedeutung behalten, da mit ihnen lange Zeit der Widerstand gegen die Kolonialmächte ausgedrückt wurde. Die modernen Staaten, die nun die Macht ausüben, haben deshalb Schwierigkeiten, das Prinzip des Gewaltmonopols durchzusetzen, umso mehr, da es sich oft um sehr schwache Staatswesen handelt. Dass Strafverfahren ausserhalb des staatlichen Apparats (im Sinn von Selbstjustiz) auch unter globalisierten Verhältnissen weitergeführt werden, weist darauf hin, dass viele Leute dem Staat kein Vertrauen schenken.

Die Strafanstalt Lenzburg kostet den Kanton Aargau im Jahr rund 1,455 Millionen Franken. Für die dritte Tunnelröhre am Baregg gab er 42 Millionen Franken aus (ohne den noch viel grösseren Bundesanteil).

Jahresbericht Strafanstalt Lenzburg 2002/03/ Baudepartement Kanton Aargau, Tiefbau

Wenn in der Schweiz ein «Urteil» im Familienrat gefällt und ohne staatliche Intervention vollstreckt wird, irritiert das selbstverständlich. Dennoch wäre es verkürzt, ein solches Ereignis als Ausdruck veralteter Tradition zu verstehen, welche Zugewanderte von ihrem Herkunftsort mitgebracht haben. Der Entscheid, auf nichtstaatliche Konfliktlösungsmethoden zurückzugreifen, hängt davon ab, wie viel Vertrauen Migrantinnen und Migranten in den Staat haben. Ohne Bürgerrechte beispielsweise bleibt ihnen der Zugang zur offiziellen Gemeinschaft verwehrt. Vor diesem Hintergrund erklärt sich, warum unter bestimmten Umständen nicht das staatliche Justizsystem, sondern andere, halbprivate Konfliktlösungsmethoden vorgezogen werden.

Auf ihrem Weg durch die verschiedenen Sozialisierungsinstanzen lernen die Individuen mit Abweichung und Konflikten umzugehen sowie die Regeln der Gesellschaft zu internalisieren. Gesellschaften unterscheiden sich darin, wie und wo «richtiges» Verhalten gelernt wird und welche Sozialisierungsinstanzen – Gemeinwesen, Familie, Schule, Armee – die Verantwortung übernehmen. Wie erfolgreich der Lernprozess ist, hängt weitgehend von den sozio-ökonomischen Möglichkeiten der Individuen und vom Angebot des Staates ab, sie dabei zu unterstützen. In vielen Ländern – auch in der Schweiz – entzieht sich der Staat immer mehr der Verantwortung, er nimmt seine Integrationsaufgabe noch da wahr, wo er in seiner Funktion als Ordnungs- und Gesetzeshüter abweichende Individuen überwacht und über das Strafverfahren das geltende Sicherheitsverständnis untermauert. Die Menschen tragen die Eigenverantwortung im Sinn des «freien Individuums». Wenn sie Regeln brechen oder nur schon den Verdacht von Abweichung auf sich ziehen, geraten sie in den Blick des Staates. Zu diesen Verdächtigen gehören die Migrantinnen und Migranten.

Ausschluss als Folge von kulturell begründetem Versagen

Die Vielfalt von Rechtssystemen und -vorstellungen widerspiegelt sich in Migrationsgesellschaften wie der Schweiz, einerseits in der Anwesenheit zugewanderter Menschen, andererseits im Diskurs der multikulturellen Gesellschaft und in den Bildern von «Menschen aus anderen Kulturen». Das Wissen über die Herkunftsgesellschaft braucht dabei weder fundiert oder detailliert zu sein, noch müssen die Beschreibungen mit der Lebensweise der zugewanderten Menschen direkt etwas zu tun haben. Straftaten von Migrantinnen und Migranten können anders beurteilt werden, nur weil diese nicht zur nationalen Gemeinschaft gehören, also als Fremde unter uns sind. Nicht die Handlung, sondern die Tatsache, dass es sich um Zugewanderte handelt, rückt ins Zentrum der Beurteilung. Wenn gespuckt wird auf dem Schulhof, ist das normal. Geredet wird erst darüber, wenn es ausländische Jugendliche tun. Das Spucken eines Jugendlichen aus Kosova passt zu den gängigen Vorstellungen von Kosowaren: patriarchale Gesellschaftsstrukturen und wenig Benehmen. Diese Betrachtungsweise ist Ausdruck einer langen Kette von Irritationen, welche Migration bewirkt: Migrantinnen und Migranten stören das Selbstverständnis des Nationalstaates, der sich unter anderem über die kulturelle Gemeinschaft, die Sprache und das exklusive Territorium definiert. Sie stellen das Fremde im Innern dar. Damit erklärt man auch gesellschaftliche Spannungsfelder: «Zu viele Zugewanderte aus fremden Kulturen» gelten als Ursache der Probleme, für die es keine einfachen Lösungen gibt.

Die Schwierigkeit entsteht da, wo mittels kulturell überhöhter Beschreibungen (zum Beispiel kulturspezifisches Spucken) Entscheide über Zulassung und Ausschluss vorweggenommen, Entscheidungsfindungen eingeengt und sachliche Beurteilungen entsprechend verwässert werden (zum Beispiel Schullaufbahnentscheide, Zulassung zum Arbeits- oder Wohnungsmarkt, wo nicht die nationale Zugehörigkeit, sondern die Zahlungsfähigkeit ausschlaggebend sein müsste).[2] Kulturell überhöhte Beschreibungen führen auch zu positiven Diskriminierungen, wenn zum Beispiel Migrantinnen aufgrund ihnen zugeschriebener kulturspezifischer Defizite besondere Integrationshilfen erhalten. Wenn Migrantinnen auf diese «Hilfe» verzichten, weil sie diese in ihrer Situation nicht als nötig erachten, werden die Anbieter auch in diesem Fall auf kulturspezifische Erklärungen zurückgreifen: Migrantinnen «sind zu fremd, dürfen nicht, der Mann lässt sie nicht» oder Ähnliches. Auch im Strafverfahren kommt es vor, dass die kulturelle Herkunft des Delinquenten in die für die Straferteilung relevante Begründungslogik einbezogen wird. Kulturelle Unterschiede sind dann massgebend bei der Beurteilung von abweichendem Verhalten, der Blick richtet sich auf die «kulturelle Andersartigkeit».

Kulturell überhöhtes Strafen

Da Zugewanderte unter Abweichungsverdacht stehen, wird ein Kulturkonflikt im Kleinen inszeniert. Ein Verdacht erscheint eher plausibel und wird weniger hinterfragt, wenn er sich gegen einen Migranten richtet. Bei einem Einheimischen müssen in der Regel gegenüber der Öffentlichkeit mehr Gründe für den Verdacht vorgebracht werden. Zugewanderte haben in der Regel auch weniger Beschwerdemacht als Einheimische (ausser Letztere werden ebenfalls einer marginalisierten Gruppe zugeschrieben). Junge zugewanderte Männer stehen allgemein unter grösserem Abweichungsverdacht. Auch die physische Auffälligkeit spielt eine Rolle. Wenn die Person zudem aus einem Land kommt, das sich für den Kulturkonfliktansatz besser eignet – sei es aufgrund seiner medialen Verwertbarkeit (ehemaliges Jugoslawien) oder weil damit (innen-)politische Massnahmen durchgesetzt werden können (Länder, die als Hort von Terrorismus identifiziert werden) – wird der Verdacht als Tatsache beschrieben. Der Staat nimmt sich dieser «Problemfälle» an, indem er sie speziell überwacht (zum Beispiel mittels des Polizeigesetzes des Kantons Bern, welches Festnahmen aufgrund von Verdacht erlaubt). Was ein «Verdacht» ist, wird somit nicht nach objektiven Kriterien entschieden, sondern anhand von Bildern, zum Beispiel von fremden jungen Männern und ihren möglichen Abweichungen.

Strafrechtlich relevante Taten können als Ausdruck von kulturellen Konflikten beschrieben werden, wenn es sich bei den Täterinnen oder Tätern um Zugewanderte handelt. Wenn die Form der Konfliktlösung irritiert, zum Beispiel Tötung eines Familienmitglieds, so erscheint es selbstverständlich, dass der kulturelle Hintergrund für die Tat ausschlaggebend ist und die Tatsache als Blutrache beschrieben werden kann. Dies geschieht immer wieder bei Personen aus dem Kosovo, aus Albanien, der Türkei oder dem Irak. Die Selbstverständlichkeit kulturspezifischer Begründungsmuster wird durch die Zugewanderten selbst noch unterstrichen, wenn sie ihr Handeln in den Kontext ihrer Herkunft stellen, auf ihre kulturelle Andersartigkeit hinweisen und sich der gleichen Bilder über Blutrache bedienen wie das Gericht, die Medien, die Sozialarbeit. Denn auch für sie ist es einfacher, die Schuldfrage nicht auf sich, sondern auf die Gemeinschaft abzuwälzen, der sie zugeordnet werden.

Wie ausführlich solche kulturspezifischen Erklärungsmuster auch sein mögen, sie lassen keine Analogieschlüsse zu, wie solche Systeme der Konfliktlösung tatsächlich funktionieren. Sie sagen auch wenig darüber aus, wie fest Migrantinnen und Migranten in ihre Herkunftsgesellschaft integriert sind. Kulturalisierende Erklärungsmuster zeigen indes, dass der Verweis auf die kulturelle Differenz ein Angebot ist, dessen sich vor allem auch die Sozialisierungsapparate in der Schweiz bedienen. Damit wird Fremdheit fassbar und kontrollierbar. In bestimmten Situationen kann dies hilfreich sein, insbesondere dann, wenn ein Tathergang ungewöhnlich und die Tat besonders schwer wiegend ist. Fremdheit schafft Distanz und gibt die Möglichkeit, Grausamkeiten mit kultureller Andersartigkeit zu erklären. Wenn solche Interpretationen urteilsrelevant werden, besteht indes die Gefahr, dass das Prinzip der Rechtsgleichheit verletzt wird, zum Beispiel wenn strafmildernde Umstände mit der kulturellen Andersartigkeit begründet werden.

Es gibt auch den umgekehrten Fall. Junge, aus dem Balkan stammende und noch dazu einen Mercedes fahrende Männer haben vor Gericht eine viel schlechtere Ausgangslage als Schweizer Bürgerinnen und Bürger. Ob die Diskriminierung entlang kultureller Grenzen in der Urteilsfindung eher strafmildernde oder strafverschärfende Auswirkungen hat, hängt unter anderem vom öffentlichen Diskurs über die entsprechende Gesellschaft ab, von der Deliktform und der respektiven Gerichtspraxis. Massgebend ist auch das Umfeld der Interessierten: Während im Fall von Autorasern aus dem Balkan die Versicherungslobby sich einen Gewinn erhofft, wenn die kulturelle Herkunft explizit für eine verschärfende Praxis instrumentalisiert wird, ist es im Falle von häuslicher Gewalt eher das patriarchale Verständnis der Geschlechterbeziehungen in unserer Gesellschaft und in der Tradition der Rechtsprechung, welches tendenziell die zur Strafmilderung führende Logik unterstützt. Das hat ganz spezifische Folgen: Taten, die als «Ehrenmorde» klassifiziert werden, werden nicht in erster Linie als Gewalt von Männern gegen Frauen thematisiert, sondern als kulturell abweichendes Verhalten.

Dadurch verliert die eigentliche Tat an der Schärfe, die es im Strafverfahren gerade braucht. Bilder über das Fremde legen sich über das Individuum, dem Individuum wird jegliche Fähigkeit abgesprochen, die eigene Tat reflektieren oder seine Kultur aus Distanz betrachten zu können. Warum Migrantinnen und Migranten mehr in kulturellen Mustern gefangen sein sollen als Einheimische, scheint weder erklärungsbedürftig noch umstritten.

Integration statt kulturelle Differenz

Wie immer Strafverfahren in den Herkunftsgesellschaften geregelt sind, Straftaten lassen sich damit nicht erklären, wenn sie hier erfolgen. Denn der Kontext ist ein anderer. Erst die Integrationsbedingungen, unter welchen die zu be- und verurteilenden Personen ihre Tat begehen, geben Aufschluss über den Hergang. Und diese sind oft geprägt von Ausgrenzung und erfolglosen Bemühungen, sich als Bürgerinnen und Bürger an gesellschaftlichen Prozessen zu beteiligen. Um diese Vorgänge zu verstehen, braucht es keine ethnografischen Studien, sondern eine Analyse der Biografien und der Situationen, in welchen Zugewanderte Gewalt als einzige Möglichkeit der Konfliktlösung sehen.

Strafen folgt einer Logik, in der die Rede über kulturelle Abweichungen keinen Platz hat. Diese lassen sich weder objektivieren noch so darstellen, dass sie der Entscheidungsfindung dienen könnten. «Das Gericht hat zwar Verständnis für die kulturellen Unterschiede, in erster Linie sei aber die Tat zu beurteilen», heisst es in einem Urteil über einen arabischen Delinquenten, und das ist richtig so. Kultur kann kein Kriterium sein im strafrechtlichen Urteilen von Abweichung, denn kulturelle Differenz ist weder messbar noch naturgegeben. Sie wird vielmehr immer wieder hergestellt, indem Unverstandenes entlang kultureller Grenzen sortiert und Ausgrenzung damit legitimiert wird.

Wenn verhindert werden soll, dass Migrantinnen und Migranten auf Formen der Selbstjustiz zurückgreifen, muss in erster Linie ihr Vertrauen in den Staat gestärkt werden. Und das geschieht nicht automatisch, sondern mittels gezielter Integrationsmassnahmen, die eine aktive Teilnahme der Zugewanderten als Bürgerinnen und Bürger zulassen, nicht nur als Recht, sondern auch als Pflicht, sich für das Gesamtwohl der Gesellschaft zu engagieren.

FUSSNOTEN. **1** Vgl. auch Bommes, M.; Halfmann J. (Hg.): Migration in nationalen Wohlfahrtsstaaten. Osnabrück 1998. **2** Vgl. auch Sancar, Annemarie: Integration von MigrantInnen, ein aussergewöhnliches Unterfangen? Bern 1995.

Richard Friedli 1937, ist seit 1965 in den zentralafrikanischen Staaten Kongo und Ruanda als Lehrer an verschiedenen Universitäten engagiert. Seit 1971 ist er Professor für vergleichende und angewandte Religionswissenschaft an der Universität Freiburg, Schweiz.

Gacaca in Ruanda

Schuldverarbeitung und Konfliktlösung durch afrikanische Palavertechniken

Gerichtsverhandlungen und Bestrafungen können die Folgen des Völkermordes von 1994 in Ruanda nur juristisch und bruchstückhaft auffangen und verarbeiten. Die Frage ist deshalb, ob die afrikanischen Palaversysteme auf lange Sicht und komplementär Schuld und Sühne garantieren können. Diese stützen sich auf eine öffentliche Gegenüberstellung von Täter und Opfer und sollen die Gesamtbevölkerung in einen umfassenden Versöhnungsprozess einbeziehen.

Im vergangenen April 2004 wurden in der Schweiz viele Menschen an den Genozid im zentralafrikanischen Ruanda erinnert, wo innerhalb von wenigen Wochen drei Viertel der in Ruanda lebenden Tutsi – aber auch unzählige «moderate» Hutu – von radikalen Mitgliedern der Hutu-Gemeinschaft umgebracht worden waren. Zehn Jahre danach ist der Zeitpunkt gekommen, um das Grauen des Völkermordes international in Erinnerung zu rufen, die Trauerarbeit fortzusetzen und über die Verantwortung sowohl der Ruander als auch der europäischen Länder und der Vereinigten Nationen nachzudenken.

Zivile Schuldverarbeitung

Im Zusammenhang mit den Gedenkfeiern im Frühjahr 2004 wurde weltweit darüber berichtet, wie im «Land der Tausend Hügel» oder der «Schweiz Afrikas», wie Ruanda auch genannt wird, konkret Recht gesprochen, Gerechtigkeit gesucht und Versöhnungsprozesse eingeleitet werden. Dabei spekulierten Journalisten wie Wissenschaftler viel über die Chancen, Risiken und Resultate der Volksgerichte, welche nach der Palaver-Gacaca-Methode vorgingen. «Gacaca» wurde ab 2002 von der ruandischen Regierung eingesetzt, um die Bevölkerung vom kollektiven Trauma nach dem Genozid zu befreien. In diesen Verfahren treten sich Täter und Opfer öffentlich gegenüber. Die Gegenüberstellung soll zu einer Versöhnung der Gemeinschaft führen, die von Misstrauen, Hass und Rache, aber auch von abgrundtiefer Trauer und unsäglicher Demütigung geprägt ist.

Beim ruandischen Versuch ziviler Schuldverarbeitung spielen die mehr als 250 000 «integren» Friedensrichter – ihre französische Betitelung ist tatsächlich «les intègres» – eine entscheidende Rolle. Sie wurden auf diese Vermittleraufgabe in einer knapp sechswöchigen Ausbildung in Zivil- und Strafrecht, Verhandlungsabläufen, Mediationsarbeit und Traumata nach dem Genozid vorbereitet. Beim «Gacaca» geht es darum, die Drahtzieher und die verantwortlichen Strategen des Genozids von Mitläufern und Profiteuren auszusondern. Die ersten beiden Kategorien von Verbrechern sollen dann der staatlichen Strafbehörde und ihren Gerichten überantwortet werden. Männern, Frauen und Kindern hingegen, die sich selbst für «kleinere» Verbrechen wie Raub und Brandschatzung anklagen und um Vergebung bitten, soll die Hand zur Versöhnung gereicht werden. Durch Aufbauarbeit an gemeinschaftlichen Projekten (wie

Aufforstungen, Strassenbauten, Kanalisationen und anderes mehr) können sie Abbitte und Sühne leisten. Das hier verwendete Modalverb «soll» zeigt die Wünschbarkeit dieser Massnahmen an, es deutet aber auch darauf hin, wie tief der Graben zwischen Anspruch und Wirklichkeit ist.

«Gacaca»-Volksgericht – traditionell und modern

Das Wort «Gacaca» bedeutet in der Sprache Ruandas «Grasfläche unter einem Baum oder vor dem Haus». Die Regierung Ruandas hat den Ausdruck im Sinn von «Gespräch auf dem Rasen» übernommen und damit eine komplementäre Rechtsprechungspraxis verordnet. Ob das traditionelle «Gacaca» damit respektiert wird, ist aber nicht ganz klar. Denn die traditionelle Gesprächskultur Ruandas setzt sowohl bei nachbarschaftlichen Braut-, Hochzeits- oder Beileidsbesuchen als auch bei Vermittlungsgesprächen nach Konflikten im Familien-, Nachbarschafts- oder Stammeskontext einen gemeinschaftlichen Willen zum Zusammenleben voraus. Unter den aktuellen Lebensbedingungen nach dem Genozid in Ruanda kann aber dieser Wille zum Miteinanderleben nicht mehr als selbstverständlich postuliert werden.

Um eine solche Debatte zu verstehen, müssen zuerst – quasi idealtypisch – einige kultur- und religionsanthropologische Koordinaten afrikanischer Palaversysteme skizziert werden. Diese «Gacaca»-Methoden lassen nämlich eine Form erkennen, Konflikte ganzheitlich zu verarbeiten, Verantwortungen zuzuschreiben und Strafen zuzusprechen, welche heute von Juristen als überholt und unzuverlässig eingestuft wird. Denn die Moderne wird ja gerade dadurch charakterisiert, dass sie sich von «totalitären», «ganzheitlichen» und «systemischen» Umgangsformen mit Schuld, Strafe und Sühne dezidiert abgewendet hat. Beim «Gacaca»-Modell geht es aber gerade um eine solche soziale Ganzheitlichkeit. Das Palaver-Modell ist einem «vormodernen» Weltbild zuzuordnen. In diesem Modell sind die kosmologischen, soziologischen und anthropologischen Dimensionen der Umwelt miteinander energetisch verwoben. Diese vernetzte Wahrnehmung von sich selbst, von den anderen Lebenden oder Verstorbenen und von Eigenem und Fremdem kann man als «schamanisch» charakterisieren. Man könnte auch von «Tiefen-Ökologie» sprechen.

Konflikte und Verbrechen, wie sie in Ruanda geschehen sind, zerreissen dieses harmonisch ausbalancierte Energiefeld. Dadurch tritt eine fundamentale Situation von Gesetzeslosigkeit ein. Eben diese Disharmonie und Verunsicherung gilt es im Palaver aufzufangen, zu verarbeiten und aufzuheben. Dementsprechend wird die Funktion des «Richters» denn auch in mehreren Bantusprachen mit «nganga» bezeichnet – was mit Heiler, Therapeut oder Arzt übersetzt werden kann. Der «Heiler» oder die «Heilerin» ist also nicht ein beamteter Gerichtsfunktionär, sondern – im Sinn des Soziologen Max Weber – eine «charismatische Persönlichkeit». Seine prioritäre Aufgabe ist es nicht, die Schuld des Angeklagten festzustellen und ihm entsprechend eine Strafe zuzumessen. Der Richter-Heiler hat vielmehr den Auftrag, auf Grund seiner Weisheit und Lebenserfahrung in der betroffenen Familie, Gruppe oder Gesellschaft wieder Gleichgewicht, Harmonie und Vertrauen zu ermöglichen. Er *hat* nicht Autorität. Er *ist* vielmehr Autorität.

Bioenergetisches Imaana-Weltbild

Das vom Verbrechen gestörte «Gleichgewicht der Kräfte» betrifft also nicht nur die gesellschaftliche Aktualität. Es destabilisiert auch das Energiefeld und somit letztlich das Lebensprinzip, welches die Generationen überdauert und konstituiert. In Ruanda heisst diese fundamentale Energiequelle «imâana», was «Chance» oder «Zufall» bedeutet. Der «Gacaca»-Prozess, mit dem ein erneut gesicherter Lebensraum gesucht wird, ist deshalb nicht bloss ein Vorgang im Bereich des sozialen Lebens, sondern auch ein transzendentes Ereignis, welches Opfer und Täter, Lebende und Verstorbene, Sichtbares und Unsichtbares umfasst. Der Nganga verhandelt nicht nur mit Worten, sondern lädt oft auch zu rituellen Zeremonien ein, um das Unsagbare mit Gesten zu beschreiben. Es gehört nämlich zum schamanischen Weltverständnis, dass die Wirklichkeitsbereiche nicht nur logisch analysiert, sondern deren Kräfte auch praktisch verschoben, dekonstruiert und rekonstruiert werden können. Die Urteilsfindung gehört dann ebenso sehr zum Versöhnungsablauf wie die Zeremonie, in der die Täter und die Opfer neu mit der Gemeinschaft vernetzt werden. Beide Funktionen liegen in der Verantwortung des «Richter-Heilers» – das Individuum zu richten wie auch Solidarität aufzubauen.

Politisch gesteuertes «Gacaca»?

Sowohl der ruandische Präsident Paul Kagame, welcher im Jahr 2002 das «Gacaca»-Gesetz promulgiert hat, als auch die «integren» Volks- oder Friedensrichter würden sich entrüstet dagegen wehren, mit dem oben skizzierten schamanischen Weltbild der vorkolonialen Zeit in Verbindung gebracht zu werden. Deshalb vermuten Beobachter der Afrikapolitik, «Gacaca» sei lediglich ein medienträchtiger, strategischer Schachzug, der zwar international belobigt wird, innenpolitisch aber die diktatorische Macht noch mehr sichert. Die Traumata nach dem Genozid würden mit «Gacaca» nur noch verstärkt. Zum einen würden nämlich mit dem «Gacaca»-Prozess die Wunden von 1994 wieder aufgerissen, zum anderen werde das Rachebedürfnis der Opfer neu geschürt.

Über diese Risiken habe ich in Ruanda mit mehreren «Gacaca»-Richtern gesprochen – Universitätsstudenten und Professorenkollegen, Soziologen, Psychologen, Theologen, Juristen, Politikern, Männern und Frauen. Der doppelten, modernen und traditionalen Rechtsprechung sowie der gestaffelten Bestrafungsform soll aber dennoch eine Chance gegeben werden. Dieses Vorgehen weist nämlich einen Weg aus dem Völkermord-Trauma und ist damit aus ethischer Sicht sowohl verantwortungsvoll wie auch kompromissorientiert. Jede Form von Verpolitisierung muss aber minimiert werden. Die Methode des «Gacaca» muss deshalb in Ruanda sozialkritisch begleitet werden. Vor allem stellt sich die Frage: Kann ein Rechtsprechungssystem wie das «Gacaca», welches in überschaubaren, von Subsistenzwirtschaft getragenen schamanischen Schicksalsgemeinschaften funktioniert hat, in den zeitgenössischen, säkularisierten und machtpolitisch instrumentalisierten Kontext des Ruanda-Massenmordes übernommen werden? Weder die angewandte Religionswissenschaft noch die Ritual-Forschung haben bisher tragfähige Szenarien entwickelt, um solche Abläufe von kollektiver Trauerarbeit zu gestalten. Dabei ginge es darum, einerseits Schuld und Verantwortung anzuerkennen und andererseits gemeinschaftliche Wiedergutmachung zu suchen, individuelle und kollektive Rachebedürfnisse aufzufangen und sie zu unterbinden.

Christliche Kirchen kompromittiert

In Ruanda sind Vorgänge von Entsühnung und echter – wenn auch symbolischer – Strafübernahme noch komplexer und komplizierter als in anderen Staaten, weil die dortigen Religionen – Christentum, Imaanakult und Islam –, welche als sinnstiftende

Instanzen für solche kollektiven Versöhnungsrituale kompetent wären, nach dem Genozid nicht tragfähig sind. Viele Würdenträger der Kirchen – katholische und protestantische –, welche die Mehrheitsreligion Ruandas ausmachen, waren nämlich in die Massaker von 1994 involviert. Mehrere kirchliche Gebäude, die von Gläubigen als Zufluchtsort aufgesucht wurden, sind zu Orten des Massakers geworden. Solche Kirchen sind bis heute offene Friedhöfe geblieben. Dieser kirchenpolitische Kontext ist umso dramatischer, als die schamanische, vormissionarische und vorkoloniale Imaana-Religion heute weder das soziale Prestige noch die religiöse Autorität hat, um öffentliche Versöhnungsrituale zu gestalten. Die Rede von «Gacaca» ist deshalb – aus dieser Warte – nichts mehr als eine mobilisierende Erinnnerung. Denn die «Rückkehr der Wahrsager» und ihrer traditionellen Heilungspraktiken – sowohl auf den Hügeln als auch in den Aussenquartieren der Städte Ruandas – dokumentieren höchstens, dass das Heilungspotenzial der Imaana-Religiosität im Privaten noch wirksam ist. Wenn damit aber das Strafen zum Verhexen wird, gestaltet sich auch dieser Weg nach dem Genozid in Ruanda zu einem Holzweg.

88,5 % der Verbrechen werden von Männern verübt.

Statistisches Jahrbuch der Schweiz 2003

Das Dilemma: Strafe oder Straflosigkeit

Die Situation scheint ausweglos. Zur Wahl stehen (1) die «modernen», nationalen und internationalen Gerichtsverfahren (die aber noch weitere zehn Prozessjahre verlangen), (2) der «Gacaca»-Versöhnungsversuch (der verpolitisiert ist) und (3) die öffentliche Deklaration von Straflosigkeit (welche Täter und Opfer mit dem Schleier des Schweigens umhüllt). Aus diesem Notstand würde ich dem «Gacaca»-Projekt eine Chance geben – sozialtherapeutisch und strafrechtlich.

Straferfahrung

Willi Nafzger 1942, ist Gefängnisseelsorger und Psychologe. Seit 1991 ist er Projektleiter des Nachdiplomstudiums «Kirche im Straf- und Massnahmenvollzug» der Universität Bern.

Strafe erleben

Die Auswirkungen des geschlossenen Strafvollzugs auf Gefangene

Das Gefängnis ist eine «Totale Institution»: Es vereinnahmt den Menschen völlig und hat vielfältige Auswirkungen auf die körperliche und geistige Verfassung des Inhaftierten. Ein aussenstehender Betrachter ist kaum in der Lage zu erahnen, wie ein inhaftierter Mensch fühlt, denkt und handelt. Auf eine solche Lebenssituation ist niemand vorbereitet. Der Aufenthalt im Gefängnis ist für jeden Menschen, gleich welchen Alters, der Beginn eines völlig neuen Lebensabschnitts.

Wenn Besucher ein Gefängnis besichtigen, das vor 10 oder 20 Jahren gebaut worden ist, sind nicht wenige erstaunt, «wie schön es eigentlich die Gefangenen haben»: Hallenbad (nicht überall), Tennisplätze, Fitness-Räume, lichte und helle Zellenbauten, gutes und währschaftes Essen und anderes mehr. Manche Bemerkungen, die dann fallen, deuten darauf hin, dass die Leute noch nicht recht wissen, wie sie diese Beobachtungen einordnen sollen. Man hört aber auch zynische Sätze, wie zum Beispiel: «Hier möchte ich auch einmal ausspannen und Ferien machen. So schön hatte ich es früher nie!» Bemerkungen dieser Art tauchen immer wieder auf, wenn es darum geht, das Leben in einem Gefängnis einzuschätzen. Die Leute sind irritiert, denn die Gebäude erinnern nicht mehr an solch schreckliche Bauten wie zum Beispiel Alcatraz in den Vereinigten Staaten.

Solch oberflächlichen Betrachtungen fehlt der grundlegende Gedanke, dass diesen eingesperrten Menschen die Freiheit genommen wird. Sie können nicht mehr so handeln, wie sie wollen, und sie sind einem äusserst starren Regime von Regeln, Geboten und Verboten unterworfen. Mancher Besucher würde sich wundern, wenn er nur einen Tag in einer dieser «schönen» Institutionen verbringen müsste.

Auch viele Insassen kommen mit einer Vorstellung über das Gefängnis in die Anstalt, die vorwiegend aus Filmen und Romanen stammt oder auf der landläufigen Ansicht über «Zuchthäuser» stammt: harte, beinahe unmenschliche Kontrollen; Mitarbeiter, die die Insassen gefühllos behandeln; «Knastkost», die wenig abwechslungsreich ist.

Die «Totale Institution»

Verschiedene Studien über die Psyche von Gefangenen führten zur grundlegenden Erkenntnis, dass die Einrichtung «Gefängnis» die Menschen, die darin eingesperrt sind, sowohl physisch wie auch psychisch wandelt und verwandelt.

Donald Clemmer verfasste 1940 mit der Schrift «The Prison Community»[1] eine der ersten empirischen Arbeiten zum Thema Gefängnis. Darin stellte er zwei Konzepte in den Vordergrund – Prisonisierung und Code – die in der Gefängnissoziologie noch heute gültig sind.

Als «Prisonisierung» bezeichnet Clemmer den Prozess der Assimilation an die Gefängniskultur, dem jeder Insasse gezwungenermassen unterworfen ist. Nachdem der Insasse die meisten Symbole zur Aufrechterhaltung seiner persönlichen Identität und seines Sozialstatus beim Eintritt ins Gefängnis verliert, beginnt er seine Identität mit den Elementen der Gefängniskultur zu rekonstruieren. Die Prisonierung ist gemäss Clemmer von fünf universalen Faktoren abhängig:

- von der Beeinflussbarkeit einer Persönlichkeit, die von den Beziehungen zu anderen Menschen vor der Inhaftierung abhängt;
- von den Beziehungen zu Menschen ausserhalb des Gefängnisses;
- von der Aufnahme in Primärgruppen im Gefängnis selbst;
- von der Zufälligkeit der Zuordnung des Insassen zu Zelltrakten, Arbeitsbereichen und Mitinsassen durch das Personal;
- von der individuellen Weigerung, die normativen Vorgaben der Gefängniskultur zu akzeptieren.

Der zweite von Clemmer eingeführte Begriff ist der «Code». Darunter versteht er die beiden Generalregeln und ihre Ableitungen, dass erstens kein Insasse mit dem Personal mehr als unbedingt nötig kooperieren solle und dass zweitens Insassen sich untereinander Loyalität schulden.

Die entscheidende Frage bleibt, wie weit es sinnvoll und erwünscht ist, den Effekt der Prisonisierung einzudämmen, und wie viel von diesem Sozialisationsprozess in einem Gefängnis nötig ist, damit sich ein Stück Sub-Kultur bilden und erhalten kann, die für die Identität und für das Überleben der Gefangenen massgebend ist.

Den Begriff «Totale Institution» führte 1961 Erving Goffman ein, um Einrichtungen wie das Gefängnis klassifizieren zu können. Die deutschsprachige Ausgabe seines Buches erschien 13 Jahre später unter dem Titel «Asyle. Über die soziale Situation psychiatrischer Patienten und anderer Insassen».[2] Goffman behandelt darin auf der einen Seite die Merkmale totaler Institutionen, auf der anderen das «Unterleben» in solchen öffentlichen Einrichtungen. Er beschreibt Strafanstalten als Institutionen, in denen Menschen verwaltet werden. Sie nehmen die Aufgabe wahr, die Insassen physisch zu reproduzieren, ihr Entweichen zu verhindern und sie erzieherisch (oder behandelnd) dahingehend zu beeinflussen, dass sie nicht mehr straffällig werden. Weil die Tagesabläufe in der Strafanstalt starr geregelt sind, wird diese als «Totale Institution» bezeichnet. «Totale Institutionen» zeichnen sich durch folgende Merkmale aus:

- Alle Handlungen während der Arbeit und in der Freizeit finden an einem Ort, unter einer Autorität statt.
- Alle Phasen des Arbeitstages sind nach einem System formaler Regeln geplant, das dem Erreichen der offiziellen Ziele der Institution dient.
- Es besteht eine klare Trennung zwischen Insassen und Aufsichtspersonal, und jede Gruppe klassifiziert die andere mit feindseligen Stereotypen.
- Es entwickeln sich zwei verschiedene soziale und kulturelle Welten, die offizielle (reglementierte) Berührungspunkte haben, sich jedoch kaum gegenseitig durchdringen.[3]

Goffmans Studie ist der Versuch, das Verhalten von Mitgliedern einer Organisation mit den Wertvorstellungen in Beziehung zu setzen, die innerhalb eines gewissen Kontextes Bedeutung erlangen. Die «Totale Institution» bildet dabei bestimmte Organisationsmuster für das alltägliche Leben heraus, die es den Insassen erlauben zu überleben, ohne die eigene Identität völlig aufzugeben. Goffman bezeichnet diese Handlungsmuster als «sekundäre Anpassung».[4] Weil die «primäre Anpassung», die kooperative Zusammenarbeit in der Organisation, nicht zu Stande kommt, stellt sich mit der Zeit in solchen Institutionen ein «Unterleben» ein, die Subkultur.

Vier Grundbedingungen für ein erfülltes Leben

Wie Menschen in einem Gefängnis Strafe erleben, versuche ich mittels einer Methode aus der Psychotherapie, der Existenzanalyse nach Viktor Frankl, zu beschreiben. Wenn Welt, Leben, Person-Sein und Sinn die vier Grundbedingungen sind, mit denen sich der Mensch auseinander setzen muss, sofern er zu einem erfüllten Dasein gelangen will, dann sind sie als existenzielle Anfragen an den Menschen zu verstehen. Der Mensch muss eine persönliche Entscheidung treffen, wie er mit ihnen umgehen soll. Dies geschieht vielfach unbewusst und ist in unzähligen alltäglichen Abläufen enthalten. In Krisensituationen und unter Belastungen, besonders aber bei psychischen Störungen, wird die persönliche Haltung zu diesen Grundbedingungen der Existenz unabdingbar, Entscheidungen sind dann gegebenenfalls auch bewusst zu machen. Leben bedeutet dann konkret, eine vierfache Zustimmung zu finden, nämlich:

1. Ja zur Welt;
2. Ja zum Leben;
3. Ja zur Person;
4. Ja zum Sinn.

Diese vierfache Zustimmung, welche ein erfülltes Dasein ausmacht, strukturiert auch den Aufenthalt eines Insassen in der Institution Gefängnis.

Ja zur Welt

Ich muss in der Welt einen Halt haben, einen Ort, wo ich mich geborgen fühle, wo ich «zu Hause» sein kann. Für das Kind ist es wichtig, dass es einen Raum hat, in den es sich zurückziehen kann, wo immer die gleichen Gegenstände anzutreffen sind: eine Puppe, ein Spielzeug, Menschen und anderes mehr. Es ist gerade in der frühkindlichen Sozialisation von Bedeutung, dass der Mensch einen Ort und einen Raum hat, wo er sich akzeptiert fühlt. In dieser Phase können auch Vertrauen und Hoffnung entstehen. Fehlt dies, nimmt der Mensch Distanz zu anderen Menschen und Dingen.

Wenn wir diese Grundmotivation auf einen Häftling übertragen, der in ein Gefängnis eintritt, dann fehlt am Anfang die Heimat: Er kann nicht Ja sagen zu dieser Welt. Die Menschen und Dinge, die ihm eine Heimat vermittelten, fehlen. Das ganze soziale Netz, in dem er sich vorher aufhielt und das ihm sichere Strukturen vermittelte, bleibt ausserhalb der Gefängnismauern. Er wird eingebunden in ein starres System von Regeln, Weisungen und Ordnungen. Die Rollen, die er draussen ausübte und die ihm eine Identität gaben, sind nicht mehr vorhanden. In den meisten Fällen zeigen sich in dieser ersten Phase Aggression, Auflehnung, depressive Verstimmung und Lethargie. Der Insasse ist hin und her gerissen zwischen dem Teil seiner Person, der jetzt im Gefängnis ist, und demjenigen, der eine Beziehung nach aussen sucht und aufrecht erhalten will.

Wenn der Insasse nicht in einer depressiven Stimmung versinkt, dann hängt er in seiner Zelle Bilder auf, die ihn an die Zeit ausserhalb der Gefängnismauern erinnern: Fotos von der Familie, von den Kindern, von der Frau, von Freunden und anderes mehr. Auf der einen Seite können solche Symbole beruhigen und besänftigen, auf der anderen vertiefen sie die Trauer und die Einsamkeit. Weil für den Menschen im Gefängnis die Zeit total verplant ist, hat er allmählich das Gefühl, es sei nicht mehr seine Zeit, sondern die der Institution. Er kann sich dieser verplanten Zeit hingeben, denn sie trägt ihn durch den Tag und durch die Wochen, treibt ihn vorwärts wie ein Fluss. Weil es aber nicht mehr seine Zeit ist, wird sie für den Insassen zu einer «toten Zeit». Am Anfang ist es für ihn ganz praktisch und vielfach wohltuend, sich dieser «toten» Zeit hinzugeben; es braucht dazu wenig Anstrengung. Dieses Zeitgefühl kann aber den Menschen auch träge und bequem machen, denn die Reglementierung trägt; man kann ja nichts falsch machen, alles läuft wie in einer gut geölten Maschinerie. In dieser Anfangsphase versucht der gefangene Mensch, einen Ort zu schaffen, wo er sein kann und wo er sein darf. Um nicht in ein tiefes Loch zu fallen, wie es einmal ein Insasse formulierte, sucht er also eine Heimat. Findet er sie in der Sprache, die auf seiner Abteilung geführt wird, oder im Verhalten der Mitinsassen, in ihrem Denken und Handeln (wie sie untereinander und mit den Mitarbeiterinnen und Mitarbeitern umgehen), im Essen und in der Freizeit? Ein Insasse erzählte mir, wie er sich ein Stück Heimat schaffte: durch Selbstgespräche, durch Telefonate, Tagträume und nachts durch Erinnerungen an seine Zeit draussen. Wer sich in diesem Sinn kein Stück Geborgenheit schaffen kann, gerät in Gefahr, sich abzuschotten, sich von allem fern zu halten, Schwäche zu demonstrieren oder allem und jedem den Kampf anzusagen.

In dieser ersten, für den Insassen schwierigen Zeit der Anpassung ist es für alle internen und externen Mitarbeiter sehr wichtig, für diesen da zu sein, mit einer gewissen Distanz, ohne ihn zu bedrängen oder schon verändern zu wollen. Der Aufbau von Vertrauen geschieht nur im Erleben von Vertrauen. Der Insasse beobachtet in dieser Zeit die Mitarbeiter sehr genau, ob sie zum Beispiel Versprechungen machen, die sie nicht einhalten, oder ob sie Hoffnungen machen, an die sie selbst nicht glauben. Die internen und externen Mitarbeiter sind in dieser Zeit gut beraten, wenn sie ihren Umgang mit dem Insassen genau kontrollieren.

Ja zum Leben

Wichtig ist auch, dass der Mensch zur Umwelt in eine Beziehung tritt: Kann ich hier leben? Was bewegt mich? Was geht mich das, was hier geschieht, überhaupt an? Gibt es Menschen, für die ich keine Bedrohung bin und für die es gut ist, dass es mich gibt? So lernt der Mensch mitzufühlen, kann in der Beziehung Wärme erfahren und erleben. Wenn in dieser Phase Schädigungen stattfinden, zeigen sich Entwertung, Rückzug und das Gefühl, verstossen zu sein.

Übertragen auf das Gefängnisleben bedeutet dies, dass der Insasse nach und nach eine Beziehung aufbaut zu seiner Umwelt, das heisst zu seinen Mitinsassen und zu den Mitarbeitern: Wie viel wissen die über mich und wie viel darf ich ihnen von mir erzählen? Fäden werden gesponnen, und es wird immer wieder überprüft, wie die anderen mit dem Erzählten oder Anvertrauten umgehen. In dieser Zeit ist die Sensibilität des gefangenen Menschen sehr gross. In der «Totalen Institution» Gefängnis haben Insassen täglich 24 Stunden Zeit, zum Teil während Wochen und Monaten, um die anderen zu beobachten, sie wahrzunehmen.

Unter Umständen wird in dieser Phase auch mit der Aussenwelt wieder Kontakt geknüpft, mit der Frau, den Kindern, der weiteren Familie. Aber auch diese Kontaktaufnahme geschieht immer vor dem Hintergrund der späteren Überprüfung, wie die anderen die Beziehung werten und schätzen: Kann ich ihnen vertrauen? Trauen die anderen mir?

Ja zur Person

In einer weiteren Phase bildet sich der Selbstwert eines Menschen neu: Erlebe ich mich in meinem Leben als wertvoll? Gibt es andere Menschen, die meine eigenen Erlebnisse und Handlungen auch als wertvoll ansehen? Wenn dies der Fall ist, kann Vertrauen entstehen. Fehlt dies, so bildet sich im Menschen das Gefühl, nicht ernst genommen zu werden, er fühlt sich verachtet und lernt nicht, sich auf seine Empfindungen zu verlassen.

Der Mensch im Gefängnis macht in dieser Zeit einen Prozess durch, der für seine weitere psychische Entwicklung entscheidend ist. Der Selbstwert, der in der Anfangszeit noch ziemlich überdeckt war durch die vielen neuen Wahrnehmungen und Veränderungen, meldet sich zaghaft zurück. Der Insasse entwickelt eine neue, andere Beziehung zu sich selbst: Kann ich zu mir selbst stehen, so wie ich hier bin? Kann ich zu meiner Tat stehen? Kann ich mich selbst ernst nehmen? Nehmen die anderen mich ernst? In dieser Zeit hört man oft Sätze wie: «Ich hätte nie geglaubt, dass ich einmal im Gefängnis lande!» Manche Insassen erleben die Zeit im Gefängnis dann sogar als eine Zeit wie im Kloster. Draussen in der Welt ist man mit tausenderlei Dingen konfrontiert und immer in Bewegung, im Gefängnis wird man von der Zeit mühelos fortgetragen. Während dieser «Kloster-Zeit» ist der Insasse auch am ehesten bereit ist, über sein Delikt zu sprechen. Am Anfang noch zurückhaltend und ängstlich – er muss ja zuerst herausbekommen, was der andere von ihm denkt, «was für ein Mensch er ist». Aber zunehmend, mit der Aufnahme der Beziehung zu sich selbst und zu den anderen, werden biografische Bruchstücke sichtbar, wird versucht, die Vergangenheit mit der Gegenwart und der Zukunft zu verbinden. Warum ist es so gekommen, wie ich es jetzt erlebe? Was oder wer ist Schuld? Für viele Insassen kann diese Zeit eine fruchtbare Zeit sein, in der sie immer mehr zu sich selbst stehen können, in der sie sich auch vermehrt mit ihrer Existenz auseinander setzen. Die Blende nach aussen vergrössert sich.

Rund zwei Drittel aller Eltern erziehen ihr Kind unter anderem mit Schlägen. Am meisten Körperstrafen erhalten Kinder unter vier Jahren.

Kindsmisshandlung in der Schweiz, Bern 1992

Wenn diese Phase nicht erlebt und erfahren werden kann, dann zeigen sich häufig Ruhelosigkeit, Hysterie, Verletztheit und Scham. Vor allem die Scham schlägt dann oft um in Provokation, in gewalttätiges Agieren, Beschimpfung und Verleumdung oder Arbeitsverweigerung. Wenn ein Insasse derartiges Verhalten zeigt, dann sind die Mitarbeiter gefordert, das Verhalten nicht mitzutragen, sondern in einer professionellen Distanz Klarheit und Konsequenz zu zeigen.

Ja zum Sinn

Sind die frühen Lebensabschnitte für einen Menschen befriedigend verlaufen, so gelangt er auch zu einem positiven Lebenswert. Er beantwortet die Frage, ob es eine Hinwendung zu Menschen oder Dingen gibt, die für ihn sinnvoll sind, mit Ja und findet sowohl Freude und Erfüllung wie auch seinen persönlichen Lebenssinn. Wenn in diesem Abschnitt des Lebens Störungen auftreten, dann können existenzielle Leere, Verzweiflung und Frustration entstehen.

Je nach Länge der Strafe und Struktur der Persönlichkeit kann auch der Insasse im Verlauf des Überlebensprozesses in einem Gefängnis in diese Sinnphase gelangen. Wichtig ist, sich zu überlegen, wie es mit dem Leben nach der Haft weitergehen kann. Wie steht es mit meinen Beziehungen draussen, wie mit meinen Finanzen, und wie mit meinen beruflichen Möglichkeiten? Kann ich das, was ich während meiner «Klosterzeit» erkannt habe, ausserhalb der Gefängnismauern umsetzen? Vielfach werden neuen Beziehungen geknüpft und alte dafür abgebrochen oder vernachlässigt. In dieser Zeit stellt sich dann die Frage nach dem Sinn des Lebens auch ganz konkret: Was mache ich mit meiner Zeit nach dem Gefängnisaufenthalt? Jeder Aufenthalt in einer «Totalen Institution» führt dazu, die Werte im Leben neu zu ordnen und sich entsprechend auszurichten. Vor allem Insassen, die längere Zeit im Strafvollzug waren, haben anfänglich Mühe, sich wieder in der freien Gesellschaft zu bewegen. Sie haben das Gefühl, man würde ihnen ansehen, dass sie Häftlinge gewesen seien, gleich dem Kainsmal, das einen verrät. Je nach Situation verhalten sie sich dann auch entsprechend, das heisst, sie neigen zur Überreaktion, wenn jemand sie länger als erwartet anschaut: Warum schauen die mich dauernd an? Was haben die denn gegen mich?

Wie am Anfang dieses Artikels gezeigt, hängt es von verschiedenen Faktoren ab, wie ein Insasse die einzelnen Phasen durchlebt und erlebt. Im Allgemeinen aber sind die einzelnen Abschnitte im Gefängnisleben eines Insassen relativ gut erkennbar. Der eine Insasse bleibt etwas länger in der einen Phase, der andere in einer anderen. Vielleicht wird eine dieser Phasen nicht erlebt und erfahren, dafür eine andere umso länger. Entscheidend ist der Umstand, dass das Leben in einer Strafanstalt Menschen nachhaltig prägt und formt und jeder sich gemäss seiner physischen und psychischen Struktur damit auseinander setzt, um von der Institution nicht völlig vereinnahmt zu werden.

FUSSNOTEN. **1** Clemmer, Donald: The Prison Community. New York 1940 (1959). **2** Goffman, Erving: Asyle. Über die Situation psychiatrischer Patienten und anderer Insassen. Frankfurt am Main 1974. **3** Goffman, Asyle, S. 17 ff. **4** Goffman, Asyle, S. 64–70.

Strafe erleben

II

Jiří Vurma 1946, betreibt seit 1989 ein eigenes Fotostudio für Industrie- und Werbefotografie und hat seit 1997 für Heks mehrere Reisen durch Rumänien fotografisch dokumentiert. Er ist Dozent an der Fachhochschule Aargau und lebt in Aarau.

Anstaltsleben

Alltag in der Kantonalen Strafanstalt Lenzburg

PEDIATRICS
PEDIATRICS

PISSE

Margrit Sprecher ist Journalistin und Autorin verschiedener Bücher, darunter «Leben und Sterben im Todestrakt», das den Alltag von zum Tode Verurteilten in Huntsville, Texas, beschreibt. Sie lebt in Zürich.

Lebendig begraben

Lebenslang im amerikanischen Todestrakt

4500 Männer warten in den Vereinigten Staaten auf ihre Hinrichtung – oft über 20 Jahre lang und dies in einer zwei auf drei Meter grossen Zelle. Niemand befiehlt ihnen das tägliche Aufstehen, Rasieren oder Arbeiten. Niemand interessiert sich für sie oder spricht mit ihnen; niemand darf sie anfassen. Lebendig begraben, versuchen sie, Überlebensstrategien für den Alltag zu finden.

Links und rechts dehnt sich eine sattgrüne Freizeitlandschaft mit Seen und stabil gezimmerten Picknicktischen, beschattet von üppigen Parkbäumen. Stramm steht die Texas-Fahne vor dem Backsteinbau, Blumenrabatten säumen den Besucherparkplatz. Meistens ist er leer. Nur Touristen, welche die vom Tourismusbüro Huntsville empfohlene Gefängnistour abfahren, halten an und schauen hinüber zum scharf glänzenden Drahtgewirr, das sich um das Gefängnis windet. Es ist ihnen anzusehen, wie beruhigend sie die Vorstellung finden, wie wohl verwahrt hier 450 Mörder darauf warten, bis sie der Henker holt.

Das Warten dauert im Durchschnitt 7, manchmal auch 20 und mehr Jahre. Immer aber ist es, im buchstäblichen Sinn, ein «lebenslänglich».

In der ersten Zeit sind die zum Tode Verurteilten rastlos damit beschäftigt, sich zu retten – auf welche Weise auch immer. Überzeugt davon, dass das Urteil ein Fehlurteil ist, bombardieren sie ihren Anwalt mit immer neuen Erkenntnissen, notieren von morgens bis abends fieberhaft die Versäumnisse des Richters und die Fehler, die der Staatsanwalt gemacht hat. Und suchen in den Fachbüchern der Gefängnisbibliothek nach einem Fall, der dem ihren gleicht und sie neue Hoffnung schöpfen lässt. Hart zwar, dass sie 23 von 24 Stunden eingeschlossen sind. Dass sie das Frühstück nachts um drei serviert bekommen, um ihren Tag recht lang werden zu lassen. Dass im Sommer die Zelle 40 Grad heiss ist und im Winter die Atemwolken in der Luft stehen. Aber der Alptraum dauert ohnehin nur ein paar Monate.

Solange die Hoffnung währt, halten sie ihren Körper fit für das Leben in Freiheit. Sie geben das Essen häufig in die Nachbarzelle weiter, um nicht so aufgeschwemmt zu werden wie die «Cellies», die schon lange hier sind. Sie rollen ihre Matratze als Hantelersatz zusammen und stemmen Hunderte von Liegestützen zwischen Pritsche und Wand. Andere Übungen sind nicht möglich: Die Zelle ist nur drei Schritte lang, und mit den ausgestreckten Armen kann der Gefangene beide Seitenwände berühren.

Schwieriger zu trainieren ist der Kopf. Ein ehemaliger Schuldirektor versuchte, den rapiden Zerfall seines Gedächtnisses mit dem Auswendiglernen von Kalendersprüchen aufzuhalten. Nach fünf Jahren wieder in Freiheit – wie viele war er irrtümlich zum Tode verurteilt worden – konnte er noch jahrelang keinen einzigen Satz zu Ende sprechen. Andere suchen Brieffreundschaften, um den letzten dünnen Faden zum Leben draussen nicht abreissen zu lassen. Die Brieffreundin ist meist der einzige Mensch auf Erden, der sie noch bei ihrem Namen nennt. Der Staat spricht sie nur noch mit ihrer Todesnummer an.

17 Stunden Fernsehen täglich

Bis vor ein paar Jahren durften mustergültige Gefangene Uniformen für ihre Bewacher nähen. Das verlieh dem Tag eine gewisse Struktur und Normalität. Wie einst mussten sie morgens aufstehen, sich waschen, kämmen, rasieren und sich pünktlich auf den Arbeitsweg machen – auch wenn dieser nur eine Treppe tiefer in den unteren Stock führte. Dann fanden die Politiker, das Warten auf den Tod werde zu abwechslungsreich, und die Schneiderei wurde geschlossen. Seither bleibt den Gefangenen nur das Fernsehen als Abwechslung, um den endlosen Tag zu überstehen. Die Apparate flimmern von morgens sieben Uhr bis Mitternacht. Viele Männer lassen bis zu ihrem Tod keinen Blick von der Mattscheibe, sehen sich jede Soap-Opera und alle Sitcoms an, egal ob ein Hund oder ein Trottel den Hauptdarsteller spielt. Über das Programm dürfen sie am Vorabend abstimmen. Meist gewinnen «Die lustigsten Videos» gegenüber CNN, «General Hospital» gegenüber «National Geographic». Am beliebtesten ist Football, am unbeliebtesten Politik.

Nach ein paar Jahren und abgelehnten Rekursen geben die meisten alle Hoffnung auf. Was an Kraft übrig geblieben ist, absorbiert das Leben im Todestrakt – ein Kampf aller gegen alle. Gangs sorgen für zunehmende Gewalt; der geringste Funken führt zur Explosion. Verrat ist an der Tagesordnung, und nur mit Geld kann man sich vor dem Zusammengeschlagenwerden beim Hofgang schützen. Geld braucht der Gefangene auch, um Seife, Briefpapier und Briefmarken zu kaufen. Selbst den Arzt muss er aus eigener Tasche bezahlen. Wochen- und monatelange Kleinarbeit ist nötig, bis er sich einen Spiegel beschafft hat, um durch die Gitterstäbe in die Nachbarzelle zu sehen. Oder gar zu einem Ventilator zu kommen, der zwar keine Kühlung bringt, aber wenigstens die faulige Luft umrührt.

Ebenso aufreibend ist der Kampf gegen das Gefängnispersonal. Was heute erlaubt ist, ist morgen verboten. Mal wird plötzlich die Toilettenpapier-Ration um die Hälfte gekürzt, mal lässt man die Männer morgens eine Stunde nackt mit ausgebreiteten Armen dastehen, bevor sie zum Duschen geführt werden. Reklamationen werden prinzipiell nicht beantwortet; der Wärter hat immer Recht. Der Satz, «Das ist Vorschrift», beendet jede Diskussion. Allmählich überlagern die Schikanen, denen der Gefangene täglich ausgesetzt ist, das Unrechtbewusstsein für den eigenen Mord, das Schuldgefühl verblasst. Was ihm der Staat antut, ist weit schlimmer, als was er selbst getan hat.

Das Verdrängen fällt umso leichter, als die meisten Männer zur Tatzeit blutjung und mit Drogen voll gepumpt waren. Damals buchstäblich ausser sich, fehlt ihnen heute jegliche Erinnerung an das, was sie verübt hatten. Und so kommt es, dass sie sich allmählich eine Vergangenheit basteln, die besser zum Bild passt, das sie von sich selbst haben. Bis sie schliesslich tatsächlich an die eigene Unschuld glauben.

Das Monster im eigenen Körper

Nicht allen, freilich, gelingt das. Am schwierigsten zu bewältigen ist ein Mord für die Familienväter und ordentlichen Bürger, die aus einem geordneten Leben geradewegs in den Todestrakt katapultiert wurden. Zu unerträglich das Wissen, unter der eigenen Haut ein Wesen zu beherbergen, das fähig war, ein Kind zu vergewaltigen und zu töten. Noch immer wissen sie nicht, welche Macht sie dazu getrieben hat, ihre ganze Familie zu erschiessen, als sich die Ehefrau scheiden lassen wollte. Und wie bloss, quält sich der Hochschulabsolvent, konnte ihn Crack so weit bringen, seine eigene Grossmutter zu erstechen, nur weil sie keine fünf Dollar herausrücken wollte?

Die Qual kann so gross werden, dass der zum Tod Verurteilte um seine Hinrichtung bettelt und sich darauf freut wie ein Kind auf Weihnachten: «Damit ich dieses Tier in mir endlich abwürgen und in den Abfall werfen kann», schrieb einer, der im Jähzorn seine Halbschwester und deren Mann erschossen hatte. Was alles noch schlimmer macht: Über das Geschehene können die Gefangenen mit niemandem reden. Die Mitgefangenen interessieren sich nur für ihr eigenes Leid. Die Wärter dürfen und wollen sich auf keinerlei Gespräche einlassen. Der Psychiater ist ausschliesslich da, um die Geisteskranken mit Medikamenten ruhig zu stellen und die Gesunden daran zu hindern, sich selbst umzubringen, bevor dies der Staat tut. Und die amerikanische Gesellschaft tilgt die zum Tod Verurteilten so vollständig aus ihrem Bewusstsein, als wären sie bereits tot. Niemand erwartet mehr etwas von ihnen, weder Reue noch Busse, geschweige denn Besserung. Menschen im Todestrakt haben nur noch eines zu tun: möglichst rasch zu verschwinden. Denn sie sind Monster, Bestien, die nie zur menschlichen Gesellschaft gehört haben, geschweige denn zum amerikanischen Volk.

2002 waren 4987 Personen inhaftiert. Das entspricht 0,07 % der Bevölkerung.

Statistisches Jahrbuch der Schweiz 2003

Um dies zu verdeutlichen, verzichten amerikanische Gerichtsreportagen und Prozesse auf die Schilderung einer katastrophalen Jugend und das auswegslose Zusteuern auf die Tat. Die Öffentlichkeit soll glauben: Nicht das Leben im besten aller Länder hat einen Mörder zum Mörder gemacht. Ein Mörder wird schon als Mörder geboren. Das erlaubt der Gesellschaft, den Kriminellen gleich drei Mal nutzbringend zu verwerten. Seine Festnahme sorgt für das warme Gefühl der Befriedigung, sein Prozess für das genussvolle Frösteln des Grauens, seine Hinrichtung für die heisse Wonne der Rache. Auge um Auge, Zahn um Zahn.

Am besten finden sich im Todestrakt die Berufsverbrecher zurecht. Sie stehen in der Gefängnishierarchie zuoberst und erkennen sich auf Anhieb. Nicht nur an den Tätowierungen, auch an der Art, wie sie dem Gegenüber in die Augen sehen. Berufsverbrecher wissen gleich, wie der Laden läuft, wer hier das Sagen hat, wer schwach ist und mit wem man sich besser nicht anlegt. Die Todesstrafe ist für sie ein ebenso unvermeidliches Berufsrisiko wie für den Bergsteiger der Absturz. Daran denken – nutzlos. Alles, was zählt, ist die Gegenwart. Vielleicht gelingt es, eine Stange Zigaretten in den Trakt zu schmuggeln. Vielleicht kann man den Wärter bestechen, um an Drogen zu kommen. Oft gibt ihnen ihr Pragmatismus sogar Recht. Berufskriminelle sterben häufiger vor ihrer Exekution – meist an Lungenkrebs, Herzinfarkt oder Aids.

Massenmörder brauchen keinen Gott

Die meisten Gefangenen, entweder auf der Strasse oder in einem Jugendgefängnis aufgewachsen, haben keine Familie, die sich um sie kümmert. Oder ihre Angehörigen haben sich nach der Tat von ihnen losgesagt. Oder sie allmählich vergessen, da zu sehr mit dem eigenen Überleben beschäftigt. Oder konnten in der leeren Hülle, im apathischen Bündel, das ihnen beim Besuch gegenüber sass, immer weniger den Sohn, Bruder, Ehemann oder Vater von einst erkennen. Bis sie eines Tages ganz wegblieben. Auch der Gefangene hat nichts mehr mit diesen Leuten zu tun, die vor dem Gitter gestikulieren und von Nachbarn erzählen, die er nie gesehen hat. Sie sind ihm fremder geworden als seine Wärter. Zudem wecken Besucher in ihm Erinnerungen daran, wie es einst war, ein Mensch zu sein. Dies alles bringt viele so weit, lieber ganz auf Besuche zu verzichten.

Die Einzigen, die den Gefangenen nicht nur Interesse, sondern auch brüderliche Gefühle entgegenbringen, sind die Geistlichen und Missionare aller Richtungen und Färbungen. Zudem bieten sie den einzig wirksamen Trost, den es im Todestrakt gibt: einen Sinn im Erlebten zu sehen. Man leidet, um in den Himmel zu kommen. Ein Drittel aller zum Tod Verurteilten lässt sich im Gefängnis bekehren. In manch einer Zelle wird ein blondes Christushaupt mit Dornenkrone gemalt. Kaum ein Brief ohne frommes Zitat; viele sterben mit einem Bibelwort auf den Lippen.

Das Gefängnispersonal sieht es gern, wenn die Insassen fromm werden. Fromme sind Mustergefangene, die sich weder gegen neue Verordnungen auflehnen noch mit dem Essen nach den Wärtern werfen. Denn die Frommen wissen: Ihr Leiden ist von Gott gewollt. Und ist es schliesslich so weit, lassen sie sich wie die Schafe zur Schlachtbank führen.

Keine Chance haben die Missionare nur bei Massenmördern. Ein Massenmörder braucht keinen Gott - er ist, als Herr über Leben und Tod, selbst eine Art Gott. Er benötigt keine Macht, die ihm verzeiht, er ist selbst die Macht, die über Gnade und Ungnade entscheidet. Und er braucht keinen Trost - er lebt von seinem Ruhm: die Medienvertreter stehen Schlange um exklusive Interviews. Auch der nahe Tod scheint ihn nicht im Geringsten zu beunruhigen. Im Gegenteil: Der staatlich befohlene Mord bestätigt ihn in seinem eigenen Wesen. Töten - ganz normal und erlaubt.

Doch ob fromm geworden oder Heide geblieben: Alle überkommt hin und wieder nachts die Panik. «Plötzlich schlägt mein Herz wie eine afrikanische Trommel», drückte einer das Gefühl aus. In ohnmächtiger Wut beginnt ein Mann an den Stäben zu rütteln, und bald rüttelt der ganze Trakt mit, springt über auf andere Trakte, bis der Bau vibriert. Erst die Erschöpfung bringt wieder Ruhe. Und danach ist alles wie zuvor: Es gibt nur den kleinen Sieg, einen weiteren Tag überlebt zu haben. Und die Angst, dem Tod einen Tag näher gerückt zu sein.

Gerlind Martin 1956, arbeitet als freie Journalistin im puncto Pressebüro in Bern. Nach einer Weiterbildung in angewandter Gerontologie befindet sie sich in Ausbildung zur Mediatorin. Sie lebt in Bern.

Im alternativen Strafvollzug

Wenn gemeinnützige Arbeit und elektronische Fussfessel den Alltag verändern

Die meisten Straftäter und -täterinnen in der Schweiz verstossen gegen das Strassenverkehrsgesetz. Obenaus schwingt das Fahren in angetrunkenem Zustand (im Volksmund: Fiaz). Die Folgen sind meist: Fahrausweisentzug, bedingte oder unbedingte Gefängnisstrafe sowie eine dem Einkommen entsprechende Busse. Immer mehr Verurteilte verbüssen ihre Haft elektronisch überwacht oder leisten gemeinnützige Arbeit. Ihre Strafe jedoch erleben sie so unterschiedlich wie Gabriela, Urs und Alfred.

Gabriela: «Diese Strafe ist extrem»

Die angedrohte Strafe bringt sie an den Rand der Verzweiflung. «Ich hatte fast einen Nervenzusammenbruch.» Im Unispital sucht sie am 22. Dezember 2003 Hilfe. An jenem Tag, an dem sie die Einladung für die Untersuchungshaft erhält und alles über ihr zusammenschlägt. «Chischte», sagt Gabriela heute, «Chischte wegen nicht bezahlter Parkbussen – eine Katastrophe!» Unwillkürlich greift sie sich mit der rechten Hand an die Stirn. Mörder laufen frei herum und Pädophile, sagt sie. «Ich habe nichts gemacht und kriege Chischte.» Schwere Depressionen habe sie bekommen. Noch jetzt, ein halbes Jahr später, gerate sie in Angstzustände, erwache manchmal nachts und meine, sie müsse ins Gefängnis.

Gabriela ist 43-jährig, hat seit Frühling 2004 einen «Superjob, eine Zukunftsperspektive und das Gefühl eines Neuanfangs – das habe ich verdient!». Zehn Jahre lang habe sie nun gekämpft, gegen Schulden aus zerbrochenen Beziehungen zum Beispiel, für ein einigermassen stabiles Familienleben als Alleinerziehende mit zwei Söhnen. «Ich verstehe die Menschen gut; Vieles habe ich am eigenen Leib erlebt.» Eine Eigenschaft, die ihr im neuen Job zugute kommt: Im makellos gestylten Büro eines internationalen Beratungsunternehmens hilft sie arbeitslosen Führungskräften bei der Stellensuche.

Ins Gefängnis musste sie nicht. Der Regierungsstatthalter hat ihr zu einem Gesuch für gemeinnützige Arbeit geraten und sie verwiesen an die «Abteilung Bewährungshilfe und alternativer Strafvollzug des Kantons Bern». Doch weshalb wurde ihr Haft angedroht? Wieder greift sie sich an die Stirn, zu peinlich sind die Erinnerungen: Sie hat Parkbussen auflaufen lassen. Ein Jahr lang. Immer neue Bussen zu 40 Franken. «Ich hätte nie gedacht, dass daraus so etwas entstehen könnte – Haft! Diese Strafe ist extrem, ich habe ja nichts verbrochen!» Für die Bussen habe sie einfach kein Geld gehabt. Im Rückblick fallen ihr Veränderungen an ihrem eigenen Verhalten auf: Sie habe lernen müssen, anderen gegenüber finanzielle Grenzen zu setzen, egoistischer und vernünftiger zu werden.

Zwangsläufig und zum Teil freiwillig gelernt hat Gabriela bei der Bewährungshilfe. Beispielsweise hat sie das Angebot zur Schuldensanierung angenommen. Ihr ganzer Lohn geht während eines Jahres an diese Stelle, die ihr das Existenzminimum für sich und den jüngeren Sohn überweist (der ältere lebt während der Lehre beim Vater). Hier sei ihr auch das Geld für eine Jahres-Parkkarte vorgestreckt worden. «Ich hatte ein riesiges Glücksgefühl», sagt Gabriela und findet noch immer aus dem Staunen nicht recht heraus. «Ich hätte im Jahr zuvor bloss 240 Franken haben sollen, statt dessen hatte ich monatelang ein Puff mit der Polizei.»

«Viel gelernt» habe sie in einer Wohngemeinschaft depressiver und autistischer Personen, in der sie – anstelle der Haftstrafe – 86 Stunden gemeinnütziger Arbeit leistete. «Angesichts ihrer Schicksale ist mir mein eigenes Leben weniger dramatisch erschienen.» Und sie hat zu ihrer Lebensphilosophie zurückgefunden: «Es geht weiter, und niemand kann mir den Kopf abschlagen.»

Genau das nämlich bezweifelte sie auf ihrem Gang zur Bewährungshilfe – dass das Leben weiter geht. Wie eine Schwerverbrecherin sei sie sich vorgekommen, sie habe gezittert und geweint und sei überzeugt gewesen, man werde ihr, zack, zack, eine Uniform geben und sie einsperren. «Es war mir so peinlich, ich habe mich so geschämt.» Es ist Gabriela noch heute ein Trost, dass ihr umgehend Reumütigkeit attestiert wurde. Dieser Gang habe den Wandel in ihrem Leben eingeleitet, und die gemeinnützige Arbeit einen Perspektivenwechsel bewirkt. «Ich bin sehr zufrieden mit mir», sagt sie. Ungerecht allerdings findet sie, dass der Hafteintrag im Strafregister bestehen bleibt. «Ich habe das ja abverdient!»

Urs: «Dieser Makel bleibt»

Ausser den Geschäftspartner hat er niemanden informiert. Doch, seine damalige Ehefrau ist im Bild gewesen – sie musste mit der Art der Strafverbüssung einverstanden sein. Nach einer gewissen Zeit hat er den Eltern und Schwiegereltern Bescheid gesagt, denn er konnte sie nicht mehr so oft besuchen wie vorher. Den Geschwistern sagte er nichts, er wollte nicht, dass es sich herumsprach; auch den Kollegen sagte er nichts. Er hüte den Buben, gab er notfalls zur Auskunft, was einleuchtete, da er in Trennung war und der Junge bei ihm lebte. Fast sechs Monate lang hat Urs die elektronische Fussfessel getragen.

Vermutlich beginnt diese Geschichte früher. Doch aktenkundig wird sie im Frühling 2001: Urs, 40-jährig, selbständiger Handwerker, fährt nach einem Kursabschluss, «aber ohne viel getrunken zu haben», mit dem Auto nach Hause. Als er für eine polizeiliche Routinekontrolle anhalten soll, weiss ers sofort und hat «ein schlechtes Gewissen». Das Blasen ergibt 1,2 Promille – später folgt der Entscheid des Strassenverkehrsamtes aufgrund der Untersuchungen des gerichtsmedizinischen Instituts: Ausweisentzug für drei Monate. Das Gericht verurteilt ihn zu zehn Tagen bedingt auf ein Jahr, zudem Busse und Gerichtskosten von 1600 Franken.

«Es ging manchmal nicht anders», sagt Urs bei einem Kaffee am Küchentisch, auch nach dem Ausweisentzug habe er ab und zu fahren müssen. Es konnte nicht ständig ein Angestellter Taxichauffeur spielen, «da verlaueret me e haube Tag». Im Juni darauf das Hochwasser, das Nachtessen im Restaurant, die kurze Heimfahrt. Völlig beherrscht seine Schilderung, wie die Polizeistreife ihn vor dem Haus erwartet, von einem «guten Kollegen» verständigt. «Ich wusste selbst: Ich hatte einen Fehler gemacht.» Warum bloss? Urs kann nur werweissen: Vielleicht habe er die bedingte Strafe zu wenig ernst genommen, die Folgen verdrängt? «Dass sie so gravierend ausfallen könnten, hätte ich nicht gedacht!»

2,1 Promille, psychiatrische Begutachtung (Kosten: 850 Franken). Entscheid des Strassenverkehrsamtes: Ausweisentzug auf unbestimmte Zeit, Rückgabe abhängig von erneuten psychiatrischen Untersuchungen. Entscheid des Gerichts: sieben Monate Gefängnis unbedingt wegen Fahrens in angetrunkenem Zustand und Führens eines Motorfahrzeugs ohne gültigen Fahrausweis plus 500 Franken Busse. Ruhig erzählt Urs von widersprüchlichen Gefühlen nach der Verhandlung: «Zuerst der Schock, dann fast Erleichterung: Ich hatte mit mehr gerechnet.» Er habe «es auch bereut», sagt er mit unvermittelt energischer Stimme, «es war mir nicht gleich». Die Richterin empfiehlt ihm Alkoholentzug und Therapie. «Ich ging freiwillig sechs Wochen in den Entzug.» Er stellt ein Gesuch für die Verbüssung via elektronischer Überwachung (Electronic Monitoring), überzeugt mit Unterstützung des Oberarztes den Regierungsstatthalter. «Das Gefängnis wäre eine Katastrophe gewesen», sagt er, und seine blauen Augen werden für einen Moment trüb. Vor allem, weil er den Jungen bei sich behalten wollte, aber auch aus wirtschaftlichen Gründen. «‹Electronic Monitoring› war eine grosse Erleichterung, Haft hätte ich wohl schlecht überstanden.»

Am 4. Februar 2002 beginnt der Strafvollzug samt seiner Verpflichtung, keinen Alkohol einzunehmen und sich Tests zu unterziehen. Urs hat mit der Begleiterin von der Bewährungshilfe eine Blockzeit von 7 Uhr bis 18 Uhr ausgehandelt; an Samstagen und Sonntagen hat er je vier (genau festgelegte) Stunden zur freien Verfügung. Tag und Nacht überwacht ihn der Zentralcomputer, «ein komisches Gefühl». Zuhause kann Urs sich in einem Radius von zirka 50 Metern bewegen. Das reicht aus, um im Keller die Heizung zu bedienen und die Kaninchen im Garten zu versorgen. Die Hockeymatches im Nachbardorf fehlen dem ehemaligen Hockeyspieler, ansonsten liest er viel, bildet sich am Computer weiter, betreut den Sohn. An Sommerabenden ist er früher gern zum Brätle rausgegangen, zunehmend vermisst er die Spaziergänge mit dem Hund. Im Juli wird er nach zwei Dritteln der Strafe wegen guter Führung entlassen.

Urs hält sein Vergehen nicht für gesühnt. «Das wird nie vergangen sein, nie! Dieser Makel bleibt.» Zwar fasst er Vergehen wie seins nicht als Kavaliersdelikte auf, doch die «stur nach Gesetz» ausgesprochenen Verurteilungen von Rückfälligen erachtet er als ungerecht. Sie würden «hundert Mal mehr» bestraft als Schwerverbrecher, bei denen Gutachter mildernde Umstände geltend machten.

Juni 2004: Urs hat sein drittes Gesuch zur Wiedererlangung des Fahrausweises eingereicht. Besorgt wartet er auf den Termin beim Psychiater (Kosten: zirka 900 Franken). Der werde wohl das alte Gutachten abschreiben und ihm den Ausweis weiter vorenthalten, sagt er mit schmalen Lippen. Jetzt bebt seine Stimme, Groll und Ärger, Ohnmacht und Kränkung irrlichtern darin. Jetzt, beim Warten auf den Ausweis und auf die Bestätigung, dass er kein Spinner ist, «kein Mensch zweiter Klasse», keine Gefahr für alle andern; jetzt, beim Warten darauf, dass «sie» endlich seine Entwicklung zur Kenntnis nehmen, den Entzug würdigen, das durchgestandene «Electronic Monitoring» und das gehaltene Wort; jetzt sagt Urs bezüglich Autofahren und Alkohol: «Ich würde eher ein Taxi nehmen, als selbst zu fahren – das möchte ich nicht nochmals erleben!»

Alfred: «Konsequent nicht Autofahren»

Auf die Minute pünktlich kommt er zum Interview, und ebenso pünktlich will er wieder gehen. Verspätungen kann er sich nicht leisten. Sein mit der Mitarbeiterin der Bewährungshilfe vereinbarter Zeitplan ist ihm heilig. Alfred liegt viel an der Vertrauensbasis zu ihr. Doch auch der Zentralcomputer in Basel würde eine schlecht begründete Verspätung nicht goutieren. Das sagt Alfred aber nicht, lieber zeigt er kurz seine elektronische Fussfessel her, das kleine Kästchen, das er oberhalb des Knöchels am linken Fuss, aber natürlich unter der dunklen Socke trägt. Von Anfang Juni bis Mitte Oktober 2004, bei guter Führung einen Monat weniger, ist er im elektronisch überwachten Strafvollzug verpflichtet zu Alkoholabstinenz und -tests, einer einjährigen, ambulanten Therapie sowie psychiatrischen Begutachtungen. So verbüsst er seine dritte Strafe wegen Fahrens in angetrunkenem Zustand.

Psychiatrisch gesehen sei er ein schwieriger Fall, räumt der sorgfältig gekleidete und frisierte Mann ein: unbelehrbar, aber nicht extrem, einer, der sich in gewissen Situationen eher überschätze und sich selbst schlecht einschätzen könne; zudem Spontanalkoholiker, eine Diagnose, die insbesondere zutreffe auf Leute aus den Bereichen Verkauf, Marketing, Kommunikation. Alfred ist ein begnadeter Erzähler. Effektvoll legt er Spannungsbögen aus, moduliert die Stimme im richtigen Mass, grinst mal spitzbübisch oder zuckt wirkungsvoll mit den Schultern. Er berichtet, als erzähle er aus dem Leben eines anderen. Eines Freundes vielleicht, den er ob dessen Unangepasstheit und Unbekümmertheit, dessen Grenzgängereien und Risikospiel nachsichtig belächelt – bewundert gar.

Alfred ist 53-jährig und seit 27 Jahren als selbständiger Unternehmer tätig in Verkauf, Marketing, Gastgewerbe und Immobilienhandel, zum Teil im Hochpreissegment. Aus einfachen Verhältnissen stammend, verkehrt er in illustren Kreisen. In letzter Zeit habe sich der Bekanntenkreis allerdings etwas ausgedünnt, sagt er. Auch als Major sei er wegen seiner Vergehen nicht weiter befördert worden – was für ihn vor zehn Jahren schlimm gewesen wäre, heute aber nicht mehr.

Eines Nachts 1993, nach einem Fest in der Nachbarschaft, erwartet ihn zuhause die Polizei. Alfred fährt mit dem Auto und zu viel Alkohol vor. Doch weder mit der Polizei noch vor Gericht mag er die 0,9 Promille und diese «willkürliche Grenze» oder gar die «Ermessensfrage» diskutieren. Als der Richter und Militärkollege ihn hingegen als «Charakterlump» hinstellt, verabschiedet sich der Angeklagte wortlos, wofür er 480 Franken Busse kassiert. Die zweite, zehnminütige Verhandlung sei ein «Handel», aber korrekt verlaufen: 10 Tage bedingt auf zwei Jahre, 6000 Franken Busse. Das Strassenverkehrsamt entzieht ihm den Ausweis für drei Monate, reduziert auf Gesuch hin und «aus beruflichen Gründen» auf zwei. Stärker beschäftigt Alfred jedoch, dass ihn offensichtlich jemand aus der Festrunde angezeigt hat.

Jeder 3. unbedingte Freiheitsentzug wird in Form von gemeinnütziger Arbeit geleistet, jeder 45. mit Electronic Monitoring (elektronische Fussfessel).

Statistisches Jahrbuch der Schweiz 2003/Schlussbericht Electronic Monitoring, Zürich 2003

Sieben Monate später, Fasnacht. Treuherzig rapportiert Alfred: «Jeder im Ort weiss, dass die Polizei kontrolliert und wo sie es tut.» Nach 700 Metern weiss auch er es wieder und erst noch genau: 1,2 Promille. Der Erzähler gibt sich erstaunt: Nur so wenig? Stellen Sie sich das vor, nach zwei Tagen Fasnacht! Der Ausweis ist für 18 Monate weg, Alfred unterschreibt eine Abstinenzerklärung, unterzieht sich Blutkontrollen und einer Therapie. Vom Gericht kriegt er 30 Tage Haft unbedingt sowie 8000 Franken Busse. In diesem Zusammenhang verliert er ein «lukratives Mandat», gegen 10 000 Franken monatlich. «Die finanzielle Einbusse war einschneidender als der Imageverlust», sagt er heute, «ich wusste, ich bin beruflich gut und kann mit meiner Vorwärtsstrategie wieder etwas Neues aufbauen.» Unangenehm ist ihm hingegen, dass seine Frau von den Leuten auf seine Verfehlungen angesprochen wird. Er geht in die Offensive: Seine Strafe verdient er in 30 Tagen gemeinnütziger Arbeit im lokalen Spital ab, als «Gärtnereichef und Grillmeister am Gartenfest». «Ich wollte mich nicht verstecken, sondern den Leuten zeigen, dass ich etwas Gutes tat.» Allerdings hätten sich etliche für ihn geschämt, worauf sich der Bekanntenkreis erstmals auszudünnen begann. 1995 dann tritt ein Abkommen mit seiner Frau in Kraft: Sie muss ihm bei jedem Freizeitanlass die Autoschlüssel wegnehmen.

Man ahnts: An einem strahlenden Morgen nach einer durchfesteten Nacht steigt Alfred scheinbar arglos ins Auto. Überfährt ein Rotlicht, wird angezeigt, fährt zu schnell, wird von einer Streife aus dem Verkehr gezogen: 1,3 Promille. In dieser Gerichtsverhandlung hat der Angeklagte erstmals das Gefühl, «dass es um meine Person geht». Er wird ausführlich befragt. Urteil: vier Monate bedingt auf fünf Jahre, 10 000 Franken Busse. Die Staatsanwältin legt Berufung ein, und in einer grossartig geschilderten Verhandlung, in welcher der Angeklagte wie stets ohne Anwalt auftritt, wird das Urteil zugunsten weiterer psychiatrischer Untersuchungen vorerst ausgesetzt. Dabei verletzt der Richter Alfred mit dem Rat, «in der Pause nicht zu saufen». «Er sah in mir wirklich den trunksüchtigen Autofahrer», erinnert sich Alfred betroffen.

Drei Wochen dieser inzwischen verhängten viermonatigen Strafe hat er bereits hinter sich und findet das «Electronic Monitoring» trotz der faktischen Einschränkungen eine «sehr gute Sache». Was aber wird diese Strafe nützen? «Mein einziger Selbstschutz besteht wohl darin, ausserhalb des Berufs konsequent nicht Auto zu fahren», sinniert Alfred – und verabschiedet sich mit vier Minuten Verspätung.

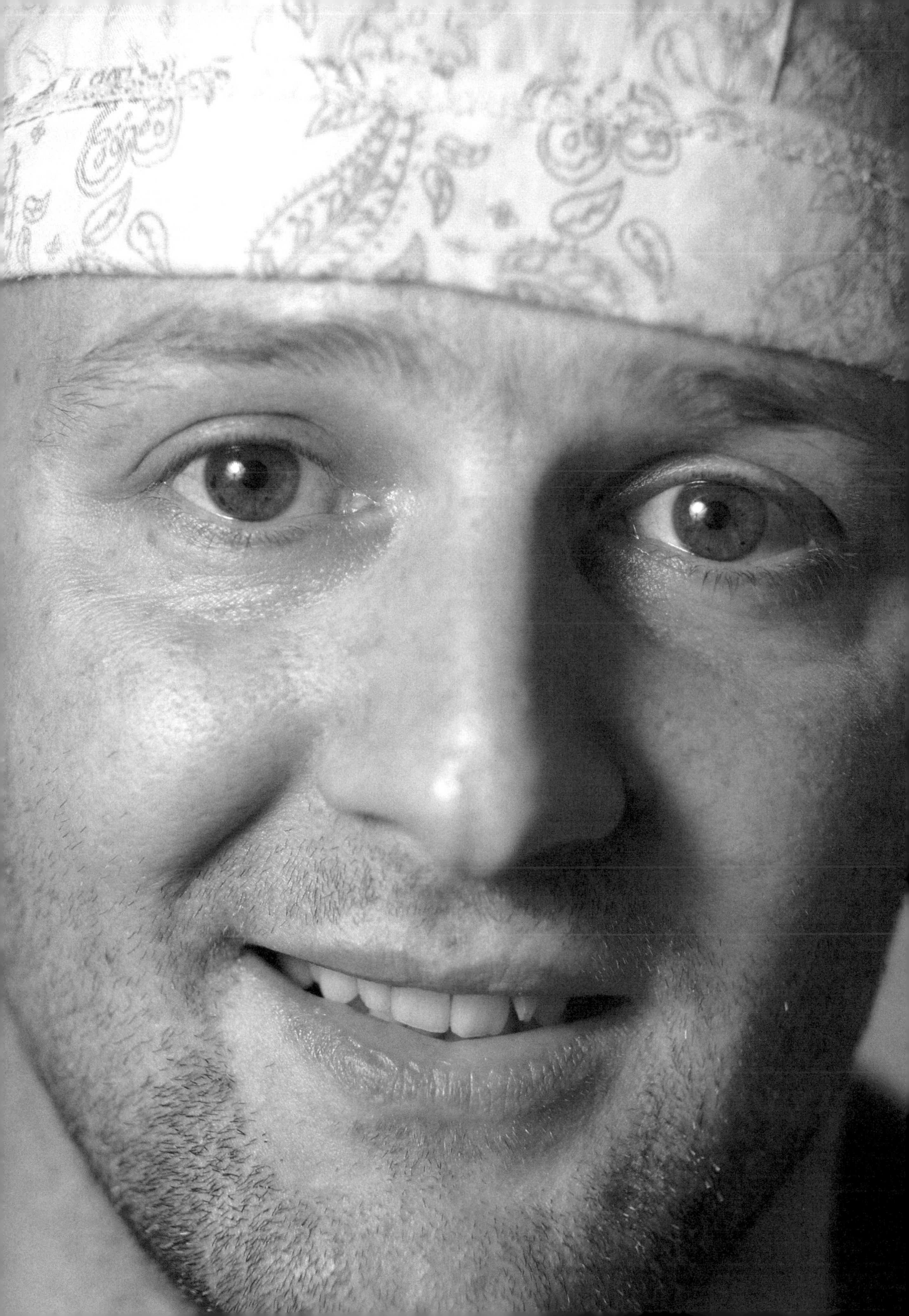

Donato Mariniello, 1970, Plattenleger

Donato Mariniello ersticht am 6. November 1999 den Liebhaber seiner Frau mit 20 Messerstichen. Als Tatmotiv gibt Donato Mariniello Eifersucht und Rache und das Bemühen um Rettung seiner Ehre an. In den Monaten vor der Tat litt Donato Mariniello unter depressiven Störungen, einem Abhängigkeitssyndrom bei Kokain- und übermässigem Alkoholkonsum.

Donato Mariniello wird des Mordes angeklagt, des unerlaubten Mitführens eines Dolches und der mehrfachen Widerhandlung gegen das Betäubungsmittelgesetz. Er wird mit 20 Jahren Zuchthaus bestraft und für 15 Jahre des Landes verwiesen. Die Strafe verbüsst er in der Strafanstalt Lenzburg.

Isabella Seemann 1967, hat sich an der Ringier-Journalistenschule ausbilden lassen. Sie schreibt als freie Journalistin für Schweizer Medien über Gesellschaft, Soziales und Lifestyle und lebt in Zürich.

Was sie für Liebe hielten

Erziehungs- und Strafmassnahmen in der Ehe

Am Anfang war die Liebe. Und jeder versuchte so zu werden, wie der andere ihn sah. Dann irgendwann erkennt einer: Du bist ja gar nicht der, den ich in dir sehe. Sie diszipliniert ihn mit Liebesentzug. Er verweigert ihr seine Wertschätzung. Sie bestrafen sich, sie verletzen sich. Auge um Auge, Zahn um Zahn – die Spirale dreht immer weiter abwärts. Am Ende ist der Hass. Wieso eigentlich? Die Geschichte einer Ehe.

Johanna war gerade 23 Jahre alt geworden. Sie hatte die Lehre als Goldschmiedin in Zürich abgeschlossen und einen Job bei einem angesagten Juwelier gefunden, als sie im Sommer 1991 den Landschaftsgärtner Matthias auf einem Fest kennen lernte. Er war genau ihr Typ: gross, dunkelhaarig, kräftig. Einer, der zupacken kann. Kein «Verkopfter», wie sie sagt. Obschon er, wie sich bald herausstellte, eher introvertiert und häuslich ist. Das Gegenteil von ihr.

Sie holt eine grossformatige Fotografie aus dem Kinderzimmer. Matthias und Johanna mit ihrem gemeinsamen Sohn Lukas beim Picknicken am Zürichsee, auf einer Militärdecke liegend, aufgenommen im Frühsommer 1999. «Wir bleiben eine Familie, auch wenn wir nicht mehr zusammenleben.» Es ist nicht schwer, sich die Drei als glückliche Familie vorzustellen.

«Als ich Johanna zum ersten Mal sah, hat mich ihre Selbstsicherheit beeindruckt. Sie kam auf mich zu, verwickelte mich in eine Diskussion und forderte zum Tanzen auf.» Er hätte sich nie getraut, sie anzurufen, wenn nicht sie ihn zu einer gemeinsamen Töfffahrt ermuntert und ihm gleich ihre Telefonnummer gereicht hätte. Matthias legt sein Portemonnaie auf den Bartresen und zieht eine kleine Fotografie heraus. «Mein Sohn Lukas», sagt er und zeigt auf den lachenden Buben. «Er ist jede zweite Woche bei mir.» Wenn er seine Noch-Ehefrau treffe, komme es schnell zu Streit. Darum will er sie vorläufig lieber nur bei der Kindsübergabe sehen. Matthias rechnet es Johanna hoch an, dass sie Lukas nie gegen ihn ausgespielt hat.

Er habe sich mächtig ins Zeug gelegt, damals im Sommer 1991. Nicht, dass sie dem Beachtung geschenkt hätte. Es schmeichelte ihr eher so allgemein. Eigentlich wollte sie sich gar nicht auf was Festes einlassen. Sie hatte eine Menge Träume, was sie in ihrem Leben noch alles erleben wollte. Reisen nach Asien, Australien und Neuseeland. Vielleicht noch die Handelsschule machen, schliesslich plante sie, ein eigenes Geschäft zu eröffnen. Er habe nicht locker gelassen. Nach der ersten Nacht, die er als «Explosion einer Supernova» in Erinnerung hat und sie als «ich habe alles gegeben», nach der ersten Nacht also setzte er alles daran, sie für sich zu gewinnen. Wunderschön sei sie damals gewesen mit ihren langen, blonden Locken und ihrem aufgestellten Wesen. Sie war sein Stern, sein Mond, seine Sonne.

Sie habe nie Zeichen von Verliebtheit für Matthias verspürt, sinniert Johanna und ringt um die richtigen Worte: «Vertrauen, Respekt und Freundschaft, eben das, was man für Liebe hält, habe ich schon für ihn empfunden. Mit der Zeit.» Einzig wenn sie erzählt, wie gern sie mit Matthias Ausflüge unternahm, wie sie mit dem Töff nach Südfrankreich reisten oder mit dem VW-Bus nach Griechenland, leuchten ihre Augen. «Wir überhäuften uns mit Aufmerksamkeiten.» Er lobte ihre erotische und kulinarische Kunstfertigkeit. Sie hinterliess in der ganzen Wohnung Liebeserklärungen an ihn. Beide versuchten, so zu werden, wie ihn der andere sah.

Doch ganz weit weg, irgendwo tief in ihm drin, wurmte es ihn, dass sie Kette rauchte, ihn mühelos unter den Tisch trinken konnte und ganz unverhohlen mit seinen Kollegen flirtete. Und plötzlich dieser Satz wie ein Blitz aus heiterem Himmel. Die Freunde hatten sich verabschiedet, Matthias und Johanna, beide ein wenig angeheitert, schlüpften miteinander unter die Bettdecke, sie kicherten noch ein wenig über diesen und jenen, da sagte er: «Du redest manchmal daher wie eine ordinäre Nutte.»

Das Tabu ist gebrochen

Sie wollte kein Aufheben machen um einen solch dummen Satz, wollte nicht als überempfindlich gelten, nicht als Spielverderberin dastehen. Mehr noch. Johanna sagt: «Dieser Satz hat mich stark gemacht. Matthias war von da an nicht mehr der Vollkommene, neben dem ich mich zu gering fühlte. Ich hatte plötzlich etwas in der Hand, das ich jederzeit gegen ihn einsetzen konnte, das mich gefühlsmässig wieder unabhängig von ihm machte. Und er selbst hat mir diesen Trumpf zugespielt.» Er hatte das Tabu gebrochen: Das Versprechen, dass sich Liebende nie verletzen.

Der Winterthurer Paar- und Familientherapeut Peter Angst sagt, dass die ersten Verletzungen nicht so schlimm wären, wenn das Paar die Gelegenheit nutzen würde, sich nach dem wochenlangen Aufenthalt auf Wolke Nummer sieben in der Realität einzurichten und eine Streitkultur zu entwickeln. Dem anderen zu sagen: «Du, das hat jetzt aber weh getan.» Statt dessen beissen beide auf die Zähne.

Bis zur ersten «Chropfleerete». Beide können sich nur noch schemenhaft daran erinnern. Im Zusammenhang mit einem Familienfest sei es gewesen, sagt Matthias, und Johanna habe ihn entgegen ihrem Versprechen allein da hingehen lassen. Er warf ihr vor, eine rücksichtslose Egoistin zu sein. Sie warf ihm vor, ein selbstsüchtiger Machtmensch zu sein. Sie stritten heftig. Johanna heulte und schrie. Matthias zeigte keine Regung. Er nannte sie hysterisch. Sie sagte, er sei eiskalt. Erst neun Jahre danach erfahren sie von der Familientherapeutin, dass Beschuldigungen nach dem Motto «Angriff ist die beste Verteidigung» ein probates Mittel sind, um eigene Schuldgefühle abzuwehren.

Nach der Ernüchterung fing die eigentliche Beziehung an. Johanna und Matthias zogen zusammen in die eine Hälfte eines Bauernhauses. Nach der Arbeit renovierte Matthias das heruntergekommene Haus, baute den Dachstock aus, setzte neue Fenster ein, stellte einen Wintergarten hin. Auch den Hausbesitzern half er an den Wochenenden beim Umbau. «Hilfsbereit ist er», sagt Johanna. «Aber auch leicht zu kränken, etwa wenn er den Eindruck hat, man schätze seinen Einsatz nicht zur Genüge.»

Das Gefühl, zu kurz zu kommen, habe sich in ihm breit gemacht. «Ich krampfte mir einen ab, und sie vergnügte sich abends in den Beizen und Klubs», sagt Matthias. Ausgesperrt habe er sie, wenn sie nicht zeitig nach Hause kam. Oder gar nicht erst ausgehen lassen. Den Autoschlüssel versteckt. Eine Magenkolik simuliert, um sie als Krankenschwester ans Krankenbett zu binden. Eine Diskussion vom Zaun gerissen, um ihr die Lebensfreude zu vergällen. Sie wiederum warf ihm vor, ein Stubenhocker zu sein. «Er war nicht zu bewegen, mal ins Kino zu gehen oder eine Ausstellung zu besuchen.» Die Unzufriedenheit frass sie auf. Sie hatte das Gefühl, etwas Wesentliches im Leben zu versäumen. Auch ihm reichte es nicht. Er wollte heiraten, spätestens mit 30 Kinder haben, ein Segelboot kaufen.

Jeder legte sich in seinem Kopf eine Mängelliste an, eine Zusammenstellung aller Dinge, die der Partner getan oder gelassen hatte: Er putzte sie am gestrigen Familientreff vor allen runter, fünf Minuspunkte für ihn. Sie war letzte Woche an fünf Abenden im Ausgang, sieben Minuspunkte für sie. Er hat wieder keine Vorschläge für gemeinsame Unternehmungen gemacht, minus sieben. Sie schneidet das Brot schief. «Ich sagte ihr das x-mal. Aber sie lernte einfach nicht. Ich ärgerte mich, dass sie nicht lernte.» Minus fünf Punkte für Johanna.

Das Talionsprinzip in der Ehe

Beim Verstoss gegen eine Verhaltensnorm stellt sich die Frage nach der Sanktion. Was dem anderen unangenehm ist, wussten Matthias und Johanna nach zweijähriger Beziehung genau. Wie Schachspieler setzten beide ihre Intelligenz ein, den anderen an seiner Schwachstelle zu treffen. Doch warum strafen Gesellschaften, Institutionen und Menschen überhaupt, und welchen Zweck verfolgen sie damit? Der Erziehungswissenschaftler Erich E. Geissler beschreibt in seinem Buch «Erziehungsmittel» zwei Gründe: Die Rechtsfunktion – also Gerechtigkeit walten lassen, Rache, Sühne, Vergeltung: Wie Du mir, so ich Dir. Und die Erziehungsfunktion: Erziehung zu Tun und Lassen, also Abschreckung, Disziplinierung und Verhaltenskontrolle.

Während es in den 1960er- und 70er-Jahren zu Reformen im Strafvollzug kam und der Gedanke der Vergeltung durch eine kriminalpolitische Zielsetzung ersetzt wurde, wird in den eigenen vier Wänden noch immer nach dem Talionsprinzip «Auge um Auge, Zahn um Zahn» gerichtet. «In unserer abendländischen Gesellschaft lernt der Mensch seit Generationen bereits von Kindesbeinen an – im Elternhaus, im Sport, in der Schule – dass Fehlverhalten gebüsst werden muss», erklärt der Therapeut Peter Angst das Strafmuster vieler Ehen.

«Gerechtigkeitsgefühl» oder «Rechtsempfinden» nennt es sich beim Bürger und unterscheidet sich von der staatlichen Justiz nicht zuletzt dadurch, dass den Amateuren der Massstab des staatlichen Strafwesens, die Hoheit der erlassenen und verletzten Gesetze wiederherzustellen, nur allzu leicht entgleitet. Matthias berichtet von seinem Vater, der während eines Jahres konsequent kein Wort mehr an seine Ehefrau richtete. Sie hatte sich geweigert, weiterhin mit ihm in die Ferien zu reisen, weil er die Tage von zehn Uhr morgens bis Sonnenuntergang in der Kneipe verbrachte. Die Strafmuster aus der Herkunftsfamilie seien bei den Partnern sehr dominant, begründet Peter Angst.

«In meinem Elternhaus wurde wahnsinnig viel gestritten. Ich entwickelte damals Strategien, mich rauszuhalten. Streit lässt mich nicht unberührt. Aber ich erlebte nie, dass etwas aufgearbeitet wurde. Man bestrafte sich durch Schweigen. Hörte nicht mehr zu. Irgendwann ging man zur Tagesordnung über», beschreibt Matthias seine tief sitzenden Kindheitsmuster, die auch für spätere Machtkämpfe die Weichen stellten.

Ebenso wie Täter haben Opfer ihre Rolle meist schon in der Kindheit gelernt. Unsicherheit, Selbstzweifel bis hin zum Selbsthass machen sie anfällig für Fremdbestimmungen. Matthias wollte heiraten, Johanna nicht. Neun Heiratsanträge hatte er ihr gemacht. Beim neunten Mal – sie liebten sich gerade in einer lauen Sommernacht, auf einem Holzsteg im Schilf – sagte sie Ja. Der Ring wurde gekauft, das Kleid in Auftrag gegeben, Hotel und Band reserviert, die Flitterwochen in Thailand gebucht. Vier Wochen vor der Hochzeit geriet Johanna in Panik. Seine trickreiche Art, seinen Willen durchzusetzen, ärgerte sie mehr als das Ergebnis. «Er manipulierte und dachte, ich merke das nicht.» Denn es waren nicht nur neun Heiratsanträge, sondern auch eine Erpressung. «Wenn du diesmal Nein sagst, mache ich Schluss.» Johanna wollte ihn nicht verlieren und sagte: «Ich gehöre dir.»

Erpressen, manipulieren – und es gut meinen

Die Basis der emotionalen Erpressung besteht in dem Wissen, dass sich jeder Mensch nach Liebe und Anerkennung sehnt. Der emotionale Erpresser droht damit, ebendies zurückzuhalten oder ganz fortzunehmen, oder er gibt dem anderen das Gefühl, dass er sich beides erst verdienen muss. Manipulation durch Bestrafung funktioniert nach einer einfachen Methode: Der Bestrafer lässt sein Opfer genau wissen, was er will – und mit welchen Konsequenzen es zu rechnen hat.

Sie wurden das mustergültige Ehepaar. Johanna und Matthias, Matthias und Johanna, zwei Menschen, die von Freunden stets in einem Atemzug genannt wurden. Sie betrachteten sich als Seelenverwandte, die das Schicksal zusammengeführt hatte. Sie trafen Vereinbarungen: einmal in der Woche zusammen in den Ausgang, einmal Gäste bewirten, zwei Abende zu zweit gemütlich zu Hause, die anderen Abende stehen zur freien Verfügung. Er war glücklich, sie vermehrt zuhause zu haben, sie war glücklich, mit ihm an eine Vernissage zu gehen.

In den letzten Jahren wurden durchschnittlich 73 000 Verurteilungen pro Jahr ins Strafregister eingetragen. Davon waren 17 Verwahrungen.

www.statistik.admin.ch

Er wollte Kinder, sie nicht. Nicht sofort. Sie hatte von ihrem Arbeitgeber gerade ein Angebot erhalten, die neue Filiale zu leiten sowie den Einkauf zu übernehmen. Letzteres wäre mit vielen Reisen verbunden gewesen. Ein Seilziehen um Dominanz, Einfluss und Überlegenheit begann. Die gemeinsamen Pläne verbanden sich nur noch mit der Frage, wer sich wem anpasst. Johanna wurde schwanger.

Gemeinsam entschieden sie sich für das moderne Rollenmodell: alles fifty-fifty. Matthias liess sich umschulen, wurde Sportmasseur und stieg ins Wellnessgeschäft seiner Mutter ein. Johanna machte sich selbständig und eröffnete eine Schmuckboutique. Beide arbeiteten rund 60 Prozent und kümmerten sich zu gleichen Teilen um das Kind und den Haushalt. Sie wurden ein Superteam, perfekt organisiert. Er war überglücklich mit seiner kleinen Familie. «Ich sah meine ideale Lebensvorstellung verwirklicht: Frau, Kind, Haus, Auto und ein Geschäft», sagt Matthias und vertieft sich in das Rubinrot seines Weins. «Ich war zufrieden und hatte das Gefühl, endlich zuhause angekommen zu sein.»

Alles schien zu stimmen, dabei stimmte nichts mehr. Nicht Glücksgefühle überwältigten Johanna, sondern Depressionen. «Ich sagte mir immer wieder: Das kann nicht alles im Leben sein», erzählt Johanna. «Ich fühlte mich wie ein Maulesel in der Tretmühle.» Ihre unkonventionelle Rollenteilung, die beiderseitig eingeräumten Freiräume, ihr lockerer Lebenszuschnitt verdeckten, dass sich mit der Zeit ein Ungleichgewicht einschlich.

Wenn wir unglücklich sind, verletzen wir. «Mit spöttischen Blicken, zynischem Lachen und hochgezogener Augenbraue gab sie mir zu verstehen, dass sie mich einen Versager fand, verglich mich mit ihrem Ex, einem Ingenieur, mit dem es ihr besser gegangen wäre, hielt mir vor, dass sie in einer Loft hätte wohnen können, auf Reisen gehen», sagt Matthias verbittert. «Er nannte mich eine Schlampe, wenn ich vom Ausgang spät nach Hause kam», erzählt Johanna und wischt sich eilig die Tränen mit dem Handrücken ab. «‹Verbittert› und ‹selbstgerecht› waren weitere Wörter, mit denen er mich unterzukriegen versuchte.» Kurz darauf folgte die erste körperliche Attacke gegen seine Frau. Damals hatte sie versprochen, den Sohn von der Krippe abzuholen, war dann aber in eine Terminkollision geraten und nicht rechtzeitig nach Hause gekommen. Matthias fühlte sich ohnmächtig und enttäuscht. Seine Wut schwoll an, und als Johanna verspätet heimkehrte, stiess er sie mit voller Wucht die Treppe hinunter und schrie ihr mit bebender Stimme hinterher: «Jetzt erlebst du mal, wie ich mich fühle, wenn ich am Boden bin.» Nichts zerstört so nachhaltig wie die Demütigung.

Gefangen im Käfig gegenseitiger Verachtung, im Austausch immer neuer Beleidigungen und Demütigungen, begriffen die Ehepartner nicht, dass sie im Grunde genommen einen verzweifelten Kampf um Achtung und Anerkennung führten. Er galt der Kränkung und dem Schmerz, als Person vom Partner nicht gebührend akzeptiert und geliebt zu werden.

Johanna atmete auf, als das Kind grösser wurde und damit auch ihr Freiraum. Sie begann wieder auszugehen. Kam oft erst im Morgengrauen nach Hause. Matthias konzentrierte sich auf seinen Beruf und seine Hobbys. Wie zwei Planeten blieb jeder auf seiner Umlaufbahn. Man traf sich nicht mehr, auch nicht im Bett. Überhäuften sich die Liebenden zu Beginn noch gegenseitig mit Liebenswürdigkeiten, drehten sie die Spirale nun abwärts. Immer schneller und heftiger. Matthias und Johanna stellten sämtliche Aufmerksamkeiten ein. «Zu meinem 30. Geburtstag schenkte er mir das Buch ‹Endlich Nichtraucher›, Wert 12 Franken, und sonst nichts. Da beschloss ich ganz bewusst, die Ehe nur noch auf der kleinsten Flamme brennen zu lassen», beschreibt Johanna den Beginn der Negativspirale. Damals schauten sie sich nicht mal mehr in die Augen.

An der Streetparade lernte Johanna Freddy kennen und fand in der vier Jahre dauernden Liebschaft mit ihm das Verständnis, das ihr in der Ehe fehlte. «In der Zeit vor meiner Affäre empfand ich eine grosse innere Erstarrung. Ich fühlte mich ausgeliefert, da wir in unserer Ehe nichts mehr bewegt kriegten. Ich wollte akzeptiert werden, wie ich bin, und hörte auf, auf Matthias zuzugehen.» Zwar erzählte sie ihm nichts von ihrer Liebschaft – «er liess mich schon früh wissen, dass ich einen Liebhaber nicht überleben würde» – doch innerlich triumphierte sie über ihn. «Je mehr er mich einengte, desto mehr Freiheiten nahm ich mir.»

Unzufriedenheit über die Ehebeziehung und Familienkonflikte lassen viele Ehepartner in dieser Phase nach professioneller Hilfe suchen. Oft sei es bereits fünf vor zwölf, wenn das Paar in seine Praxis komme, konstatiert Peter Angst. Wenn beide schon erschöpft seien vom jahrelangen Kämpfen um die Ehe, aber auch um die Autonomie. Und wenn beide schon keine Lust mehr hätten, die Spur zu wechseln.

Im hellen, getäferten Therapieraum in der Winterthurer Altstadt treten sie ins Tageslicht: die Strafmuster, derer sich viele Paare nicht bewusst sind. «Ich hab bloss reagiert», sage der Mann, um seine Beleidigungen zu rechtfertigen. «Ich konnts dir ja eh nie rechtmachen, also habe ich gemacht, was ich wollte», sage die Frau. Die Bestrafungsmethoden, die Peter Angst aus seinem Praxisalltag aufgelistet hat, fasst der Autor von Eheberatungsbüchern unter dem Stichwort «Lieblosigkeit» zusammen:

- Serviceabbau, also Liebesentzug und Verweigerung von Aufmerksamkeit;
- Beleidigungen, Demütigungen, Entwertungen, verbale Verletzungen;

- Gesprächsverweigerung, Verstummen;
- Verweigerung von Aktivität, Nichteinhalten von Abmachungen;
- Körperliche Verletzungen;
- Allianzenbildung mit Kindern, der Herkunftsfamilie, Freunden und anderen Personen. Der Partner wird zum Angeklagten und auf unfaire Weise abgeurteilt;
- Vernachlässigung;
- Fremdgehen;
- Übertragungen, Verletzungen von anderen Personen am Partner abreagieren;
- Den Partner mit eigenen Schwächen und Krankheiten disziplinieren;
- Lügen, mogeln, verarschen.

Häufig eröffnen Ehepartner ein Schuldkonto, auf dem sie minutiös aufschreiben, wer wem was wann zuleide gewerkt hat. «Eine der perfidesten Methoden, jemanden zu bestrafen ist, die Missetaten des anderen nicht zu vergessen, ihm nicht zu verzeihen und Altes um die Ohren zu schlagen», urteilt Paartherapeut Angst. «Denn die Liebe lebt nun mal von der Versöhnung und dem gemeinsamen Fortschreiten.»

Der Anfang vom Ende

Zwar ist keiner bereit, den andern aufzugeben. Aber dennoch verfolgt jeder das Ziel, in seinem Sinn über die Beziehung zu herrschen. Indem man das Bedürfnis des Partners nach Zuwendung, Anerkennung und Intimität ausnutzt, dessen Selbstzweifel schürt und den Partner emotional erpresst. Dass der Täter seine Machtausübung als Fürsorge oder Vernunftlösung tarnt, entlastet ihn von Schuldgefühlen. Der Etikettenschwindel bezweckt zudem, dass das Opfer der eigenen Wahrnehmung misstraut. Machtspieler verdrängen die Nöte des Opfers und denunzieren dessen verständliche Reaktion häufig als hysterisch oder egoistisch. Denn je weniger sich das Opfer selbst für liebenswert hält, desto leichter ist es manipulierbar in Machtmanövern. Wer die Oberhand gewonnen hat, nach dessen Pfeife wird getanzt. Das ist ein schleichender Prozess, aber eines Tages beschäftigt sich das Opfer nicht mehr mit den eigenen Wünschen, sondern nur noch mit denen des Partners. Es weiss gar nicht mehr, was für sich selbst wichtig und richtig ist. Besonders Frauen sind Meisterinnen darin. Sie stellen geradezu tiefenpsychologische Studien an, um dem lieblosen oder seltsamen Verhalten ihres Mannes auf den Grund zu gehen.

Johanna begab sich auf die Liege eines Reinkarnations-Hypnotherapeuten: Dort «erinnerte» sie sich, dass Matthias sie in einem früheren Leben umgebracht hatte. Sie glaubte, dass sie sich aus karmischen Gründen nicht von ihm trennen könne. Matthias dachte gar nicht daran, sich von Johanna zu trennen. Niemals. Das wäre die totale Niederlage, der völlige Gesichtsverlust. Er drohte, ihr Leid anzutun, wenn es ihr in den Sinn käme, sich scheiden zu lassen.

«Enttäuschung, Erschöpfung, Erstarrung – in solchen Phasen wird der Mensch völlig unbeweglich», stellt Peter Angst in seinem Praxisalltag fest. In dieser Phase konsumierte Johanna Beruhigungsmittel. Ihre seelische Anspannung wirkte sich verheerend auf die Beziehung zu ihrem Sohn aus. Sie war nervös, verlor rasch die Geduld. Sohn Lukas quengelte, weinte und brüllte oft, Johanna brachte ihn zum Schweigen. Schrie ihn an. Sperrte ihn ein. Knallte ihm eine runter. Prügelte ihn blau. Sie war geschockt, sagte sich, so könne es nicht mehr weitergehen. Matthias und Johanna gingen ein zweites Mal zur Eheberatung. Er widerwillig, sie mit klarem Trennungswillen.

Eines frühen Morgens, die Trennung war bereits beschlossene Sache, kam Johanna bei Sonnenaufgang nach Hause. Schon beim Öffnen der Tür wusste sie, was sie erwarten würde. Matthias riss sie herein, schlug seine Fäuste blind in den Magen, auf die Brüste, ins Gesicht. Sie verkroch sich in die Ecke, klammerte sich an die Heizung. Er schlug ihr den Kopf gegen die Heizungsrohre, dass es durchs ganze Haus dröhnte. Er will sich an diese Szene nicht mehr erinnern, gut möglich, dass ihm die Hand ausgerutscht sei, wenn sie ihn so provoziert habe, mit dieser Alkoholfahne, schliesslich hätte sie sich am nächsten Tag ums Kind kümmern müssen. «Sie hat unsere Ehe zerstört, sie hat unsere Familie zerstört und sie hat mein Leben zerstört. Wieso soll sie dafür nicht büssen müssen?», fragt Matthias mit trotzigem Unterton. Seine Anspannung ist in diesem Moment mit Händen zu greifen. Er lenkt vom Thema ab und bestellt beim Barkeeper eine Cola.

Mehrere Studien zum Thema «Gewalt in der Ehe» zeigen auf, dass jede fünfte Frau körperliche Gewalt in ihrer Beziehung erlebt. Am 1. April 2004 ist die Änderung des Schweizerischen Strafgesetzbuches (StGB) zur so genannten Offizialisierung von Gewaltdelikten in Ehe und Partnerschaft in Kraft getreten. Neu werden verschiedene Gewaltdelikte nicht mehr auf Antrag, sondern von Amtes wegen verfolgt. «Ein begrüssenswertes Gesetz», meint Johanna dazu. «Aber eigentlich ist Matthias ja ein Guter. Und ich würde sicher nicht wollen, dass mein Sohn einen Vater hat, der im Gefängnis sitzt.» Die Frauen können und wollen nicht anzeigen, für Freundinnen, Nachbarn und Familienangehörige kann es gefährlich werden, und womöglich würden sie gegen die Interessen des Opfers handeln. Ärztinnen stehen unter Schweigepflicht. Bei der Vorstellung, es wäre von Amtes wegen gegen Matthias ermittelt worden, schüttelt Johanna den Kopf: «Das hätte doch nur einen Rattenschwanz von neuen Problemen und Konflikten nach sich gezogen.»

Vor einem Jahr kam es zur räumlichen Trennung. Nun ist auch die Scheidung eingeleitet. Johanna verzichtet auf alles, was ihr von Gesetzes wegen zustehen würde. Sie sagt: «Wenn Liebe die totale Selbstaufgabe ist, dann habe ich Matthias geliebt.» Und Matthias erinnert sich nun doch noch: «Als wir so da lagen, Johanna blutverschmiert und verschlagen, und ich heulend und beschämt, da standen wir ganz nackt voreinander. Vielleicht ist dieser Zustand Liebe.»

Beat Grossrieder 1967, studierte Journalismus und Kommunikationswissenschaften an der Universität Freiburg sowie Volkskunde, Soziologie und Wirtschafts- und Sozialgeschichte an der Universität Zürich. Er arbeitet als freier Journalist.

Das gestrafte Kind – verteufelt und verherrlicht

Strafen, erziehen und sozialisieren in der Familie

Das Strafverhalten zwischen Eltern und Kindern ist ein schwieriger Prozess: Einerseits brauchen Kinder für ihre Entwicklung Leitlinien, andererseits können deplatzierte Strafen schwere Schäden anrichten. Während Fachleute von zu viel Härte abraten, fühlen sich viele Mütter und Väter im alltäglichen Erziehen und Strafen verunsichert und überfordert. Nach der antiautoritären Phase wird der Ruf nach mehr Autorität wieder lauter. Ein Expertenrundgang und ein familiäres Tischgespräch.

Würde sein Vater Marc ihm verbieten, ans nächste Spiel seiner Fussballmannschaft zu gehen, weil er gerade eine Dummheit angestellt hatte, dann wäre das in den Augen des neunjährigen Aljosha die «allerschlimmste Strafe», die er sich vorstellen könnte. Es ist ein warmer Sommerabend im Garten der Familie C., die im Zürcher Seefeld eine geräumige Villa bewohnt. Sieben Kinder springen zwischen Fussballtoren und Sandkasten hin und her; fünf eigene und die zwei von Marcs Bruder, der im selben Haus wohnt. Mutter Jeanne trägt Pizza aus der Küche und ruft zum Essen. Während sich die vier Jüngsten an ein eigenes Tischlein setzen, nehmen Aljosha, Vasco und Pablo bei den Erwachsenen Platz. Bald geraten sich Aljosha und Pablo in die Haare, weil der eine glaubt, der andere habe das grössere Stück Pizza. Vater Marc greift zur bewährten Strafe: «Aljosha, Pablo: Platz wechseln!» Murrend packen die beiden Buben ihre Teller und setzen sich ans je andere Ende des Tisches.

«Wenn ich nicht folge, schimpft mein Vater», erzählt Aljosha, «oder es gibt kein Glace.» Mutter Jeanne schmunzelt: «Wir sind aber konsequent inkonsequent – oft drohen wir eine Strafe an, lassen uns dann aber doch wieder erweichen.» Das gilt auch für Aljoshas ultimative Höchststrafe: «Wenn ich ihm sage, er dürfe nicht zum Fussball, tuts ihm schrecklich leid – und natürlich bringe ich ihn dann trotzdem hin», sagt Marc lachend. Aljosha wird schweigsam und blickt zu Boden.

Was Hänschen gelernt hat, gibt Hans weiter

Eine alltägliche Situation im Leben einer Familie – und doch ein besonderer Moment im Repertoire elterlicher Erziehungsarbeit. Denn Strafen austeilen und erhalten sind höchst ambivalente Prozesse: Einerseits gilt es aus der Sicht der Pädagogik als erwiesen, dass Kinder für ihre gesunde Entwicklung Grenzen brauchen, und dies geht kaum ohne Sanktionen. Andererseits ist ebenso klar, dass übermässiges Strafen negative Folgen hat und zu Fehlentwicklungen führen kann. Kommt hinzu, dass Strafen immer stark vom Kontext abhängig ist: Die familiäre Situation, die kulturelle Umgebung, die Stimmung der Eltern – viele Faktoren spielen eine Rolle, Patentrezepte gibt es keine.

Auch die eigene Strafbiografie prägt den Erziehungsstil. Wer als Kind vom Vater mit dem Teppichklopfer und von der Mutter mit Liebesentzug traktiert wurde, läuft Gefahr, bei den eigenen Kindern ähnliche Strafen anzuwenden. Studien zeigen, dass Fehlerziehung über mehrere Generationen weitergereicht werden kann. Strafen Eltern zu hart, reagieren Kinder mit erhöhter Aggression und handeln nach demselben Schema. Der australische Psychologe Matthew Sanders kommt zum Schluss: «Falsches Erziehungsverhalten der Eltern spielt eine zentrale Rolle beim Auftreten von Verhaltensauffälligkeiten bei Kindern.»

Marc verteilt zum Nachtisch Raketen-Glaces. Genüsslich schlecken die Kids am Eis – und denken über vergangene Missetaten und verhängte Strafen nach. «Uffs Füdli haue!», sagt der fünfjährige Pablo kreischend, einmal habe er der Mutter gegenüber Schimpfwörter ausgeteilt und sei vom Vater übers Knie genommen worden. «Wir sind in der Erziehung vielleicht nicht gerade zimperlich», sagen die Eltern, aber bei fünf Kindern müsse man schauen, dass der Laden läuft. Bringt Marc abends um neun die Bande ins Bett, wissen alle genau, dass sie sich sputen müssen. «Die fünf haben fünf Minuten Zeit, ins Pyjama zu steigen und die Zähne zu putzen.» Wer sich nicht daran halte, werde vom Vater schon mal am Ohr gezupft. Jeanne relativiert: «Eigentlich verwöhnen wir unsere Kinder, aber weil wir fünf haben, können wir einfach nicht alles tolerieren.» Sie gesteht, dass auch sie hie und da einen Klaps austeilt oder Stubenarrest verhängt.

«Gerechte» Strafe wahrt die Würde des Kindes

Klaps, Schelte oder Stubenarrest; «richtiges» Strafen ist eine heikle Gratwanderung. Der Zürcher Kinder- und Jugendpsychiater Heinz Stefan Herzka versucht zu erläutern, welche Mindestanforderungen angemessenes Strafen erfüllen sollte. In seinem mit Büchern und Ordnern übervollen Büro im Zürcher Uniquartier nimmt der emeritierte Professor und Autor zahlreicher Erziehungsstudien Anlauf, eine Lanze für die «gerechte Strafe» zu brechen: «Erstens muss die Strafe transparent sein», sagt er, nur wenn ein Kind wisse, worauf es sich einlasse, könne es die Sanktion verstehen. Zweitens müsse sich die Strafe auf die Tat und nicht auf die Person beziehen; «Würde und Respekt des Menschen» müssten gewahrt werden. Dem Kind sei klar zu machen, dass es «im Grunde ein Liebes ist, aber etwas lätz gemacht» habe. Zudem darf Strafen nicht willkürlich und muss verhältnismässig sein. Was aber gilt für körperliche Strafen? Herzka gibt sich skeptisch: «Zwischen Kindern und Erwachsenen besteht per se ein Machtgefälle. Der Erwachsene ist immer eine Autorität – spielt er seine körperliche Macht aus, ist das für das Kind erniedrigend.»

Nach dem Essen bleiben Marc und Jeanne für eine Verschnaufpause sitzen, Aljosha blättert in einer Zeitschrift. Ein strenger Arbeitstag geht dem Ende zu; Marc arbeitet Vollzeit als Jurist, seine Frau halbtags als Lehrerin. Die kleinen Kinder gehen in die Krippe, die schulpflichtigen in den Hort. Eine Praktikantin und eine Putzfrau helfen mit, den Haushalt in Schwung zu halten. «Wir haben zum Glück sehr vernünftige Kinder», sagt Marc, alle hätten rasch begriffen, welche Spielregeln in der Familie gelten. Schwieriger sei, eine Balance zu finden zwischen den grundsätzlichen Prinzipien und der momentanen Stimmung. Eigentlich wolle man den Kindern viel Freiraum lassen, doch manchmal sei man einfach zu abgespannt. Umgekehrt bemühten sie sich, nicht dieselben Fehler zu machen wie damals ihre Eltern, sagt Jeanne: «Uns wurde so vieles verboten, das sollen meine Kinder anders erleben.» Aljosha wagt einen Einwand: «Manchmal bist du zu streng, Mama», sagt er, «wenn meine Freunde zu Besuch kommen, müssen sie immer alles aufessen!» Marc und Jeanne lachen. «Unsere Kinder haben heute viel mehr Mitspracherecht als wir früher», meint Marc, «und sie sind selbstbewusster. Das ist für uns das Wichtigste – dass sie ein gesundes Selbstbewusstsein entwickeln.»

Mehr als ein Drittel aller Eltern strafen körperlich

Dass Familien auch andere Strafgewohnheiten ausbilden, die dem kindlichen Selbstwertgefühl abträglich sind, zeigt ein Besuch bei Ulrich Lips, dem Leiter der Kinderschutzgruppe und Opferberatungsstelle am Kinderspital Zürich. Hier kümmern sich Spezialisten um Fälle von Kindsmissbrauch; Lips führt zudem eine eigene Praxis, wo er Erziehungsberatung anbietet und auch Einblick ins alltägliche Strafverhalten von Familien hat. Vor seinem Büro im Kinderspital stehen Stühle und Tische, auf denen Spielzeugautos liegen, die den kleinen Patienten die Wartezeit verkürzen sollen. In den weitläufigen Gängen riecht es nach Desinfektionsmittel, und aus dem nahen Sekretariat hört man, wie die Telefonistin ein langes und offenbar schwieriges Gespräch führt.

«Wenn sich Eltern gewohnt sind, körperlich zu strafen, ist der Schritt zur Misshandlung möglicherweise kleiner», sagt der Arzt. Dabei gehe es nicht nur um körperliche Gewalt; im Gegenteil sei seelisches Leid oft gravierender. «Wenn Eltern dem Kind jeden Tag sagen, es sei unfähig, und aus ihm werde sowieso nichts, ist das wohl schlimmer, als wenn es einmal eine Ohrfeige einstecken muss.» Diese Abgrenzungen seien aber relativ; «es bleibt ein grosser Graubereich».

Der Kinderarzt greift ins Bücherregal und holt jene Untersuchung hervor, die das Bestrafungsverhalten von Schweizer Eltern bis heute am Besten auf den Punkt bringt. 1989 hat das Psychologische Institut der Universität Freiburg über 2000 Fragebogen an Eltern mit minderjährigen Kindern (bis 16 Jahre) verschickt, um die familiären Strafgewohnheiten zu ermitteln. Die repräsentative, gesamtschweizerische Studie erschien 1991 und soll noch im Jahr 2004 mit einer Nachfolgeuntersuchung aktualisiert werden. Die Umfrage zeigt, dass der Strafkatalog in Schweizer Kinderstuben breit gefächert ist und sowohl Seelisches wie Körperliches umfasst – und vom Alter des Kindes abhängt. «Kummer spüren lassen» oder «Entschuldigung verlangen» stehen bei mehr als der Hälfte der Eltern mit älteren Kindern zuoberst auf dem Sühneregister, daneben werden der Fernseher verboten, das Spielen untersagt, das Sackgeld gekürzt. Erst in letzter Priorität folgen Ohrfeigen oder Schläge. Hauptgründe für korrektives Verhalten sind «Geld stehlen», «zu spät kommen», «frech sein». Ist das Kind jedoch jünger als drei Jahre, riskiert es eher eine Schimpftirade oder Stubenarrest. Oder, was selbst Kinderarzt Ulrich Lips erstaunt, es wird mit Schlägen gemassregelt – insbesondere, wenn es «ungehorsam» war. «In diesem Alter kann ein Kind gar nicht wissen, was Gehorsam ist», meint Lips kopfschüttelnd, «solche Strafen sind deplatziert.»

Im Schuljahr 2002/03 wurden 26 Schülerinnen und Schüler aus dem Kanton Bern vorübergehend von der Schule verwiesen.

Erziehungsdepartement des Kantons Bern, Abteilung Volksschule

Auf die Frage, wie oft Eltern Körperstrafen austeilen, erhielten die Freiburger Psychologen ein bedenkliches Resultat: Rund 16 Prozent gaben an, ihre Kinder «manchmal bis sehr häufig» zu schlagen, weitere 20 Prozent gelegentlich; mehr als ein Drittel der Eltern strafen also regelmässig körperlich. «Am meisten gefährdet sind die kleinen Kinder», hält die Studie weiter fest. «Mit Kleinkindern kann man kaum argumentieren, weshalb sich viele Eltern hilflos fühlen und mit Körpereinsatz strafen», meint Lips. «Auto fahren darf man nicht ohne Prüfung, Eltern sein kann jeder ohne Qualifikation. Dabei besteht kein Zweifel, dass Kinder zu erziehen ungleich schwieriger ist, als einen Wagen zu lenken.» Lips möchte Eltern ermuntern, sich entsprechend auszubilden; Kursangebote gebe es genug. Zudem glaubt der Arzt an die Lernbereitschaft der Betroffenen, denn diese fühlten sich meist «hundsmiserabel», wenn ihnen die Hand ausgerutscht sei.

Einen Elternkurs hätten sie nie besucht, sagen Marc und Jeanne, sie fänden allzu weiche Erziehung nicht gut fürs Kind und würden eher intuitiv handeln. Ganz wichtig sei, gegenüber den Kindern transparent und konsequent zu sein, meint Marc: «Bei mir wissen sie, woran sie sind, ich bin fassbar, ein verlässlicher Wert. Sie müssen spüren, wer der Chef ist.» «Es ist aber immer jemand für sie da», sagt Jeanne, «wir unternehmen unheimlich viel mit ihnen.» Zudem habe man ein offenes Haus, die Kinder dürften immer Freunde mitbringen. Aber alles habe Grenzen: In einer Grossfamilie sei die Zeit knapp und der Tagesablauf fragil, deshalb seien Limiten unvermeidbar. «Was wir nie tun, ist Liebesentzug», sagt Marc. «Wenn Eltern tagelang nicht mehr mit den Kindern sprechen, finde ich das am allerschlimmsten.» Lieber greife man zu den «Straf-Klassikern»: ohne Znacht ins Bett, ab aufs Zimmer – oder einmal am Ohr zupfen.

Weg von der Strafe – oder zurück zur Autorität?

Völlig auf Strafe verzichtet hingegen Andreas Pantli; der Sozialarbeiter und Vater zweier Teenager lehnt sogar den Begriff der «Strafe» ab. Pantli arbeitet beim Elternnotruf in Zürich – einem Sorgentelefon für Mütter und Väter – und hat sich in den alternativen Erziehungskonzepten «Gordon-Training» und «Positiv Parenting Programm» (Triple P) ausbilden lassen. Im Jahresbericht des Elternnotrufs ist nachzulesen, dass sich die Erstanrufe vervielfacht haben: Vor zehn Jahren waren es jährlich knapp 500, heute sind es 1800. Die meisten Fälle betreffen alltägliche Erziehungsprobleme, immer mehr Eltern seien aber «ganz grundsätzlich verunsichert», meint Pantli. Aus diesem Grund habe der Elternnotruf «Triple P»-Kurse für Mütter und Väter ins Angebot aufgenommen.

Dieses Konzept entstand in Australien und verbindet Elemente der Lerntheorie und Verhaltenstherapie. «Statt dem negativen Verhalten des Kindes Aufmerksamkeit zu geben, werden Ideen vermittelt, wie das positive Verhalten gefördert werden kann», erklärt Pantli. «Zudem lernen die Eltern Strategien kennen, wie sie dem Problemverhalten ihres Kindes begegnen können.» Zum Beispiel werde bei Missachtung einer Familienregel die «logische Konsequenz» angewendet: Spielt das Kind während des Essens mit dem Getränk, wird ihm dieses für kurze Zeit weggenommen – bei Wiederholung muss es einen Moment lang den Tisch verlassen oder aufs Zimmer gehen. Sind das nicht auch «Strafen»? «Der Strafbegriff ist moralisch gefärbt», antwortet Pantli, «die Konsequenz aber zielt auf die Selbstverantwortung des Kindes.»

Geprägt wird das elterliche Strafverhalten somit auch vom Zeitgeist. War man bis zu den 1960er-Jahren vor allem auf Anstand und Sitte bedacht und strafte entsprechend rigoros, brachte das Jahr 1968 die antiautoritäre Erziehung und den Traum vom Leben in der hierarchielosen Kommune. Daneben hielten sich die bürgerlichen Erziehungswerte hartnäckig, bis in den 1980er-Jahren eine Psychologisierung der Pädagogik einsetzte. Plötzlich füllten Erziehungsratgeber in den Buchhandlungen ganze Regale, es gab Selbsthilfegruppen und Elterntrainingskurse. Doch die Fülle an Ratschlägen brachte keine neue Klarheit, im Gegenteil: Das Nebeneinander gegensätzlicher Erziehungsstile führte zu jener Verunsicherung, die Eltern heute noch zweifeln lässt, ob und wie sie strafen sollen.

Kinderpsychiater Herzka führt diese Orientierungslosigkeit auf das Wegfallen verbindlicher Regeln zurück. In der dörflichen Gemeinschaft hätten alle genau gewusst, wie man den Nachwuchs bändigt – heute herrsche ein verwirrender Wertepluralismus vor. «Fernseher ja, Fernseher nein; Schleckzeug ja, Schleckzeug nein – Eltern sind heute sehr auf sich selbst gestellt.» Zudem sei der gesellschaftliche Blick auf die Kindheit seit jeher gespalten: «Kinder werden entweder verteufelt oder verherrlicht. Einerseits haben Eltern Angst vor den unberechenbaren Seiten des Kindes und unterdrücken es, andererseits projizieren sie alle unerfüllten Träume ins Kind und romantisieren es. Daraus entstehen die repressive und die antiautoritäre Erziehung; beide werden dem Kind nicht gerecht. Ein Kind ist eigentlich etwas Eigenständiges, Neutrales.» Im Augenblick «schlage das Pendel zurück», meint Herzka, in gesellschaftlich angespannter Zeit sei wieder mehr Autorität angesagt. Kinder sollen wieder klare Grenzen spüren – und bei Fehlverhalten diszipliniert werden. «Ein kulturgeschichtlicher Rückschritt», kommentiert der Psychiater mit bitterem Unterton.

Im Garten der Familie C. beginnt es einzudunkeln. Bald werden die Kinder zu Bett geschickt, zuvor muss der Sandkasten geräumt werden. «Los jetzt, Vasco!», sagt Marc mit energischer Stimme. Der Vater weiss, dass sein Strafverhalten vielleicht nicht immer angemessen ist, aber dies sei menschlich. «Ich darf auch Fehler machen, meine Kinder sollen sehen, dass ich auch Schwächen habe.» Das entspreche der Realität, ergänzt Jeanne, «draussen im Leben haben sie es mit ähnlichen Problemen zu tun.» Pablo knallt den Fussball haarscharf am Kopf von Marc vorbei und erhält einen Rüffel. «Hör auf, ich sags zum letzten Mal!» Augenblicke später fliegt der Ball wieder gegen den Tisch, doch fürs Strafen ist es an diesem Tag zu spät. Marc drückt ein Auge zu und lässt Pablo ziehen. «Ich würde das eigentlich gar nicht mehr Erziehung nennen, sondern natürliche Sozialisation», sagt Marc, «wir alle verwirklichen gemeinsam ein Projekt, das Grossfamilie heisst.» Jeanne bringt die Kinder auf die Zimmer, Marc trinkt sein Glas leer, und über den Garten legt sich plötzlich die nächtliche Stille und das sanfte Singen der Vögel.

Marco Vettori, 1959, Geschäftsmann

Marco Vettori ist im August 2002 geschäftlich mit seinem Pontiac und im September 2002 mit seinem Mercedes unterwegs, obwohl ihm der Fahrausweis bereits mehrfach entzogen worden ist.

Marco Vettori wird des mehrfachen Führens eines Motorfahrzeugs trotz entzogenem Führerausweis schuldig gesprochen. Dafür wird er mit insgesamt 33 Tagen Haft bestraft. Er verbüsst die Strafe in Form von gemeinnütziger Arbeit. In diesem Rahmen leistet er pro Tag Haft vier Stunden Arbeit bei einer Non-Profit-Organisation.

Franz Hohler 1943, hat sein Germanistik- und Romanistikstudium nach fünf Semestern zugunsten eines abendfüllenden, kabarettistischen Soloprogramms abgebrochen. Seither arbeitet er als freischaffender Autor für Bühne, Radio und Fernsehen, schreibt Geschichten, Gedichte, Theaterstücke und Kinderbücher. Er lebt mit seiner Frau in Zürich.

Der Schlag

Jetzt erzähle ich euch
die Geschichte eines Schlags!

Es war einmal ein Vater
der hatte einen Sohn
und der Sohn machte dauernd
denselben lauten Ton
der Vater sagt ihm dreimal
nun sei nicht so laut
bis er ihm schliesslich
eine haut
    Ach, tut das gut!
    Weg ist die Wut!
    Weg ist die Wut!
    jahahahaa
    Weg ist die Wut
    doch der Schlag
        ist noch da

Der Sohn hat einen Bruder
kleiner als er
der spielt am selben Tag
mit seinem Cowboygewehr
der Grosse will's zurück
der Kleine will's nicht geben
der Grosse schlägt drein
und er trifft nicht daneben
    Ach, tut das gut etc.

Der kleine Bruder
bleibt der Schwächere im Zank
da schleicht er sich zum Küchenschrank
er nimmt mit beiden Händen
den grossen Suppentopf
und schmeisst ihn dem Schäferhund
über den Kopf
    Ach, tut das gut etc.

Nun bleibt der Schlag
eine Weile vergessen
vielleicht hat ihn der Hund
in sich hineingefressen
da reizt ihn ein Bursche
bis ihm der Faden reisst
und er ihn einfach
in den Unterschenkel beisst
Ach, tut das gut!
Weg ist die Wut!
Weg ist die Wut!
wauwauwauwau!
Weg ist die Wut!
Doch der Schlag –
genau

Ein halbes Jahr danach
geht ein Wandrer durch den Wald
mit seinem Schäferhund
und sieh da, es knallt
der Hund sackt zusammen
erschossen ist das Tier
wer's getan hat, weiss keiner
keiner ausser wir
Ach, tut das gut!
Weg ist die Wut!
Weg ist die Wut!
jahahaha
Weg ist die Wut!
Doch der Schlag
ist noch da

Der Wandrer kommt nach Hause
dort hat er einen Sohn
und der Sohn macht dauernd
denselben lauten Ton
der Vater sagt ihm dreimal
nun sei nicht so laut
bis er ihm schliesslich
eine haut
Ach tut das gut!
Weg ist die Wut!
Weg ist die Wut!
glaubt unser Mann
und die Geschichte mit dem Schlag
fängt wieder an

doch diesmal geht sie anders, denn

Der Sohn wird langsam älter
er verkehrt in der Szene
und trifft dort ein paar andere Söhne
von denen trägt jeder
tief in sich einen Schlag
und irgendeinmal
kommt der Tag

da greifen sie
zu ihren Baseballschlägern
oder werden zu Asylantenjägern
und stecken eine Baracke in Brand
mit der Wut im Kopf
und dem Schlag in der Hand
fest entschlossen
ihn weiterzugeben
denn Schläge
Schläge
Schläge haben eben
die Halbwertszeit von einem Menschenleben!

Nathalie Unternährer 1971, studierte an der Universität Basel Geschichte, Volkskunde und Islamwissenschaften. Sie war als projektbezogene Ausstellungsmacherin für verschiedene Institutionen tätig, zurzeit betreut sie als Wissenschaftliche Mitarbeiterin im Stapferhaus Lenzburg Schwerpunktprojekte, insbesondere Ausstellungen. Sie lebt in Basel.

«Es ist schade um die Schläge, die daneben gehen»

Ein Besuch im Altersheim

Jeder Mensch trägt eine Strafbiografie mit sich – als Bestrafter, als Strafender. Diese Erfahrungen prägen ein Leben lang – und wirken sich auf Partnerschaften, den Berufsalltag, das Elterndasein aus. Sechs ältere Menschen zwischen 73 und 87 Jahren berichten von Straferfahrungen in ihrer Kindheit, aus einer Zeit, in der antiautoritäre Erziehung noch kein Thema war und Konsens darüber bestand, dass eine Ohrfeige noch niemandem geschadet hat.

Der frisch gewischte Platz vor dem Altersheim glänzt nach dem Morgenregen in der Sonne, Blumen in Töpfen säumen den Eingang. Neben der Pforte sitzen in Reih und Glied vier Seniorinnen auf einer Bank und beäugen mich neugierig. Drinnen empfängt mich der typische Alte-Leute-Geruch, vermischt mit einem Hauch Reinigungsmittel und frischem Kaffee. Die Pflegedienstleiterin bringt mich zu Hedi Bieri*.

Hedi im Baum

Zimmer 204, Dachschräge, gelbe Vorhänge, einladende Sessel und unzählige Fotos, die von einem bewegten Leben zeugen. Zuerst ein zögerliches Abtasten: «Ich hatte eine schöne Jugend, eine freie, ich war viel allein und bin darum auf der Gasse aufgewachsen. Meinem Inneren entsprangen Mut und Verantwortungsbewusstsein.» Nach diesem Vorlauf beginnt die 87-Jährige zu erzählen: «Meine Erinnerungen sind nicht schlecht, obwohl, ich bin in einer Zeit aufgewachsen, in der man noch heftig geschlagen hat. Mein Vater schlug mich mit dem Lederriemen, von Hand, mit dem Teppichklopfer, ich bin auch eingesperrt worden im Keller.» Die schlimmste Strafe? Hedi Bieri überlegt lange, man hört förmlich den Erinnerungsfilm in ihrem Kopf abspulen. «Ach ja. Als ich einmal an einem Sonntag mit meinem Sonntagskleidchen auf den Turnplatz ging, mich ans Reck hängte und schaukelte, riss der Rock. Das hat natürlich etwas abgesetzt. Da wurde ich heftig bestraft, mit Schlägen und Verbannung in den Keller.» Lebhaft erzählt sie, wie sie sich nicht unterkriegen liess, einen Karren unter das Kellerfenster stellte, Kisten darauf stapelte, sodass sie aus dem Fenster schlüpfen konnte. Sie rannte nicht fort, sie ging zu ihren Eltern in die Küche und sagte stolz: «So, da bin ich wieder!» Hedi Bieri kichert, «aus diesem Konflikt bin ich als Siegerin hervorgegangen». Das Telefon klingelt. «Nein, ich habe jetzt keine Zeit, ich gebe ein Interview, ruf später nochmals an.» Es dauert ein paar Minuten, bis wir den Faden wieder finden. «Ich war ein empfindsames Kind, man konnte mich mit Worten bestrafen.» Für Hedi war bereits das Gespräch der Eltern über ihre Untaten schrecklich. Auch Drohungen oder, wie Hedi Bieri sagt, «Anmeldungen» des Vaters, dass er den Lederriemen von der Arbeit nach Hause bringen würden, hatten eine enorme Wirkung auf sie.

Ich frage, ob sie die Strafen als Unrecht empfunden habe. «Nein, ich war schon der Ansicht, dass ich es verdient hatte. Aber alles hat sein Mass. Die Schläge des Vaters waren zu heftig, die waren nicht gerechtfertigt. Ich hatte keinen Hass auf meinen Vater, aber Angst hatte ich, und ich fühlte mich erniedrigt. Aber eben, ich war ein wildes Kind, kletterte die ganze Zeit auf Bäume und musste an die Kandare genommen werden.» «Eigentlich gehören Strafen zur Erziehung», meint Hedi Bieri nachdenklich, «aber gerecht müssen sie sein.» Warum ihre Eltern damals so streng und hart waren, möchte ich von ihr wissen: «Ach wissen Sie, die waren so emotionale Menschen. Das kam alles von innen», erklärt sie und nimmt einen Schluck Tee. Das Telefon klingelt erneut. Noch eine letzte Frage: «Haben die Strafen genützt?» Grosse, fragende Augen: «Meinen Sie, ob ich darum etwas nicht getan hätte?» «Nein», lacht sie schelmisch und schüttelt vehement den Kopf. Im Geist sehe ich Klein-Hedi in den Bäumen sitzen.

Narben auf der Seele

Ein paar Türen weiter erwartet mich eine zierliche Frau im blassrosa Kleid. Üppige Möbel, Nippes zieren die Kommode, und auf dem Salontisch liegt eine angefangene Strickarbeit -flauschige, meergrüne Wolle. Elsa Meier kommt sofort zur Sache. «Es geht nicht lange, ich habe ein Gedicht gemacht, in dem steht alles.» Mit bebender Stimme liest sie den Text. Über das Aufwachsen auf einem Bauernhof mit Restaurant, über die viele Arbeit, die für sie abfiel:

«De Husplatz han i all Samstig müesse mache
Und süscht no vieli andere Sache
Holz ie träge, en Chratte voue Soihärdöpfeli abchieme
Em feischtere Chäuer onde, wo d'Sunne chum het möge ine schiene.»

Ich versuche, sie zu unterbrechen. «Frau Meier, warum mussten Sie denn so viel arbeiten?» Elsa Meier wurde die ganze Kindheit über dafür bestraft, dass sie ein Mädchen war. «Bei meiner Geburt hatten sie keinen Namen für mich, denn sie erwarteten den Stammhalter, nicht mich. Gleich nach meiner Geburt besuchte mein Vater die Nachbarin und meinte, es sei nur ein Mädchen.» Mädchen seien da gewesen, um zu arbeiten und für nichts anderes. Der Vater hat nur mit Elsa geredet, wenn er ihr Arbeitsbefehle gab, ansonsten hat er sie mit Verachtung bestraft. Nun ist es mit der Haltung vorbei, Tränen rinnen über die gefurchten Wangen. «Mein Bruder, der dann zwei Jahre später kam, war der Prinz. Er musste nicht arbeiten, bekam alles und durfte alles.» Ob es noch andere Gründe für Strafen gab, hake ich vorsichtig nach. «Streiche habe ich nie gemacht. Aus Angst, dass es noch schlimmer würde, war ich viel zu brav.»

Das schlimmste Erlebnis war, als Elsa Meier einmal – der ewigen Arbeit überdrüssig – zur Nachbarstochter zum Spielen ging. Wenig später suchte ihr Bruder sie auf und befahl ihr heimzukommen. Der Vater schimpfte Elsa tüchtig aus und sperrte sie in ihrem Zimmer ein. «Es war Mittag, und er liess mich bis spät abends nicht raus. Ich habe die ganze Zeit geweint, und Hunger hatte ich auch.»

Die Mutter stand ihr nicht bei. Auch sie duckte sich vor dem Vater und traute sich nicht, sich zu wehren. Nein, sie habe den Vater nie gehasst. Doch achten habe sie ihn nicht können.

«Diese Erinnerungen haben mich ein Leben lang begleitet. Ich musste immer wieder an meine Kindheit denken. All das Erlebte hinterliess tiefe Narben auf meiner Seele.» Erneut fliessen Tränen. «Seelische Grausamkeiten waren das», stösst Elsa Meier hervor.

Mehr kann man ihr nicht entlocken. Um meine Betroffenheit zu überspielen, bewundere ich ihre Strickarbeit. Plötzlich lächelt sie wieder, «ich stricke immer Foulards. Wollen Sie eines? Ich habe noch mehr.» Kaum ausgesprochen, öffnet sie schon eine Kommode: Unzählige verschiedenfarbige Schals liegen darin, alle aus derselben flauschigen Wolle.

Vaters Jähzorn

Drei Tage später begegne ich Rosa Wälti. Aufgewachsen in ärmlichsten Verhältnissen im Thurgau, lebt sie nun, nach einem anstrengenden Arbeitsleben als Dienstmädchen und Putzfrau, im Altersheim. Bett, Tisch, Stuhl und ein Sofa aus den 1950er-Jahren, auch frische Blumen können die Kargheit nicht übertünchen.

«Mein Vater war sehr jähzornig. Wir konnten ihm nichts recht machen. Wenn wir nach der Schule heimkamen, dann mussten wir aufs Feld arbeiten gehen. Waren wir in seinen Augen nicht schnell genug, schlug er uns mit einem Lederriemen. Eigentlich fand er immer einen Grund, um uns Kinder zu schlagen.» Frau Wälti weiss noch genau, wo der Lederriemen hing – neben der Haustür im dunklen Flur. Sie erschaudert noch heute beim Gedanken daran. Mit etwas monotoner Stimme erzählt sie weiter. Manchmal schlug der Vater so stark zu, dass sie in der Schule vor Schmerzen kaum sitzen konnte. Eines Tages kam der Schularzt in die Stunde und untersuchte alle. Sie weigerte sich, das Hemdchen auszuziehen, da sie nicht wollte, dass der Arzt die Striemen sah. Alles Weigern nützte nichts. Der Doktor fragte, woher die Striemen stammten, und da musste sie ihm alles erzählen. «Ich schämte mich dafür.» Ihr Vater bekam von der Gemeinde eine Vorladung und eine Rüge. «Da kam er heim und verprügelte mich noch fester und meinte, ich hätte es verdient, ich hätte ihn verpfiffen.» Rosa Wälti nestelt an ihrer Kette, wartet. Irgendeinmal hiess es dann, der Vater sei nervenkrank und würde deshalb so zuschlagen. Diese Begründung half den Kindern ein wenig, die Sache zu ertragen, da der Jähzorn nun einen Namen hatte.

Auf ihr weiteres Leben angesprochen, sagt sie: «Mich hat das Erlebte durchs Leben begleitet. Und lange Zeit hatte ich das Gefühl, dass ich ein Niemand sei und dumm und überhaupt. Bei meinen Kindern machte ich es dann ganz anders.»

Beim Verabschieden meint sie noch «en passant»: «Von uns Kindern wurde aus allen etwas Rechtes – eigentlich verwunderlich nach all dem Erlebten. Aber bitte, Fräulein, ich möchte nicht mit Namen genannt werden. Ich habe diese Geschichte bisher fast niemandem erzählt.»

Abgesetzt hat es nichts

In einem anderen Altersheim. Die gleichen Blumen vor dem Eingang, auch hier Männer und Frauen auf den Bänken unter dem Vordach, Siesta nach dem Mittagessen. Sich durchfragen. Klopfen. Eintreten. Marie Hegi sitzt in ihrem Rollstuhl am Tisch, lächelt, heisst mich willkommen. Das Zimmer ist behängt mit Mandalas, Marie Hegis Leidenschaft. «Meine Mutter war eine sehr liebe Frau, mein Vater war ein wenig explosiv. Aber richtig bestraft, geschlagen wurden wir nie.» Wenn sie etwas «bosget» (angestellt) habe, musste sie manchmal im dunklen Keller auf die kalte Treppe sitzen.

Sie hat nicht einmal eine Strafe erhalten, als sie im Krämerladen einen Schleckstängel gestohlen hatte. Die Ladenbesitzerin hat damals sofort ihre Mutter angerufen, und Marie Hegi hatte eine Heidenangst heimzugehen. Doch abgesetzt hat es nichts.

Die Mutter hat manchmal eine gewisse Zeit lang nicht mehr mit ihr geredet, wenn sich Marie nicht nach ihren Vorstellungen benahm. «Das wollte ich dann bei meinem Sohn nicht so machen. Das ist das Schlimmste, was einem passieren kann. Ich habe meinen Sohn nie geschlagen. Mein Mann wurde schnell böse, ihm rutschte ab und zu die Hand aus. Ich musste mich für meinen Sohn immer ein wenig wehren.»

Ihre Eltern besassen ausserhalb des Städtchens eine Gärtnerei. Die Kinder mussten tüchtig mithelfen. Vor allem im Sommer, als fast täglich jäten auf dem Arbeitsplan stand. In die Badi durften sie erst, wenn die Beetchen sauber gezupft waren. «Es war keine eigentliche Strafe, aber für uns Kinder halt gleichwohl ein wenig.» Sagt sie und nimmt ihr Mandala-Album. Es ist wohl Zeit zu malen.

Ausgerechnet beim Risotto

Ein schmaler Weg führt mich zu den Alterswohnungen hinter dem Hauptgebäude. Elisabeth Müller, eine kleine, umtriebige Frau erwartet mich schon vor der Tür. Ich werde in die gute Stube geführt. Begrüsse ihren Mann. «Strafen?» Erstaunt schaut Frau Müller mich an, «natürlich!». Wenn sie eine Dummheit angestellt hatte, bekam sie eins auf die Finger, und wenn sie frech gewesen sei, eins auf das Maul. Aus diesem Grund maulte sie wenig. Später, als Dienstmädchen bei einer begüterten Familie im Berner Oberland, war sie froh darum. Einmal fand bei ihrer Herrin ein Kaffeekränzchen statt. Die noblen Damen tratschten zusammen über ihre Dienstmädchen. Danach sei der Monsieur zu ihr gekommen und habe ihr erzählt, seine Frau hätte der Runde gesagt, sie könne dem Liseli alles sagen, es würde nie rummaulen. «Ich war sehr stolz darauf und dachte, ja, das hat mich meine Mutter mit ihren Watschen aufs Maul gelehrt.»

Elisabeth Müllers Mutter hatte immer alles bemerkt, Elisabeth kam höchst selten um eine Strafe herum. Manchmal zog die Mutter ihre Kinder auch am «Grännihöörli». Was das sei, möchte ich wissen und Elisabeth Müller packt ein Haarbüschel an meiner rechten Schläfe und zieht. Es schmerzt. Lachend erzählt sie, dass ihr Bruder im Sommer mal seine Haare ganz kurz abschneiden liess. Als er heimkam, stand er vor die Mutter und sagte ganz triumphierend: «So Mama, jetzt kannst du mich nicht mehr an den Haaren nehmen.»

Elisabeth Müller denkt an die Schule, an die Schläge mit dem Lineal. Ich möchte von ihrer schlimmsten Strafe erfahren. «Ich habe keine Strafe gern gehabt.» Sie erinnert sich aber an eine Situation, als sie noch sehr klein war. Leute kamen zu Besuch, und sie brachten ihr ein Geschenk mit. Es gefiel ihr nicht sonderlich, sie wusste aber, dass sie sich bedanken musste und murmelte ein Dankeschön. Ihre Eltern hörten nichts und herrschten sie an: «Sag danke!» Elisabeth erwiderte, dass sie schon danke gesagt hätte und weigerte sich trotz mehrmaliger Aufforderung ihrer Eltern, nochmals danke zu sagen. Da sperrten die Eltern das Kind in ein kleines Kämmerlein neben der Küche, ohne Licht. Nach einer gewissen Zeit holte sie die Mutter heraus und fragte, ob sie nun endlich bereit sei, sich zu bedanken. Wohl oder übel gab Elisabeth nach und sagte artig danke. «Es kam aber nicht von Herzen.» Die alte Frau kugelt sich vor Lachen, als sie sich an die längst vergangene Szene erinnert. Plötzlich springt sie auf. «Mir fällt noch eine andere, schlimmere Strafe ein.» Sie kam einmal an einem Mittwochnachmittag etwas spät von der Schule. Die Eltern sassen bereits beim Essen, es gab Risotto. «Mein absolutes Leibgericht, das es nur sehr selten gab.» Als sie sich an den Tisch setzen wollte, fragte der Vater, was am Morgen los gewesen sei. Sie hatte am besagten Morgen irgendeine kleine Dummheit begangen, hatte diese jedoch längst vergessen. Sie wusste nichts darauf zu antworten, und der Vater schickte sie ins Bett. «Das

Beim abendlichen Ausgang im eigenen Wohnquartier fühlen sich rund 19 % der Frauen und 3,5 % der Männer unsicher.

Univox, GfS & IPSC, Zürich 2003

war schlimm. Es wäre mir egal gewesen, wenn es etwas anderes zu essen gegeben hätte, Erbsensuppe zum Beispiel. Aber ausgerechnet beim Risotto. Das hat mir richtig gehend weh getan. Nicht der Hunger, das andere.» Ihrer Mimik ist anzumerken, dass der verpasste Risotto sie heute noch reut.

Nach diesem impulsiven Aufbegehren relativiert Frau Müller schnell. «Aber ich möchte nicht klagen. Später war ich froh um meine gute Erziehung.» Ungerecht habe sie die Strafen nie gefunden, sie habe immer gewusst, wofür sie büssen musste.

Man hat es halt akzeptieren müssen

«Wenn ich tagsüber etwas angestellt habe, dann hat die Mutter nichts gemacht. Sie hat es aber abends dem Vater erzählt, und der hat, je nach Schwere meines Vergehens, den Teppichklopfer genommen, mich verhauen und dabei gesagt: ‹Es ist schade um die Schläge, die daneben gehen.›» Fredi Häusler, Jahrgang 1922, sitzt mir gegenüber im Lehnstuhl, durchs geöffnete Fenster dringt Baulärm – das Altersheim wird vergrössert. Seine Mutter selbst habe nicht mit Schlägen gestraft, da sie körperlich weder gegen Fredi noch seine Schwester ankam. Wenn die Mutter schimpfend auf sie zukam, stellten sie jeweils einen Stuhl dazwischen und verteidigten sich so.

«Wie haben Sie es als Kind empfunden, wenn Sie körperlich bestraft wurden?» «Man hat es halt akzeptieren müssen. Manchmal fand ich es schon sehr ungerecht, und dann habe ich meine Wut und Trauer am Abend ins Bett hineingebrüllt.» Fredi Häusler streicht sich durchs schüttere Haar und erinnert sich weiter. «Der Umgang mit Leuten, die meinen Eltern nicht passten, hatte auch Strafen zur Folge. Einmal wurde ich bestraft, weil ich als Knabe bei einem Umzug der Sozialisten eine Anzeigetafel getragen hatte. Ich machte dies, weil es am Ende des Umzugs immer Wurst und Brot zu essen gab. Ich habe nicht nach der Partei gefragt. Ein Parteikollege meines Vaters verriet mich: Er frage ihn, seit wann der Sohn eines FDP-lers mit den Sozis herumziehen würde. Da gabs ein Donnerwetter. Überhaupt, wenn irgendetwas falsch gelaufen war, waren die Schläge halt die Quittung dafür.»

In der Schule gab es Tatzen, «Tötzi», wie Herr Häusler sie nennt, Schläge auf die Hand mit dem Bambusrohr oder mit dem Lineal. Einmal fluchte er in der Bezirksschule vor dem Turnlehrer. Dieser verabreichte ihm eine derart starke Ohrfeige, dass er auf den Boden fiel. «Am Anfang war ich wütend auf ihn, doch es hat sich gelegt. Wenn Lehrkräfte dies heute machen würden, käme der Vater oder die Schulpflege. ‹Der ist nicht unterrichtstauglich›, würden sie wohl sagen.»

Hat das Strafverhalten der Eltern sein Leben geprägt? Er räuspert sich. «Vielleicht am Anfang. Aber das war einmal, ich erinnere mich zwar noch daran, aber ohne Gefühle.» Man müsse sich frei machen. Fredi Häusler schweift ab, erzählt von seiner kranken Frau. Ein letztes Mal versuche ich seine Aufmerksamkeit aufs Strafen zu lenken. «Wie haben Sie Ihre Kinder erzogen?» «Nicht 100 Prozent frei von Schlägen. An den Haaren habe ich sie manchmal auch gezogen, aber ich habe sehr viel mehr geredet und erklärt, als dies meine Eltern gemacht haben. Heute spricht man mehr mit den Kindern, und diese Entwicklung finde ich positiv. Ich sage immer: Man schlägt eher sieben Teufel ins Kind hinein als einen heraus.»

*Alle Namen sind geändert.

Walter Däpp 1946, ist seit 1983 Journalist bei der Berner Tageszeitung «Der Bund». Für seine Reportagen gewann er mehrmals den BZ-Preis für Lokaljournalismus. Er ist Vater zweier erwachsener Kinder und lebt in Bern.

Trotz allem «ein Lächeln im Gesicht»

Porträt einer Drogenkurierin

Als 22-jährige, allein erziehende Mutter hatte sich die Brasilianerin Fabiana Mendes* anheuern lassen, einen Koffer mit unbekanntem Inhalt in die Schweiz zu bringen. So wurde sie zur Drogenkurierin: Im Koffer waren sieben Kilogramm Kokain. Dafür erhielt sie eine Gefängnisstrafe von drei Jahren und neun Monaten, die sie in der Frauenstrafanstalt Hindelbank verbüsst – weit weg von ihrem kleinen Sohn und ihrer Familie, die glaubt, sie habe im reichen, fernen Land Arbeit gefunden.

Im Korridor der Wohngruppe 1 in der Frauenstrafanstalt Hindelbank sind Zeichnungen aufgehängt – von Pferden zum Beispiel und von einem Feuer speienden Vulkan. Auf einer Brasilien-Karte haben Insassinnen ihre Herkunftsorte farbig unterstrichen oder eingerahmt – Santa Catarina etwa, Parana oder Espirito Santo. Die 24 Insassinnen der Wohngruppe 1 stammen aus zwölf Ländern – sechs sind Brasilianerinnen, alles Drogenkurierinnen. Der Korridor ist freundlich eingerichtet – freundlicher als manch öder Schulhauskorridor. Es gibt Grünpflanzen. Ein Getränk aus dem Automaten kostet Fr. 1.50. Auf einem Zettel an einem Küchenschrank steht, es sei verboten, mit Filzstiften auf Pfannen und Teller zu schreiben. Auf einem Poster mit einem zauberhaft-makellosen brasilianischen Traum-Badestrand wird auf Französisch die Botschaft vermittelt: «Si le voyage est votre passion, le Brésil est votre destination.»

Fabiana Mendes, 24-jährig, Insassin der Zelle OM.01.04 – oder Bewohnerin des Zimmers OM.01.04, wie mans nimmt –, hat dafür nur ein flüchtiges und doch sehr vielsagendes Lächeln übrig. Vor ihrem Fenster hat es Gitterstäbe. Vom Reisen kann sie nur träumen – Brasilien, ihre Heimat, bleibt unerreichbar fern. Weil sie – ahnungslos, wie sie beteuert – sieben Kilogramm Kokain in die Schweiz schmuggelte, ist sie hier zu einer Gefängnisstrafe von drei Jahren und neun Monaten verurteilt worden.

«Diese beiden Engel dort»

Im Gefängnis Dielsdorf war sie acht Monate in Untersuchungshaft. «Dort», sagt sie, «habe ich die schwierigste Zeit meines Lebens verbracht. Ich war den ganzen Tag in meiner Zelle eingeschlossen, durfte nicht telefonieren. Ich weinte oft – und dachte, das Leben werde nicht weitergehen.» Später, in der Frauenstrafanstalt Hindelbank, habe sie dann aber begonnen, eine neue Haltung zu entwickeln: «Ich bin hier zwar im Gefängnis, doch ich will, dass das Leben draussen, in das ich wieder zurückkehren werde, nicht an mir vorbei geht. Ich will für die Zeit danach vorbereitet sein. Und deshalb versuche ich, auch immer wieder ein Lächeln im Gesicht zu haben.» Während sie dies sagt, wird ihr Lächeln von Tränen erstickt.

Eigentlich weine sie nur dann, sagt sie, wenn sie an ihre Heimat, an ihr Zuhause und an Vitor, ihren vierjährigen Sohn, denke. Von ihm ist sie nun seit zwei Jahren getrennt – als sie von ihm wegging, war er zwei Jahre alt, wenn sie zu ihm zurückkehren wird, wird er sie wohl nicht mehr als seine Mutter erkennen. Doch: Am Telefon habe er sie letzthin «Mutter» genannt, freut sie sich – und meint: «Nach meiner Entlassung werde ich ihm die beiden kleinen Engel dort, die mit einem Herzen verbunden sind, bringen. Eine Freundin hat sie hier im Gefängnis für uns gezeichnet.»

«Familie weiss nichts»

Fabiana Mendes lebt derzeit in zwei Welten: In der für sie nicht mehr wirklich fassbaren Welt ihrer Heimat, ihrer Familie, ihres Sohnes – und in der ihr irgendwie irreal erscheinenden realen Welt des Gefängnisses. Sie redet sich ein, hier «in einem ganz normalen Haus» zu leben, und bemüht sich, die ihr zugeteilten Aufgaben so zu erledigen, als wärs zu Hause. Wenn sie etwa die Küche zeigt, für deren Sauberkeit sie diese Woche unter anderem zuständig ist, tut sie dies mit Stolz. Und wenn sie ihre Zellentür öffnet, gewährt sie auch Einblick in einen Teil ihres wehmütig unterdrückten Innenlebens. An den Wänden hängen Fotos ihrer Familie, Bilder der brasilianischen Fussballweltmeister-Mannschaft von 2002, auch ein Poster von Beckham – und natürlich Fotos ihres Sohnes. «Vitor, ich liebe dich», steht daneben. Auf einem kleinen Tischchen, hinter zwei verdorrten Rosen, liegen Briefe.

«Meine Familie weiss nicht, dass ich im Gefängnis bin», sagt Fabiana, «alle glauben, es gehe mir gut, ich hätte hier in der Schweiz, in einem Haushalt Arbeit gefunden. Doch irgendeinmal, wenn ich zurückkgekehrt bin, werde ich die Wahrheit sagen müssen – zuerst meiner Mutter, und später wird es wohl auch Vitor erfahren. Ich werde nicht allein mit diesem Geheimnis weiterleben können.»

«Dieses erstickende Gefühl»

Fabiana zeigt den wild wuchernden Naturgarten, in den sie von ihrer Wohngruppe aus Zutritt hat. Hier, sagt sie, könne sie zwar «so richtig durchatmen», doch wenn sie dann wieder «die Zäune und Gitter dort drüben» erblicke, werde sie traurig. Dann erfasse sie «dieses erstickende Gefühl», das sie nicht mit Worten beschreiben könne. Drinnen im Haus fühle sie sich dann wieder besser. Hier könne sie die unabänderliche Tatsache, im Gefängnis zu sein, besser verdrängen. Auch wenn die Gitterstäbe vor den Fenstern ihr auch hier immer wieder bewusst machen, dass sie eingeschlossen ist.

Sie setzt sich an einen Tisch im Aufenthaltsraum der Wohngruppe 1, wo sich die Insassinnen jeweils bis 21.30 Uhr treffen und unterhalten können. Dann werden die Zellen geschlossen. Tagwache ist um 6.30 Uhr früh. Für ihre Gefängnisarbeit erhalten die Insassinnen als Verdienstanteil pro Tag ein Pekulium von durchschnittlich 26 Franken. Über 60 Prozent dieses Betrags können sie frei verfügen, 40 Prozent gehen auf ein Sperrkonto und sind erst am Entlassungstag greifbar. Fabiana Mendes wird nach mehrjähriger Haft dann fast so viel Geld beieinander haben, wie sie damals, zwei Jahre zuvor, mit ihrem riskanten Drogenkurierdienst in wenigen Tagen verdient hätte. «Davon», sagt sie, «werden allerdings noch die Kosten für das Rückflugticket nach Brasilien abgezogen.»

«Ich war nichts ahnend – naiv»

Nochmals schüttelt sie den Kopf über das, was ihr widerfahren ist. Und nochmals betont sie, aus sozialen Nöten heraus und aus Naivität «völlig ahnungslos in diese schreckliche Sache» hineingeraten zu sein. Fabiana Mendes hat nie einen Beruf erlernt, arbeitete zuletzt temporär in einem Hotel und war wieder einmal arbeitslos, als man ihr in einer Disco plötzlich «dieses verrückte Angebot» machte: «Es wurden mir, umgerechnet, 3500 Schweizer Franken angeboten, um einen Koffer in die Schweiz zu bringen. Dieses Geld hätte viele meiner Probleme gelöst. Deshalb war ich mit den Bedingungen einverstanden und akzeptierte auch, nichts über den Inhalt des Koffers zu wissen. Die Verlockung, auf diese Weise in kurzer Zeit viel Geld zu verdienen, war so gross, dass ich mich überreden liess. Ich war nichts ahnend – naiv. Und dafür büsse ich nun.»

Verhaftet wurde Fabiana Mendes zwei Tage nach ihrer Ankunft in Zürich. Die Polizei hatte Verdacht geschöpft und schlug zu, als die Zürcher Verbindungsleute des Dealerrings bei ihr im Hotel die neue Kokainlieferung abholen wollten. «Ich habe diese Leute nicht gekannt», sagt Fabiana, «weder jene in Brasilien noch jene in der Schweiz. Und als die Polizei kam, war ich völlig überrumpelt. Erst in diesem Moment, als man mich an den Händen fesselte, wurde mir richtig klar, was ich getan hatte. Ich fühlte mich elend – sah mich selbst als den schlechtesten Menschen auf der ganzen Welt, obschon ich doch niemandem etwas zuleide tun kann. Ich hoffte, alles sei nicht wahr – nur ein Traum, aus dem ich bald erwachen würde. Ich betete. Und fragte: O Gott, was habe ich getan?»

Der Alptraum

Dass sie für ihr Vergehen als Drogenkurierin mit drei Jahren und neun Monaten Gefängnis hart bestraft worden ist, empfindet Fabiana Mendes als «gerecht und verständlich – claro». Im Nachhinein könne sie nicht begreifen, dass sie sich «diesen Leuten anvertraut» habe und «so naiv und ahnungslos» solche Risiken eingegangen sei. Alles komme ihr wie ein Alptraum vor, denn: Obschon sie – vor allem nun in Hindelbank – gut und einfühlsam behandelt worden sei, werde ihr die Zeit in der Schweiz in schlimmer Erinnerung bleiben. «Ja», sagt sie, «man ist hier sehr anständig gewesen zu mir. Der Richter war zwar sehr hart – aber auch er hat ja nur seine Arbeit gemacht.»

Die Strafe habe sie von allem Anfang an akzeptiert – aus der Einsicht heraus, einen grossen Fehler gemacht zu haben. Und den Strafvollzug betrachte sie rückblickend auch als Lehrzeit: «Ich habe gelernt, ohne meine Familie zu leben, mich auf unbekannte Menschen einzulassen, mit denen mich vorher nichts verband. Und im Gefängnisalltag habe ich gelernt, mich zu verteidigen, mich zu wehren, mich nicht von anderen erniedrigen zu lassen.»

«Fussball und einen Vogel»

Fabiana Mendes ist eines von sechs Kindern einer einfachen Familie im Süden Brasiliens. Ihr Vater ist Musiker, ihre Mutter ist Hausfrau, der ältere Bruder ist im Baugewerbe tätig, die anderen Geschwister sind jünger als sie und noch in Ausbildung. Bis zu ihrer Verhaftung lebte sie als allein erziehende Mutter mit Vitor bei ihrer Familie. Vitors Vater kümmert sich nicht um seinen Sohn. «Es ist nicht leicht, immer genügend Geld zusammenzubringen, um für Vitor und mich aufzukommen», sagt sie. Deshalb freut sie sich nicht nur auf ihre Rückkehr nach Brasilien, sie fürchtet sich auch davor. «Ich werde wieder Arbeit suchen und Verantwortung für Vitor übernehmen müssen», sagt sie, «und ich habe Angst davor, dass ich nicht reüssiere und dass mein Sohn mich nicht mehr als seine Mutter akzeptieren wird.» Am Telefon habe er sie gebeten, ihm einen Fussball und einen Vogel zu bringen. «Diesen Wunsch werde ich ihm erfüllen», sagt sie, «neben den beiden Engeln, die mit einem Herzen verbunden sind.»

«Wie eine Wiedergeburt»

Der Gedanke daran, bald wieder frei zu sein, erfüllt Fabiana Mendes aber doch auch mit Freude und Erleichterung: «Auch wenn es in der Freiheit für mich Zwänge und Unfreiheiten geben wird – es wird wie eine Wiedergeburt sein. «Ich werde nicht vollkommen frei sein», sagt sie, «aber ich werde bei meiner Familie sein. Bei Vitor. Es wird wundervoll sein, zu sehen und zu erleben, wie er neben mir aufwachsen wird. Ich will keine Sekunde mehr ohne ihn sein. Aber ich werde Arbeit suchen. Wieder ein normales Leben zu leben versuchen.»

Nach dem Gespräch zieht sie sich in die Zelle OM.01.04 zurück – in ihr Zimmer. Dort wird sie wohl eine Musikkassette in den Recorder schieben und ihre Lieblingsmusik hören – brasilianische Countrylieder, von Allan Jackson etwa oder von Bruno Marroni. «Wenn ich in meinem Zimmer bin, mich hinlege, die Augen schliesse und Musik aus meiner Heimat höre», hatte sie vorher gesagt, «ist das fast ein bisschen so, als wär ich zu Hause.» Und auch als sie dies sagte, hatte sie sich bemüht, die Tränen zu verstecken und «ein Lächeln im Gesicht» zu haben.

*Name geändert

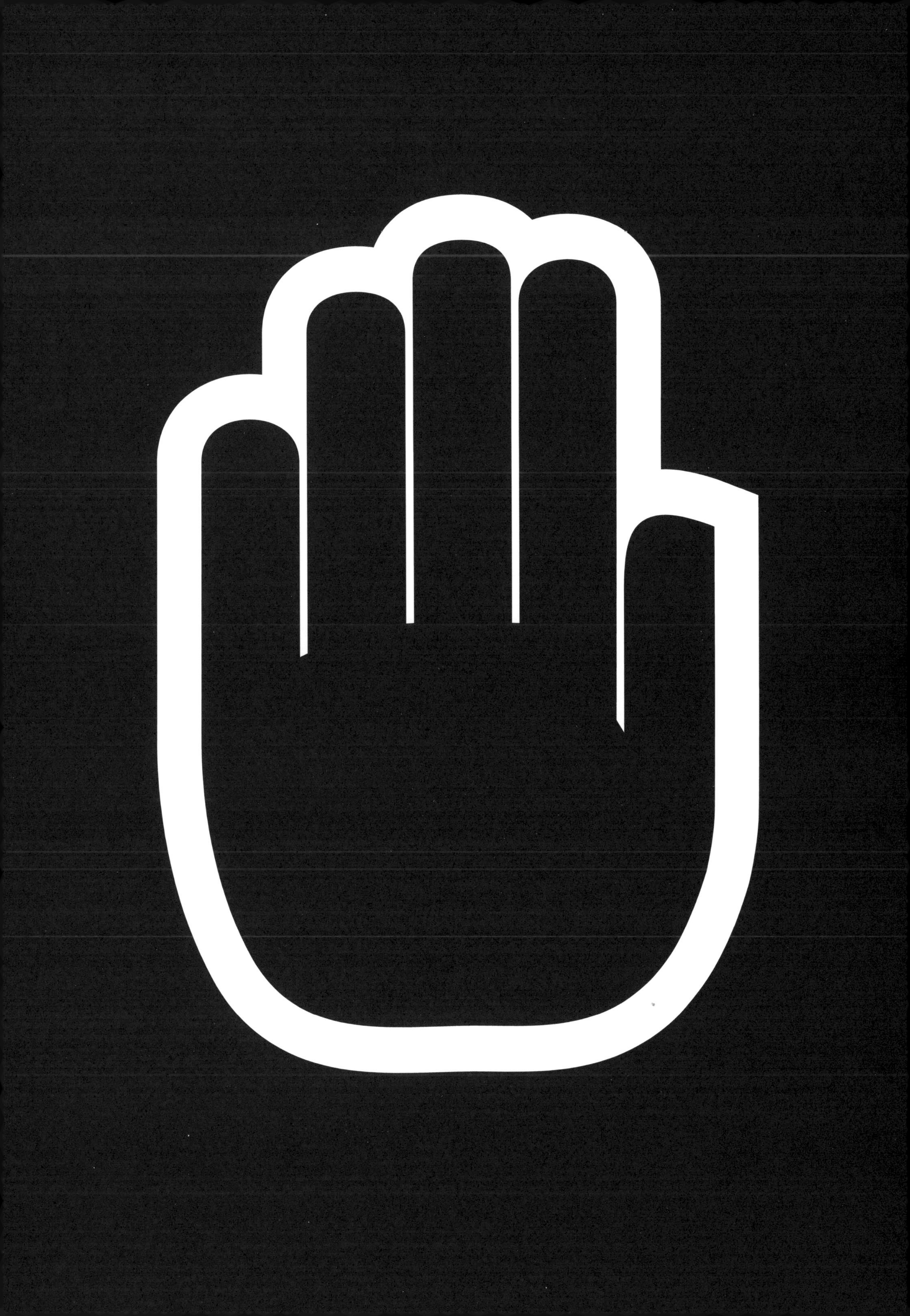

Strafdebatte

Marcel Alexander Niggli 1960, ist ordentlicher Professor für Strafrecht und Rechtsphilosophie an der Universität Freiburg. Er wohnt in Murten.

Wie viel Strafe braucht der Mensch?

Zur Strafdebatte in Europa

Überall ist die Rede davon, dass die Welt unsicher geworden ist und man nicht nur schärfere Strafen braucht, sondern auch mehr Gesetze, um die Kriminalität einzudämmen. Repressive Strafbedürfnisse und Ausgrenzungsmechanismen sind Folgen von gesellschaftlicher Verunsicherung und Identitätsverlust. Mit strafrechtlichen Massnahmen glaubt die Bevölkerung, zu einer Gesellschaft zurückkehren zu können, in der die Menschen noch anständig waren und Delinquenten anderswo lebten.

Strafbedürfnis und Kriminalität

Dass das Strafbedürfnis in Europa (aber nicht nur hier) in den letzten Jahren beträchtlich zugenommen hat, erscheint nachgerade als Binsenweisheit. Überall ist die Rede davon, dass die Welt unsicher geworden sei und man nicht nur schärfere Sanktionen brauche, sondern auch Sanktionen für Sachverhalte, die bisher nicht strafbar waren (Proliferation der Strafe; Ausweitung des Strafrechts). Zum Beleg reicht eigentlich ein Blick in die Zeitungen. Man könnte aber auch die Revision des Allgemeinen Teils des Strafgesetzbuches anführen, die 1980 noch mit dem Ziel einer Liberalisierung in Angriff genommen wurde, bis heute aber ihre Zielrichtung deutlich geändert hat. Zu denken wäre weiter an Gesetzgebungsverfahren der letzten Jahre, zum Beispiel Insiderdelikt sowie Cheque- und Kreditkartendelikte,[1] Kursmanipulation[2], Geldwäscherei und mangelnde Sorgfalt bei Finanzgeschäften,[3] Korruptionsdelikte,[4] Strafbarkeit des Besitzes von Gewaltdarstellungen und harter Pornografie,[5] Terrorismusgesetzgebung,[6] Strafbarkeit der Unternehmung im Kernstrafrecht[7] und Verschärfung des Verjährungsrechts[8] (die drei letztgenannten waren offenbar so dringend, dass sie der Inkraftsetzung des revidierten Allgemeinen Teiles des StGB sogar vorgezogen worden sind). Für die jüngste Zeit wären die Strafverfolgung in der Ehe und in der Partnerschaft[9] und die verdeckte Ermittlung[10] zu nennen. Erwähnt seien schliesslich die auf Eis gelegte Revision des Betäubungsmittelgesetzes, die unter anderem eine Entkriminalisierung des Hanfkonsums gebracht hätte, sowie die in jüngster Zeit erhobenen Forderungen nach Verschärfung der Sanktionen im Strassenverkehrsrecht. Diese Tendenz zur Repression lässt sich auch wissenschaftlich belegen[11] und hat in der Strafrechtswissenschaft zu einer regen Diskussion geführt.[12]

Wenn das Strafbedürfnis zunimmt und die Gesetzgebung diesem Bedürfnis entgegenzukommen scheint, so kann man an und für sich vermuten, dass diese Veränderungen eine Reaktion auf die Kriminalität selbst sind. In erster Linie wäre also zu überprüfen, ob sich die zunehmende Punitivität aus den Veränderungen der Kriminalität ergibt beziehungsweise ergeben hat. Das wollen wir nachfolgend tun.

1. Entwicklung der Kriminalität gesamthaft

Kriminalitätsentwicklung lässt sich auf verschiedenen Ebenen betrachten, zum Beispiel im Hinblick auf die Strafanzeigen, die Strafurteile, den Strafvollzug, oder aber man befragt die Opfer. Was die Schweizer Bevölkerung am ehesten wahrnimmt, da es am breitesten gestreut wird, ist die polizeiliche Kriminalstatistik, eine Statistik der eingegangenen Strafanzeigen, die vom Bundesamt für Polizei herausgegeben wird.[13] Daraus ergibt sich folgendes Bild: Die Zahl der erfassten Anzeigen pendelt um rund 300 000 pro Jahr, ohne dass ein Trend zur Erhöhung oder Verringerung auszumachen wäre. Setzt man (was grundsätzlich geschehen sollte) die Strafanzeigen in Bezug zur Bevölkerungsentwicklung, so wird erkennbar, dass die Kriminalitätsbelastung 2003 etwas geringer war als vor zehn Jahren.[14]

Abb. 1 Erfasste Straftaten in der Schweiz nach StGB pro 1000 Einwohner, 1994 - 2003

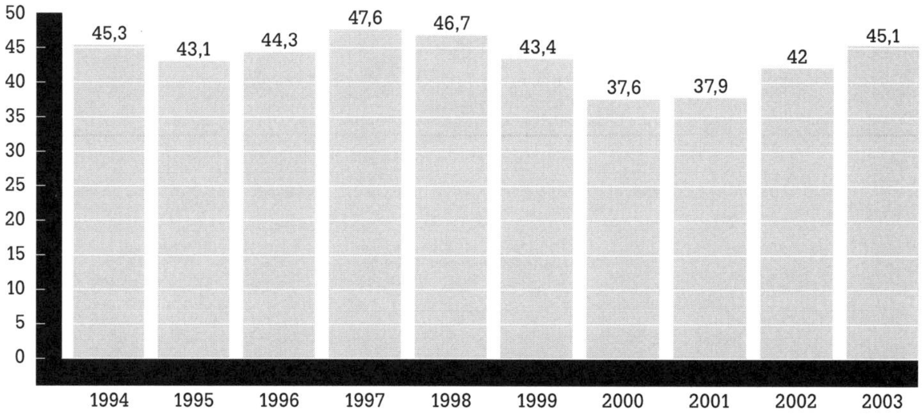

Bundesamt für Polizei: Polizeiliche Kriminalstatistik[15]

Der Vergleich mit anderen europäischen Ländern (Belastungen gemessen an den Polizeistatistiken; Zahlen des European Sourcebook) führt zum selben Schluss: 1995 bis 2000 haben sich die angezeigten Straftaten (pro 100 000 Einwohner) in der Schweiz gesamthaft um 12 % reduziert, während die Entwicklung im näheren Ausland analog (oder jedenfalls wenig bedrohlich) erscheint: Deutschland: - 7 %; Österreich: + 14 %; Frankreich: + 1 %; Italien: + 4,1 %;[16] Niederlande: + 4 %; Luxemburg: - 25 %; Schweden: + 5 %; Spanien: + 1 %.[17]

Ein ganz ähnliches Bild ergibt sich, wenn man der Analyse nicht die Anzeigen bei der Polizei, sondern die Verurteilungen zugrunde legt. Ausgehend vom Stand von 1984 erscheinen die Verurteilungen nach StGB stabil beziehungsweise leicht rückläufig. Umgekehrt explodieren die Zahlen bei den Verurteilungen nach Betäubungsmittel- und Strassenverkehrsgesetz beinahe (siehe Abb. 2).

Der europäische Vergleich bestätigt dies (European Sourcebook, Verurteilungsraten 1995 bis 2000): Während die Schweiz eine leichte Zunahme aufweist (3,6 %[18]), sinkt die Quote in Deutschland (- 5 %), Österreich (- 41 %) und Schweden (- 17 %). Frankreich (+ 56 %), Italien (+ 35 %[19]) und die Niederlande (+ 5 %) weisen dagegen teilweise deutliche Zunahmen auf.[20]

Abb. 2 Verurteilungen in der Schweiz nach Gesetz, indexiert nach dem Stand von 1984

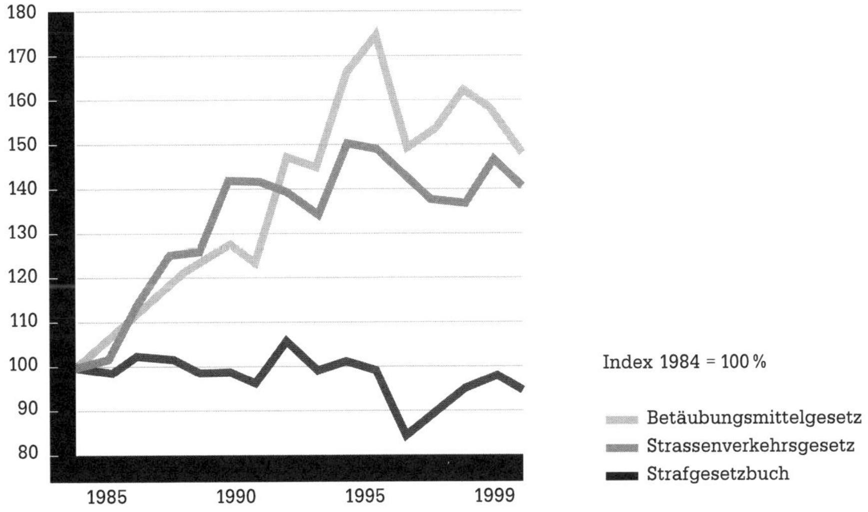

Bundesamt für Statistik: Urteilsstatistik[21]

2. Kriminalitätsentwicklung bei Tötungen und Sexualdelikten

Nun liesse sich einwenden, massgeblich sei nicht die Entwicklung der Kriminalität insgesamt, sondern eben die Entwicklung jener Teilbereiche, welche die Bevölkerung besonders ängstigen, also vor allem Gewalt- und Sexualdelikte. Hilfreich für eine Orientierung erscheint auch hier der europäische Vergleich (siehe Abb. 3).

Abb. 3 Gewaltstraftaten im europäischen Vergleich für das Jahr 2000, Strafanzeigen pro 100 000 Einwohner

	Tötungsdelikte	Körperverletzungen	Raub	Vergewaltigung
Belgien	5,3	546,9	211,7	18,0
Dänemark	4,1	183,0	59,3	9,3
Deutschland	3,8	464,2	72,2	9,1
England und Wales	2,9	834,0	160,0	16,0
Finnland	9,9	537,8	50,3	11,2
Frankreich	3,9	179,2	185,1	14,3
Griechenland	2,7	67,6	16,1	2,2
Irland	1,8	44,8	81,1	23,6
Italien	4,3	52,0	68,4	3,3
Luxemburg	14,2	260,0	70,2	6,9
Niederlande		277,5	117,0	10,4
Österreich	2,5	459,9	37,3	14,3
Portugal		433,2	170,7	3,8
Schweden		663,2	101,4	22,8
Schweiz	2,2	75,0	30,2	5,6
Spanien	3,0	43,2	233,8	3,2

Bundesamt für Statistik[22]

Bereits dieser Überblick zeigt, dass die Schweiz in allen hier aufgelisteten Bereichen zu den am wenigsten stark belasteten Ländern überhaupt gehört. Betrachtet man nun zum Beispiel die schweizerischen Zahlen für die Tötungen, so zeigt sich folgendes Bild:

Abb. 4 Vorsätzliche Tötungsdelikte in der Schweiz, 1994–2003

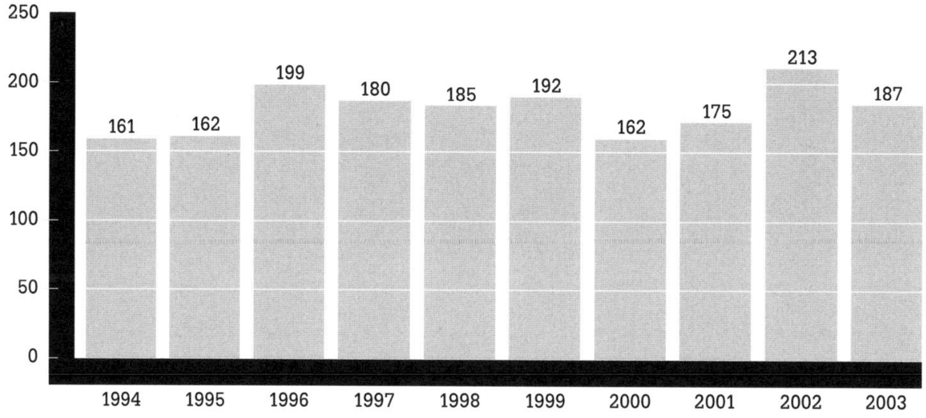

Bundesamt für Polizei: Polizeiliche Kriminalstatistik[23]

Aufgrund dieser Zahlen liesse sich ein schwacher Trend zur Zunahme vermuten. Nimmt man indes nicht diese absoluten Zahlen, sondern stützt sich auf die Verbrechensrate pro 100 000 Einwohner (European Sourcebook, Anzeigen, Daten für 1995 bis 2000), so ergibt sich für die Schweiz eine Abnahme um 1 % (Deutschland gar – 32 %; Frankreich – 23 %; Italien – 12 %;[24] Österreich + 7 %).[25] Auf der Basis der Verurteilungen sieht es ähnlich aus: Schweiz – 30 %; Deutschland – 9 %; Frankreich – 19 %; Italien ± 0 %;[26] Österreich ± 0 %.[27]

Zu bemerken ist weiter, dass es sich bei Tötungen in der Schweiz immer um ausserordentlich kleine Zahlenmengen handelt, bei denen zufällige Schwankungen deutlich stärker in Erscheinung treten als bei häufigeren Delikten. Ein Vergleich mit den Unfalltoten erscheint hier informativ: Zwar nimmt die Zahl der im Strassenverkehr getöteten Personen seit den 1970er-Jahren kontinuierlich ab (siehe Abb. 5), die Zahl der vorsätzlichen Tötungen ist aber nach wie vor dreimal tiefer als diejenige der Personen, die jährlich im Strassenverkehr getötet werden.

Abb. 5 Strassenverkehrsunfälle in der Schweiz nach Unfallfolgen, seit 1970

Jahr	Unfälle mit Personenschaden				
	Total	mit Getöteten	mit Verletzten		
			Total	mit schwer Verletzten	mit leicht Verletzten
1970	28 651	1 527	27 124	27 124	–
1975	24 072	1 130	22 942	11 812	11 118
1980	25 649	1 141	24 508	12 297	12 211
1985	24 302	833	23 469	11 016	12 453
1990	23 834	878	22 956	9 569	13 387
1995	23 030	640	22 390	5 981	16 409
2000	23 737	555	23 182	5 428	17 754
2001	23 896	496	23 400	5 458	17 942
2002	23 647	476	23 171	5 305	17 866
2003	23 840	499	23 341	5 173	18 168

Bundesamt für Statistik[28]

Weder aus der Entwicklung der Strafanzeigen noch aus derjenigen der Strafurteile lässt sich entsprechend für die Schweiz oder das umliegende Ausland ein besonders bedrohliches Szenario herauslesen.

Ähnliches gilt auch für die Sexualdelikte. Die polizeiliche Kriminalstatistik weist für die Jahre 1994 bis 2003 zwar eine deutliche Zunahme aus (siehe Abb. 6).

Abb. 6 Vergewaltigungen in der Schweiz, 1994–2003

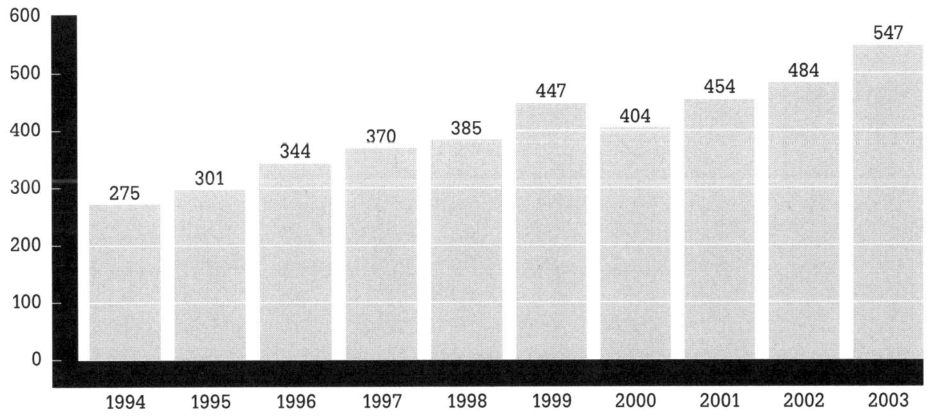

Bundesamt für Polizei: Polizeiliche Kriminalstatistik[29]

Dies wird bestätigt durch einen europäischen Vergleich der Anzeigen (European Sourcebook, Daten 1995 bis 2000) pro 100 000 Einwohner: Schweiz + 32 %; Deutschland + 21 %; Frankreich + 13 %; Italien + 94 %;[30] Österreich + 34 %.[31] Auch die Verurteilungen zeigen in dieselbe Richtung (European Sourcebook, Urteile 1995 bis 2000 pro 100 000 Einwohner): Schweiz + 9 %;[32] Deutschland + 82 %; Frankreich + 59 %; Italien 23 %;[33] Österreich – 10 %.[34] Basierend auf diesen Zahlen liesse sich hier mithin ein Erklärungsansatz für den Meinungsumschwung finden. Unglücklicherweise wird das indes gleich wieder zunichte gemacht durch die Tatsache, dass in der Schweiz der Stand von 2002 mit 80 Verurteilungen deutlich unter zum Beispiel demjenigen von 2001 (115 Verurteilungen) liegt. Auch wird dabei ausser Acht gelassen, dass die angezeigten Sexualdelikte gesamtschweizerisch von 1982 bis 1995 um rund 16 %, diejenigen der Vergewaltigung sogar um 35 % abgenommen hatten.[35] Noch deutlicher wird die Problematik, wenn man die Sexualdelikte insgesamt betrachtet (siehe Abb. 7).

Abb. 7 Andere strafbare Handlungen in der Schweiz gegen die sexuelle Integrität, 1994–2003

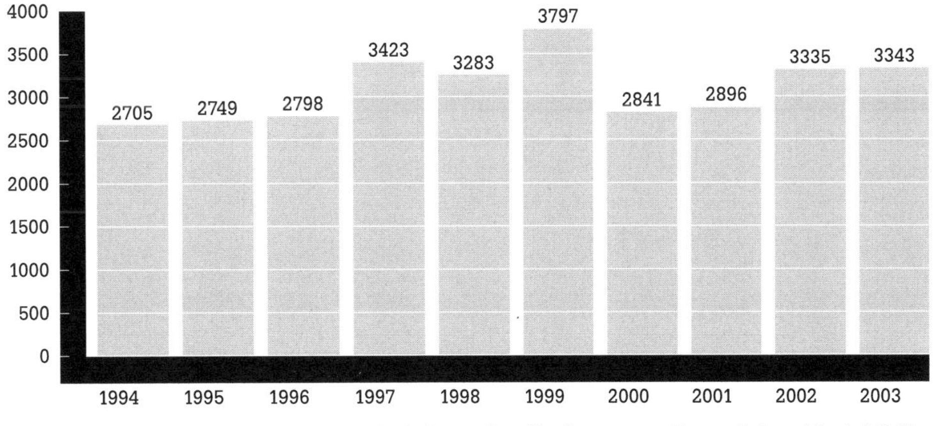

Bundesamt für Polizei: Polizeiliche Kriminalstatistik. «Andere strafbare Handlungen gegen die sexuelle Integrität» sind: Gefährdung der Entwicklung von Unmündigen, Angriffe auf die sexuelle Freiheit und Ehre (ohne Vergewaltigung), Übertretungen gegen die sexuelle Integrität.[36]

Die Zahlen scheinen einen deutlichen Trend zur Zunahme anzuzeigen. Diese Entwicklung wird allerdings durch einen Blick auf die Urteilsstatistik relativiert (siehe Abb. 8). Auch gemäss dieser Statistik ist die Zahl der Vergewaltigungen seit 1995 gestiegen, im Verhältnis zu den Jahren 1997 bis 2001 ist sie 2002 aber wieder deutlich gesunken. Schaut man sich schliesslich die Verurteilungen etwas genauer an, so erkennt man, dass die Zunahme bei Exhibitionismus (630 %), Pornografie (2700 %), sexueller Belästigung (6500 %) und unzulässiger Ausübung der Prostitution (7700 %) am stärksten ist, während Urteile wegen sexueller Handlungen mit Abhängigen (-54 %) oder wegen Ausnützen einer Notlage (-73 %) drastische Rückgänge zu verzeichnen haben.

Abb. 8 Verurteilungen in der Schweiz wegen strafbarer Handlungen gegen die sexuelle Integrität, 1992–2002

Artikel StGB		1992	1993	1994	1995	1996	1997	1998	1999	2000	2001	2002
187	Sex. Handlungen mit Kindern	270	261	297	274	292	331	320	357	356	329	324
188	Sex. Handlungen mit Abhängigen	24	20	19	16	16	17	20	14	11	14	11
189	Sex. Nötigung	51	62	92	67	91	106	115	117	148	130	88
190	Vergewaltigung	74	96	80	91	68	98	91	112	102	115	80
191	Schändung	3	6	21	37	36	47	56	61	58	53	39
192	Sex. Handlungen mit Anstaltspfleglingen	0	2	0	0	5	1	1	2	5	2	0
193	Ausnützen der Notlage	47	6	2	8	4	5	11	15	13	13	13
194	Exhibitionismus	13	78	70	66	91	82	82	100	80	84	82
195	Förderung der Prostitution	2	9	5	8	8	14	34	18	17	17	9
196	Menschenhandel	0	0	0	0	4	4	1	7	5	1	2
197	Pornografie	11	64	80	79	186	446	795	469	311	310	296
davon 197 Ziff. 1	- Anbieten pornografischer Dokumente an eine Person unter 16 Jahren	9	36	37	32	43	88	62	48	52	51	52
davon 197 Ziff. 3	- Herstellen pornografischer Dokumente	1	26	36	39	135	346	725	412	256	258	240
198	Sex. Belästigung	0	30	35	37	42	50	57	59	61	60	65
199	Unzulässige Prostitution	0	1	0	0	0	4	11	27	37	40	77
200	Gemeinsame Begehung	0	6	5	7	2	3	12	2	0	0	0
	Total	**495**	**641**	**706**	**690**	**845**	**1208**	**1606**	**1360**	**1204**	**1168**	**1086**

Bundesamt für Statistik[37]

3. Zusammenfassung

Aufgrund dieser Daten lässt sich jedenfalls nicht feststellen, dass die Kriminalität gesamthaft betrachtet in Europa oder gar speziell in der Schweiz im Zunehmen begriffen wäre. Vieles deutet vielmehr auf das Gegenteil. Erkennen lässt sich weiter, dass in gewissen Bereichen (Tötung, Diebstahl, Einbruch) in den meisten Ländern deutliche Abnahmen zu verzeichnen sind. In anderen Bereichen (vor allem im Bereich der Kontakt- beziehungsweise Gewaltdelikte, mit Ausnahme der Tötungen) ist umgekehrt eine deutliche Zunahme zu erkennen. Als Beispiel seien hier Körperverletzung, Vergewaltigung und Raub in der Schweiz, Deutschland, Frankreich, Italien und Österreich genannt.

Betrachtet man diese Entwicklungen zusammen und bezieht auch längere Zeiträume mit ein, so erscheint die Aussage angemessen, dass in Westeuropa die Kriminalität als Ganzes entweder im Abnehmen begriffen oder aber zumindest stabil ist.[38] Innerhalb des Kriminalitätsgefüges aber sind Veränderungen in der Deliktstruktur erkennbar. In Westeuropa nehmen Vermögensdelikte seit den 1990er-Jahren ab, während Gewaltdelikte – vor allem Körperverletzungen und Vergewaltigungen, nicht aber Tötungsdelikte – tendenziell zunehmen.[39]

Schliesslich zeigt sich auch, dass sich Schweizerinnen und Schweizer im gesamteuropäischen Vergleich immer noch sicher fühlen, obwohl sie unter den Westeuropäern, die sich tendenziell sicherer fühlen als die Osteuropäer, keinen Spitzenplatz einnehmen (vgl. Abb. 9). Aus alledem folgt, dass die gegenwärtige Hausse der Repression durch die Kriminalitätsentwicklung nach allen verfügbaren Massstäben nicht erklärbar ist, das heisst sich nicht davon herleiten lässt. Dafür müssen mithin andere Erklärungen gefunden werden. Anders gesagt: Wenn wir uns mit dem Strafbedürfnis der Bevölkerung (auch «Repressivität» oder «Punitivität» genannt) auseinander setzen, so ist dabei strikt zu unterscheiden zwischen diesem Bedürfnis einerseits und der meist als Begründung dafür angeführten Kriminalitätsentwicklung andererseits.

Strafbedürfnis, Punitivität und Repression

Es gibt verschiedene Gründe, warum sich das Strafbedürfnis der Bevölkerung nicht von der empirisch messbaren Kriminalitätsentwicklung herleitet. Zum einen ist daran zu erinnern, dass Strafe auf die «Braven» und «Konformen» zielt und nicht auf die Rechtsbrecher. Der konformen Mehrheit erlaubt sie, das eigene Verhalten überhaupt

Abb. 9 Verbrechensfurcht in Europa im Jahr 2000

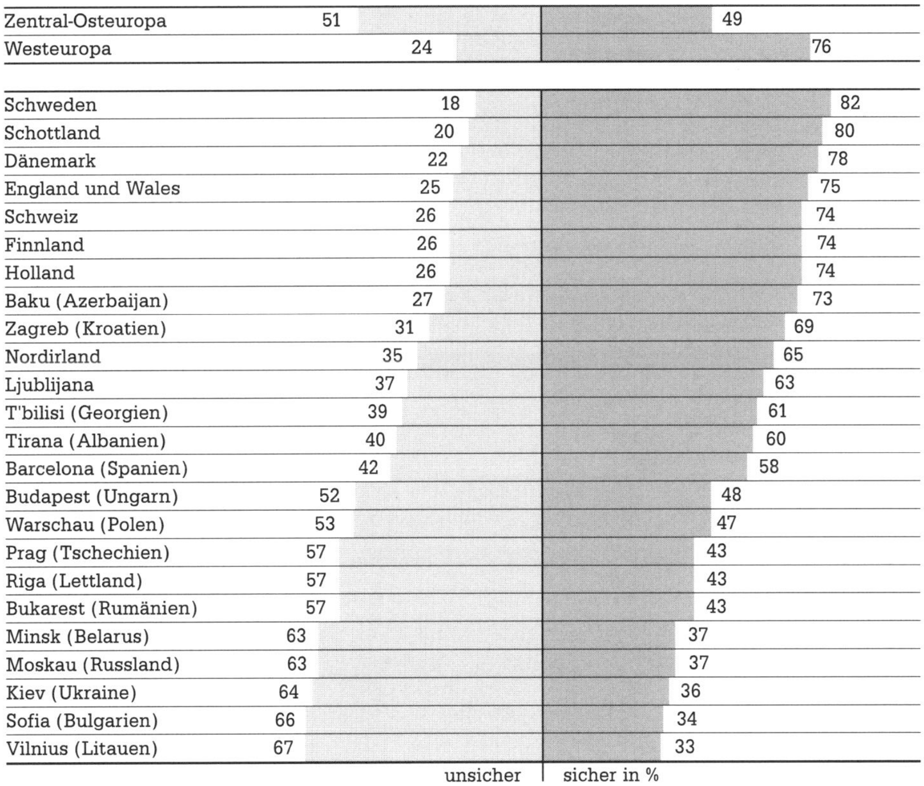

Alvazzi del Frate, A.; van Kesteren, J: Criminal Victimisation in Urban Europe.[40]

als Norm zu erkennen, die eigene Werthaltung durch die Strafe zu bestätigen und sich vom «Bösen» abzugrenzen.[41] Wenn wir also danach fragen, wie viel Strafe der Mensch braucht, dann bezieht sich die Antwort – aus Gründen, die hier nicht im Detail diskutiert werden sollen[42] – immer auf diejenigen, die Strafe fordern, und nicht auf jene, die sie erleiden. Wer also über Kriminalität und Strafe spricht, spricht vor allem über Einstellungen (zumeist seine eigenen) zu Kriminalität und Strafe, und dies selbst dann, wenn er – wie dies häufig geschieht – vorgibt (und wohl noch häufiger auch glaubt), über die Welt zu sprechen, über etwas Objektives «da draussen», das man erfahren und messen kann.

Ein weiterer Grund dafür, dass der gesellschaftliche Diskurs über Kriminalität nur marginal mit dem empirisch messbaren Phänomen «Kriminalität» verknüpft ist, besteht in der Tatsache, dass soziale Probleme grundsätzlich Konstrukte darstellen, wofür das Waldsterben als Beispiel genügen mag. Ohne dass wir uns hier auf die strittige Frage einlassen, ob soziale Probleme ausschliesslich Konstrukte sind (also von der Gesellschaft «nur erfunden» werden), wird man sicherlich zugeben, dass es jedenfalls die Gesellschaft ist, die einen Sachverhalt überhaupt erst zum Problem erhebt, ihn als problematisch wahrnimmt und erlebt und entsprechend definiert.[43] Gibt man dies aber zu, so wird ohne Weiteres offenbar, dass soziale Probleme (und damit auch Kriminalität) zu einem beträchtlichen Teil Platzhalter darstellen.

Massgeblich für das Strafbedürfnis der Bevölkerung erscheinen vor allem die Werte der Bevölkerung, die jeweils übliche Strafpraxis sowie die Wahrnehmung von Kriminalität.[44]

1. Werte

Hinsichtlich der Faktoren, die das Strafbedürfnis beeinflussen, seien hier nur zwei Studien erwähnt, einerseits die Studie von Kuhn zur Situation in der Schweiz,[45] andererseits die gross angelegte, länderübergreifende Studie zur Strafeinstellung von Kury.[46] Dabei ergibt sich Folgendes:

- Geografische Region: Die Romandie erscheint als deutlich punitiver, verglichen mit der Deutschschweiz.[47] Analog weisen die ostdeutschen Befragten in der Studie von Kury eine durchgängig schärfere Strafeinstellung auf als die Westdeutschen, besonders hinsichtlich Haschisch- oder Heroinkonsum. Umgekehrt sind sie hinsichtlich Schwangerschaftsabbruch oder auch Vergewaltigung in der Ehe weniger straforientiert als die Westdeutschen.
- Geschlecht: In der Studie von Kury erweisen sich Männer als deutlich punitiver als Frauen, in der Studie von Kuhn dagegen ist das Gegenteil der Fall.
- Alter: In der Studie von Kury hängt die Punitivität stark vom Delikt ab, auf das sich die Sanktionsvorstellungen beziehen. Bei Delikten, die eher von Jugendlichen begangen werden, zeigen sich ältere Befragte deutlich punitiver als jüngere. Umgekehrt sind die Jüngeren punitiver bei Delikten, die in neuerer Zeit problematisiert werden (zum Beispiel Kindesmisshandlung oder Vergewaltigung in der Ehe); in Kuhns Studie hingegen ergibt sich kein Zusammenhang.
- Ausbildung: In beiden Studien nimmt die Punitivität mit steigender Schulbildung ab. In der Studie von Kury relativiert sich aber diese Tendenz je nach Ortsgrösse: In kleineren Gemeinden sind die Unterschiede weniger gross als in Grossstädten.

Wie bereits aufgrund dieser Resultate sehr deutlich wird, bestehen Unterschiede hinsichtlich der Punitivität der Bevölkerung entlang klassischer demografischer Variabeln wie zum Beispiel Alter oder Geschlecht und sozialer Hintergrund der Personen.

2. Strafpraxis

Der zweite Faktor, der das Strafbedürfnis der Bevölkerung deutlich beeinflusst, ist die bestehende Strafpraxis – anders ausgedrückt: Die Bevölkerung befürwortet jeweils stärker Praktiken, die sie aus ihrem eigenen Umfeld kennt.

«Die Strafmentalität der einzelnen Bürger hängt somit ganz zentral mit den Erfahrungen im Umgang mit dem Problem Kriminalität zusammen, die den Einwohnern eines Staates durch die Sanktionspraxis desselben vermittelt werden. Lebt man in einem Staat, in dem es von alters her üblich ist und als unumgänglich für den Erhalt der Sicherheit angesehen wird, Schwerverbrecher zu hängen, wird man verständlicherweise Widerstände gegen eine Änderung dieser Sanktionspraxis ausdrücken, denn wer weiss, was dann passiert. Lebt man hingegen in einem Staat, in welchem nicht nur die Todesstrafe längst abgeschafft wurde, sondern auch hinsichtlich der Freiheitsstrafen zahlreiche Alternativen bestehen und praktiziert werden, hat man einen anderen, liberaleren und vor allem auch humaneren Umgang mit Straffälligen ‹gelernt› und findet das ‹normal›.»[48] Als Beispiel liesse sich die Quote nehmen, mit der lebenslängliche Freiheitsstrafen verhängt werden (siehe Abb. 10).

Dieser Verteilung entsprechen die Antworten auf die Frage, wie ein 21-jähriger Täter zu bestrafen sei, der zweimal eingebrochen ist, wobei er beim zweiten Mal ein Farbfernsehgerät gestohlen hat. In der Schweiz wählten nur 8,6 % die Freiheitsstrafe als bevorzugte Sanktion, in Frankreich 12,8 %, in Deutschland 13 %, in Norwegen 13,8 % und in Finnland 13,9 %, verglichen mit 52,7 % in den USA oder 62,5 % in der Tschechoslowakei. Stark punitiv ausgerichtet ist die Dritte Welt. So wählten in Rio de Janeiro 38,6 % die Freiheitsstrafe, in Bombay 51,5 %, in Manila 82 % und in Peking 83,2 %.[49] Entsprechend wird gemeinnützige Arbeit dort, wo sie zum Einsatz kommt (vor allem in Westeuropa), als gute Alternative zur Freiheitsstrafe empfunden, ebenso wie scharfe Strafen (bis hin zur Todesstrafe) dort markant stärker befürwortet werden, wo sie auch angewendet werden. Immerhin scheint bemerkenswert, dass auch in liberaleren Regionen das Strafbedürfnis zunimmt: In acht von zehn Ländern, in denen der Vergleich möglich war, hat das Befürworten von Freiheitsstrafen (gegenüber der gemeinnützigen Arbeit) zwischen 1992 und 1996 zugenommen.[50]

3. Wahrnehmung von Kriminalität

Als letzter Punkt schliesslich seien die Medien erwähnt. Die Bevölkerung kommt mit Kriminalität und der justiziellen Reaktion darauf praktisch nur als Opfer oder via Medienkonsum in Kontakt. Nachdem indes Kriminalität in den Medien stark verzerrt dargestellt wird (schwere Delikte und Gewaltdelikte sind deutlich überrepräsentiert),[51] erscheint nicht verwunderlich, wenn die Allgemeinheit nicht nur von der Kriminalität ein verzerrtes Bild hat, sondern auch über die Sanktionspraxis nur sehr wenig und vielfach Falsches weiss. Den Medien kommt entsprechend hinsichtlich der Bildung der öffentlichen Meinung und damit hinsichtlich der Strafeinstellung eine zentrale Rolle zu. Allerdings muss dies gleich wieder relativiert werden, weil unter «Medien» nicht nur die Medien im eigentlichen Sinn, sondern der ganze mediale Diskurs zu fassen ist. Wenn etwa die polizeiliche Kriminalstatistik jährlich wiederkehrend grundsätzlich nur absolute Zahlen angibt, ohne diese Zahlen in Relation zur Wohnbevölkerung zu setzen, so leistet sie zumindest Hilfe bei der Entstehung des allgemeinen Eindrucks, die Kriminalität nehme zu. Interessanterweise ist ja die Bevölkerung praktisch immer der Meinung, die Kriminalität nehme zu, wann und wo immer man sie hierzu befragt. Und in absoluten Zahlen mag dieser Eindruck manchmal sogar zutreffen, aber wahr ist eben auch, dass die Wohnbevölkerung zunimmt, sodass parallel zu dieser Zunahme gar nichts anderes zu erwarten ist als eine absolute Zunahme der Kriminalität, selbst wenn die Kriminalität im Verhältnis zur Bevölkerungszahl abnimmt. Zur Verzerrung gehört weiter, dass sämtliche Sexualdelikte (mit Ausnahme der Vergewaltigung) gesamthaft als Gruppe präsentiert werden, ohne dass Unterscheidungen möglich wären: Sexuelle Handlungen mit Kindern sind darin ebenso enthalten wie Pornografie, sexuelle Belästigung oder die unzulässige Ausübung der Prostitution, wobei eine Aufschlüsselung massive Unterschiede zu erkennen gibt.[52] Das verzerrte Bild der Kriminalität wird schliesslich vom Bundesamt für Polizei auch dadurch gefördert, dass Minutendiagramme erstellt und publiziert werden (nach dem Muster: alle 5 Minuten ein Delikt). Auch hier wird im Wesentlichen Angst gemacht, denn mit zunehmenden Bevölkerungszahlen nehmen natürlich die Zeitabstände permanent ab.[53]

Abb. 10 Zu lebenslanger Freiheitsstrafe verurteilte Erwachsene pro 100 000 Einwohner, 1995 und 1997

Land	1995	1997	Veränderung
Kanada	13	23	+ 76,9 %
Tschechien	n. a.	3	n. a.
England und Wales	247	309	+ 25,1 %
Finnland	6	5	– 16,7 %
Deutschland	100	122	+ 22,0 %
Griechenland	37	44	+ 18,9 %
Israel	12	13	+ 8,3 %
Italien	40	6	+ 85,0 %
Lettland	n. a.	1	n. a.
Moldavien	4	5	+ 25,0 %
Nordirland	22	3	– 86,4 %
Rumänien	15	9	– 40,0 %
Russland	n. a.	16	n. a.
Schottland	36	35	– 2,8 %
Slowakei	4	0	– 100,0 %
Schweden	13	9	– 30,8 %
Schweiz	4	n. a.	n. a.
Türkei	259	379	+ 46,3 %
USA	3 002	3 086	+ 2,8 %
Total	3 814	4 068	+ 6,7 %
Total: Europäische Länder	799	959	+ 20,0 %

Weitekamp, E. G. M: Sanctions.[54]

Schlussfolgerungen: eine Kultur der Angst?

Wenn die Kriminalitätsentwicklung die veränderte Haltung der Bevölkerung gegenüber dem Strafen nicht erklären kann, so stellt sich die Frage, ob diese Veränderungen eine Reaktion auf die justizielle Strafpraxis (die so genannte objektive Punitivität) sind. Auch dies aber kann nicht zutreffen: Zwar ist durchaus korrekt, dass die Punitivität der Bevölkerung grundsätzlich höher ist als diejenige der Justiz, dass die Strafpraxis der Gerichte tendenziell als zu milde empfunden wird[55] und dass zwischen Strafeinstellung der Bevölkerung und Strafpraxis der Justiz eine starke Korrelation besteht. Daraus lässt sich aber nicht ableiten, dass die punitivere Einstellung der Bevölkerung als Reaktion auf eine zu lasche Justiz erfolgt, denn die beiden Faktoren beeinflussen sich gegenseitig.[56] Wie ausgeführt, wird die Strafeinstellung der Bevölkerung beträchtlich beeinflusst durch die Erfahrungen mit einem bestimmten (üblicherweise dem eigenen) Strafsystem, sodass dieses die Einstellungen der Bevölkerung wohl stärker prägt als umgekehrt.[57] Auch einzelne besonders brutale Delikte vermögen keine Erklärung für den Sinneswandel der letzten Jahre zu liefern, denn letztlich bestimmt eben die Wahrnehmung der Bevölkerung, was als massgeblicher Anlass zu gelten hat und was nicht. Das für die Schweiz so folgenreiche Tötungsdelikt am Zürichberg zum Beispiel, das sowohl zu einer grundsätzlichen Veränderung der Strafvollzugs- beziehungsweise Urlaubspraxis wie auch zu einer Fundamentaldiskussion über den Umgang mit gemeingefährlichen Tätern und letztlich sogar zur Annahme der Volksinitiative für eine lebenslange Verwahrung geführt hat, findet seine Entsprechung in ähnlich gelagerten Fällen im europäischen Umland. Auch dort haben solche Fälle zu entsprechenden Gesetzeskorrekturen oder Korrekturvorhaben geführt.

Nicht nur die Diskussion um die gerade genannte Volksinitiative, die letztlich ja trotz ihrem verfassungswidrigen Anliegen angenommen wurde,[58] sondern bereits die Debatten über die Totalrevision des Allgemeinen Teiles des Strafgesetzbuches zeigen in aller Deutlichkeit auf, worum es ging: Die Diskussionen drehten sich vor allem um das Sanktionsrecht und hier vor allem um die Massnahmen. Den Befürwortern schärferer Regelungen ging es dabei primär um mehr Sicherheit. Und dies, obwohl das statistische Risiko gerade in diesem Bereich minimal erscheint. Seit 1984 bleiben die Verwahrungen nach Art. 43 Ziff. 1 Abs. 2 StGB (gefährliche, geistig gestörte Täter) praktisch stabil bei etwa 14 pro Jahr. Ein Anstieg lässt sich nicht beobachten.[59] Der gesamtschweizerische Bestand im Freiheitsentzug Ende 2003 belief sich auf 19 nach Art. 42 StGB (Gewohnheitsverbrecher) und 134 nach Art. 43 Ziff. 1 Abs. 2 StGB verwahrte Personen (so genannt geistig Abnorme).[60] Nachdem in jüngerer Zeit kaum noch Personen entlassen werden (siehe Abb. 11, Kolonne «bedingte/probeweise Entlassung»), steigt der Bestand von verwahrten Personen langsam, aber stetig an.[61]

Die ganze Diskussion dreht sich also um einen Bereich, der von der Zahl der Delikte her betrachtet eine verschwindend kleine Rolle spielt: In den 1990er-Jahren wurden jährlich rund 73 000 Verurteilungen ins Strafregister eingetragen, davon 11 500 unbedingte Freiheitsstrafen und 950 Massnahmen. Pro Jahr sind es aber nur 17 Verwahrungen (alle Verwahrungen zusammen), das heisst 0,02 % der Sanktionen. Und selbst unter den Massnahmen machen die Verwahrungen nur 2 % aus.[62] Dennoch hat dieser Bereich die Diskussion um die Reform des Allgemeinen Teils des StGB derart dominiert, dass man den Eindruck gewinnen musste, es handle sich bei diesem Gesetz (dem Strafgesetz) um ein Gesetz über die geistige Gesundheit. Offenbar handelt es sich hier um eine Stellvertreterdiskussion, denn durch die entsprechenden kriminalpolitischen Massnahmen kann zwar das Sicherheits*gefühl* der Bevölkerung verbessert werden, nicht aber die als Ziel anvisierte *tatsächliche* Sicherheit. Westeuropäische Gesellschaften erinnern hier an Hausbesitzer, die aus Angst vor einem Einbruch die Schlösser auswechseln und Videokameras installieren lassen, während ihr Dachstuhl am Verrotten und die Wände einsturzgefährdet sind. Im Vordergrund steht für die Bevölkerung mithin primär die Sicherheit, ein Gut, für das man gern bereit scheint, auch Freiheit zu opfern.

Der Befund lässt sich verallgemeinern. Primär von Angst geprägte Diskussionen sind gegenwärtig so häufig zu beobachten, dass man geradezu von einer Kultur der Angst sprechen könnte.[63] Erkennbar wird dies zum Beispiel bei der Angst vor Sexualmorden vor allem an Kindern,[64] aber auch im Bereich des Terrorismus, wo mit

Abb. 11 Entlassungen von Verwahrten nach Entlassungsgrund

	Art. 42 StGB (Gewohnheitsverbrecher)			Art. 43 Ziff. 1 Abs. 2 StGB (Geistig Abnorme)		
	verbüsst	bed./prob.	gestorben	Übertritt	bed./prob.*	gestorben
1982	3	25	0	3	11	2
1983	5	18	1	5	14	0
1984	1	19	0	3	11	2
1985	4	23	0	3	10	0
1986	1	17	0	0	6	0
1987	1	21	1	1	8	1
1988	1	18	2	1	7	0
1989	0	25	0	1	5	0
1990	0	11	0	4	10	0
1991	1	10	0	4	3	0
1992	1	9	0	2	7	0
1993	1	10	1	1	4	0
1994	0	10	0	1	2	0
1995	0	3	0	1	6	0
1996	2	3	1	0	1	0
1997	1	2	0	1	1	0
1998	0	3	0	0	1	0
1999	0	6	1	1	1	0
2000	0	0	0	2	2	1
2001	0	4	0	1	0	2
2002	0	4	0	2	1	1
2003	0	0	1	2	1	0

Bundesamt für Statistik;[65] * bed./prob.: bedingte oder probeweise Entlassung

dem erklärten Ziel der Verbesserung der Sicherheit relativ problemlos auch schwer erkämpfte Freiheiten aufgegeben werden. Weitere Beispiele liessen sich anfügen, etwa die Bereitschaft der Bevölkerung, Datensammlungen zuzulassen, die noch vor 10 oder 20 Jahren auf höchst erbitterten Widerstand gestossen wären, sodass Datenschutzbeauftragte teilweise geradezu als überlebte Fossile aus einer fernen Zeit erscheinen. Zu erwähnen wäre aber auch die Selbstverständlichkeit, mit der Überwachung selbst durch Private akzeptiert wird, weil Videokameras tendenziell als vertrauensbildend und sicherheitserhöhend und nicht als Bespitzelung empfunden werden. Die neue Straflust erscheint - so betrachtet - nur als ein Anwendungsfall eines wesentlich umfassenderen Wandels. Grundsätzlich nämlich scheint ein breiter Konsens zu bestehen, dass es sich lohne, Freiheit für Sicherheit aufzugeben. Natürlich ist diese Bereitschaft dort am grössten, wo es sich um die Freiheit des Anderen handelt, sie scheint aber keineswegs darauf beschränkt. Ins Allgemeine gewendet könnte man auch sagen, dass wir im Begriff sind, uns von der französischen Revolution, die Freiheit mit Gleichheit verband, wegzubewegen - hin zur amerikanischen Revolution, die Freiheit mit Sicherheit verband. Dem Grundsatz nach werden also bestehende, reale Freiheiten bereitwillig reduziert, um weitestgehend hypothetische (oder zumindest statistisch praktisch unbedeutsame) Risiken zu reduzieren.

Nimmt man das nun zusammen und anerkennt, dass:

1. die Strafe primär auf diejenigen zielt, die sie fordern und verhängen, und nicht auf die Bestraften;[66]
2. die westlichen Gesellschaften in jüngerer Zeit offenbar mehr Strafe benötigen;
3. dieses Strafbedürfnis begründet ist in der zunehmenden Verunsicherung und Angst;[67]

so bleibt natürlich zu fragen, woher diese Angst kommt, die die westlichen Gesellschaften so stark beeinflusst.

Zu nennen wären hier wohl in erster Linie die gesellschaftlichen und politischen Veränderungen der letzten 25 Jahre, insbesondere der Zusammenbruch der Sowjetunion und die zunehmende Globalisierung. Zweifellos sind die westlichen Gesellschaften wachsendem (auch internationalem) Wettbewerb ausgesetzt. Dass dies – gerade bei den Globalisierungsverlierern – zu Verunsicherung führt, kann nicht verwundern, erklärt aber nur einen Teil des Phänomens.

Wichtig erscheint weiter, dass die zunehmende Komplexität der Gesellschaften und ihre wachsende Vernetzung untereinander notwendigerweise auch Identitätsverlust bedeutet, vor allem, weil gleichzeitig die einst so hilfreiche Negativfolie des Ostblocks weggefallen ist. Je unklarer aber ist, wer man selbst ist, desto hilfreicher ist Ausgrenzung. Es scheint denn auch kein Wunder, dass ausgerechnet dort, wo Jugendliche eine wenig positive Einstellung zu ihrem Land aufweisen (wie zum Beispiel in der Schweiz oder in Deutschland), diese Einstellungen auch gegenüber den Rechten von Migranten wenig positiv sind.[68]

Wer verunsichert ist, wer nicht weiss, wer er ist und wo er steht, der braucht Ausgrenzung und damit Strafrecht dringender als andere, denn Strafrecht – das sei nicht vergessen – ist vor allem Ausgrenzung. Über Ausgrenzung erreicht man eine klarere und schärfer definierte Identität, ein Zusammenrücken, das zum Beispiel Diktatoren gerne nutzen, indem sie bei Problemen im Innern des Landes einen Krieg vom Zaun brechen. Aber Strafrecht produziert Identität nicht nur über Ausgrenzung, sondern auch über die symbolische Aktualisierung, quasi ein Sichtbarmachen, der eigenen Normen und Werte. Indem die Abweichler strafrechtlich verfolgt werden, gelingt es, die Unübersichtlichkeit und Ambivalenz der modernen Gesellschaft zu überwinden und zurückzukehren zu den beruhigenden und versichernden Vorstellungen der bürgerlichen Gesellschaft, wo anständige Menschen noch anständig waren und böse Menschen anderswo lebten.

Dass sich das bald ändern wird, ist nicht wirklich abzusehen. Denn natürlich könnte man versuchen, den Ängsten durch Information entgegenzutreten, aber in Zeiten wie diesen, die eher von Paranoia und Hysterie geprägt sind als von Aufklärung, dürfte dies schwierig werden. Angst verschwindet typischerweise nicht, nur weil man weiss, dass sie übertrieben oder gar grundlos ist.

FUSSNOTEN. **1** Art. 161 StGB bzw. Art. 147 und 148 StGB, eingeführt mit der Revision der Vermögensdelikte, in Kraft seit 1995. **2** Art. 161bis StGB, in Kraft seit 1997. **3** Art. 305bis und Art. 305ter StGB, in Kraft seit 1990, sowie Bundesgesetz zur Bekämpfung der Geldwäscherei im Finanzsektor, SR 955.0, in Kraft seit 1998, und seine zugehörigen Verordnungen. **4** Art. 322bis – 322^{octies} StGB, in Kraft seit 2000. **5** Art. 135 Abs. 1bis und 197 Ziff. 3bis StGB, in Kraft seit 1. April 2004. **6** Erwähnt sei nur Art. $260^{\text{quinquies}}$ StGB, in Kraft seit 2003. **7** Art. 100^{quater} und $100^{\text{quinquies}}$ StGB, in Kraft seit 2003. **8** Art. 70 ff. StGB, in Kraft seit 2003. **9** Art. 66ter StGB sowie Art. 123, 126, 180, 189 und 190 StGB, in Kraft seit 2004. **10** Art. 317bis StGB sowie das Bundesgesetz über die verdeckte Ermittlung, in Kraft per 2005. **11** Vgl. Reuband, K.-H.: Steigende Repressionsneigung im Zeitalter der «Postmoderne»? Das Sanktionsverlangen der Bundesbürger 1989 und 2002 im Vergleich. In: Neue Kriminalpolitik 3/2003. S. 100–104; Kury, H.: Zur Sanktionseinstellung der Bevölkerung. In: Albrecht, H. J. u. a. (Hg.): Internationale Perspektiven in Kriminologie und Strafrecht. Festschrift für Günther Kaiser zum 70. Geburtstag. Berlin 1998. S. 237–269; Kury, H.; Ferdinand, Th.: Public Opinion and Punitivity. In: International Journal of Law and Psychiatry 22/1999. S. 372–392, alle mit weiterführenden Belegen. Vgl. weiter: Pfeiffer, Ch.: Die Dämonisierung des Bösen. In: Frankfurter Allgemeine Zeitung, 5. 3. 2004, in der ungekürzten Fassung einsehbar unter: www.kfn.de/daemonisierung.pdf. **12** Vgl. Wiprächtiger, H.: Strafrecht und Strafvollzug in der Krise. In: Jusletter 15. Januar 2001, abrufbar über: www.weblaw.ch/jusletter/Artikel.jsp?ArticleNr=927; vgl. weiter Mazzuchelli, G.: Öffentliches Sicherheitsbedürfnis. Kriminalität und die Funktion der strafrechtlichen Sanktion aus kriminologischer Sicht. In: AJP 11/2000. S. 1337–1343; Oberholzer, N.: Die Rolle des modernen Strafrechts. Kriminalisierung als Mittel für jeden Zweck? In: recht 6/2002. S. 221–229; Ders.: Neue gesellschaftliche Herausforderungen und neue Strafbestimmungen (Organisiertes Verbrechen). In: AJP 6/2000. S. 651–661; Arzt, G.: Über Korruption, Moral und den kleinen Unterschied. In: recht 2/2001. S. 41–50; Kunz, K.-L.: Kriminalwissenschaften und gesellschaftliche Sicherheit. In: Duttge, G. u. a. (Hg.): Gedächtnisschrift für Ellen Schlüchter. Köln 2002. S. 727–742; Vest, H.: «Organisierte Kriminalität» – Überlegungen zur kriminalpolitischen Instrumentalisierung eines Begriffs. In: Schweizerische Zeitschrift für Strafrecht 1994. S. 121–152; Bussmann, K.-D.: Konservative Anmerkungen zur Ausweitung des Strafrechts nach dem Sechsten Strafrechtsreformgesetz. In: Der Strafverteidiger 11/1999. S. 613–622; Lüderssen, K.: Das moderne Strafrecht – Eine Zerreissprobe zwischen ultima ratio, Pragmatismus und kulturellem Hochgefühl. In: Der Strafverteidiger 2/2004. S. 97–101; Vormbaum, Th.: «Politisches Strafrecht». In: Zeitschrift für die gesamte Strafrechtswissenschaft 1995. S. 734–760; Walter, Michael: Kriminalpolitik im Zeichen der Verbrechensfurcht: Von der Spezial- über die General- zur «Ubiquitäts»prävention? In: Weigend, Th.; Küper, G. (Hg.): Festschrift für Hans Joachim Hirsch, Berlin/New York 1999. S. 897–915. **13** Vgl. www.fedpol.ch (unter: Archiv/Statistiken). **14** Nimmt man als Berechnungsbasis die Strafurteile, deren Zahlen anders als diejenigen der polizeilichen Kriminalstatistik (ab 1982) bis ins Jahr 1936 zurück erhältlich sind, so ergibt sich eine extrem stabile Kriminalitätsbelastung der Schweiz über 70 Jahre, d. h. genau genommen sogar eine Abnahme: Niggli, M. A.; Pfister, F.: Das verlorene Paradies? Über Romantik, Kriminalitätsentwicklung in der Schweiz und die Kunst, Geschichten zu erzählen. In: AJP, Nr. 18 f. 1997. S. 519–553. **15** www.fedpol.ch/d/aktuell/stat/kriminal/PKS_2003_d_inkl_gr.pdf. **16** Vergleich: 1995–1999. **17** European Sourcebook of Crime and Criminal Justice Statistics 2003, Second edition, WODC, Den Haag 2003. S. 33. Das Sourcebook ist online abrufbar unter: www.minjust.nl/b_organ/wodc/publicaties/rapporten/pubrapp/ob212i.htm. **18** Vergleich der Zahlen 1995–1999. **19** Vergleich der Zahlen 1995–1999. **20** European Sourcebook (Fn. 17), S. 125. Für Spanien bestehen nur Zahlen bis 1998 und für Luxemburg sind gar keine Daten aufgeführt. **21** www.statistik.admin.ch/stat_ch/ber19/du1903.htm. **22** www.statistik.admin.ch/stat_ch/ber19/pks/dtfr19_ crim.htm (Straftaten im internationalen Vergleich); die Daten stammen aus dem European Sourcebook (Fn. 17), S. 33 ff.; Daten für Belgien und Italien für das Jahr 1999. **23** www.fedpol.ch/d/aktuell/stat/kriminal/PKS_2003_d_inkl_gr.pdf. **24** Daten für 1995–1999. **25** European Sourcebook (Fn. 17), S. 35. **26** Daten für 1995–1999. **27** Daten für 1995–1999. **28** www.statistik. admin.ch/stat_ch/ber11/dtfr11.htm. Für einen internationalen Vergleich bzgl. der Anzeigen aufgrund des Strassenverkehrsgesetzes: European Sourcebook (Fn. 17), S. 34 bzgl. der Strafurteile S. 126. **29** www.fedpol.ch/d/aktuell/stat/kriminal/PKS_ 2003_d_inkl_gr.pdf. **30** Daten für 1995–1999. **31** European Sourcebook (Fn. 17), S. 39. **32** Daten für 1995–1999. **33** Daten für 1995–1999. **34** European Sourcebook (Fn. 17), S. 130. Österreich: Daten für 1995–1999. **35** Vgl. Niggli; Pfister (Fn. 14), Nr. 34 ff. **36** www.fedpol.ch/d/aktuell/stat/kriminal/PKS_2003_d_inkl_gr.pdf. **37** Bundesamt für Statistik: www.statistik.admin.ch/stat_ch/ber19/dtfr19.htm. **38** Vgl. dazu auch die Daten der Opferbefragungen: Alvazzi del Frate, A.: Counting Crime in Europe. Survey Trends 1996–2000. In: Aromaa, K.; Nevala, S. (Hg.): Crime and Crime Control in an Integrating Europe. Helsinki 2003. S. 61–72, 65; abrufbar unter: www.heuni.fi/26263.htm. **39** Vgl. Aebi, M.: Crime Trends in Europe from 1990 to 2000. In: Aromaa, K.; Nevala, S. (Hg.): Crime and Crime Control in an Integrating Europe. Helsinki 2003. S. 39–60, abrufbar unter: www.heuni.fi/26263.htm. **40** Alvazzi del Frate, A.; van Kesteren, J.: Criminal Victimisation in Urban Europe. Key Findings of the 2000 International Crime Surveys, UNICRI, Rom 2004, 19; abrufbar über: www.unicri.it/icvs/publications/pdf_files/ CriminalVictimisationUrban Europe.pdf. **41** Vgl. Niggli, M. A.: Zwischen Verbrechen und Strafe. Über Schmerz, Schuld und Verantwortung. In: Heiz, V.; Pfister, M. (Hg.): Medium – eine Welt dazwischen. Museum für Gestaltung. Zürich 1998. S. 69–77. **42** Vgl. Niggli, M. A.: Ultima ratio? Über Rechtsgüter und das Verhältnis von Straf- und Zivilrecht bezüglich der so genannt «subsidiären oder sekundären Natur» des Strafrechts. In: Schweizerische Zeitschrift für Strafrecht 111/1993. S. 236–263; Ders.: Mehr innere Sicherheit durch Strafjustiz und Strafvollzug? Theorien zur Begründung und zum Vollzug der Strafe, ihr empirischer Beleg und die metaphysischen Wurzeln des Strafrechts. In: Bauhofer, St.; Bolle, P.-H. (Hg.): Innere Sicherheit – Innere Unsicherheit? Kriminologische Aspekte. Chur/Zürich 1995. S. 89–130. **43** Vgl. etwa Kury/Ferdinand (Fn. 11), S. 377, die eine skandinavische Studie zur Frage zitieren, welches denn das grössere Problem im Land darstelle, Alkohol oder illegale Drogen. Die Unterschiede sind frappant (jeweils Prozent der Antwortenden, die Alkohol bzw. illegale Drogen als primäres Problem identifizierten): Dänemark 29 %/30 %; Schweden: 19,3 %/43,5 %; Norwegen: 45,6 %/26,9 %; Finnland: 59,3 %/15,3 % (vgl. Hakkarainen, P. u. a.: Drug use and public attitudes in the nordic countries. In: Hakkarainen, P. u. a. (Hg.): Discussing drugs and control policy. Helsinki 1996. S. 125–164). **44** Vgl. Kury, H.: Gemeingefährlichkeit und Medien – Kriminologische Forschungsergebnisse zur Frage der Strafeinstellungen. In: Bauhofer, St.; Bolle, P.-H.; Dittmann, V. (Hg.): «Gemeingefährliche Straftäter», Reihe Kriminologie, Bd. 18. Chur/Zürich 2000. S. 193–236, 204. **45** Kuhn, A.: La punitivité et le role de l'unité de sanction dans le quantum de la peine, Rapport scientifique final présenté au Fonds National. Lausanne 2001; abrufbar unter: www2.unil.ch/icdp/qui/kuhn/Rapport_ FNRS_Kuhn.pdf. Vgl. dazu auch eine deutsche Kurzfassung abrufbar unter: www2.unil.ch/ ips/pdf/Crimiscope19D.pdf. **46** Vgl. dazu Kury/Ferdinand (Fn. 11); Kury, H.; Obergfell-Fuchs, J.: Public attitudes towards sanctioning. In: Albrecht, H.-J.; Kury, H. (Hg.): Research on crime and criminal justice at the Max Planck Institute Freiburg, edition iuscrim. Freiburg 1998. S. 41–49; Kury (Fn. 11) Vgl. dazu auch den internationalen Vergleich: Kuhn, A.: Attitudes towards Punishment. In: Understanding Crime, Experiences of Crime and Crime Control, 1993, UNICRI, Acts of the International Conference. S. 271–288. **47** Kuhn (Fn. 45). S. 25. **48** Kury (Fn. 44). S. 204. **49** Vgl. dazu van Dijk, J. J. M.; Mayhew, P.: Criminal vicitmisation in the industrialised world, key findings of the 1989 and 1992 International Crime Surveys. In: del Frate, A.; Zvekic, U; van Dijk, J. J. M. (Hg.): Understanding Crime, UNICRI, Rom 1993. S. 1–49 sowie Zvekic/U.; del Frate, A. (Hg.): Criminal victimization in the developing world, UNICRI, Rom 1995. Die wichtigsten Erkenntnisse des 1996-er International Crime Survey sind zusammengefasst in: Mayhew, P.; White, Ph.: The 1996 International Crime Victimisation Survey, Home Office, Research Findings Nr. 57, London 1997, abrufbar unter: http://www.homeoffice.gov.uk/ rds/pdfs/r57.pdf; vgl. schliesslich Kury (Fn. 44). S. 207 ff. **50** Vgl. Mayhew; White (Fn. 49), S. 5 f.; vgl. auch Kury (Fn. 44). S. 210. **51** Vgl. dazu illustrativ die grafische Darstellung bei Kury (Fn. 44), S. 229; vgl. weiter Reuband, K.-H.: Kriminalität, Kriminalitätsfurcht und die Rolle der Medien. In: Cassani, U.; Maag, R.; Niggli, M. A. (Hg.): Medien, Kriminalität und Justiz, Reihe Kriminologie, Bd. 19. S. 161–184. **52** Vgl. Abb. 8. **53** Zur Kritik dieser abstrusen Darstellung vgl. Kunz, K.-L.: Kriminologie. Eine Grundlegung. 3. Aufl. Bern 2001. S. 255; Niggli, M. A.: Zeit, Kriminalität und Kriminalitätsuhren. AJP, 1995. S. 60 f. **54** Weitekamp, E. G. M.: Sanctions. In: Aromaa, K.; Nevala, S. (Hg.): Crime and Crime Control in an Integrating Europe. Helsinki 2003. S. 150–175, 153. **55** Vgl. aber abweichend: Kuhn (Fn. 45). S. 28. **56** Kuhn (Fn. 45). S. 30 f. **57** Vgl. aber gleich nachfolgend die veränderte Entlassungspraxis bei Verwahrungen, die sich von den Strafeinstellungen der Bevölkerung nicht unbeeinflusst zeigt. **58** Neu Art. 123a Bundesverfassung: «1 Wird ein Sexual- oder Gewaltstraftäter in den Gutachten, die für das Gerichtsurteil nötig sind, als extrem gefährlich erachtet und nicht therapierbar eingestuft, so ist er wegen des hohen Rückfallrisikos bis an sein Lebensende zu verwahren. Frühzeitige Entlassung und Hafturlaub sind ausgeschlossen. 2 Nur wenn durch neue, wissenschaftliche Erkenntnisse erwiesen wird, dass der Täter geheilt werden kann und somit keine Gefahr mehr für die Öffentlichkeit darstellt, können neue Gutachten erstellt werden. Sollte auf Grund dieser neuen Gutachten die Verwahrung aufgehoben werden, so muss die Haftung für einen Rückfall des Täters von der Behörde übernommen werden, die die Verwahrung aufgehoben hat. 3 Alle Gutachten zur Beurteilung der Sexual- und Gewaltstraftäter sind von mindestens zwei voneinander unabhängigen, erfahrenen Fachleuten unter Berücksichtigung aller für die Beurteilung wichtigen Grundlagen zu erstellen.» **59** Bundesamt für Statistik: www.statistik.admin.ch/ stat_ch/ber19/verw_afr/verw_d_1a.htm. **60** Details finden sich beim Bundesamt für Statistik, abrufbar unter: www.statistik.admin.ch/stat_ch/ ber19/verw_afr/dtfr19_verw.htm. **61** Erkennbar wird in der vorstehenden Tabelle aber auch, dass diese Diskussionen die Vollzugspraxis massgeblich mitgeprägt haben. **62** www.statistik.admin.ch/ stat_ch/ber19/ verw_afr/verw_d_1a.htm. **63** Vgl. etwa Glassner, B.: The Culture of Fear. Why Americans Are Afraid of the Wrong Things. New York 2003; Furedi, F.: Culture of Fear: Risk and the Morality of Low Expectation. London/New York 1997. **64** Vgl. dazu die bereits zitierte (Fn. 51) grafische Darstellung bei Kury (Fn. 44), S. 229. **65** www.statistik.admin.ch/stat_ch/ber19/verw_afr/verw_ d_3c_entl.htm. **66** Vgl. vorn Strafbedürfnis, Punitivität und Repression. **67** Vgl. Glassner (Fn. 63) und Furedi (Fn. 63). **68** Vgl. Haenni Hoti, A.: Vertrauen in staatliche Institutionen und Medien sowie Einstellungen gegenüber der Nation, in: Oser, F.; Biedermann, H. (Hg.): Jugend ohne Politik. Chur/Zürich 2003. S. 77–100, insbesondere die grafischen Darstellungen auf S. 92 und 104.

Sibylle Lichtensteiger und Beat Hächler leiten seit 2002 das Stapferhaus Lenzburg.

Es ist unsere Aufgabe, Übel zuzufügen

Ein Interview mit Martin-Lucas Pfrunder, Direktor der Strafanstalt Lenzburg

Übel Zufügen und Wegsperren ist der Zweck. Höflichkeit oberste Pflicht. Martin-Lucas Pfrunder, von 1981 bis Ende 2004 Direktor des ältesten Gefängnisses der Schweiz, über die Aufgaben einer Strafanstalt, den Umgang mit den Gefangenen, die Medienpräsenz seiner Häftlingsprominenz und das Desinteresse der Politiker.

Das Lenzburger Gefängnis nennt sich offiziell «Strafanstalt». Diese Bezeichnung wirkt antiquiert.

Ich verstehe unter Strafen die Zufügung eines Übels. Genau dies ist die Funktion eines Gefängnisses. Wenn der Staat einen Menschen gefangen hält, so ist dies eine Zufügung von Übel. Der Raum, den der Gefangene bewohnt, hat eine Tür ohne Türklinke und doppelt verglaste Fenster, die so weit oben sind, dass der Gefangene nicht hinaussieht. Hier eingesperrt zu sein, ist eine Strafe. Und das muss gemäss Strafgesetzbuch auch so sein. Der Staat muss, damit er Staat ist, Macht ausüben. Ein Staat, der keine Macht hat, ist kein Staat. Und zur Ausübung der Macht braucht er Organe: Polizei, Gerichte, Strafanstalten. Mir ist es wichtig, dass wir keinen Hehl daraus machen, dass ein Gefängnis eine Strafanstalt ist. Deshalb sprechen wir auch von Gefangenen und nicht von Insassen. In internen Schreiben heisst es liebe Gefangene, auch wenn sich das vielleicht komisch anhört. Ich muss jeweils schmunzeln, wenn das Justizdepartement von Kundenfreundlichkeit spricht. Die Menschen hier in Lenzburg sind Gefangene, keine Kunden.

Sie sind seit 23 Jahren Direktor dieser Anstalt, die Menschen bestraft. Ein unangenehmer Beruf?

Nein, das ist nicht unangenehm. Die Strafe ist der Freiheitsentzug. Der Richter spricht diese Strafe aus und legt das Strafmass fest. Wir im Innern der Anstalt müssen nicht noch einmal strafen. Es ist mir ganz wichtig, dass sich die Angestellten im Justizvollzug nicht in einer strafenden Rolle sehen. Das ist etwas, das man draussen gar nicht begreift. Die Bevölkerung hat das Gefühl, man müsse mit einem Gefangenen unhöflich sein. Wir haben 180 Gefangene, und ich verlange von meinen Mitarbeitern Höflichkeit. Ich kann einem Menschen, den wir gefangen halten, durchaus auch Emotionen geben. Ich bin ihm nicht böse.

Die Strafanstalt hat nicht nur den Zweck zu bestrafen. Sie soll die Bevölkerung auch vor den Tätern schützen, indem sie diese wegsperrt. Die Verwahrungsinitiative hat gezeigt, dass der Bevölkerung der Sicherheitsgedanke wichtig ist.

Diese Verwahrungsinitiative ist eine Totgeburt. Sie können eine Tür nicht mehr als abschliessen. Die Verwahrungsinitiative hat viele unserer Gefangenen furchtbar beunruhigt. Ich habe den Gefangenen erklärt, dass man ihnen nicht nochmals eine

Verwahrung obendrauf setzen könne. Mich hat der Fall Hauert, der die Verwahrungsinitiative ins Rollen gebracht hat, auch erschüttert. Aber die Initiantinnen haben via Medien fertig gebracht, dass das Volk meinte, Mörder liefen frei aus dem Gefängnis heraus, und diesen Zuständen müsse ein Riegel geschoben werden. Damit ein Verwahrungsgefangener frei kommt, braucht es seit 1994 eine ganze Serie von Gutachten und den positiven Entscheid eines Gremiums für Vollzugslockerung. Ich habe zwei bis drei Fälle von verwahrten Gefangenen, bei denen ich nicht davon ausgehe, dass sie je dieses Gefängnis verlassen werden. Aber das ist eine verschwindend kleine Minderheit. Abgesehen von diesen wenigen Fällen bin ich überzeugt, dass Haftstrafen über sieben Jahre absolut keinen Sinn machen. Bei jeder Strafe über sieben Jahre verliert der Betroffene die Perspektive. Wir haben Gefangene, die sich psychisch verändern, weil sie nicht mehr über den Berg sehen. Sie sind gezeichnet, haben den Weitblick nicht mehr. Was wollen Sie einem Gefangenen 16 Jahre lang erzählen? Der Gefangene hat vielleicht eine Tonne Heroin in die Schweiz gebracht – die Leute sagen: «Warum hat man dem nicht 20 Jahre gegeben oder ihn gleich aufgehängt?» Das können sie nur sagen, weil sie von allem nichts verstehen. Ich kann dem Gefangenen raten, er solle mal die nächsten fünf Jahre eine Lehre und eine Anlehre in der Küche machen. Und nachher? Nach zwölf Jahren weiss dieser Gefangene unter Umständen noch nicht, ob er bedingt entlassen wird. zwölf Jahre eingesperrt zu sein, ist hart. Sehr hart. Unsere Aufgabe ist es, dieser Zeit eine Struktur zu geben, den Alltag zu gestalten. Es ist einfach, als Richter oder Staatsanwalt hart zu sein, lange Strafen zu fällen und bedingte Entlassungen nicht zu gestatten. Aber diese Entscheide dem Gefangenen mitzuteilen ist schwierig, und das überlassen die Behörden gerne uns.

Trotzdem, in letzter Zeit werden Straftäter als besonders gefährlich wahrgenommen.
Darf ich mal umblenden? Schauen Sie mal, wie viele Menschen auf den Strassen umkommen durch betrunkene Fahrzeuglenker. Da müssten Sie das Autofahren sofort verbieten. Aber es ist von der Gesellschaft akzeptiert. Oder denken Sie an unser Gesundheitswesen. 5000 Menschen kommen jährlich in der Schweiz durch Behandlungsfehler ums Leben. 5000 Menschen, das ist eine mittlere Kleinstadt. 3000 direkt durch ärztliche Fehler. Ärzte bringen also in der Schweiz jährlich 3000 Leute um. 3000, nicht 300. Da wäre ja nun wirklich Handlungsbedarf vorhanden.

Die Strafanstalt soll den Täter auch auf das Leben nach der Gefängniszeit vorbereiten. Die Strafanstalt hat die Pflicht, den Täter zu resozialisieren.
Gegenfrage: Kann ich einen türkischen Rauschgifthändler auf das Leben nach der Rückkehr nach Ankara vorbereiten? Spreche ich seine Sprache? Kenne ich seine Kultur? Oder soll ich ihn fit machen, damit er nachher in Zürich leben kann? Ich habe nur Fragen, ich kann Ihnen keine Antworten geben.

Wie hat sich die Arbeit hinter den Mauern in ihrer 23-jährigen Amtszeit verändert?
Ich machte hier im Jahr 1972 mein erstes Praktikum, völlig unbedarft, als frisch gebackener Jurist. Gewisse Gefangene empfand man damals einfach als renitent, wenn sie Zoff machten. Es waren aber psychisch Schwerstkranke darunter, denen man Unrecht tat. Man hat sie in Handschellen gelegt und eingesperrt – aus purer Hilflosigkeit. Seither hat in Lenzburg ein radikales Umdenken stattgefunden. Man kann einen Schizophrenen, der einen Anfall hat, schon mit Gewalt zum Schweigen bringen. Das ist aber nicht unsere Arbeit. Das wird diesem Menschen nicht gerecht. Sie müssen

einem Menschen, der in einem Raum Heizkörper sieht, die gar nicht existieren, und der behauptet, dass Giftgas ausströme und er vergiftet werde, anders begegnen als mit Gewalt. Wir haben zurzeit bis zu einem Drittel schwerstkranke Menschen bei uns. Die Psychiatrie findet für diese keine Lösung. Die Kliniken wollen diese Menschen nicht, weil sie keine Gitter wollen.

Als Sie die Direktionsstelle 1981 antraten, betrug der Ausländeranteil in der Strafanstalt rund 15 Prozent. Heute sind es 84 Prozent. Ist die Arbeit dadurch schwieriger geworden?

Ja, im Innern der Anstalt hat ein unglaublicher Wandel stattgefunden. Früher waren die wenigen Ausländer ausschliesslich Menschen aus Europa, aus Italien oder Ungarn. Menschen, mit denen wir unsere Kultur teilen. Die Menschen, die wir heute vorwiegend haben, verstehen nichts von unserer Kultur und wir nichts von der ihrigen. Wir beobachten oft, dass Männer aus islamischen Ländern ihre Frauen in einer Art behandeln, die uns fremd ist. Wenn wir im Besucherraum darauf hinweisen, dass dies so nicht gehe, sagt ein solcher Gefangener: «Das geht dich nichts an, das ist meine Frau, ich mache mit ihr, was ich will.» Das betrifft auch den Kontakt der Gefangenen unter sich. Wir hatten zum Beispiel beim Duschen früher nie Probleme. Heute kaufen einige nie Duschmittel. Sie gehen einfach zu Schwächeren und nehmen ihnen das Duschmittel weg. Wenn sich einer wehrt, kriegt er eins verpasst. Es gibt auch Schweizer, die von hier weg möchten, weil sie Angst haben. Es ist eine Kultur der Gewalt.

Auch die soziale Herkunft der Gefangenen hat sich verändert. Früher waren es oft Menschen aus der Unterschicht, die bei uns landeten. Heute haben wir beispielsweise türkische Rauschgifthändler mit tollen Häusern in Ankara, grossen Limousinen und teurem Schmuck. Sie sind Mitglieder grosser Organisationen und internationaler Unternehmen, die im Bereich Rauschgift oder Einbruchskriminalität tätig sind. Diese Leute sind in ihren Ländern gut sozialisiert. Sie sind sich das karge Leben in unserem Gefängnis nicht gewohnt.

Der Hochsicherheitstrakt weckt Neugierde. Prominente Lenzburger Gefangene interessieren regelmässig die Medien. Sonntagsausflügler schauen gerne mit Ferngläsern vom Schlosshügel in die Gefängnismauern. Was halten Sie von dieser Art Interesse?

Mich stört das, so wie mich die Gaffer bei einem Autounfall stören. Das Unglück anderer Menschen ist immer geil. Es hat schon immer Menschen angezogen. Früher bei den Hinrichtungen, heute im Kino, in den Fussballstadien, in den Städten. Es widert mich an. Unsere Wahrnehmung hat sich mit den Medien und der grassierenden Über-Kommunikation verändert. Aber glauben Sie, dass im 18. und 19. Jahrhundert weniger Sexualdelikte mit Kindern verübt wurden als heute? – Es kam einfach nicht ans Tageslicht. Wir haben in der Strafanstalt gelernt, gewisse prominente Gefangene vor dem Sensationsjournalismus zu schützen, und zwar massiv, unter Beizug von Anwälten. Was mich und meine Mitarbeiterinnen und Mitarbeiter immer wieder frustriert, ist die Erkenntnis, dass die Öffentlichkeit – insbesondere die Medienöffentlichkeit – nicht wahrnehmen will, was tagtäglich hier drinnen an professioneller Arbeit geleistet wird, was an Zuwendung nötig ist, speziell im Bereich der Hochsicherheit.

Welches Interesse der Öffentlichkeit würden Sie sich denn wünschen?

Ich wünsche mir eine Neugier für die Leistung der Mitarbeitenden. Vollzugsangestellte sind weder Polizisten noch Sozialarbeiter. Wir wären auch nicht geeignet, die Polizeiarbeit zu machen, so wie die Polizei nicht unsere Arbeit machen kann. Das Gleiche gilt für Sozialarbeiter. Es sind zwei Paar Schuhe. Ich sage das immer auch den Polizeiaspiranten. Dann sind sie erstaunt: «Aber ein Polizist kann doch alles, er kann auch Ordnung im Strafvollzug herstellen.» Polizei und Sozialarbeit kennt man draussen, weil man ihre Arbeit sieht. Unsere Arbeit sieht man nicht. Und diejenigen, die bei uns waren, reden nicht über unsere Arbeit, wenn sie draussen sind, weil sie nicht wollen, dass man weiss, dass sie bei uns waren.

Lenzburg soll 2008 ein neues Gefängnis erhalten. Wenn Sie das Traumgefängnis bauen könnten, wie sähe es aus?

Mein Traumgefängnis ist leer, da niemand mehr bestraft werden müsste, das ist mein Traum. In der Realität habe ich bescheidenere Wünsche: Dieses Haus hier braucht dringend eine Integrationsgruppe für psychisch Kranke. Man könnte dies auch Akutstation nennen, weil es besser tönt, aber darum geht es nicht. Wir brauchen unbedingt einen Bereich für Menschen, die es sehr schwer mit sich selbst haben, die dort eintreten können und adäquat beschäftigt werden, betreut von Leuten, die das auch gerne tun. Dazu braucht es aber geschultes Personal. Ich will, dass unser Personal mehr kann und nicht nur Handlangerdienste für die Ärzte erbringt. Dringend braucht es zwischen Hochsicherheitstrakt – der so heisst, weil die Gefangenen dort hoch, intensiv betreut sind – und dem Normalvollzug eine Abteilung für erhöhte Sicherheit. Und dann brauchen wir mehr Freizeiträume. Wir haben viel zu wenig Platz, 16 Duschen für 180 Gefangene, das ist eine Sauerei. An einem heissen Tag müssen 180 Leute durch die Dusche getrieben werden, damit sich alle duschen können. Das ist unhaltbar.

Sie sprachen auch von Freizeiträumen.

Ja. Gefangene lernen zu arbeiten, aber mit der Freizeit vernünftig umzugehen, das haben sie nicht gelernt. Sprachen lernen, PC, Informatik, Malen, Modellieren, Peddigrohrflechten, Sport, Bodybuilding. Mann muss irgendwann eine Abwechslung, einen Sinn in den Vollzugsalltag bringen, mit Sport, mit Weiterbildung, mit sinnvoller, bezahlter Arbeit, mit der Teilnahme an der Olympiade via TV, das ist alles wichtig, sonst haben sie das Gefühl, da drinnen zu verfaulen. Dieses Gefängnis wurde 1864 nicht für die Freizeit gebaut. Seither hat sich aber viel verändert. Es ist grotesk, dass ein ehemaliger Kantonsbaumeister die Erneuerung der Strafanstaltdächer im Sinne einer sauberen denkmalpflegerischen Restauration plante und nicht daran dachte, den Dachstock als nutzbaren Raum einzubeziehen. Ich habe darauf hingewirkt, dass bei der nötigen Dachsanierung der Dachstock als Freizeitraum ausgebaut wird. Thema ist seit langem auch ein Speisesaal für alle Gefangenen. Sie werden bis heute immer noch einzeln in der Zelle abgefüttert.

60 Prozent der Bevölkerung finden, der Strafvollzug sei jetzt schon zu milde.

Ja, das wird auch immer so sein. Ich bin nicht Politiker, ich muss mich nicht nach dem Willen der Bevölkerung richten. Ich teile diese Mehrheitsmeinung überhaupt nicht. Wenn ich das höre, antworte ich: «Herr und Frau Sowieso, es wäre mir ein Vergnügen, Sie mal drei Wochen einsperren zu dürfen.» Dann sind die Leute beleidigt, und ich weiss nicht warum. Wenn es doch so schön ist bei uns im Gefängnis, müssten sie ja zusagen. Wir sperren zu wenige Politikerinnen und Politiker ein. Im Spital werden Politiker als Patienten gepflegt, allfällige Missstände werden ihnen als Patienten von den Ärzten aufgezeigt, damit Verbesserungen durchgesetzt werden können. Das geht uns im Strafvollzug ab. Es wäre toll, wenn wir mal einen Aargauer Regierungsrat eine Zeit lang einsperren könnten, dann könnten wir zeigen, woran es fehlt. Ins Gefängnis kommt ja nur die unterste Unterschicht. Ja, auch der albanische Rauschgifthändler ist für uns Schweizer Teil der Unterschicht, oder zählen Sie den zum Zürichberg? Am Zürichberg oder auf der Binningerhöhe wohnt die Oberschicht, dort sind die Leute aus den Chefetagen. Haben Sie je mal jemanden aus dieser Schicht im Gefängnis gesehen? Jemanden aus der Leitungsetage der SRG? Es wird nur in untersten Unterschichten delinquiert. Ich muss das so feststellen, und das ist unser Nachteil.

Es fehlt uns ja nicht an Ideen und Konzepten. Es fehlt nur an der Wahrnehmung unserer Bedürfnisse. Und damit – am Geld. Dies ist für meine Mitarbeiter eine Beleidigung. In der Zeit während meiner Jahre als Direktor wurde in die Restauration des Lenzburger Schlosses mehr Geld investiert als in die Strafanstalt Lenzburg, nur dient das Schloss längst nicht mehr der Landesverteidigung... Aber eben, mit einem Engagement für einen besseren Strafvollzug können Sie heute keinen Blumentopf gewinnen und schon gar keine Wiederwahl. Darum sind wir als Gefängnis immer zuhinterst. Vielleicht wäre ich als Politiker auch so.

II

Es ist unsere Aufgabe, Übel zuzufügen

Anita Egger, 1948, kaufmännische Angestellte

Anita Egger mag in der Schulzeit das Fach Kopfrechnen nicht. Vor allem unter Druck empfindet sie das Kopfrechnen als Stress. Am schlimmsten ist es jeweils samstags, wenn die gesamte Schulklasse zum Kopfrechnen aufstehen muss und sich erst setzen darf, wer ein richtiges Resultat zum Besten gegeben hat.

Anita Egger erlebt es als grosse Strafe und als Schmach, wenn sie als Letzte noch nervös hinter der Schulbank steht und das Rechnungsresultat vortragen muss.

Peter Mösch 1970, studierte Rechtswissenschaft an der Universität Basel und ist zurzeit Dozent für Recht an der Hochschule für Soziale Arbeit Luzern sowie Absolvent des Master-Studiengangs Kriminologie an der Universität Bern. Er lebt in Bern.

Die Renaissance des Opfers in der Strafdiskussion

Meilensteine, Hintergründe und neue Fragen

In den 1980er-Jahren wurde Opferschutz zu einem zentralen Thema der Diskurse über Kriminalität und Strafe: Das Verbrechensopfer trat auf als neuer Gegenstand der kriminologischen Forschung, als Zentrum straftheoretischer Auseinandersetzungen, als vorherrschender Bezugspunkt neuer, staatlich mitgetragener Einrichtungen (Beratungsstellen, Frauenhäuser) sowie institutioneller und gesetzlicher Reformen im und um das Strafrecht.

Das Vergessen des Opfers

Im Zentrum des traditionellen modernen Strafrechts und der Strafjustiz steht der Täter beziehungsweise der mögliche Täter als Angeschuldigter oder Angeklagter: Es geht um das Verfahren und seine allfällige Verurteilung. Das Thema des modernen Strafrechts ist die Dyade zwischen dem Staat mit seinem Strafanspruch und dem Angeschuldigten mit seinem Freiheitsanspruch.

Das dabei festzustellende Wegdrängen des Ofers hing mit der Sicherung des sozialen Friedens zusammen. Ein starkes Opfer konnte in seiner Rache den Täter über Gebühr belangen, was auf die Fortsetzung und Verstetigung von Konflikten hinauslaufen konnte. Formen der Blutrache banden ganze Sippen über Generationen an Konflikte. Die mediatisierende und formalisierende Wirkung des Rechts sollte dieser Gefahr begegnen. Die Neutralisierung des Opfers im Zusammenhang mit Strafrecht wurde insoweit als ein Meilenstein auf dem Weg zur Zivilität der Gesellschaft verstanden.[1]

Während der in der Rolle des Täters auftretende Mensch im Verlauf der Moderne etappenweise ins Zentrum des Bewusstseins drängte, blieb das Opfer im Strafrecht merkwürdig irrelevant. Der Täter wurde vor allem nach der Aufklärung mehr und mehr als Mensch betrachtet, der vor falscher Anschuldigung, einem unfairen Prozess und übermässiger Strafe zu schützen sei. Das Opfer und sein allfälliges Leiden anlässlich und seit der Straftat blieben unbedeutend, ja mehr als das: Dem Opfer wurden im rechtsstaatlichen Strafverfahren etliche zusätzliche Beschränkungen auferlegt. Es wurde oft nur schlecht über das Verfahren und seine Rolle darin informiert, es musste als Zeugin oder Zeuge im Strafverfahren Rede und Antwort stehen, ja konnte zu wahren Aussagen notfalls mit Zwangsmitteln angehalten werden, während der Beschuldigte bis heute das Recht hat zu schweigen. Auch die Bedürfnisse des Opfers nach Zuhören und Verarbeitung des Geschehenen spielen im Strafverfahren prinzipiell keine Rolle.

Viktimologie

Die Opfer gelangten erst in den 1970er- und 1980er-Jahren ein erstes Mal ins Blickfeld der deutschsprachigen Kriminalwissenschaft. Hintergrund war die Forderung, dass das Opfer in der wissenschaftlichen Auseinandersetzung mehr Beachtung verdiene.

Die Viktimologie als Teilwissenschaft der Kriminologie erlebte einen Aufschwung und setzte als Lehre vom Opferverhalten insbesondere auf das Instrument der Opferbefragungen. Unter anderem wurden Risikofaktoren und Typologien häufig viktimisierter Personen entwickelt.[2] Dabei fiel auf, dass sich Täter und Opfer hinsichtlich der soziobiografischen Merkmale und Verhaltensgewohnheiten sehr ähnlich sind.[3] Bei Delikten gegen die körperliche Integrität ist dabei die soziobiografische Homogenität von Tätern und Opfern besonders gross. Täter und Opfer sind typischerweise in der Phase des jungen Erwachsenseins, männlichen Geschlechts, haben keine feste Partnerbindung und leben in der Grossstadt. Zudem sind ethnische Minoritäten, untere soziale Schichten und marginalisierte gesellschaftliche Gruppen wie Obdachlose oder Drogenabhängige sowohl bei Tätern wie bei Opfern überrepräsentiert.[4] Auffällig ist, dass diese Erkenntnisse der Viktimologie bislang kaum eine Grundlage für kriminalpolitisches Tätigwerden bilden konnten. Man kann nur vermuten, dass es nicht zum (kriminal-)politischen Mainstream passen würde, die Opfer- und Täterprävention mit der Anhandnahme gleicher, sozialer Probleme beider Kategorien zu beginnen.

Opferschutz und Opferhilfe

Kriminalpolitisch wurde zur gleichen Zeit die Forderung nach stärkerer Solidarität mit Opferinteressen und einer Verbesserung der Opferstellung im Strafprozess laut. Erste Beratungsstellen wurden geschaffen, wobei insbesondere die von Gewalt betroffenen Frauen und Kinder als Opfer im Vordergrund standen.

Die gesetzliche Frucht der Forderung nach Opferschutz war im Schweizerischen Recht das 1993 in Kraft getretene Opferhilfegesetz (OHG). Es dient der Umsetzung des via Volksinitiative initiierten Verfassungsauftrags für eine angemessene Opferentschädigung.[5] Für Opfer von Straftaten gegen die körperliche, sexuelle und psychische Integrität wird Beratung und unmittelbare materielle Hilfe geboten, mittels Verfahrensrechten wird dem Opfer im Strafprozess eine Art von Subjektstellung zu garantieren versucht, und es werden – bei Uneinbringlichkeit beim Täter – staatliche Leistungen als Schadenersatz und Genugtuung vermittelt.

Im Strafverfahren steht durch das OHG dem Opfer das Recht zu, über den Stand des Verfahrens und über Beratungsstellen informiert zu werden und sich durch eine Vertrauensperson bei Einvernahmen begleiten zu lassen.[6] Bei Straftaten gegen die sexuelle Integrität können Opfer verlangen, dass die Einvernahme durch eine Person des gleichen Geschlechts durchgeführt wird, wobei das Opfer Aussagen, welche die Intimsphäre betreffen, verweigern darf. Im urteilenden Gericht hat in diesen Fällen zumindest eine Person gleichen Geschlechts wie das Opfer mitzuwirken.

Die Gegenüberstellung von Opfern und Tätern ist beschränkt und – so die verschärfte Version seit der Teilrevision von 2001[7] – nur zulässig, wenn der Anspruch des Beschuldigten auf rechtliches Gehör nicht anders gewährleistet werden kann oder ein überwiegendes Interesse der Strafverfolgung sie zwingend erfordert.[8]

Verschiedene Beteiligungsrechte, insbesondere das Recht, die Zivilansprüche direkt im Strafverfahren geltend zu machen, und das Recht, bei Nichteinleitung oder Einstellung eine gerichtliche Entscheidung zu verlangen, runden die Stärkung des Opfers im Strafverfahren ab.[9]

Angeregt durch eine parlamentarische Initiative von Nationalrätin Christine Goll setzte der Bundesrat am 1. Oktober 2002 Bestimmungen zum Schutz minderjähriger Opfer fest (Art. 10a–10d OHG), welche weitere Beschränkungen der Gegenüberstellung von Kind und Beschuldigten beinhalten und in der Regel nur noch zwei Einvernahmen des Kindes unter ganz bestimmten, persönlichkeitsschutzbezogenen Bedingungen zulassen. Zudem kann das Strafverfahren mit Zustimmung des Kindes beziehungsweise des gesetzlichen Vertreters eingestellt werden, wenn das Interesse des Kindes es zwingend verlangt und dieses das Interesse des Staates an der Strafverfolgung offensichtlich überwiegt.

Die strafverfahrensbezogenen Normen des OHG sollen mit der Einführung einer Eidgenössischen Strafprozessordung (StPO) in diese aufgenommen werden.[10] Der Vorentwurf der neuen StPO sieht eine gewisse Erweiterung der Opferschutzrechte vor. Zudem stehen Forderungen nach einer noch weiter gehenden Besserstellung des Opfers durch die Expertenkommission der Revision des OHG im Raum, so zum Beispiel das Recht des Opfers auf Schutzmassnahmen bei Einvernahmen (anstatt der heute üblichen Ermessensentscheidung der verfahrensleitenden Behörde), oder das Recht, über wesentliche Haftentscheide informiert zu werden.[11]

Wiedergutmachung

Die Forderung nach aktiver Mitwirkung des Opfers im Verfahren zur Bewältigung der Straftat trug auch zur Idee der Wiedergutmachung bei, die seit den 1980er-Jahren propagiert wurde und als neuer Bezugspunkt des Sanktionenrechts gilt. Im benachbarten deutschsprachigen Ausland und in lateinischen Staaten werden seit etwa 20 Jahren Formen der aussergerichtlichen, entformalisierten Fallerledigung mittels Täter-Opfer-Ausgleich, Mediation und Ähnlichem angewendet.[12] Bisher fand die Wiedergutmachungsidee nur zaghaft Eingang ins schweizerische Recht.[13] Nun wird aber im neuen Allgemeinen Teil des Erwachsenenstrafrechts, wie es voraussichtlich 2006 in Kraft treten wird,[14] der Strafbefreiungsgrund der Wiedergutmachung aufgenommen: Die zuständige Behörde soll von einer Strafverfolgung, einer Überweisung an das Gericht oder einer Bestrafung absehen können, wenn der Täter den Schaden gedeckt oder alle zumutbaren Anstrengungen unternommen hat, um das von ihm bewirkte Unrecht auszugleichen. Das ist allerdings nur möglich bei Delikten, für die auch die bedingte Strafe in Frage kommt (Art. 42); das Interesse der Öffentlichkeit und des Geschädigten an der Strafverfolgung muss zudem gering sein.

Wegen der offenen Formulierung der Voraussetzungen der Anwendung wird sich wohl erst in der Praxis zeigen, ob und wie diese neue Form der Sanktion unter Mitbeteiligung des Opfers Anwendung findet.

Strafverschärfung im Namen des Opferschutzes

Die Diskussion über einen Ausbau der Angebote für die Opfer von Straftaten wurde seit den 1990er-Jahren mehr und mehr verdrängt durch einen Diskurs, der das Label Opferschutz zur Legitimation und Begründung von (meist symbolischen) Strafverschärfungen verwendet. Besonders eindrücklich ist die diesbezügliche Reformgeschwindigkeit im Bereich der Gewalt und des sexuellen Missbrauchs an Frauen und Kindern. Die entsprechenden Reformschritte betreffen das materielle Recht, das Verfahrensrecht und insbesondere die reale Praxis der Strafverfolgung, der Gerichte und der Strafvollzugsbehörden. Es sollen hier nur beispielhaft einige Elemente benannt werden:

- Anlässlich der Reform des Sexualstrafrechts 1992 wurde die Vergewaltigung in der Ehe als Antragsdelikt neu für strafbar erklärt.[15]
- Die Verjährungsfrist für schwere Sexualdelikte an Kindern unter 16 Jahren (Frist 15 Jahre, frühestes Ende mit 25. Altersjahr) wurde verlängert.[16]

- Die Vergewaltigung und sexuelle Nötigung in der Ehe wurden 2004 Offizialdelikte. Zudem wurden auch leichtere Delikte im Zusammenhang mit häuslicher Gewalt offizialisiert.[17]
- Mit dem Argument des Schutzes der Opfer wurden im Sanktionenrecht die Zurücknahme der Freiheitsstrafe bekämpft beziehungsweise Verschärfungen, insbesondere im Verwahrungsrecht, begründet.[18]
- Das Opfer ist auch weit über das Strafrecht hinaus Gegenstand und Begründung zu neuen Politiken, Strategien und Instrumenten zur Täterbelangung (insbesondere im Zusammenhang mit dem Problem der häuslichen Gewalt).[19]

In diesem Kontext wird die Strafe als symbolischer Akt der Solidarität mit den Opfern verstanden. Das Opfer wird so zur Legitimationsquelle für einfache Vergeltungskonzepte gegenüber dem Täter. Oft interessiert dabei weniger das konkrete Opfer und seine spezifischen (oft disparaten) Interessen, sondern vielmehr die virtuelle Opferschaft möglicher zukünftiger Opfer. Strafrechtliche Intervention wird als symbolisches Zeichen verstanden - gegen Gewalt und gegen Missbrauch.

Den Rollen kommt in diesen Fällen ein klares Geschlecht zu: Auf der Basis empirischer Evidenz werden die Opfer als (geschlechtslos) kindlich oder als weiblich gedacht (zum Beispiel im Diskurs um die häusliche Gewalt),[20] die Täter dagegen als männlich. Das Strafrecht soll symbolisch auf der Seite der kindlichen und weiblichen Opfer gegen den typischerweise männlichen Täter stehen. Es lässt sich vermuten, dass diese klare geschlechtliche Kategorisierung der Rollen zum kriminalpolitischen Erfolg der Verschärfungen beigetragen hat, da nämlich in Bereichen von Gewalt und Übergriffen, wo Opfer und Täter beide typischerweise männlichen Geschlechts sind (zum Beispiel im Bereich der Jugendgewalt), bislang keine entsprechenden Verschärfungen eingeführt wurden.

Renaissance des Opfers: Versuch einer kriminalpolitischen Einbettung

Vorgängig wurde beispielhaft dargestellt, wie die Opferorientierung für den gesamten Strafrechtsdiskurs, von der Kriminologie über die Strafrechtsdogmatik bis zur Kriminalpolitik und zum Strafprozessrecht relevant wurde, wobei im Besonderen Opfer von Gewalt und sexuellem Missbrauch im Zentrum zu stehen scheinen. Wie lässt sich diese Umorientierung auf das Opfer im Strafrechtsdiskurs erklären? Prima vista könnte man es dabei bewenden lassen, die Wiederentdeckung des Opfers damit zu erklären, dass es bislang im Strafrechtsdiskurs vergessen wurde. Eine solche Erklärung greift aber zu kurz. Die Frage, welche gesellschaftlichen Entwicklungen die Fokussierung auf den Opferschutz fördern und weshalb andere Anliegen, wie das der Resozialisierung des Täters, dafür nun aus der Wahrnehmung verschwinden, bleibt erklärungsbedürftig.

Jugendliche werden zu 31 % mit Verweisen, zu 28 % mit Arbeitsleistung und zu 19 % mit Bussen sanktioniert. Unbedingte Einschliessungen von über 30 Tagen sind selten (0,4 %).

Statistisches Jahrbuch der Schweiz 2003

Welche Entwicklungen könnten also die Opferorientierung beeinflusst haben und beeinflussen sie immer noch? Oberflächliche Spekulationen, dass heute mehr Menschen viktimisiert würden als früher oder dass die Opfer und ihre Organisationen es besser verstünden als früher, sich zu Wort zu melden, greifen zu wenig. Selbst wenn dem so wäre, bleibt unerklärt, weshalb die Gesellschaft und mit ihr auch die Strafrechtswissenschaft bis hin zur Praxis des Strafjustizsystems verstärkt bereit sind, die Anliegen der Opfer zu hören und sich gar mit den Opfern zu solidarisieren.

Meines Erachtens müssen die Gründe in der allgemeinen Verschiebung gesellschaftlicher Paradigmen und in der mannigfaltigen Anschlussfähigkeit der Rede vom Opfer an unterschiedliche kriminalpolitische Strömungen gesucht werden.

Zunächst kam das erstarkte Interesse am Opfer mit dem Bedeutungsverlust der Resozialisierungsidee in Zusammenhang gebracht werden. Ab den 1980er-Jahren wurde deutlich, dass Bemühungen um die Besserung von Tätern nicht den erhofften Erfolg zeigten.[21] Übertriebene Erwartungen des teilweise euphorischen, medizinisch und therapeutisch aufgeladenen Besserungsparadigmas, das hierzulande bis in die 1980er-Jahre die Strafrechtsdebatte prägte, machte einem pragmatischen Verständnis von Möglichkeiten der Besserung und Resozialisierung Platz. Gerade auch Vertreterinnen und Vertreter der politischen Linken haben in der Folge ihr Augenmerk vom gesellschaftlich oft marginalisierten Straftäter vermehrt auf eine andere Kategorie von ebenso Marginalisierten geworfen: auf die Opfer. Eine wichtige Rolle spielte dabei die meist feministisch geprägte Sensibilisierung für die geschlechtsspezifische Differenz von Täter- und Opferschaft in bestimmten Deliktbereichen.

Die neue Attraktivität der Opferrolle wird zudem vom Bedeutungsverlust des Staates innerhalb des Kriminaljustizsystems gefördert. Auch hier dient die Orientierung am Opfer unterschiedlichen Interessen: Das Opfer kann als zusätzliche Legitimationsquelle für staatliches Strafen verstanden werden und so die staatliche Rolle im Strafjustizsystem – nun als Dreieck gedacht mit Opfer, Täter und Staat – tendenziell stabilisieren, oder aber die stärkere Opferorientierung wird als Anfang vom Ende des staatlichen Gewaltmonopols verstanden, was wiederum begrüsst (im Sinne einer Rückgabe des Konflikts vom Staat an die Beteiligten[22]) oder eher befürchtet werden kann.[23]

Die neue Sensibilität für die Opferschaft muss zudem auf dem Hintergrund neoliberaler Strategien des symbolhaften Einsatzes von Strafrecht interpretiert werden: (Straf-)rechtliche Interventionen stehen für die Aktivität des Staates gegen Missstände, wobei zur Symbolik klare Rollen gehören: Böse (die Täter), die es zu bekämpfen gilt, und Gute (die Opfer), für die es sich einzusetzen lohnt. Dabei geht es weniger um die konkreten Beteiligten und um den wirklichen Schutz der konkreten Opfer als vielmehr darum, bei der verängstigten Zuschauerschaft den Eindruck der Problembehandlung zu schaffen. Die Argumentation – zum Beispiel bei der Offizialisierung von Delikten im Zusammenhang mit häuslicher Gewalt[24] – steht deutlich in einem solchen Kontext. Insoweit wird Opferschutz mehr und mehr verknüpft mit der neuen Attraktivität der Vergeltung: Das generalisierte Opferinteresse spricht für Bestrafung, und das Bestrafungsinteresse wiederum hat auch die konkreten Opferinteressen zu berücksichtigen. Insoweit bestehen Allianzen, wobei – genau gesehen – im punitiven Diskurs das Opfer wiederum zum Objekt degradiert wird: zum Objekt, das ein hartes Dreinschlagen gegen den Täter rechtfertigt.

Meines Erachtens ist die Opferorientierung im Strafrecht an einem Wendepunkt angelangt. Die Interessen des von einer Straftat betroffenen Opfers drohen im allgemeinen Geheul nach härteren, symbolhaften Strafen unterzugehen. Im Hintergrund schwebt dabei das Versprechen, dass das Opfer beziehungsweise die zukünftigen virtuellen Opfer durch strafrechtliche Einwirkung auf den Täter geschützt würden.

Die Strafjustiz hat – in der Praxis – meiner Meinung nach immer noch Nachholbedarf, wenn es darum geht, das Opfer ernst zu nehmen und ihm ausreichend Gehör zu schenken. Auch könnten die Angebote an Beratung, Unterstützung und

Entschädigung für das Opfer grosszügiger ausgestaltet werden als heute, da sie Ausdruck der sozialstaatlichen Fürsorge und der Anerkennung des Opfers als Subjekt sind.[25]

Den Opfern (insbesondere von Sexual- und Gewaltstraftaten) sollte Gelegenheit geboten werden, den Sinn einer Anzeige genau bedenken zu können. Gerade auch der Verzicht auf ein Strafverfahren kann in vielen Fällen im Interesse des Opfers liegen, wenn das Strafverfahren als zu grosse Belastung erscheint.

Das Strafjustizsystem kann aber das Versprechen nach Schutz des oder der Opfer vor Straftaten nicht einlösen. Schutz des Opfers, zum Beispiel vor Gewalt und sexuellem Missbrauch, benötigt unmittelbare Einwirkungen zur Vermeidung von unmittelbar drohenden Gefahren für die Persönlichkeit. Die für einen strafrechtlichen Schuldvorwurf notwendige (Re-)Konstruktion des Geschehenen ist dafür schon rein zeitlich nicht möglich: Unmittelbarer Schutz vor Gefährdung obliegt in Akutsituationen der Polizei und kann, soweit es um Kindesschutz oder den sozialen Nahraum geht, nur durch zivilrechtliche Massnahmen ein Stück weit erreicht werden.

Strafrecht, das im Kern immer einen Vorwurf gegen eine Person beinhaltet, kann dagegen, soweit die Errungenschaften der Aufklärung nicht preisgegeben werden sollen, nie mehr als die fundamentalen Rechte jedes Einzelnen und der Gesamtheit verkünden, die Grenzen der Freiheit des Einzelnen abstecken und im Fall eines Rechtsbruchs klarstellen, dass die Norm gleichwohl gilt und ihre Verletzung deshalb sanktioniert wird.

Sobald den Opfern Verfahrensrechte eingeräumt werden, droht eine Kollision mit den Schutzrechten des Angeschuldigten.[26] Die Frage, inwieweit vermuteten Opfern Mitwirkungs- und Schutzrechte im Strafverfahren eingeräumt werden sollen, wenn dazu Verfahrensrechte und Persönlichkeitsrechte vermuteter Täter tangiert werden müssen, rührt an der Kernfrage des Strafrechts und somit an der Rolle des Staates gegenüber den Betroffenen beziehungsweise Beteiligten einer Straftat: Ist der Staat primär Schutzgarant oder gar Anwalt des (vermuteten) Opfers oder zu zügelnder Strafgewaltsträger gegenüber dem Angeschuldigten?

Ein Mehr an Opferschutz ist, soweit es um Verfahrensrechte geht, meist ein Weniger an Verteidigungsrechten. Damit wird auch klar, dass, soweit an einem rechtsstaatlichen Strafrecht im Prinzip festgehalten werden soll, nicht an einen unbegrenzten Ausbau der Opferrechte gedacht werden kann.

FUSSNOTEN. **1** Hassemer, W.; Reetsma, J. P.: Verbrechensopfer. Gesetz und Gerechtigkeit. München 2002. S. 15 ff.; Hassemer, W.: Einführung in die Grundlagen des Strafrechts. 2. Auflage. München 1990. S. 70 ff. **2** Kunz, K.-L.: Kriminologie, 3. Auflage. Bern 2001. S. 307. **3** Vgl. Fattah, E. A.: Understanding criminal victimization. An introduction to theoretical victimology. Scarborough 1991. S. 119 ff. **4** Kunz, K.-L (Fn. 2), S. 308 f. **5** Vgl. den heutigen Art. 126 BV: «Bund und Kantone sorgen dafür, dass Personen, die durch eine Straftat in ihrer körperlichen, psychischen oder sexuellen Unversehrtheit beeinträchtigt worden sind, Hilfe erhalten und angemessen entschädigt werden, wenn sie durch die Straftat in wirtschaftliche Schwierigkeiten geraten.» **6** Die Polizei hat bereits bei der ersten Einvernahme Namen und Adresse an eine Beratungsstelle weiterzuleiten, ausser das Opfer möchte dies ausdrücklich nicht (Art. 6 Abs. 1 OHG). **7** Vgl. BBl 2001, 1341. **8** Bei Sexualdelikten ist die Konfrontation weiter eingeschränkt und gegen den Willen des Opfers nur bei zwingendem Erfordernis durch den Anspruch auf rechtliches Gehör des Beschuldigten möglich. Mit der Teilrevision vom 23. 3. 2001 wurde die Einschränkung der Gegenüberstellung noch griffiger formuliert. **9** Zudem kann das Opfer einen Gerichtsentscheid mit den gleichen Rechtsmitteln wie der Beschuldigte anfechten, wenn es sich schon zuvor am Verfahren beteiligt hatte und soweit die Zivilansprüche des Opfers betroffen sein können (Art. 8 Abs. 1 lit. c OHG). **10** Bundesamt für Justiz: Begleitbericht zum Vorentwurf für eine Schweizerische Strafprozessordnung. Bern 2001. S. 120. **11** Vgl. für eine Kurzübersicht Kunz (Fn. 2). S. 4 f. **12** Vgl. überblickend insbesondere Kilching, M.: Opferinteresse und Strafverfolgung. Freiburg i. Br. 1995. **13** Siehe der mit der Einführung des OHG in das StGB aufgenommene Art. 37 Ziff. 1 Satz 2 StGB. **14** Vgl. Schweizerisches Strafgesetzbuch. Änderungen vom 13. Dezember 2002. In: BBl 2002, 8240 ff.; Internet: http://www.admin.ch/ch/d/ff/2002/i. **15** Vgl. dazu Botschaft über die Änderung des Schweizerischen Strafgesetzbuches und des Militärstrafgesetzes (Strafbare Handlungen gegen Leib und Leben, gegen die Sittlichkeit und gegen die Familie) vom 25. Juni 1985, BBl 1985 II 1009. **16** Vgl. Art. 70 Abs. 1 und 2 StGB, Änderung vom 5. 10. 2001, BBl 2000, 2943. Kritische Anmerkungen der Lehre bestanden bereits zum weniger weit reichenden Entwurf des Bundesrates, vgl. Jenny, G.; Killias, M.: Verjährungsregelung bei Kindesmissbrauch. Fehlurteile prorgrammiert. In: plädoyer 5 (1998). S. 28 f. **17** Im Einzelnen handelt es sich um einfache Körperverletzung (Art. 123 Ziff. 2 Abs. 3 und 4 StGB), wiederholte Tätlichkeiten (Art. 126 Abs. 2 lit. b und c StGB), Drohung (Art. 180 Abs. 2 StGB) und Nötigung (Art. 181 StGB). Allerdings kann die zuständige Behörde der Strafrechtspflege das Verfahren auf Wunsch des Opfers vorläufig einstellen. Das Verfahren wird wieder aufgenommen, wenn das Opfer innerhalb von sechs Monaten seinen Einstellungswunsch widerruft. Fehlt es an einem Widerruf, wird das Verfahren definitiv eingestellt. **18** Vgl. Botschaft vom 21. September 1998, BBl 1999 II 1979, 119, und insbesondere auch die Argumentation für die Verwahrungsinitiative im Vorfeld der Abstimmung vom 8. Februar 2004; siehe www.verwahrungsinitiative-ja.ch. **19** Bemühungen zum Opferschutz durch Täterbelangung sind insbesondere auf dem Feld des Polizei- und des Zivilrechts angesiedelt; vgl. dazu grundlegend Büchler, A.: Gewalt in Ehe und Partnerschaft. Basel/Genf 1998. S. 241 ff.; neuerdings mit Schwerpunkt auf den Kanton Zürich: Kranich Schneiter, C.; Eggenberger, M.; Lindauer, U.: Gemeinsam gegen häusliche Gewalt. Eine Bestandesaufnahme im Kanton Zürich. Zürich 2004. Für den Bereich der häuslichen Gewalt wurde eine parlamentarische Initiative 00.419n zur Ausarbeitung eines Normentwurfs zu einer Wegweisung an die Kommission für Rechtsfragen überwiesen, siehe unter: http://www.parlament.ch/afs/data/d/bericht/2000/d_bericht_n_k12_0_20000419_01.html. **20** Vgl. eindrücklich Gillioz, L.; De Puy, J.; Ducret, V.: Domination et violence envers la femme dans le couple. Lausanne 1997. **21** Kunz (Fn. 2), S. 341 ff. **22** Vgl. Fabricius: Besserer Opferschutz oder Überwindung der Opferschaft. In: GA 1998, S. 470. **23** So Hassemer, W.; Reemtsma, J. P. (Fn. 1). S. 19 ff. **24** Vgl. Bericht der Kommission für Rechtsfragen des Nationalrates vom 28. Oktober 2002 zur Parlamentarischen Initiative Sexuelle Gewalt in der Ehe als Offizialdelikt, Revision von Art. 123 StGB, Revision von Art. 189 und 190 StGB, BBl 2003, 1932 ff. **25** Vgl. Jung, H.: Zur Renaissance des Opfers – ein Lehrstück kriminalpolitischer Zeitgeschichte. In: ZRP 4/2000, S. 161. **26** So kollidiert zum Beispiel das Recht des Angeschuldigten auf Konfrontation als Ausfluss des rechtlichen Gehörs mit Schutzrechten des Opfers.

Karl-Heinz Reuband 1946, studierte Soziologie, Psychologie und Sozialpädagogik in Hamburg und Köln und ist seit 1997 Professor für Soziologie an der Heinrich-Heine-Universität Düsseldorf. Er lebt in Köln.

Kriminalität in den Zeitungen und ihre Auswirkungen auf die Leser

Eine Fallstudie am Beispiel der Stadt Dresden

Mord und Totschlag dominieren die täglichen Schlagzeilen von Boulevardblättern und «seriösen» Medien. Umfragen in der Bevölkerung zeugen von Angst und Unsicherheit vor zunehmender Kriminalität. Forderungen werden laut, repressive Massnahmen zur Kriminalitätsbekämpfung zu ergreifen. Besteht zwischen der Zeitungslektüre und der Strafeinstellung ein Zusammenhang? Eine Studie am Beispiel der Stadt Dresden zeigt den Einfluss der Medien auf die Wahrnehmung der Bevölkerung.

Die Wirklichkeit der Kriminalität erschliesst sich für die Bürgerinnen und Bürger nicht über eigene Erfahrungen. Und sie erschliesst sich auch nicht über die Erfahrungen anderer Menschen. Denn zu selten kommt es vor, dass jemand ein Opfer von Kriminalität wird. Und selbst wenn er es geworden sein sollte – über die Erscheinungsformen und die Entwicklung der Kriminalität als solche vermag er daraus nichts abzuleiten. Einzelne Erfahrungen lassen generalisierende Aussagen über das Gesamtphänomen und seine Bedrohlichkeit nicht zu.[1]

Unter diesen Bedingungen kommt den Massenmedien eine erhöhte Bedeutung zu. Sie bilden gewissermassen die «sekundäre» Wirklichkeit ab – die Wirklichkeit, an welcher der Einzelne nicht teilhat, die sich ihm nur indirekt erschliesst und die doch sein Weltbild mit zu bestimmen vermag: auf der Ebene einzelner Ereignisse, auf der Ebene von Diagnosen über Entwicklungen und Bedrohungen. Und auf der Ebene der Ratschläge, wie mit dem Problem umzugehen ist.

Wie aber sieht diese mediale Wirklichkeit konkret aus? Wie häufig finden sich Berichte über Kriminalität in den Massenmedien, welche Art von Kriminalität wird dargestellt? Und, so fragt sich weiter: Wie stark formt sie das Bild der Kriminalität in den Köpfen der Rezipienten, wie stark werden Bedrohungsgefühle gesteigert und wie stark das Strafverlangen beeinflusst? Ist der Ruf nach «Law and Order» – oder die Forderung nach Milde – eine Orientierung, die sich aus der Medienrezeption ergibt?

Die Frage, so aktuell sie auch scheint, hat in der Vergangenheit im deutschsprachigen Raum bemerkenswert geringe Aufmerksamkeit gefunden. Zwar hat es nicht an einzelnen Ereignissen gefehlt, an denen man zeigen konnte, dass die Medien sich zum Anwalt einer neuen Kriminalitätspolitik aufschwangen. Mitunter hat man auch entsprechende Zusammenhänge mit Forderungen nach härteren Strafen feststellen können. Aber alles in allem blieben solche Untersuchungen selten und widersprüchlich.[2]

Zeitungsanalyse und Bevölkerungsbefragung

Den Zusammenhang zwischen Berichterstattung und Strafeinstellung der Bevölkerung wird im Folgenden anhand einer Medienanalyse und einer Analyse von Bevölkerungseinstellungen untersucht. Bei der Medienanalyse beziehen wir uns auf die jeweiligen lokalen Tageszeitungen – sie sind als massgebliche Vermittler der Kriminalitätswirklichkeit, insbesondere im lokalen Raum, anzusehen. Und bei der Analyse der Einstellungen in der Bevölkerung stützen wir uns auf eine repräsentative Bevölkerungsumfrage. Die Untersuchung erfolgt am Beispiel der Stadt Dresden.[3] Dresden ist insofern von Interesse, als wir für diese Stadt nicht nur über frühere eigene empirische Studien zu Medieninhalten verfügen und dadurch Konstanz und Wandel abbilden können. Die Stadt ist auch deswegen interessant, weil sie in Ostdeutschland liegt und damit in einer Region, die innerhalb kurzer Zeit einen starken Wandel im Gesellschaftsgefüge durchlief. Auch das Kriminalitätsphänomen war davon betroffen. So stieg mit der Wende die Kriminalität stark an, und ebenfalls – in mitunter geradezu dramatischer Weise – die Berichterstattung in den Medien. Zu DDR-Zeiten war Kriminalität weitgehend ein Tabu-Thema, über das kaum berichtet wurde.[4]

Die Inhaltsanalyse der Zeitungen, auf die ich mich stütze, bezieht sich auf die vier in Dresden erscheinenden Tageszeitungen und umfasst die Jahre 1999 bis 2001. Insgesamt gingen 45 systematisch ausgewählte Ausgaben pro Zeitung in die Analyse ein (15 pro Jahr). Als Vergleich dient eine von uns ähnlich durchgeführte Inhaltsanalyse Dresdner Zeitungen aus der Zeit von November 1995 bis Januar 1996. Die Bevölkerungsumfrage, im Winter 2002/03 durchgeführt, stützt sich auf eine postalische Befragung von rund 1000 Personen aus Dresden. Auswahlbasis war eine systematische Zufallsstichprobe aus dem Einwohnermelderegister der deutschen Bevölkerung Dresdens ab 18 Jahren. Die Teilnahmequote ist mit einem Wert von 59 % als besonders gut einzuschätzen.

Dramatisierung von Kriminalität

Wie man Abb. 1 entnehmen kann, stellen kriminelle Ereignisse ein täglich behandeltes Thema in den Medien dar. Die Dresdner Zeitungen enthalten – je nach Zeitung – pro Tag zwischen 9 und 12 Meldungen. Ein nennenswerter Unterschied zwischen «seriösen» Zeitungen («Sächsische Zeitung», «Dresdner Neuste Nachrichten») und «Boulevardzeitungen» («Bild», «Morgenpost») existiert – anders als oftmals erwartet – nicht. Worin sich diese Zeitungen unterscheiden, ist allenfalls die Art der Aufbereitung: So versehen die Boulevardzeitungen ihre Berichte häufiger mit einem Bild. In dieser Hinsicht stellen die Dresdner Boulevardzeitungen keine Besonderheit dar. Ähnliche Muster finden sich auch in anderen Städten der Bundesrepublik.[5]

Abb. 1 Durchschnittliche Zahl der Artikel pro Tag zum Thema Kriminalität nach Art des Lokalbezugs und Zeitung im Zeitverlauf (arithmetisches Mittel)

	Deutschland-Bezug*		Dresden-Bezug	
	1995/96	1999–2001	1995/96	1999–2001
Sächsische Zeitung	7,0	12,0	2,6	3,4
Dresdner Neuste Nachrichten (DNN)	8,3	9,4	2,7	3,4
Dresdner Morgenpost	7,9	9,3	3,0	3,6
Bild	12,3	11,6	2,9	2,3

* Deutschland insgesamt (einschl. Dresden) sowie sonstiges allgemeines Kriminalitätsgeschehen, ohne Berichte über Ereignisse im Ausland. Die Zahlen für Dresden sind zusätzlich unter der Rubrik «Dresden» ausgewiesen. Erhebungszeitraum: 62 aufeinander folgende Tage von November 1995 bis Januar 1996, sowie systematisch – nach Zufallsprinzipien – ausgewählte 45 Tage (15 pro Jahr) im Zeitraum Januar 1999 – Dezember 2001

Wie man der Tabelle weiterhin entnehmen kann, bilden lokale Meldungen nur einen kleinen Teil aller Meldungen ab. Ihre Zahl variiert je nach Zeitung zwischen 2,3 und 3,6 und macht, bezogen auf alle Beträge, einen relativen Anteil von 20 bis 39 % aus. Was bedeutet: Der grössere Teil der kriminellen Ereignisse findet ausserhalb des

Wohnorts statt. Die Kriminalitätsbedrohung, die durch die Medien vermittelt wird, liegt im Wesentlichen ausserhalb des eigenen Lokalbereichs.

Setzt man die neusten Zahlen mit denen der früheren Untersuchung aus der Jahreswende 1995/96 in Beziehung, so wird deutlich, dass die Zahl der Beiträge im Lauf der Zeit – mit Ausnahme der Bild-Zeitung – gestiegen ist. Dies gilt sowohl für die Gesamtzahl der Beiträge als auch für die Zahl der Beiträge, die sich auf das lokale Kriminalitätsgeschehen in Dresden beziehen. Hinweise dafür, dass in dieser Zeit vermehrter Berichterstattung die reale Kriminalitätsbelastung gestiegen ist, gibt es nicht. Im Gegenteil: Die Kriminalität ist sogar gesunken.[6] Die Kriminalberichterstattung verläuft losgelöst von der realen Kriminalitätsentwicklung.

Bemerkenswerterweise entfällt die grösste Zunahme der Meldungen über Kriminalität auf die «Sächsische Zeitung». Durch diese Zunahme wird die Bild-Zeitung, die einstmals die höchsten Werte aufwies, von ihrer Spitzenstellung verdrängt. Dass es nicht die Bild-Zeitung, sondern die seriöse «Sächsische Zeitung» ist, welche entgegen dem Kriminalitätstrend ihre Berichterstattung über Kriminalität steigerte, macht zugleich deutlich, dass Boulevardzeitungen nicht notwendigerweise diejenigen sind, welche die Chance einer Dramatisierung von Kriminalität ergreifen.

In der Regel sind Einzelfälle Gegenstand der Berichterstattung in den Medien: in Form einzelner Delikte, einzelner Täter – und dies überwiegend im Kontext polizeilicher Tätigkeit. Berichte über das Geschehen vor Gericht nehmen einen kleineren Teil ein. Unter den Delikten sind – wie auch in anderen Untersuchungen – schwere Gewaltdelikte überrepräsentiert (Abb. 2). So stellen Gewaltdelikte bei allen Dresdner Zeitungen einen Anteil von rund einem Drittel. Gemessen an der polizeilichen Kriminalstatistik und an Opferumfragen aber liegt der reale Werte unter 10 %. Was dem Leser in den Medien gegenübertritt, ist mithin nicht die «Normalität» des Verbrechens, sondern dessen «Anormalität».

Abb. 2 Art der Delikte nach Zeitung, in %

	Sächsische Zeitung	DNN	Morgenpost	Bild
Mord, Totschlag	19	14	14	14
Sonstige Gewalt	22	18	22	20
Eigentumsdelikte*	24	29	24	27
Sachbeschädigung	5	6	3	5
Sonstiges	29	33	38	35
	100	100	100	100
(N)	(562)	(543)	(540)	(607)

* einschliesslich Betrug etc.
N = Prozentuierungsbasis, Zahl der Delikte

Besonders stark überrepräsentiert sind Mord und Totschlag. Boulevardzeitungen – denen man im Allgemeinen eine besondere Anfälligkeit für blutrünstige Geschichten unterstellt – unterscheiden sich in dieser Hinsicht nicht von den anderen Zeitungen. Die Spitzenstellung nimmt paradoxerweise auch hier die «seriöse» «Sächsische Zeitung» ein. Freilich ist die Berichterstattung dort in anderer Hinsicht zurückhaltender als in den übrigen Zeitungen: Nicht nur ist der Umfang der Meldung im Durchschnitt geringer, auch eine bildliche Darstellung von Tat und Täter kommt seltener vor. Boulevardzeitungen neigen weitaus häufiger als die seriösen Zeitungen dazu, ihre Berichte sensationell aufzubereiten, indem sie den Beitrag bebildern. Und diese Neigung ist umso grösser, je spektakulärer das Delikt ist: So findet man bei Mord und Totschlag eher ein Bild zum dazugehörigen Artikel als bei Meldungen über sonstige Gewalttaten oder Eigentumsdelikte. (Abb. 3)

Abb. 3 Prozentanteil der Delikte mit Foto nach Art des Delikts und Zeitung

	Sächsische Zeitung	DNN	Morgenpost	Bild
Mord, Totschlag	9 (97)	21 (63)	58 (62)	49 (72)
Sonstige Gewalt	2 (91)	13 (68)	33 (93)	35 (100)
Eigentumsdelikte	4 (124)	3 (103)	10 (76)	15 (106)

Aufgeführt ist der Anteil der Meldungen, bei denen ein Foto verwendet wurde. Der Anteil ohne Fotos ergibt sich aus der Differenz zu 100 %. Die Prozentuierungsbasis (= Zahl der Delikte, die der Berechnung zugrundegelegt sind) ist in Klammern vermerkt.

Die Überbetonung von Gewaltdelikten, die sich allgemein in der Berichterstattung über Kriminalität findet,[7] ist Folge einer Orientierung der Journalisten am Kriterium des Nachrichtenwertes. Danach ist das Spektakuläre allemal interessanter als das Normale, und je spektakulärer etwas ist, desto besser. Dass die Journalisten dabei gewissen Bedürfnissen der Leserinnen und Leser entgegenkommen, sei durchaus konzediert – denn auch diese interessieren sich eher für das Spektakuläre als für das Normale. Und die Polizeipressestellen, die einen Teil der Delikte an die Presse vermitteln, tragen zu diesem Bedürfnis der Akteure ebenfalls bei: Bereits in ihren Meldungen an die Presse sind Gewaltdelikte überrepräsentiert.[8] Damit wirken Angebot und Nachfrage auf ein spezifisches, verzerrtes Abbild der Wirklichkeit in den Medien ein.

Das Strafverlangen der Bürger

Wie stark korreliert nun die Lektüre der lokalen Zeitungen mit entsprechenden Strafeinstellungen? Und welchen Einfluss haben in diesem Zusammenhang die sozialen Merkmale der Befragten? In der Vergangenheit haben sich ältere Menschen und Personen mit niedriger Bildung im Vergleich zu Jüngeren und besser Gebildeten grundsätzlich als punitiver erwiesen. In manchen Fällen dürfte der entscheidende Schlüssel zu diesem Zusammenhang im unterschiedlichen Ausmass der Kriminalitätsfurcht gelegen haben: Ältere haben meist eher Furcht vor Kriminalität als Jüngere, und schlechter Gebildete eher als besser Gebildete. Aber in vielen Fällen – so hat sich gezeigt – wirken die sozialen Merkmale auch eigenständig, unabhängig von der Furcht, in der beschriebenen Weise auf das Strafverlangen.

Zur Messung der Strafeinstellungen wurde aus mehreren Fragen ein Index der Punitivität gebildet – je höher die Werte sind, desto punitiver die Einstellung, desto eher das Plädoyer für harte Strafen.[9] Dieser Index wurde in einem weiteren Schritt mit der jeweils am häufigsten gelesenen Zeitung des Befragten in Beziehung gesetzt.[10] Bei der Analyse der Medienwirkungen kann man sich allerdings nicht auf die Lektüre der Zeitungen beschränken: Denn das Lesen spezifischer Zeitungen geht gewöhnlich mit bestimmten sozialen Merkmalen der Befragten einher. Und diese können womöglich den Zusammenhang zwischen Lektüre und Strafverlangen bedingen. Wir haben es somit mit einem komplexen Gefüge von Merkmalen zu tun, die auf das uns interessierende Phänomen Einfluss nehmen und jeweils mitbedacht werden müssen. Es erscheint daher ratsam, diese Merkmale in die Analyse miteinzubeziehen und ihren eigenständigen Effekt – unabhängig vom Einfluss der jeweils übrigen Merkmale – zu bestimmen. Dieser Tatsache ist besonders in der Vergangenheit in der Analyse von Medienwirkungen nicht hinreichend Rechnung getragen worden.

Zur Analyse verwenden wir ein statistisches Verfahren, das neben spezifischen Vorteilen des methodischen Zugangs zusätzlich den Vorteil der Anschaulichkeit bietet: die multiple Klassifikationsanalyse. Sie erlaubt, sowohl die einzelnen Einflussgrössen in ihrem numerischen Gesamteffekt zu bestimmen als auch die einzelnen Werte, welche den jeweiligen Merkmalskategorien zugeordnet sind.[11] Die Ergebnisse sind in Abb. 4 zusammengestellt.

Abb. 4 Einfluss der sozialen Merkmale und der Zeitungslektüre auf das Strafverlangen (Ergebnisse der multiplen Klassifikationsanalyse)

	N	Unadj. Abw.	Eta	Adj. Abw.	Beta
Alter					
18-29	79	- 0,23		- 0,17	
30-44	143	0,01		0,04	
45-59	167	- 0,09		- 0,08	
60 +	214	0,15		0,10	
			0,14		0,10
Bildung					
Hauptschule	143	0,27		0,18	
Realschule	219	0,09		0,10	
FHS-Reife/Fachoberschule	69	- 0,02		0,01	
Abitur	172	- 0,34		- 0,28	
			0,25		0,20**
Zeitung					
Sächsische Zeitung	354	- 0,07		- 0,06	
Dresdner Neuste Nachrichten	121	- 0,09		- 0,05	
Morgenpost	85	0,29		0,22	
Bild	43	0,30		0,19	
			0,16		0,12*
Multiples R					0,29

Mittelwert (arithmetisches Mittel) der Punitivitätsskala: 1,24
Die Punitivitätsskala reicht von 0 (nicht punitiv) bis 4 (sehr punitiv).
N = Zahl der Befragten in den jeweiligen Subkategorien
Unadj. Abw.: Abweichung vom Mittelwert ohne Kontrolle der übrigen Merkmale
Adj. Abw.: Abweichung vom Mittelwert unter Kontrolle der übrigen Merkmale
Eta: Einfluss des jeweiligen Merkmals (Alter, Bildung etc.) ohne Kontrolle der übrigen Merkmale;
Beta: Einfluss des jeweiligen Merkmals unter Kontrolle der übrigen Merkmale
Statistische Signifikanz: * < 0,05 ** < 0,001

Von Interesse sind als Erstes die Werte, die den einzelnen Merkmalsausprägungen zugeordnet sind und die Abweichungen vom Gesamtmittelwert der Punitivitätsskala messen. Positive Werte bedeuten hierbei ein Mehr an Punitivität, negative Werte ein Minus an Punitivität. Je grösser der Wert, desto stärker die Abweichung vom Gesamtmittelwert – desto grösser der Effekt. In der Tabelle aufgeführt sind zum einen die jeweiligen Werte ohne Berücksichtigung der übrigen Merkmale («unadjustierte» Abweichung) und zum anderen die Werte mit Berücksichtigung der übrigen Merkmale («adjustierte» Abweichung).[12] Zusätzlich aufgeführt sind numerische Masse für die Stärke des Zusammenhangs: Eta (für den Zusammenhang ohne Berücksichtigung der übrigen Merkmale) und Beta (mit Berücksichtigung der übrigen Merkmale). Sie können zwischen 0 und 1 variieren. Je grösser sie sind, desto stärker der Effekt des jeweiligen Merkmals.

Im Hinblick auf die sozialen Merkmale der Befragten zeigt sich, dass ältere Menschen zwar etwas eher zu punitiven Haltungen neigen, aber anders, als oftmals unterstellt, gibt es keinen systematischen Effekt des Alters auf die Punitivität, sobald die übrigen sozialen Merkmale berücksichtigt werden. Deutlicher ist der Effekt der Bildung: Dieser hält auch bei Berücksichtigung der anderen Merkmalsgrössen an; je höher die Bildung der Befragten ist, desto geringer ist die Punitivität ausgeprägt. Und schliesslich zeigt sich: Es gibt einen wenn auch schwachen Effekt, der aus der Art der gelesenen Zeitung erwächst. Wer Boulevardzeitungen liest – «Bild» und «Dresdner Morgenpost» –, gibt sich etwas häufiger als die anderen Befragten punitiv. Dieser Effekt hält auch statistischen Kontrollen statt und erweist sich als signifikant.

Die statistische Signifikanz würde erst dann den Grenzwert leicht unterschreiten, wenn wir zusätzlich das Unsicherheitsgefühl – gemessen an der Unsicherheit in der Wohngegend oder an anderen Variablen für Kriminalitätsfurcht – heranziehen.

Dann würde sich bei vertiefender Analyse zeigen, dass das Ausmass an Unsicherheit die Stärke der Forderung nach Punitivität mitbestimmt: Je grösser die Unsicherheit, desto grösser die Punitivität. Und es würde sich zeigen, dass die Reduktion des Medieneffektes zum Teil auf die Kriminalitätsfurcht als vermittelnde Variable zurückgeht. Der Einfluss der Medien verläuft offenbar zum Teil – aber nicht ausschliesslich – über das Wecken von Kriminalitätsfurcht. Und die Boulevardzeitungen erweisen sich hierbei als diejenigen Zeitungen, welche die Furcht in besonderem Masse begünstigen.

Das Mobilisierungspotenzial der Medien

Massenmedien stellen die Realität des Kriminalitätsgeschehens verzerrt dar. Wie wir am Beispiel von Dresdener Tageszeitungen gezeigt haben, werden schwere Gewaltdelikte gegenüber der Realität überrepräsentiert. Seriöse Zeitungen und Boulevardzeitungen unterscheiden sich in dieser Hinsicht nicht, wohl aber in der Dramatik der Darstellung. So neigen Boulevardzeitungen dazu, das Geschehen spektakulär aufzubereiten – und umso eindrucksvoller wirkt die Meldung auf den Leser.

Wer tagtäglich über die Zeitungen mit einer Wirklichkeit konfrontiert wird, die das kriminelle Geschehen in besonders eindrucksvoller Weise auf Gewalt reduziert, der wird Kriminalität umso mehr als bedrohlich empfinden und glauben, sich dagegen wehren zu müssen. Nach unseren Befunden ist ein derartiger Zusammenhang in der Tat vorhanden. Man sollte ihn freilich nicht überschätzen: Das vermittelte Bild von Bedrohung, wie es sich in der Kriminalberichterstattung niederschlägt, ist nur eine Einflussgrösse unter anderen. Daneben sind noch andere Wirkungsmechanismen denkbar, auch der Medien. So könnte die Tatsache, dass Boulevardzeitungen allgemein – auch jenseits der Kriminalberichterstattung – komplexe Sachverhalte in einer Art schwarz/weiss Manie vereinfacht darstellen, indirekt eine Auffälligkeit für repressives Denken begünstigen: indem ein Bezugsrahmen geschaffen wird, der einfache Lösungen für den Leser subjektiv plausibel erscheinen lässt. Der eigentliche Einfluss der aus der jeweiligen Zeitungslektüre erwächst, dürfte vor allem in einem Mobilisierungspotenzial liegen, das – je nach Zeitbezug und Ereignis – unter bestimmten Bedingungen aktiviert wird und die Strafdebatte bestimmt. Die kontinuierliche Berichterstattung der Boulevardzeitungen schafft in der Art der Darstellung (und womöglich auch der Art der Kommentare) also eher die Voraussetzungen für den Ruf nach «Law and Order», als dass sie diesen selbst bedingt. Sie begünstigt einen gesellschaftlichen Diskurs, in dessen Rahmen sich ein spezifischers im Kontext aktueller Ereignisse Strafverlangen entwickelt.[13]

Mit gemeinnütziger Arbeit werden über 6 Millionen Franken an Vollzugskosten eingespart.

Bundesamt für Statistik, Gemeinnützige Arbeit, Neuchâtel 2002

FUSSNOTEN. **1** Zur Frage der Viktimisierung und der Probleme der Messung mittels amtlicher Statistiken und Umfragen siehe u. a. Killias, M.: Grundriss der Kriminologie. Eine europäische Perspektive. Bern 2002. S. 41 ff. **2** Siehe dazu auch Killias, Grundriss, S. 424. **3** Die Erhebungen sind Bestandteil eines grösseren, vom Verfasser geleiteten und von der Volkswagen Stiftung geförderten Forschungsprojektes, das sich mit Fragen der Auswirkungen lokaler Drogenpolitik, insbesondere im Fall von Cannabis, befasst (AZ. II/76571). Neben Dresden wurden vier weitere Städte in Westdeutschland in die Untersuchung einbezogen. **4** Siehe dazu Reuband, K.-H.: Kriminalität als Thema ostdeutscher Massenmedien vor und nach der Wende. Eine Analyse Dresdner Tageszeitungen 1988–1994. In: Kriminologisches Journal 32/2000. S. 43–55; siehe zur Entwicklung der Kriminalitätsfurcht und zur Medienberichterstattung in Dresden – im Vergleich zu Düsseldorf – auch Reuband, K.-H.: Kriminalität, Kriminalitätsfurcht und die Rolle der Medien. Eine Analyse von Veränderungen in der objektiven und subjektiven Bedrohung am Beispiel der Städte Dresden und Düsseldorf, 1995–2000. In: Cassani, U.; Maag, R.; Niggli, M. A. (Hg.): Medien, Kriminalität und Justiz. Chur/Zürich 2001. S. 161–183. **5** Siehe Reuband K. H.: Kriminalitätsbelastung und Medienberichterstattung in Städten – Wiederspiegelung sozialer Realitäten oder Folge journalistischer Selektion? In: Otto, H. U.; Hamburger, F. (Hg): Sozialpädagogik und Öffentlichkeit. Sytematisierungen zwischen marktorientierter Publizität und sozialer Dienstleistung. Weinheim/Münschen 1999. S. 100. **6** So lag die Häufigkeitsziffer (die Zahl der Delikte pro 100 000 Einwohner) im Jahr 1996 bei 13,683 und im Jahr 2001 bei 10,326. Rückläufig waren auch die schweren Delikte, wie Raub. Die entsprechende Zahl belief sich 1996 auf 132 und 2001 auf 85. Siehe Bundeskriminalamt: Polizeiliche Kriminalstatistik 1996 und 2001. Wiesbaden 1997 und 2002. **7** Sowohl in Tageszeitungen als auch im Fernsehen: Siehe Reuband: Kriminalitätsbelastung. S. 107. **8** Siehe Reuband, K.-H.: Die Polizeipressestelle als Vermittlungsinstanz zwischen Kriminalitätsgeschehen und Kriminalberichterstattung. In: Kriminologisches Journal 3/1978. S. 174–186. **9** Verwandt wurden Fragen, die sich auf die gewünschte Strafe für einen Einbrecher sowie einen Drogenkonsumenten beziehen (hier jeweils «Gefängnisstrafe»), ferner – im Rahmen von Mehrfachnennungen – auf die Angabe «härtere Strafen» bei der Frage nach den besten Möglichkeiten, das Problem der Kriminalität in Dresden in den Griff zu bekommen sowie auf die Frage nach dem Umgang mit einem jugendlichen Ersttäter die Antwort «streng bestrafen» (statt «milde damit umgehen»). Die Skala umfasst Werte von 0 bis 4. Setzt man die Einstellung zur Todesstrafe damit in Beziehung, wird ein enger Zusammenhang auch mit diesem Strafbedürfnis deutlich. **10** Erfasst wurde, welche Zeitung «täglich oder fast täglich» gelesen wird. **11** Andrews, M.; Floyd, J. N.; Morgan, J. N.; Sonquist, J. A.; Klein, L.: Multiple Classification Analysis. A Report on a Computer Program for Multiple Regression using Categorical Prediction. Ann Arbor/University of Michigan 1975. **12** Der Wert für die Bildungsvariable «Hauptschule» in der Rubrik «Unadj. Abw.» in Höhe von 0,27 bedeutet z. B. dieser Lesart zufolge, dass der entsprechende Wert auf der Punitivitätsskala den Mittelwert für die Gesamtbefragten von 1,24 um den Wert von 0,27 übersteigt. Der entsprechende Punitivitätswert für die Befragten mit Hauptschulbildung liegt damit bei 1,51. Der Wert für die Befragten mit Abitur liegt demgegenüber bei 0,90 (Gesamtmittelwert von 1,24 minus 0,34). **13** Siehe hierzu am Beispiel Hamburgs Reuband, K.-H.: «Law and Order» als neues Thema bundesdeutscher Politik? Wie es zum Wahlerfolg der Schill Partei in Hamburg kam und welche Auswirkungen dies hat. In: Neue Kriminalpolitik. Forum für Praxis, Politik und Wissenschaft, 1/2002. S. 8–13. Zu einer Analyse der Ermessensspielräume und Gestaltungsmöglichkeiten der Medien in der Berichterstattung über die Kriminalitätsentwicklung siehe auch die Fallstudie bei Reuband, K.-H.: Kriminalitätsentwicklung und Medienwirklichkeit. Wie die Kriminalitätslage durch die PKS, Politiker und Medien konstruiert wird. In: Walter, M.; Kania, H.; Albrecht, H. J. (Hg.): Alltagsvorstellungen von Kriminalität. Individuelle und gesellschaftliche Bedeutung der Kriminalitätsbilder für die Lebensgestaltung. Münster/Hamburg 2004. S. 235–248.

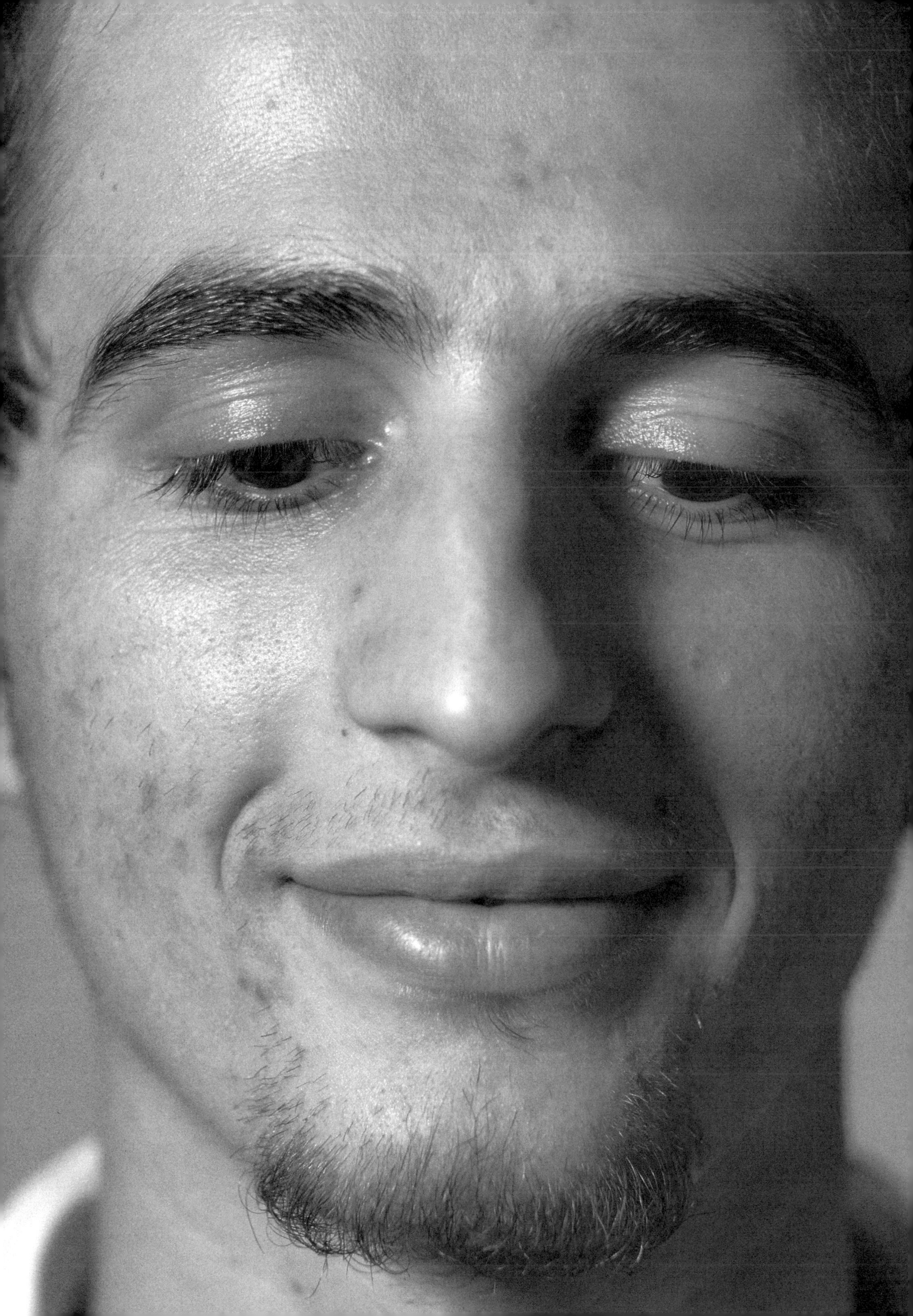

Bernard Daka, 1983, Zierpflanzengärtner-Lehrling

Bernard Daka trinkt mit 14 Jahren an einem Abschlussfest eine 1,5-Liter-Flasche Vodka Redbull. Er wird mit einer Alkoholvergiftung per Krankenwagen ins Spital gefahren, um sich den Magen auspumpen zu lassen.

Sein Vater erfährt vom Vorfall erst durch die hohe Spitalrechnung. Er schlägt seinen Sohn mit einem Gurt, sodass sich Bernard drei Wochen lang wegen der blauen Flecken und Striemen nicht mehr in den Turn- und Schwimmunterricht traut.

Isabel Koellreuter 1974, hat an der Universität Basel Geschichte, Kunstwissenschaft und Volkswirtschaftslehre studiert. Sie arbeitet als wissenschaftliche Assistentin an der Hochschule für Soziale Arbeit in Luzern und als freie Historikerin.

Von wahrhaftigen Untaten und grausamer Marter

Kriminalberichterstattung in Flugblättern des 16. Jahrhunderts

Was heute die gelbleuchtenden Aushänge der «Blick»-Zeitung sind, waren im 16. Jahrhundert vorwiegend Männer mit einem Bündel Flugblättern und -schriften. Mit meist erschütternden Nachrichten buhlten sie um die Aufmerksamkeit ihrer Kundschaft. Anhand dieser ersten Printmedien wurden im 16. und 17. Jahrhundert Nachrichten von Raub und Mord verbreitet. Die gerechte Strafe faszinierte das Publikum mindestens ebenso sehr wie die eigentliche Untat.

Mord zu Tirschenreuth

«Mein[e] Lust vollbring ich mit dir.» Mit diesen bedrohlichen Worten wurde die 17-jährige Tochter von H. Freymüller am 6. Januar 1573 vor dem Stadttor in Tirschenreuth (Oberpfalz) überfallen.

Im Auftrag ihres Vaters hätte sie aus der Scheune Stroh und Heu für die Kühe holen sollen. Dort allerdings lauerte ein Bösewicht, der es auf ihre «weibliche Ehre und Pfand» abgesehen hatte. Als sie sich zur Wehr setzte, stach ihr der 27-Jährige ein Messer in die Brust und schändete sie, als sie bereits tot war. Danach zerteilte er ihren Körper in 16 Stücke.

Eine junge Frau, durch die seltsamen Geräusche aufmerksam geworden, schaute durch ein Guckloch in das Innere des Gebäudes, entdeckte die entsetzliche Tat und fing an zu schreien. Bevor Frauen, Männer und Kinder von Tirschenreuth in Scharen zur Scheune geeilt kamen, floh der Mörder.

Zuerst konnte keiner der Anwesenden die getötete Frau identifizieren, weshalb der Richter den Leuten befahl, alle 16 Körperteile zusammenzusetzen. Beim Anblick der zusammengesetzten Frau brach ein Mann in grosse Trauer aus: Es war der Vater Freymüller, der seine Tochter wiedererkannt hatte. Sofort nahm man die Verfolgung des Mörders auf.

Hier hält der Erzähler der grausigen Geschichte inne und wendet sich direkt an seine Leserinnen und Leser. Was mit dem Täter weiter geschehen sei, dafür sei auf dem Blatt nicht genügend Platz. Weshalb er, verkaufstüchtig wie er war, dem Publikum in Reimen empfahl, die Fortsetzung zu kaufen:

«das Lied solt ir auch darzu kauffen. Darinn wert ihr finden behend/Wie der Mörder hab genomen sein end.»

Für eine Belehrung von Eltern und Obrigkeit war allerdings noch Raum vorhanden: «Strafft die Jugend zur rechten Zeit. Das sie nicht kommen in solches Leidt.»

Brisante neue Zeitungen

Auf Marktplätzen und bei Verkaufslauben standen die Verkäufer von Flugschriften und -blättern und warben für den Kauf ihrer «Zeytungen», wie damals Nachrichten und Neuigkeiten genannt wurden. Die ersten gedruckten «Neuwen Zeytungen» erschienen um 1500. Nicht nur Sensationsmeldungen von Überfällen und Mordtaten

Ein Warhafftige vnd Erbermliche Neuwe Zeytung/von einem Jungen Gesellen/wie er ein Junge Tochter Erbermlich vmbgebracht hat/vnd darnach geschend/vnd sie zu stucken gehawen/geschehen zu Dirschenreyt/in disem 1573. Jar den 6. Jeneris.

Dise Erschröckliche Figur/
So vber menschliche Natur.
Geschehen ist in disem Jar/
Als man Fünffzehen hundert war.
Vnd drey vnd sibenzig gar drat/
Zu Dirschenreidt wol in der Statt.
Darinn sasse wol an dem endt/
Ein burger H. Freymüller genendt/
Der hette ein Tochter fürwar/
Die gieng in das 18. Jar.
Die schicket er für das Stat thor/
Denn er het ein Stadel daruor.
Zu holen daussen strow vnd hew/
Den Kühen zu Futer vnd Strew.
Als sie kam inn den Stadel gangen/
Mit grossem Leid war sie vmbfangen.
Von eim vngeradnen Beswicht/
Der sein sinn hat da hin gericht.
Ob er sie möcht bringen inn schand/
Zu nemen jhr Weiblich ehr vnd pfand.
Derhalben er gieng auss der Statt/
Versteckt sich in die Scheuren dratt.
Darinn lag er die zeit verborgen/
Biss ann einen sambstag zu morgen.
Wellicher tage war gewiss/
Namlich der sechste Jenneris.
Zu morgens frü gegen dem tag/
Als die Glock was vmb dē 9. Schlag.
Da kam dasselb meidlein gegangen/
Von dē Böswicht ward sie empfangē.
Vnd sprach zu jhr sein mit begihr/
Mein lust volbringe ich mit dir.
Den ich lang zu dir hab getragen/
Das meidlein thet schreien vnd klagen.
Vnd wehrt sich auffs best als sie kundt/
Der Böswicht hielt jhr zu den mundt.
Ein messer setzt er jhr an die Brust/
Sprach du must thon nach meinē lust.
Oder ich nim dir dein junges Leben/
Dz m[illegible] kündt kein wort mehr geben.
Der Böswicht zwange sie mit schmertz/
Das messer stach er durch jhr hertz.
Das sie schon todt vor jm lag/
Darnach er erst sein willen pflag.
Mit der schönen Junckfrawen wert/
In dē zuckt er sein scharpffes schwert/
Zerhiebe sie wol zu der stund/
Den ersten streich ab nasen vnd mund.
Wie denn die Figur dir allein/
Oben auch anzeiget gar fein.
Viel manchen stich er jhr auch gab/
Den kopff hieb er jhr auch gar ab/
Vnd auch die Arm vnd die Bein/
Hieb er ab dem Junckfrewelein.
Darumb o Christ bedenck mit schmertz/
Wie der Thirañ hab gehabt ein hertz.
Noch hett sein valsches hertz kein end/
Hieb jhr auch ab füss vnde hend.
Die sach thet jm gar fein gelucken/
Er hieb sie zu sechtzehen stucken.
Noch wolte er gar nicht nachlassen/
Das ober theil nam er dermassen.
Das wolt er auch zerschroten hon/
Inn dem hat sich her nahen thon.
Ein junge maid wol auss der statt/
Die das mordt auch vernomen hat.
Als sie sah zu eim loch hinein/
Das da thet in der Scheuren sein.
Hub sie zuschreyen ann dem orth/
O Weh des jemerlichen Mordt.
Der da herinnen ist geschehen/
In dem thet sich gegen jr nehen.
Des Meidleins vatter auss der Statt.
Der den jamer vernommen hatt.
Eylt er der Scheweren zu [illegible]
Der Böswicht her sich an dem endt.
Gemacht darnon inn schneller eyl/
Es stund an gar ein kleine weyl.
Da kamen die Burger mit hauffen/
Weib vñ kind auss der Statt gelauffen.
Die sahen den jämerlichen mort/
Doch kendten sie nicht ann dem ort.
Wer dess Weibs bild möchte gesein/
Der Richter sprach fein inn gemein.
Nempt den Kopff vnd die Brust behend/
Setzt es zusamen ann dem end.
So möcht jhr erkennen zur frist/
Wer das Weibs bild gewesen ist.
Als man thete nach seiner sag/
Da sah man stehn mit grosser klag.
Den vatter gar betrübt allein/
Als er erkendt das kinde sein.
Doch hetten die herren dermassen/
Nachgeschickt jm auff alle strassen.
Ob man den Mörder möchte fangen/
Der den Mord hat aldo begangen.
Die ists zu kurtz bey der Figur/
Das ich alles anzeigen wur.
Was sich mit dem thäter hat verlauffen/
Das Lied solt jr auch darzu kauffen.
Darinn wert jhr finden behend/
Wie der Mörder hab gnomen sein end.
Darumb jhr Eltern vnd Oberkeit/
Straffet djugendt zu rechter zeit.
Das sie nicht kommen inn solches Leidt/
Das helff vnns Gott inn Ewigkeidt.
Amen.

«Ein Warhafftige vnd Erbermliche Neuwe Zeytung» von 1573.
Exemplar und Foto: Zürich, Zentralbibliothek: PAS II 10/12.

wurden in dieser Form verbreitet. Auch über politische Ereignisse, Naturkatastrophen, Missgeburten, Kometen und andere Himmelserscheinungen wurde berichtet. Verfasser der Schriften waren überwiegend gut ausgebildete Männer, zum Beispiel Theologen oder Dichter.[1]

Die Schriften bestehen in der Regel aus einem reisserischen Titel, dem üblicherweise ein Bild folgt. Das Bild diente als Blickfang, speziell, wenn es so grausig und koloriert daherkam wie im Mordfall zu Tirschenreuth: Der Mann holt eben aus zu einem weiteren Schlag auf den bereits verstümmelten Körper seines Opfers. Es ist der Augenblick, in welchem seine Tat entdeckt wird: Zur Rechten sieht man ein Gesicht, das durch ein Guckloch in den Innenraum blickt. Die Beobachterin wird gleich zum Schreien anheben. Die dargestellte Zeugin entspricht dem Betrachter oder der

Betrachterin des Blattes: Auch sie sind Zeugen desselben Moments. Noch kennen sie die Einzelheiten der Tat nicht, noch können sie sich das Vorgefallene nicht erklären. Sie erschaudern und werden das Ende der Geschichte erfahren wollen.

Das Bild dient in diesem Fall einerseits als Motivation zum Lesen beziehungsweise Kaufen des Blattes wie auch als Einstimmung auf den Text. Andererseits akzentuiert es die nach Auffassung des Herausgebers bemerkenswerten Episoden der Geschichte.[2]

Der ausführliche Text mit detaillierter Beschreibung des Vorgefallenen folgt jeweils auf das Bild. Um die Authentizität der Geschichte zu unterstreichen, gibt der Autor sogar Sätze aus dem Gespräch zwischen Opfer und Mörder wider:

«du musst thon nach meine[r] lust. Oder ich nim dir dein junges Leben».

Ein Flugblatt mit grossem Bild kostete im 16. Jahrhundert zwischen 10 und 20 Pfennigen, was einem halben Tagesverdienst eines Handwerkers entsprach und damit recht teuer war.[3] Gekauft wurden sie vorwiegend von wohlhabenden und gebildeten Leuten. In der Frühen Neuzeit konnten laut Schätzungen nur zirka fünf Prozent der Menschen in den Städten lesen, auf dem Land waren es weit weniger.[4]

Dennoch sprachen Flugblätter und -schriften ein weitaus grösseres Publikum an. Oft wurden sie vertont und gesungen, häufig vorgelesen, manchmal gar durch den Pfarrer von der Kanzel aus verlesen. Die Flugblattversion des Mordes zu Tirschenreuth eignete sich für die mündliche Weitervermittlung durch die kurzen Sätze, allesamt in Reimform, besonders gut. Dass der Verfasser die mündliche Vermittlung seines Textes gleich mitgedacht hatte, zeigt sich auch in seinen direkten Ansprachen ans Publikum. Nach den Beschreibungen des Aktes der Zerstückelung empfiehlt er, sich das Bild nochmals anzuschauen: «Wie denn die Figur dir allein/Oben auch anzeiget fein».

Die populäre Kriminalliteratur der Frühen Neuzeit konzentrierte sich vorwiegend auf Mordgeschichten, vermochten sie doch die Aufmerksamkeit von Frauen und Männern besonders zu fesseln. Das Flugblatt über den Mord zu Tirschenreuth gehört zur Nachrichtensammlung des Zürchers Chorherren Johann Jakob Wick (1522–1588). Ob der Mord tatsächlich so geschehen war oder nicht, kann hier nicht nachgewiesen werden – für die Leserinnen und Zuhörer der Geschichte nahm das Verbrechen durch Text und Bild des Flugblattes Realität an.

Die Geschichte, wie sie auf dem Flugblatt wiedergegeben ist, beginnt mit der Beschreibung von Alltäglichkeiten: Es war ein ganz gewöhnlicher Samstagmorgen, als der Vater seine Tochter aufforderte, in der Scheune vor der Stadt Heu und Stroh zu holen. Die dargestellte Welt scheint eine Welt der Ordnung, Sicherheit und Ruhe zu sein; bis zum Auftritt des Bösewichts, der diese Ordnung durcheinander bringt und das scheinbare Gleichgewicht zerstört.

Dieses Flugblatt ist bloss ein Beispiel einer ganzen Flut solcher Nachrichten, in welchen den Menschen aufgezeigt wurde, dass ihr anscheinend sicheres Umfeld höchst verwundbar war; es vermittelte ihnen das Gefühl, dass hinter der Ruhe des Alltags ständig eine Bedrohung lauerte, welche die soziale Ordnung jederzeit zerbrechen konnte.[5]

Die Menschen in der Frühen Neuzeit waren überzeugt, in einer besonders krisenhaften Zeit zu leben. Die Flugblätter sind Ausdruck dieser Ängste, gleichzeitig aber auch wieder verantwortlich für das Schüren und Verbreiten von Unsicherheit.[6] Durch die Bestrafung der Übeltäter und -täterinnen wurde Ordnung wiederhergestellt, was dem Bedürfnis von Lesern und Zuhörerinnen der Flugblätter entsprach: Ausgelöste Ängste sollten gleichzeitig auch gebändigt werden.

Der Bösewicht, der sich lustgesteuert auf sein Opfer stürzt, ist der Prototyp des disziplinlosen Menschen, dessen Körper die inneren Kräfte nicht mehr im Zaum zu halten vermag. In der Literatur der Frühen Neuzeit zum Thema Disziplinierung, beispielsweise in Zuchtordnungen und Mandaten, entspricht dies der Wahrnehmung des Körpers im natürlichen Zustand: Ohne Disziplin und ohne Zaum ist der Mensch eigentlich ein einziges Durcheinander, hat ständig das Bedürfnis, Grenzen zu durchbrechen und Unrechtes zu tun.[7]

So vermittelte das Flugblatt den Leuten nicht nur das Gefühl, für dieses eine Mal verschont worden zu sein, sondern auch, zu was sie selbst fähig wären, wenn sie sich nicht im Zaum hielten. Der Aufruf an Eltern und Obrigkeit, die Jugend rechtzeitig zu disziplinieren, war also durchaus ernst gemeint und wurde als Mittel proklamiert, solche Verbrechen zu vermeiden.[8]

Wer will Angst schüren und wozu?

Ein handfestes und heute noch durchaus nachvollziehbares Argument, Angst zu schüren und damit Neugier zu wecken, hatten die Produzenten der Druckerzeugnisse, die sich über gute Umsätze freuten. Sie waren jedoch nicht die einzigen, die hinter der Verbreitung der Erzählungen standen. In den Flugblättern und Flugschriften über Verbrechen in der Frühen Neuzeit wird der Tathergang aus der Sicht des Justizapparates aufgezeigt.[9] Verbrechen, Suche nach dem Täter, Verhaftung, Ermittlung und Bestrafung: Die damalige populäre Kriminalliteratur folgte jeweils dem gleichen Muster.[10] Auch das vorliegende Flugblatt fügt sich in dieses Muster ein, wenngleich die Strafe im Hinblick auf Umsatzförderung erst in der Fortsetzung in Aussicht gestellt wird. Dennoch tritt im Text nach dem Akt des Verbrechens ein Richter auf: Mit kühlem Kopf fordert er zum Zweck der Identifizierung die Anwesenden auf, die Körperteile des Opfers wieder zu einem Ganzen zusammenzufügen. Durch ihn findet eine erste Aufräumaktion am Ort des Geschehens statt. Die Obrigkeit tritt auf den Plan, um Ordnung in die verworrene Situation zu bringen.

Der Darstellung der Bestrafung des Täters kommt in der Kriminalliteratur der Frühen Neuzeit ein absolut bedeutsamer Platz zu, wie ein anderes Flugblatt über die «erschrecklichen und grewlichen Mortthat/so sich zugetragen in der weitberümten Stadt Halle in Sachssen [...]» deutlich macht:

Für einen Schreibfehler erhielt Christoff Windt von seinem Herrn, Victor von Schenitz, eine Ohrfeige, «Daraus im grosser zorn entstandt. Solchs in nicht deucht zu leiden sein/Bey sich gedacht mit grosser pein.» Er sann auf Rache, lieh sich beim Schmied einen Hammer und wartete auf den richtigen Moment. Als sie sich beide allein im Haus befanden, lockte der Diener seinen Herrn an den Sekretär und bat ihn, etwas zu entziffern. Von hinten schliesslich schlug er mit dem Hammer auf dessen Kopf. Den toten Leib seines Opfers versuchte er im Abort zu verstecken, wobei nur der Kopf im Loch Platz hatte, «den Leib aber herausgereckt». Schnell packte er alle verfügbaren Wertsachen ein. Mit goldenen Ringen, Ketten und Münzen im Sack floh er nach Mainz, wo man ihn jedoch fand und gefangen nahm.

Während der Text sich vorwiegend auf das begangene Verbrechen konzentriert, liegt der Schwerpunkt der Illustrationen bei der Bestrafung des Täters: Am 30. Juli 1572 wurde er an den Pranger gestellt, wo sein Geständnis und das Urteil verkündet wurden. Auf einem Karren festgebunden traktierte ihn der Scharfrichter mit glühenden Zangen, während ein Mönch und ein protestantischer Kleriker auf ihn einsprachen. Im Hintergrund sieht man die Menschenmenge, dicht gedrängt durch

«Eigentliche verzeichnis der erschrecklichen und grewlichen Mortthat/so sich zugetragen in der weitberümten Stadt Halle in Sachssen.»

Exemplar und Foto: Zürich, Zentralbibliothek: PAS II/15.

Fenster und Emporen zuschauend. Der Scharfrichter geht mit einem Rad auf den am Boden festgebundenen, bereits von Narben und Wunden gezeichneten Christoff Windt zu. Obwohl der Verurteilte, wie im Text vermerkt, beim Rädern starb, wurden die weiteren durch das Gericht verhängten Strafen ausgeführt. Ein Pferd schleifte seinen Leib zum Galgen, wo man ihn auf ein Rad flocht und gleichzeitig erhängte.

Beim Lesen und Betrachten dieser Bilder kann einem übel werden. Es scheint unvorstellbar, einer derart grausamen Strafaktion als Zuschauerin beizuwohnen. Doch die allgemeine Einstellung dem Tod gegenüber war in der Frühen Neuzeit eine andere. Der Tod war allgegenwärtig und vertrauter.[11]

«Um diese komplexe und uns fremde Welt verständlich zu machen, müssen wir uns zunächst befreien von unserer Vorstellung von Grausamkeit, die seit der Aufklärung als das Kennzeichen der alten Gerichtsbarkeit angesehen wurde.»[12] Ziel der Justiz in der Frühen Neuzeit war nicht die Besserung von Mörderinnen und Räubern, sondern die Wiederherstellung von Ordnung. Die Gesellschaft wurde als Einheit betrachtet, die durch Vernichtung des Täters oder der Täterin wieder reingewaschen werden konnte.[13] Freiheitsstrafen kannte man noch nicht. Die Obrigkeit vollzog die Strafe durch Ausübung von Pein am Körper derjenigen, die die Ordnung verletzt hatten.[14]

In grösseren Städten fanden im 16. Jahrhundert im Jahresmittel ungefähr zwei bis drei öffentliche Hinrichtungen statt, was einen Unterbruch des Alltäglichen darstellte und grosses Aufsehen erregte.[15] Sie bedeuteten den Abschluss der Ermittlungen, die unter Ausschluss der Öffentlichkeit stattfanden. Wie im Fall Christoff Windts begann die öffentliche Strafsequenz mit der Verlautbarung seines Geständnisses und seiner Ausstellung am Pranger. Das begangene Verbrechen wurde auf seinem

Körper wiederholt und sichtbar gemacht, im Sinn eines Spiegelbildes des Verbrechens. Lagen wie bei Christoff Windt eine ganze Reihe von Verbrechen vor, so wurden die Strafen kumuliert.[16] Das Verbrechen wurde durch die Obrigkeit nicht nur wiederholt, sondern auch überboten, um den Sieg über das Verbrechen zu demonstrieren und es letztendlich zu vernichten. Die Gefährlichkeit der Täterinnen und Täter wurde übersteigert, um das obrigkeitliche Durchsetzungsvermögen vor der Menge der Zuschauerinnen und Zuschauer demonstrieren zu können. Durch die Inszenierung der Strafe feierte sich die Obrigkeit selbst, weshalb die Anwesenheit einer breiten Öffentlichkeit sehr wichtig war.[17] Erst durch die allgemeine Anerkennung von Seiten der Zuschauenden wurde die Rechtsgültigkeit der Strafe bezeugt.[18] In dieser Funktion können auch Flugblätter und -schriften gelesen werden: Sie boten die Möglichkeit, die Grausamkeit des Verbrechens in allen Details und den Triumph der Obrigkeit in konzentrierter Weise an eine weitaus grössere Öffentlichkeit zu vermitteln als «nur» dem anwesenden Publikum.

Im 16. und 17. Jahrhundert fanden grosse gesellschaftliche Umbrüche statt, was zu Verunsicherung und Wahrnehmung der Krisenhaftigkeit der Zeit entscheidend beitrug. So übernahm beispielsweise die Obrigkeit im städtischen Kontext Aufgaben und Funktionen, die vorher oftmals Rechte und Pflichten der Kirche gewesen waren. Die tatsächliche Kontrolle der Ordnung durch die Obrigkeit war eher schwach; entsprechend gross aber das Bedürfnis, eine «geglückte» Sequenz von Verbrechen, Ermittlung, Verhaftung und Bestrafung öffentlich zu machen.[19] Vertrauen in die Macht der Vernunft und der Obrigkeit wurden durch derartige Erzählungen und Darstellungen gestärkt.

Öffentliche Strafen statuierten ein Exempel und hatten damit auch präventiven Charakter: Alle Untertanen, gemäss zeitgenössischem Verständnis der menschlichen Natur alle potenziellen Straftäterinnen, sollten beim Zuschauen erleichtert feststellen, dass sie wieder einmal davongekommen waren.[20]

Durch die Flugblattdarstellung der Marter Christoff Windts wurde der präventive Gedanke der Marter an ein grosses Publikum weitertransportiert, worauf der Verfasser zum Schluss seiner Verse direkt hinwies:

«In dieser Figur und Conterfey/
Den bösen ein Exempel und Schew.
Der Erbarkeit und Tugent wol/
Ein jeder sich befleissigen sol.
All Sünd und schand/Mordt/Dieberey/
Vermeiden wol/damit er frey
Vor solcher straff mög sicher sein/
Nicht leiden solch erschrecklich pein.»

FUSSNOTEN. **1** Bott, Gerhard (Hg.): Zeichen am Himmel. Flugblätter des 16. Jahrhunderts. 25. Wechselausstellung der Graphischen Sammlung des Germanischen Nationalmuseums Nürnberg, 12. März bis 19. August 1982. Darmstadt 1982. S. 4. **2** Messerli, Alfred: War das illustrierte Flugblatt ein Massenlesestoff? Überlegungen zu einem Paradigmenwechsel in der Erforschung seiner Rezeption. In: Harms, Wolfgang; Messerli, Alfred (Hg.): Wahrnehmungsgeschichte und Wissensdiskurs im illustrierten Flugblatt der Frühen Neuzeit (1450–1700). Basel 2002. S. 23–31, 28. **3** Ein Maurer verdiente im Schnitt 24, ein Taglöhner 10 Pfennige pro Tag. Vgl. Wiltenburg, Joy: Weibliche Kriminalität in populären Flugschriften 1550–1650. In: Ulbricht, Otto (Hg.): Von Huren und Rabenmüttern. Weibliche Kriminalität in der Frühen Neuzeit. Köln/Weimar/Wien 1995. S. 215–229, 216 f. **4** Schwitalla, Johannes: Flugschrift (= Grundlagen der Medienkommunikation, Bd. 7). Tübingen 1999. S. 27. **5** Wiltenburg, Weibliche Kriminalität, S. 223, 226. **6** Schilling, Michael: Flugblatt und Krise in der Frühen Neuzeit. In:

Harms, Wahrnehmungsgeschichte und Wissensdiskurs. S. 33–56, 36–40. **7** Über die Wahrnehmung des Körpers in der Frühen Neuzeit siehe: Roper, Lyndal: Ödipus und der Teufel. Körper und Psyche in der Frühen Neuzeit. Frankfurt am Main 1995. S. 38–46. **8** Wiltenburg, Weibliche Kriminalität, S. 226. **9** Graf, Klaus: Das leckt die Kuh nicht ab. «Zufällige Gedanken» zu Schriftlichkeit und Erinnerungskultur der Strafgerichtsbarkeit. In: Blauert, Andreas; Schwerhoff, Gerd (Hg.): Kriminalitätsgeschichte. Beiträge zur Sozial- und Kulturgeschichte der Vormoderne. Konstanz 2000. S. 245–288, 260. **10** Wiltenburg, Weibliche Kriminalität, S. 217. **11** Foucault, Michel: Überwachen und Strafen. Die Geburt des Gefängnisses. Frankfurt am Main 1994. S. 72. 1. Ausgabe: Paris 1975. **12** Dülmen, Richard von: Theater des Schreckens. Gerichtspraxis und Strafrituale in der Frühen Neuzeit. München 1985. S. 7. **13** Peil, Dietmar: Strafe und Ritual. Zur Darstellung von Straftaten und Bestrafungen im illustrierten Flugblatt. In: Harms, Wahrnehmungsgeschichte und Wissensdiskurs, S. 165–186, 175. **14** Dülmen, Theater des Schreckens, S. 8. **15** Danker, Uwe: Die Geschichte der Räuber und Gauner. Düsseldorf/Zürich 2001. S. 231. **16** Dülmen, Theater des Schreckens, S. 39–41. **17** Danker, Räuber und Gauner, S. 231 f. **18** Siehe Dülmen, Theater der Schreckens, S. 9; Foucault, Überwachen und Strafen, S. 86. **19** Roper, Ödipus und der Teufel, S. 150. **20** Dülmen, Theater des Schreckens, S. 177.

Lilian Pfaff 1971, hat in Hamburg, Basel und Zürich Kunstgeschichte und Geschichte studiert. Seit 2004 ist sie Chefredaktorin der Fachzeitschrift für Architektur, Ingenieurwesen und Umwelt «tec21».

Gefängnisarchitektur – Abbild des modernen Strafvollzugs?

Vom Verschwinden des Gefängnisses als Bautypus

Die Architektur des Gefängnisses ist seit jeher Symbol der gesellschaftlichen Vorstellungen über den Strafvollzug. Waren im 19. Jahrhundert die Grundrisse Kennzeichen einer Überwachungsform, so sind es heute Standortwahl, Gebäudetypus und Fassade, die vom Innenleben sprechen. Im 20. Jahrhundert brachte die Differenzierung der Haftstrafen unterschiedliche Gebäude hervor, von denen manche an Wohngebäude und Verwaltungsräume erinnern. Der klassische Gefängnisbau scheint langsam zu verschwinden.

Gefängnisarchitektur ist wenig beliebt, zum einen, weil sich der Architekt zum Handlanger der Freiheitsberaubung macht, zum anderen aber auch, weil die Funktion des Gefängnisses immer dieselbe ist, eine hohe Sicherheit und Betriebsstruktur verlangt und wenig Variationen erträgt. Aussen einer Festung ähnlich, innen aneinander gereihte Zellen an langen Gängen, so stellt sich das Gefängnis als Bauaufgabe seit dem 18. Jahrhundert dar. In den letzten zehn Jahren sind zahlreiche interessante Bauten in verschiedenen Kantonen entstanden, die mehr an Verwaltungsgebäude denn an Gefängnisse erinnern oder sich als Wohnblöcke ausgeben ohne sichtbaren Zaun oder Vergitterungen. Kündigen die sprechenden Fassaden eine Veränderung der zu Stein gewordenen Vorstellungen über den Strafvollzug an, oder verbergen sie geradezu ihr Inneres, das Wegschliessen eines Teils der Gesellschaft? Liest man die Gebäude als Zeichensysteme gleich einem Text, offenbaren sie ihre gesellschaftliche Funktion und symbolische Bedeutung.[1]

Gefängnis als Bauaufgabe

Bis ins 18. Jahrhundert dienten vor allem Kerker und Turmverliesse als Gefängnisse. Eingeschlossen unter schrecklichen Bedingungen, war Strafe damals vor allem Leibes- und Lebensstrafe. Erst Ende des 18. Jahrhunderts setzte sich allmählich eine neue Strafrechtsauffassung durch. Das Verbrechen wurde nicht mehr als gegen den Körper der Obrigkeit gerichtete Handlung verstanden und musste in diesem Zug auch nicht mehr mit körperlicher Strafe gebüsst werden.[2] Statt dessen sollte der Straftäter von der Gesellschaft, der er Schaden zufügte, isoliert werden. Zur eigenen Bauaufgabe entwickelte sich das Gefängnis erst, als sich der Strafvollzug im Hinblick auf eine Wiedereingliederung differenzierte. Macht bedeutete nicht mehr Unterdrückung des Einzelnen, sondern besass auch den produktiven Zweck der sozialen Integration. Unter dem Einfluss der Reformschrift Conrad Melchior Hirzels «Über Zuchthäuser und ihre Verwandlung in Besserungshäuser» von 1826 wurde der Strafvollzug in der Schweiz reformiert. Neue Bauprogramme nach ausländischen Vorbildern, die von Einzelzellen, Arbeitssälen und Spazierhöfen geprägt waren, setzten sich durch. Zwischen 1820 und 1860 entstanden zahlreiche Gefängnisse am Rand der Hauptstädte. Die hohen Umfassungsmauern und die spärlichen, hoch liegenden, oft querrechteckigen Gitterfenster in den Zellentrakten kennzeichneten ihre Zweckbestimmung. Auch die Form des Strafvollzugs – Unterbringung der Gefangenen in Einzelzellen bei Tag und während der Nacht, Geschlechtertrennung, Ausführung von Gemeinschaftsarbeiten, Form die Überwachung– beeinflussten die Bautypen. In Genf wurde 1825 ein kantonales Zuchthaus errichtet, das auf dem Auburn'schen System beruhte und die gemeinsame, stillschweigende Beschäftigung tagsüber und das Schlafen in Einzelzellen vorsah.[3] Strahlenförmig angeordnete Gebäudetrakte mit Einzelzellen, die durch schmale Laufstege erschlossen werden, sodass sie von einer Zentrale aus leicht zu überwachen sind, stellen für Michel Foucault das zur Architektur geronnene Modell der Disziplinarmacht dar.

Die Entwicklung des Gefängniswesens im 20. Jahrhundert ist geprägt durch die Differenzierung des Strafvollzugs. So wurden Strafanstalten für Ersttäter und solche für Rückfällige geschaffen sowie eine eigene Frauenanstalt in Hindelbank. Nach der Schwere der Strafe wurde abgestuft zwischen offenen, halb offenen und geschlossenen Anstalten. Hinzu kamen zusätzliche, vor allem therapeutische und medizinische Einrichtungen, nachdem das Schweizer Strafgesetzbuch 1942 in Kraft getreten war und die zwischen 1956 und 1963 abgeschlossenen interkantonalen Konkordate die Typenbildung von Strafvollzug und Gefängnisbau in der Schweiz erleichterten. Besonders halb offene Anstalten wurden kolonieartig im Pavillonsystem erstellt. Auch geschlossene Gefängnisse als zweigeteilte Gebäude, bestehend aus einem Verwaltungs- und einem Wohntrakt wurden miteinander über nicht einsehbare Gefängnishöfe verbunden.[4] Heute dient das Handbuch für Bauten des Straf- und Massnahmenvollzugs[5] sowohl der Planung als auch der Festlegung bestimmter Anstaltstypen. Dabei ist der Standort für die Erschliessung durch den öffentlichen Verkehr als Voraussetzung für die Resozialisierung der Gefangenen wichtig, denn nach Artikel 37.1 des Strafgesetzbuches soll die Strafe «erziehend auf den Gefangenen einwirken und ihn auf den Wiedereintritt in das bürgerliche Leben vorbereiten». Sicherheitsaspekte wie die Ausstattung der einzelnen Bereiche sind einheitlich geregelt. Zum Beispiel soll sich die Gestaltung der Zellen am Wohnungsbau orientieren, und die Zellen sollen mindestens zehn Quadratmeter gross sein. Fenster sollen die «Möglichkeit des ‹Hinausschauens› in aufrechter Haltung»[6] bieten, aber gleichzeitig gegen Einblicke abschirmen. Zwei Aspekte, die Sicherheit und die Kosten, stehen beim Gefängnisbau immer im Vordergrund. Es gibt Architekten, die deswegen den Bau eines Gefängnisses kategorisch ablehnen. «Beim Strafvollzug aber, so macht es den Anschein, sollten sie [die Architekten; Anm. d. Verf.] dem Unwohl der Menschen zudienen und so die Idee der Behausung pervertieren. Würden sie damit nicht auch zu Übeltätern, wenn auch zu legitimierten?»[7] Diese Frage ist berechtigt und führt bei vielen Architekten dazu, dass sie, wenn sie dennoch einen Gefängnisbau entwerfen, Partei für die Insassen ergreifen[8] und versuchen, diesen ein möglichst angenehmes «Un-gemach» zu bieten. Denn die Frage, welche architektonischen Mittel angemessen sind, um die Balance zwischen Abschreckung und Wiedereingliederung zu halten, ist im Handbuch bei weitem nicht geklärt, für die Selbstwahrnehmung im Gefängnis allerdings von nicht zu unterschätzender Bedeutung.[9]

Sprechende Fassaden

Während in den ersten Gefängnisbauten des 19. Jahrhunderts vor allem die Grundrissanlagen ausschlaggebend für den Anstaltstyp waren, interessiert heute die öffentliche Repräsentation, Standortwahl und Fassadengestaltung als Schnittstelle zwischen In-

Strafanstalt Saxerriet, Südansicht.
Foto: Hannes Henz, Zürich.

nen und Aussen. Erst nach Durchsetzung der Auffassung, dass die Fassaden Bedeutungen vermitteln, wie die postmoderne Architektur der 1980er-Jahre propagierte, wurde auch die Wirkung der Gefängnisbauten neu beurteilt. Rem Koolhaas hat diese Sichtweise programmatisch an seinem Entwurf für den Umbau des Kuppelgefängnisses von Arnheim 1979 demonstriert, indem er das als Panoptikum konzipierte Gefängnis buchstäblich umkehrte. Er eliminierte sowohl den Beobachtungsturm im Zentrum als auch die Gitter vor den Fenstern, sodass die Gefangenen nun die Wächter beobachten können und die Fester zu tanzen beginnen. Über diese Inversion ironisierte er die Architektur und verkehrte den Inhalt des Gefängnisses ins Gegenteil.

Auch die sachlichen, nüchternen Bauten, die sich aus der Moderne und ihrem Prinzip der Funktionalität ableiten, sind nicht neutral. So sieht John Bender in der Versachlichung der Fassaden den Verzicht auf eine direkte Kommunikation mit dem Betrachter. Gerade aber indem die Fassade die Existenz des Betrachters leugnet, gewinnt sie seiner Ansicht nach an Überzeugungskraft.[10]

Aktuelle Beispiele

Ein Blick auf zwei zeitgenössische Beispiele in der Schweiz, die offene Haftanstalt Saxerriet und das Untersuchungsgefängnis Waaghof Basel, kann den Stellenwert heutiger Gefängnisse deutlich machen. Die Stafanstalt Saxerriet (Kanton St.Gallen) als offene Anstalt für Männer wurde 2002 fertig gestellt und schliesst mit ihren vier neuen Wohntrakten an die Pavillonidee der 1950er-Jahre an.

Seit 1964 standen hier von Werner Gantenbein gebaute Vorläufer, von denen heute nur noch der Eingangstrakt und die Verwaltung erhalten sind.[11] Die vier Gebäuderiegel für 108 Insassen von Aschwanden Schürer Architekten bilden mit der Sportanlage und dem Aufnahmegebäude einen Hof vor eindrücklicher Landschaftskulisse. Bemerkenswert und einzigartig ist, dass weder Mauern noch Gitter den Zugang zum

Strafanstalt Saxerriet, Zelle.
Foto: Manuel Bachmann, St. Gallen.

Gelände verschliessen. Natürlich sind im Boden «unsichtbare» Zäune als Induktionsschlaufe angelegt, die ein Signal auslösen, wenn jemand sie überschreitet. Doch die psychologische Wirkung, welche die Anlage auf den Besucher und vor allem die Insassen ausübt, ist immens: Zum einen zwingt dieses Fehlen einer Mauer den Inhaftierten dazu, sich umso mehr selbst zu disziplinieren, weil ihm scheinbar keine Schranken gesetzt sind, zum anderen aber zeigen sie den halb offenen Vollzug als Weg in die Freiheit und in die Gesellschaft. Die Architektur ist jedoch nicht ganz so offen, wie man auf den ersten Blick meint. Die gesamte Anlage ist straff organisiert. Die Kuben sind mit gleichmässigen Fenstern durchsetzt und die drei Wohnblöcke für den Normalvollzug mit einem Sockelgeschoss zusammengehalten, wodurch von weitem trotz den Durchlässen eine Begrenzung evoziert wird. Der Blick in die Landschaft durch die Gebäudelücken, aber auch die grossen Fenster sind unverzichtbare Reize, die für die Gefangenen eine Abwechslung darstellen. Die Gestaltung der Innenräume mit viel Licht durch Wände aus Glasbausteinen, wie sie auch in anderen Haftanstalten – zum Beispiel in Thorberg bei Bern – vorkommen, oder auch Holz und warme Töne vermitteln den Charakter von Wohnbauten.[12]

Beim Neubau des Untersuchungsgefängnisses und der Staatsanwaltschaft Waaghof in Basel, 1995 am Rand der Stadt von Wilfrid und Katharina Steib gebaut, ist die Anlehnung an einen Verwaltungsbau offensichtlich. Der über 100 Meter lange, gewölbte, weisse Baukörper bildet die Ansicht zum Platz und den Eingang zur Staatsanwaltschaft und unterscheidet sich damit nicht von der übrigen Bebauung.

Kein Mensch vermutet dahinter ein Gefängnis. Als eigentliche Gefängnisarchitektur verschwindet der Bau, denn er bettet sich durch seine Gestalt, Materialität und Grösse in die vorhandene städtebauliche Struktur ein, erstreckt sich als zweigeteilter Baukörper über mehrere Parzellen und gleicht Höhendifferenzen aus. Im Inneren dagegen herrscht in Anlehnung an das historische Gefängnis eine Gangstruktur aus

Staatsanwaltschaft und Untersuchungsgefängnis Waaghof Basel, Blick von der Birsigstrasse.
Foto: Wilfrid und Katharina Steib Architekten, Basel.

Stegen vor, die das alt bekannte Bild des Gefängnisses und damit den Ort in Erinnerung ruft.

Auflösung des Bautyps Gefängnis

Dem Verschwinden der typischen Gefängnisarchitektur im Stadtkontext steht die Auflösung des Bautyps Gefängnis durch neue Überwachungsmöglichkeiten gegenüber. Das entlegenste Gefängnis, Guantanamo in Kuba, ist vor allem wegen des rechtlosen Status der Gefangenen bekannt. Da der Ort von den Amerikaner nur gepachtet ist, entstand eine rechtsfreie Zone. 2002 wurde hier eigens für die Taliban und Al-Quaida-Anhänger neben den schon seit 1994 bestehenden Camps in nur zwei Monaten das neue Camp Delta in Guantanomo Bay errichtet. Laut Medienberichten besteht Camp Delta aus insgesamt 408 Zellen. Die Zellen sind in Blöcken (ohne Aussenwände und nur mit einem schrägen Dach bedeckt) mit vermutlich je 24 Zellen auf jeder Seite organisiert und mit einem schmalen Gang verbunden.

Die fünf Quadratmeter grossen Gefängniszellen sind aus durchlässigem Maschendrahtzaun und mit einer Metallpritsche sowie einem Wasserhahn und einem Loch im Boden als Toilette ausgestattet. Unzählige Kameras überwachen jeden Winkel.

Der grüne Zaun, der die Anlage umgibt, erinnert an militärische Camps oder Sportlager. Doch die Zellen, in Form und Materialität wie Käfige, degradieren die Häftlinge zu Tieren und sprechen ihnen jegliche Berechtigung als menschliche Wesen ab. Die containerartigen «Zellen» machen die Gefangenen zur Ware, zu verfrachteten Menschen. Grelle, orangefarbige Kleider für die Häftlinge stehen in starkem Kontrast zur Umgebung und stigmatisieren sie als das ultimativ Böse. Es ist eine menschenrechtsverachtende Form des Freiheitsentzugs. Sie zeigt aber deutlich die Auflösung des unseren Vorstellungen entsprechenden Gefängnistypus: Durch die transparenten Zäune und die Kameras können nicht nur die Wärter und Mitgefangenen sich gegen-

Waaghof Basel, Korridor zwischen Staatsanwaltschaft und Untersuchungsgefängnis.
Foto: Wilfrid und Katharina Steib Architekten, Basel.

seitig ständig beobachten, zusammen mit den orangen Kleidern ersetzen sie auch dicke Mauern und Gitterstäbe. Zusätzliche Überwachung durch die präsenten Medien machen aus Guantanamo eine übersteigerte Form des Panoptikums – gleich einem göttlichen, über allem wachenden Auge.

Diese extremste Form der Überwachung für Terroristen steht in krassem Gegensatz zu den in der Schweiz für leichte Vergehen diskutierten elektronischen Fussfesseln als Alternative zum Strafvollzug.[14] Ein Gefängnis solcher Art befindet sich in den eigenen vier Wänden ohne spezielle Architektur. Die elektronische Überwachung ist als Fuss- und nicht als Armfessel vorgesehen und damit unsichtbar. Die Integration in die Gesellschaft hat in der Schweiz damit oberste Priorität – in Guantanamo dagegen, weitab von der Gesellschaft auf einer autarken Insel, drückt das Gefangenengebiet die inhumane und erniedrigende Behandlung der Gefangenen aus.

FUSSNOTEN. **1** Bienert, Andreas: Gefängnis als Bedeutungsträger. Ikonologische Studie zur Geschichte der Strafarchitektur. Europäische Hochschulschriften, Bd. 20. Frankfurt am Main 1996. **2** Foucault, Michel: Überwachen und Strafen. Die Geburt des Gefängnisses. Frankfurt am Main 1994. **3** Germann, Georg: «Architektur Gefängnis». In: Historisches Lexikon der Schweiz (elektronische Publikation HLS), Version 5. 7. 2004. **4** Bereits im 19. Jh. gab es stadtferne, von Landarbeit geprägte offene Anstalten wie die Strafanstalt Lenzburg, wo Freiheitsstrafen nach dem irisch-progressiven System vollzogen wurden. Siehe: Germann, Georg: «Architektur Gefängnis» (wie Fn. 3). **5** Bundesamt für Justiz und Bundesamt für Bauten und Logistik (Hg.): Handbuch für Bauten des Straf- und Massnahmenvollzuges. Einrichtungen Erwachsene. Bern 1999. **6** Ebd., S. 43. **7** Tschanz, Martin: Gefängnisarchitektur und ihre Aufgaben. In: werk, bauen + wohnen, 11/2003. S. 44. **8** Bucher, Ruedi: Verschont zu bleiben heisst nicht, unfehlbar zu sein. In: Baechtold, Andrea; Senn, Ariane (Hg.): Brennpunkt Strafvollzug. Festschrift zum 25-jährigen Jubiläum des Schweizerischen Strafvollzugspersonal. Bern 2002. S. 348. **9** Esch, Franz-Rudolf; Jung, Heike; Kroeber-Riel, Werner: Die kommunikativen Wirkungen von Gefängnisarchitektur. Zugleich ein Beitrag zur Symbolik im Strafrecht. In: Martinek, Michael (Hg.): Festschrift für Günther Jahr zum siebzigsten Geburtstag: vestigia iuris. Tübingen 1993. S. 65. **10** Bienert, Andreas: Gefängnis als Bedeutungsträger. S. 23. **11** Diese lösten ein hölzernes Provisorium der 1920er-Jahre ab, das anstelle des panoptischen Gefängnisses St. Jakob in St. Gallen erstellt worden war, was schon allein die Veränderungen im Strafvollzug offensichtlich werden lässt. Hochbauamt des Kantons St. Gallen (Hg.): Strafanstalt Saxerriet, Salez. Ausbau und Erneuerung. St. Gallen 2002. **12** Esch, Franz-Rudolf u.a.: Die kommunikativen Wirkungen von Gefängnisarchitektur. S. 55. **13** Guantanamo Bay-Camp Delta. In: www.globalsecurity.org/military/facility/guantanamo-bay_delta.htm **14** Elektronische Fussfesseln als Alternative zum Strafvollzug. In: Neue Zürcher Zeitung, 24. 3. 2003.

Johanna Lehmann, 1968, Goldschmiedin und Mutter

Johanna Lehmann heiratet ihren Jugendfreund und bekommt ein Kind. Nach ein paar Jahren Ehe werden die beiden einander fremd. Die Beziehung läuft nur noch auf Sparflamme. Kleine Lieblosigkeiten machen sich breit, gegenseitige Demütigungen folgen, bis sie sich der Spirale der Gewalt nicht mehr entziehen können.

Johanna Lehmann wird eines nachts bei ihrer Heimkehr vom Ausgang von ihrem Ehemann geschlagen: ins Gesicht, in den Magen und auf die Brüste. Zuletzt schlägt er ihren Kopf an die Heizungsrohre. Die räumliche Trennung ist heute vollzogen und die Scheidung eingeleitet.

Michael Stolleis 1941, ist Professor für Öffentliches Recht und Neuere Rechtsgeschichte und seit 1991 Direktor am Max-Planck-Institut für Europäische Rechtsgeschichte. Publikationen u. a.: «Das Auge des Gesetzes. Geschichte einer Metapher.» (2004). Er lebt in Kronberg/Taunus (D).

Der strafende Blick

Zur Ikonografie des Auges

Auf dem Cover der Publikation steht ein geöffnetes Auge. Der Betrachter schaut mit seinem Auge in ein anderes Auge, im Zentrum steht vor allem die schwarze Pupille. In wessen Auge schaut man? Welches Wesen mit Bewusstsein und Ausdrucksfähigkeit verbirgt sich dahinter? Und vor allem: Was hat das Auge mit «Strafen» zu tun? Als Straf- und Gesetzessymbol hat es sich vom Auge Gottes zum Auge des Gesetzes gewandelt, wo es in totalitären Staaten des 20. Jahrhunderts zum Auge der Aufsicht mutierte.

Wer sich mit der Ikonografie des Auges beschäftigt, gerät in ein weites Feld kultureller Bedeutungen. Seit es Zeugnisse menschlicher Kultur gibt, war das Auge ein Gegenstand der Faszination. Emblematik und Metaphorik des Auges sind unerschöpflich. Alle alten religiösen und poetischen Texte nehmen Bezug auf die Augen der Götter, der Heroen und der Menschen. Immer erschien das Auge den Menschen als geheimnisvolles Organ. Niemand bezweifelte seine existenzielle Bedeutung für Orientierung, Kommunikation und Überleben. Der Mensch «schlägt die Augen auf», nimmt die Welt wahr und orientiert sich in ihr vor allem visuell. Auch wenn über die Rangstufen der Sinne immer wieder debattiert wurde, so sahen doch die meisten Kulturen das Auge als dominant an. Erfahrungsgemäss fürchten die meisten Menschen Blindheit als grösstes Übel. Es ist die in tiefste seelische Schichten hinabreichende Angst vor dem Dunkel. Es ist das Dunkel der Geburt, aus dem wir kommen, und das Dunkel des Todes, das uns bevorsteht.

Das «Gesicht» im Sinn des Sehenkönnens ist für den Menschen, wie er sich auf der heutigen Stufe seiner Entwicklung präsentiert, eine «Gottesgabe». So überzeugend die naturwissenschaftlichen Erklärungen auch sein mögen, es handle sich bei der Funktion des Auges mit Linse und Netzhaut, Sehnerv und Informationsverarbeitung durch das Gehirn um einen erklärbaren neurophysiologischen Vorgang, das Sehen bleibt doch ein Wunder. Entsprechend wunderbare Vorstellungen kreisen um das Auge als Organ, das Bilder und Licht aufnimmt, zu sprechen scheint ohne Sprache und vielleicht, wie man lange annahm, sogar Strahlen aussendet.

Das Auge Gottes

Die Metaphern und Redewendungen, die sich auf das Auge beziehen, finden sich in unserem Kulturkreis zuerst im Alten und Neuen Testament. Dort ist die Rede von «Gnade finden vor Deinen [Gottes] Augen». Die Betenden richten sich zum Allerheiligsten: «Aller Augen warten auf Dich.» Das Auge Gottes, vielfach identifiziert mit der göttlichen Sonne, dem «Auge des Tages», ist das Symbol für die Fähigkeit, alles zu sehen: «Es kommt alles an die Sonnen.»

Gottes Auge wacht. Gott ist allwissend, weil er nicht schläft. Er vergisst nichts, er sieht alles Gegenwärtige, und er schaut in die Zukunft. Er schützt sein Volk als aufmerksamer Hirte. Sein Auge «war über den Ältesten der Juden» (Esra 5,5), es «ist gerichtet zu den Ihn Fürchtenden» (Ps 33,18). Aber der rächende Gott des Alten Testaments richtet sein Auge auch auf die Gegner seines auserwählten Volkes: «Siehe, die Augen Jehovas, sie schweifen über die ganze Erde» (Sach 4,10). So ist der Gott des alten Judentums ganz Auge, wachsam, liebevoll, drohend, allgegenwärtig.

Nicht anders ist es im Islam. Aber Sehen und Hören werden dort mehr im Gleichgewicht gesehen und nebeneinander erwähnt. Allah der Allwissende ist «die alles hörende und sehende Allmacht» (31. Sure, 17, 29). Für Allah selbst verwendet der Koran wie das Alte Testament die Formel «sein Angesicht», das für die Sehfähigkeit steht. Die Gläubigen werden in Gottes Angesicht schauen, das ist die Heilserwartung. Sie werden in dem von Gottes Auge(n) ausgehenden Licht sein, also die Ewigkeit erreichen.

Judentum, Christentum und Islam sind monotheistische «Religionen mit Beobachtergott» (Niklas Luhmann). Das Auge Gottes steht über der Menschheit, an höchster Stelle, stets wach und präsent. In diesem Sinn hat sich die christliche Kirchenkunst des Symbols angenommen und seit dem 17. Jahrhundert, wohl unter jesuitischem Einfluss, das «Auge Gottes» zu einem Zentralpunkt der Kirchenausstattung gemacht. Umschlossen von einem gleichschenkligen Dreieck als bildhaftem Ausdruck der Trinität von Vater, Sohn und Heiligem Geist, steht das geöffnete Auge Gottes über der Gemeinde. Dieses Bild kam dem mathematischen Geist des 17. Jahrhunderts entgegen. In der vollkommenen Dreiheit der Figur, kombiniert mit der ebenso vollkommenen Kreisform von Iris und Pupille konnte man die heilige Dreifaltigkeit, Absolutheit, höchsten Schutz und Aufsicht zugleich sehen. Die barocke Kirchenkunst und die Volkskunst haben davon überreichen Gebrauch gemacht.

Ein ganz anderer Traditionsstrang der Verwendung des Auges als zentrales Symbol kommt aus der griechischen und römischen Antike. Früh werden an den Göttern die strahlenden Augen gerühmt. Die Philosophie unterscheidet mit und seit Platon die körperliche und die geistige Wahrnehmung, indem sie vom Auge des Körpers und dem Auge des Geistes spricht. Das eine ist durch seine Körperlichkeit begrenzt und fehlbar, das andere ist Quelle der wahren Erkenntnis. Im Neuplatonismus wird das Auge dann zur Lichtquelle selbst, und die Kirchenväter erweitern den Dualismus von Körper und Geist zur Trias von Körper, Geist und Seele. Das «Auge der Seele» dient dem Blick in die Ewigkeit und wird für die Mystiker zum fiktiven Organ der Gotteserkenntnis.

Das Auge der Gerechtigkeit

Aus der vorchristlichen Antike stammt auch die enge Beziehung zwischen Auge und Recht. Die strahlenden Augen der Gerechtigkeit (dikes ophtalmós) sehen alles, sie sind stets offen, kein Verbrechen entgeht ihnen, sie hüten Recht und Gerechtigkeit. In die römische Rechtssprache geriet die Formel vom Auge der Gerechtigkeit (justitiae oculus) wohl über griechische Einflüsse. Zentrale Bedeutung erlangte sie allerdings in der nüchternen römischen Rechtswelt nicht.

Im 16. und 17. Jahrhundert waren die Darstellungen der Justitia mit Waage und Schwert sehr beliebt, teils mit offenen, teils mit verbundenen, die Unbestechlichkeit symbolisierenden Augen. Justitia soll zwar alles sehen und wissen, aber «ohne Ansehen der Person» urteilen. Erst später erscheint die Justitia mit der Augenbinde als die «blinde», die unberechenbare Justiz. Die bestechliche Justiz wird als einäugig karikiert.

Die grossen religiösen Bilder vom «Auge Gottes» und die aus ihnen entstandene Symbolwelt um den «gerechten Richter» und das «Auge der Gerechtigkeit» erfahren im 17. Jahrhundert noch eine gewisse Verstärkung durch eine zuvor nicht rezipierte Tradition, nämlich diejenige Altägyptens. Das auf einem Szepter angebrachte Auge galt den Griechen als Zeichen des Osiris, des gerechtesten Richterkönigs Ägyptens. Sein Name enthält in der Tat eine Augen-Hieroglyphe. Dieses Bild war über Plutarch an das Abendland übermittelt worden. Das Auge auf dem Szepter, so erläuterte er, war das Zeichen des gerecht richtenden Königs, der alles sah und wusste.

Das Auge des Herrschers

Nun verbanden sich diese Traditionsströme in der Symbolwelt der absolutistischen Fürstenherrschaft. Der Herrscher war Diener Gottes auf Erden, er herrschte «gottähnlich» und «von Gottes Gnaden». Seine Position war die eines an der Spitze der sozialen Pyramide stehenden Vaters, eines Vaterherrschers (Patriarchen), der alles sieht und kontrolliert und gerecht richtet. Über ihm steht das Auge Gottes, aber unter ihm stehen alle Untertanen, über deren Wohl und Wehe er zu entscheiden hat. Sein Szepter krönt ein wachsames Auge.

Die Gerechtigkeits- und Herrschersymbolik des 17. und 18. Jahrhunderts bediente sich also aus jüdisch-christlichem, ägyptischem und griechisch-römischem Vokabular. Was sie aus den grossen Traditionsströmen adaptierte, war das Auge des allwissenden, für alles sorgenden und alles kontrollierenden Herrschers. Er und sein Hof wurden das Machtzentrum der sich bildenden Grossstaaten oder der einzelnen Territorien, während die früher dominanten Mächte des Adels, der Städte und der Kirche an Bedeutung verloren. Der Hof mit seinem Monarchen begann alle anderen Lichtquellen zu überstrahlen. Das Schlüsselwort für diese Verdichtung der Macht auf einen Punkt war die seit 1576 in Europa umlaufende «Souveränität». Souveränität (Lateinisch: Majestas) bildete den neuen juristischen Oberbegriff für alle dem Herrscher zustehenden Einzelrechte. Sie war «zuhöchst», unübertragbar und unteilbar. Sie bildete gewissermassen das juristische Zentralgestirn des Gemeinwesens. Von ihr musste alles abgeleitet sein, zu ihr alles zurückkehren. Die damit angestrebte Verdichtung und Zentralisierung der Macht erwies sich im Vergleich zu den bisherigen Herrschaftsstrukturen als überlegen. Der aufsteigende moderne Staat setzte auf Regelhaftigkeit. An die Stelle der lokalen Herrschaften trat ein zentral ausgerichteter Beamtenapparat, dessen Fäden im fürstlichen «Kabinett» zusammenliefen. Über allem wachte – jedenfalls ideell – das Auge des Souveräns. Herrscher ist nun nicht mehr primär der Richter, sondern der Gesetzgeber. Nicht die Gerechtigkeit der einzelnen gerichtlichen Entscheidungen wird nun gerühmt, sondern vor allem die Taten des Herrschers als Gesetzgeber.

Das Auge des Gesetzes

Mit der Betonung des «Gesetzes» als wichtigstes Herrschaftsmittels der Neuzeit wird nur scheinbar ein Seitenweg des hier verfolgten Gedankengangs beschritten. In Wirklichkeit rückt im Verlauf des 18. Jahrhunderts das Gesetz derart in den Mittelpunkt, dass es allmählich auch den Herrscher selbst aus dem Zentrum verdrängt. Die Lehrbücher des Naturrechts hatten begonnen, den Staat so zu erklären und zu legitimieren, dass aus einem zunächst vorhandenen «Naturzustand» die Menschen – von Gewalt und Willkür bedroht – sich zu einem doppelten Vertrag zusammenfinden. In diesem Vertrag erklären sie gegenseitig, auf Gewalt zu verzichten und sich einem

The Great Seal of the United States of America, Ein-Dollar-Note.

Herrscher zu unterwerfen, indem sie ihm das Gewaltmonopol übertragen. Der Herrscher wiederum erklärt, er wolle sie beschützen, er verspreche die Bindung an diesen Grundvertrag, aber er fordere dafür auch Gehorsam. Diesem Modell lag, zunächst noch unausgesprochen, die Vorstellung zugrunde, dass das Volk einen Herrscher bei Vertragsverletzung absetzen könne. In einem weiteren Schritt schien es dann auch möglich, an die Stelle des Herrschers das souveräne Volk einzusetzen. Während man dies diskutierte, erklärten sich die britischen Kolonien Nordamerikas für unabhängig, gaben sich Verfassungen und schlossen sich zu den Vereinigten Staaten zusammen. Das freie Volk erklärte, es wolle sich einem «government of laws, and not of men» unterwerfen (Verfassung von Massachusetts 1780, Art. 30). Nun gab es keinen Gott und keinen Fürsten mehr, der über die Gesellschaft Wache hielt. Das Gesetz selbst wurde zum Wächter, der nicht schläft noch schlummert.

Herrschen aber die «Gesetze», dann müssen diese ihrerseits wieder beherrscht werden. Deshalb erfand das 18. Jahrhundert eine Art Über-Gesetz, die geschriebene Verfassung. Sie soll verkünden, auf welchen Prinzipien die Herrschaft ruht, und sie soll die wesentlichen Maximen enthalten, nach denen sich die Gesetze zu richten haben. Auf diese Weise führen die europäischen Tendenzen der Säkularisierung, der Entpersonalisierung und der Versachlichung der Herrschaft vom Gott des Mittelalters zum sterblichen Gott des souveränen Fürsten der frühen Neuzeit, und von da zum vergöttlichten Gesetz, das seinerseits seine Krönung in der Verfassung findet.

Dieser Weg findet sich emblematisch verdichtet in einer entsprechenden Bewegung vom «Auge Gottes» zum «Auge des Fürsten» und vom richterlichen Auge auf seinem Szepter zum «Auge über der Verfassung». Im Jahr 1782 wurde in den USA nach langen Debatten das Bild des grossen Staatssiegels für verbindlich erklärt. Heute ziert es jeden Ein-Dollar-Schein. Es zeigt auf der Rückseite eine auf 1776 datierte Pyramide, die Verfassung, gekrönt von einem Auge Gottes im Strahlenglanz. Das Dreieck bildet die Spitze der (ägyptischen) Pyramide, ist aber gleichzeitig Symbol der christlichen Trinität. Es ist Gottes Auge über dem begonnenen Verfassungswerk.

Das Auge der Wachsamkeit

Sieben Jahre später brach die Französische Revolution aus. Der Nationalkonvent der Französischen Republik wählte 1792 die Symbole der phrygischen Mütze, des Rutenbündels (fasces) und des Lorbeerkranzes, in dessen Zentrum ein Auge steht. Dieses Auge tauchte nun überall auf, es wurde die Ikone der Revolution. Ihr Name war «Wachsamkeit» (surveillance), was auch die Pflicht der «Überwachung» einschliesst. 1793 steht die von den Symbolen der Revolution umgebene weibliche «République Française» auf einer Vignette des Comité de Salut public über den Worten: «Activité», «Pureté» und «Surveillance».

Das Gesetz wacht über dem Bürger. Es garantiert Gleichheit und Freiheit. Es ist der verkörperte Wille des Volkes. Die Zwei-Sous-Münze von 1793, gegossen aus der

Vignette des Nationalkonvents bis 1795.

Nachdruck aus: Michael Stolleis: Das Auge des Gesetzes. Geschichte einer Metapher. München 2004.

Bronze zertrümmerter Kirchenglocken, trägt die Aufschrift «Liberté» und «Égalité» sowie auf der Rückseite nochmals den Verfassungssatz: «Les hommes sont égaux devant la loi». Über diesem Satz wacht das von Strahlen umgebene Auge, die «Surveillance» oder «Vigilance».

«Die Mitglieder der Civilgerichtshöfe», so lautete die Anweisung von 1795 für die Dienstkleidung, «tragen an einem weissen, mit roth und blau gestreiften Bande ein silbernes Auge auf der Brust», und die Friedensrichter, die einen Ölzweig auf der Brust zu tragen hatten, führten «einen weissen Stock von Mannshöhe, mit einem elfenbeinernen Knopfe, auf welchem ein schwarzes Auge angebracht ist.» Das war die bedeutungsvolle Wiederkehr des Auges des ägyptischen Osiris, des gerechtesten Richters.

Das neue «Gesetzbuch der Verbrechen und Strafen» der Französischen Republik von 1796 zeigt über dem in Strassburg 1798 gedruckten deutschen Text eine Sequenz von Bildsymbolen: In der Mitte die sitzende, auf einen Säulenstumpf sich abstützende Französische Republik, versehen mit Richterbeil und Fasces sowie dem Winkelmass, dem Symbol der Gleichheit und Gerechtigkeit, links nochmals Winkelmass und Lot, rechts das Auge des Gesetzes im Dreieck. In Worte übersetzt heisst dies, dass die mit den Zeichen der strafenden und der ausgleichenden Gerechtigkeit versehene Republik sich durch Gleichheit (Lot) und Wachsamkeit (Auge) auszeichnen müsse, weiter, dass die Bestrafung der Täter nur möglich sei, wenn ein Gesetzesverstoss vorliege («nulla poena sine lege») und wenn dieses Gesetz vorher publiziert werde. So formulieren es die ersten Artikel des Strafgesetzbuches, und von da aus sind diese elementaren Sätze des europäischen Rechtsstaats in alle Länder verbreitet worden.

Wer innerorts 31 km/h zu schnell fährt, zahlt im Kanton Waadt eine Busse von Fr. 600.–, im Kanton Aargau drohen eine Gefängnisstrafe von 14 Tagen und eine Busse von Fr. 1600.–

Beobachter, 23. 1. 2004

Gesetz und Gesetzlichkeit werden auf diese Weise zur letzten irdischen Instanz, an die appelliert werden kann. Es wird verhaftet «im Namen des Gesetzes». Die Urteile ergehen «im Namen des Gesetzes» oder (häufiger) im Namen des (gesetzgebenden) Volkes. Solange die revolutionäre Euphorie andauert, kommt es fast zu einer «Vergöttlichung des Gesetzes», wie es auch durch den Bezug des Auges des Gesetzes zum damals noch überall präsenten «Auge Gottes» nahe lag. Indem das Volk nun ideell durch sich selbst über sich herrscht, wird das Gesetz zum abstrakten Regenten.

Die Analogien zwischen dem Gesetz und dem Auge Gottes gehen weit. Wie Gott schläft auch das Gesetz nicht. Es ist Tag und Nacht «geltendes Recht». Seine Diener sind Tag und Nacht unterwegs, sie beschützen den Schlaf des Bürgers. In Friedrich Schillers «Lied von der Glocke» (1800) heisst es: «... Schwarz bedecket/Sich die Erde,/Doch den sichern Bürger schrecket/Nicht die Nacht,/Die den Bösen grässlich wecket,/Denn das Auge des Gesetzes wacht.» Von hier aus ist die Gleichsetzung der Polizei mit dem «Auge des Gesetzes» in Deutschland sprichwörtlich geworden. Und weiter: Wie Gott sieht auch das Gesetz in die Zukunft. Der Gesetzestext soll so formu-

Juristische Zeitung
für das Königreich Hannover.
№ 1. Den 1. Januar 1826.

Juristische Zeitung für das Königreich Hannover, Nr. 1, 1. Januar 1826, Titelblatt.
Max-Planck-Institut für Europäische Rechtsgeschichte, Bibliothek.

liert sein, dass nicht nur die gegenwärtigen, sondern alle künftigen Fälle vom Gesetz erfasst werden. Alle Richter und Rechtswissenschaftler müssen den Willen des Gesetzes – wie den Willen Gottes – durch kunstvolle Interpretation so auslegen, dass sich die einzelnen Aussprüche (Urteile) in einem konsistenten Zusammenhang befinden. Gott widerspricht sich nicht. Ebenso müssen die aus dem Gesetz entwickelten Sätze systemimmanent widerspruchsfrei bleiben.

Das Auge der Aufsicht

Das Auge Gottes und des Gesetzes hatte freilich von Anfang an neben der beschützenden Funktion der ewigen Wachsamkeit auch seine repressive Seite. Gott und das Gesetz sehen alles. In streng religiös orientierten Erziehungsmaximen wird den Kindern eingeschärft, dass der «liebe Gott» alles sieht, auch wenn es gelingen mag, die Untat vor den Eltern geheim zu halten. So drohen die Überwachungskameras, die heute an Tankstellen, in Banken und Kaufhäusern installiert sind, jeden Diebstahl und jeden Raub aufzuzeichnen. Jede Geschwindigkeitsüberschreitung im Strassenverkehr kann vom «Auge des Gesetzes» wahrgenommen und digital dokumentiert werden. Die neuerdings auf öffentlichen Strassen, Plätzen und in Bahnhofshallen eingerichteten, permanent wachsamen «Augen» erfassen jede Bewegung und speichern sie. Ebenso kreisen am entgötterten Himmel Überwachungssatelliten, die mit brillanter Kameratechnik alles aufzeichnen, was sich auf der Erde bewegt. Von Sonnenenergie gespeist, speichern und senden sie ihre Botschaften, ohne je zu schlafen.

In Zeiten grosser Fortschrittsgläubigkeit wären solche weit reichenden Möglichkeiten der Überwachung, hätte es sie gegeben, freudig begrüsst worden. Der unermüdliche Aufklärer und Enthusiast der Gesetzgebung, Jeremy Bentham (1748–1832) entwarf 1791 sein «Panopticon or Inspection House». Das von ihm erdachte Gebäude orientierte alle Flure auf ein zentral angelegtes «allsehendes Auge» (Panopticon), von dem aus alle Bewegungen der Insassen kontrolliert werden konnten. Es garantierte, so dachte er, nicht nur perfekte Sicherheit des Einschliessens, sondern auch den perfekten Zugriff auf die Person durch Besserungsmassnahmen. Der nimmermüde Überwachungsgott war wieder zugleich repressiv und fürsorglich. Michel Foucault hat an diesem Beispiel in seinem berühmten Buch «Surveiller et punir. La naissance de la prison» (1975) demonstriert, wie aus der «gut gemeinten» optimistischen Erziehungskontrolle der Alptraum des totalen Überwachungs- und Disziplinierungssystems entstehen konnte. An ihrem Ende stehen die negativen Überwachungsutopien von Huxley und Orwell, vor allem aber die Realität der totalitären Systeme des 20. Jahrhunderts. Nun war nicht mehr das von allen beschlossene «Gesetz» die überwachende Institution, sondern es waren die namenlosen Geheimdienste, die Andersdenkende und Minderheiten unterdrückten. Das Auge gehört der allwissenden und allmächtigen Staatspartei, die «immer recht hat», die der quasi-göttlichen Providenz teilhaftig ist, weil sie den Gang der Geschichte kennt und deshalb kraft höheren Wissens Gehorsam fordert. Die Staatspartei schläft und schlummert nicht. Ihre Geheimdienste, die in Erinnerung an die Französische Revolution «Surveillance» oder «Securitate» heissen, Gestapo, Reichssicherheitshauptamt, Stasi, Tscheka oder KGB, sind Auge und Ohr der Regierenden. Über ihnen strahlt nicht das von den Idealen der Französischen Revolution umleuchtete Auge des Gesetzes. Es ist vielmehr das einäugige Glotzen des Menschenfressers Polyphem, eines Angehörigen desjenigen Volkes, das – wie Homer sagt – ohne Gesetz (athemistos) lebt, eines Volkes also, bei dem die Göttin Themis nicht wohnt.

Porträts Seiten 9, 31, 49, 97, 119, 155, 169, 205, 221, 237:
Sabina Bobst.

Sabina Bobst, 1969, hat nach einer Ausbildung zur Buchhändlerin am Brooks Institute of Photography in Santa Barbara (USA) studiert und war als Bildredaktorin beim «Tages-Anzeiger» tätig. Sie ist seit 2000 freie Fotografin für verschiedene Schweizer Medien und lebt in Zürich.

Dieses Buch erscheint zur gleichnamigen Ausstellung des Stapferhauses Lenzburg.

Das Stapferhaus-Projekt «Strafen» wird unterstützt von:

Träger:
Kanton Aargau
Pro Helvetia
Stadt Lenzburg

Hauptsponsoren:
Migros-Kulturprozent
Sophie und Karl Binding Stiftung

Co-Sponsoren:
Schweizerische Gemeinnützige Gesellschaft
Stanley Thomas Johnson Stiftung
Aargauer Landeskirchen
SRG SSR idée suisse
Neue Helvetische Gesellschaft
Stiftung der Schweizerischen Landesausstellung 1939

Buch
Herausgeber: Stapferhaus Lenzburg
(Beat Hächler, Sibylle Lichtensteiger, Nathalie Unternährer)
www.stapferhaus.ch
Redaktion: Nathalie Unternährer
Gestaltung und Satz: Bernet & Schönenberger, Zürich
Lithografie: Humm dtp, Matzingen

Printed in Switzerland
ISBN 3-906419-82-7

Ausstellung
Gesamtleitung: Beat Hächler, Sibylle Lichtensteiger
Konzeptionelle Mitarbeit/Recherche: Nathalie Unternährer, Martin Handschin
Szenografie und Erscheinungsbild: Philipp Clemenz
Marketing/Kommunikation: Lelia Hunziker
Betrieb: Brigitte Perren
Finanzen: Denise Bühlmann
Sekretariat: Anita Egger
Technische Leitung: Stefan Winkler
Bauten: Bernhard Wyss, Claudius Frühauf
Licht: Petra Waldinsperger